「创造最有价值的阅读」

"阅读力"指导专家委员会

顾　问： 朱永新

主　任： 曹文轩

成　员：（以姓氏笔画为序）
王土荣　　方卫平　　朱芒芒　　刘克强　　杜德林
何立新　　张伟忠　　张祖庆　　周其星　　周益民
胡　勤　　顾之川　　倪文尖　　黄华伟　　梅子涵
章新其　　蒋红森　　滕春友

丛书主编： 曹文轩

本书编写人员： 胡　勤

丛书统筹： 王晓乐

丛书统筹助理： 罗敏波

名著阅读力养成丛书

巴黎圣母院

◆ [法]雨果 著
◆ 潘丽珍 译

浙江文艺出版社
Zhejiang Literature & Art Publishing House

图书在版编目(CIP)数据

巴黎圣母院 / (法)雨果著;潘丽珍译. —杭州:浙江文艺出版社,2020.10
(名著阅读力养成丛书)
ISBN 978-7-5339-6193-0

Ⅰ.①巴… Ⅱ.①雨… ②潘… Ⅲ.①长篇小说—法国—近代 Ⅳ.①I565.44

中国版本图书馆CIP数据核字(2020)第143794号

责任编辑　冯静芳
装帧设计　吕翡翠
责任校对　唐　娇
责任印制　张丽敏

巴黎圣母院

[法]雨果　著　　潘丽珍　译

出版　浙江文艺出版社
地址　杭州市体育场路347号
邮编　310006
网址　www.zjwycbs.cn
经销　浙江省新华书店集团有限公司
制版　杭州天一图文制作有限公司
印刷　浙江超能印业有限公司
开本　710毫米×1000毫米　1/16
字数　464千字
印张　29.25
插页　2
版次　2020年10月第1版
印次　2020年10月第1次印刷
书号　ISBN 978-7-5339-6193-0
定价　49.80元

版权所有　违者必究
(如有印、装质量问题,请寄承印单位调换)
团购电话:0571-85064309

出版说明

阅读不仅关乎个人的素养和语文教育的水平，也关乎整个社会的风尚和文明的品质。从2016年9月起，全国中小学陆续启用了教育部统编语文教材。统编教材特别重视阅读，加强了阅读设计，鼓励学生通过大量阅读来提升语文素养，提高阅读能力和阅读水平。语文学习要建立在广泛的课外阅读的基础上，已经成为越来越多的人的共识。

我社以文学立社，出名著，出精品，几十年来在古典文学、现当代文学、外国文学、儿童文学等领域积累了大量的资源和优秀的版本。从2003年起就陆续推出"语文新课标必读丛书"，为中小学生的名著阅读助力，深受欢迎。随着统编语文教材的使用，我社面向师生做了大量的教材使用调研，多次邀请并集聚读书界、语文教育界、文学界、出版界等领域的专家把脉会诊，群策群力，为中小学生和老师们精心策划、精心编辑，推出了这套"名著阅读力养成丛书"。

这套丛书收录中小学语文课程标准和统编语文教材推荐阅读书目，不仅收录小学"快乐读书吧"和初中"名著导读"中推荐阅读书目，而且配合"1+X"群文阅读设计，收录课文后要求阅读的作家作品，共计百余种，基本满足中小学生的阅读需要。

该丛书由曹文轩先生担纲主编，延请一线教学名师，对入选的每一部作品编写有针对性的阅读指导方案，介绍作家作品和创作特色，提出合理的阅读建议，引导学生进行专题探究，有意识地拓展学生的阅读视野，有选择性地提供阅读检测与评估办法。这样，有步骤地引领学生完成整本书阅读，了解文学、科普等不同类别作品的阅读方法，了解小说、散文、诗歌、戏剧等不同文体的特征，切实有效地提高学生的阅读水平和阅读能力，同时也给老师的教学实践提供一种参照与借鉴。可以说，这套书不仅强调要读什么，更强调应该怎么读。

该丛书在版本选用上精益求精，精挑细选经典权威版本，囊括一批资深翻译家的经典译本，如傅雷译《名人传》《欧也妮·葛朗台》、力冈译《猎人笔记》、卞之琳译《哈姆雷特》等。对于名家选本，追求代表性，或由该领域权威研究者编选，或由作家自己编选。由于"五四"白话文运动的发轫与推进，中国现代文学作品在语体上有着鲜明的用语特色，我们在编校中参阅相关文献对少量字词和标点做了适当的修改，尽可能地保留作品的原貌。

该丛书在设计上充分考虑阅读的舒适感和青少年的用眼卫生，尽可能地采用大号字体、米黄纸张，做到版面疏密有致、图书轻重得宜等。所有这些，旨在推出一套真正面向学生、服务学生的青少年版丛书。

培根说："读书足以怡情，足以傅彩，足以长才。"经典名著的影响力是不可估量的，一本好书能够让一个人终身受益。让我们种下阅读的种子，学会阅读，爱上阅读，在阅读中唤起灵性和兴味；让我们在多姿多彩的阅读的花园里，去领略丰美而自由的天地！

浙江文艺出版社

总　序

曹文轩

　　"新课标"以及根据"新课标"编定的国家统一中小学语文教材，有一个重要的理念：语文学习必须建立在广泛的课外阅读基础之上。

　　语文学科与其他学科的重要区别是：其他一些学科的学习有可能在课堂上就得以完成，而对于语文学科来说，课堂学习只不过是其中的一部分，甚至不是最重要的一部分；语文学习的完成须有广泛而有深度的课外阅读做保证——如果没有这一保证，语文学习就不可能实现既定目标。我在有关语文教育和语文教学的各种场合，曾不止一次地说过：课堂并非是语文教学的唯一所在，语文课堂的空间并非只是教室；语文课本是一座山头，若要攻克这座山头，就必须调集其他山头的力量。而这里所说的其他山头，就是指广泛的课外阅读。一本一本书就是一座一座山头，这些山头屯兵百万，只有调集这些力量，语文课本这座山头才可被攻克。一旦涉及语文，语文老师眼前的情景永远应当是：一本语文课本，是由若干其他书重重包围着的。一个语文老师倘若只是看到一本语文教材，以为这本语文教材就是语文教学的全部，那么，要让学生从真正意义上学好语文，几乎是没有希望的。有些很有经验的语文老师往往采取一种看似有点极端的做法，用很短的时间一气完成一本语文教材的教学,而将其余时间交给学生,全部用于课外阅读,大概也就是基于这一理念。

关于这一点,经过这些年的教学实践,加之深入的理性论证,语文界已经基本形成共识。现在的问题是:这所谓的课外阅读,究竟阅读什么样的书?又怎样进行阅读?在形成"语文学习必须建立在广泛的课外阅读基础之上"这一共识之后,摆在语文教育专家、语文教师和学生面前的却是这样一个让人感到十分困惑的问题。

有关部门,只能确定基本的阅读方向,大致划定一个阅读框架,对阅读何种作品给出一个关于品质的界定,却是无法细化,开出一份地道的足可以供一个学生大量阅读的大书单来的。若要拿出这样一份大书单,使学生有足够的选择空间,既可以让他们阅读到最值得阅读的作品,又可避免因阅读的高度雷同化而导致知识和思维高度雷同化现象的发生,则需要动用读书界、语文教育界、文学界、出版界等领域和行业的联合力量。一向有着清晰领先的思维、宏大而又科学的出版理念,并有强大行动力的浙江文艺出版社,成功地组织了各领域的力量,在一份本就经过时间考验的书单基础上,邀请一流的专家学者、作家、有丰富教学经验的语文老师、阅读推广人,根据"新课标"所确定的阅读任务、阅读方向和阅读梯度,给出了一份高水准的阅读书单,并已开始按照这一书单有步骤地出版。

这些年,我们国家上上下下沉思阅读与国家民族强盛之关系,国家将阅读的意义上升到从未有过的高度,无数具有高度责任感的阅读推广人四处奔走游说,并引领人们如何阅读,有关阅读的重大意义已日益深入人心。事实上,广大中小学的课外阅读已经形成气候,并开始常态化,所谓"书香校园"已比比皆是。现在的问题是:阅读虽然蔚然成风,但阅读生态却并不理想,甚至很不理想。这个被商业化浪潮反复冲击的世界,阅读自然也难以幸免。那些纯粹出于商业目的的写作、阅读推广以及和各种利益直接挂钩的某些机构的阅读书目推荐,造成了阅读的极大混乱。许多中小学生手头上阅读的图书质量低下,阅读精力的投放与阅读收益严重不成比例。更严重的情况是,一些学生因为阅读了这些质量低下的图书,导致了天然语感被破坏,语文能力非但没有得到提高,还不断下降。如果这种情况大面积发生,我们还在毫无反思、毫无警觉地泛泛谈课外阅读对语文学习之意义,就可能事与愿违了。现实迫切需要有一份质量上乘、定位精准、真正能够匹配语文教材的阅读书目以及这些图书的高质量出版。

我们必须回到"经典"这个概念上来。

我们可能首先要回答"经典"这个词从何而来。

人们发现,这个世界上的书越来越多了,特别是到了今天,图书出版的门槛大大降低,加之出版在技术上的高度现代化,一本书的出版与竹简时代、活字印刷时代的所谓出版相比,其容易程度简直无法形容。书的汪洋大海正席卷这个星球。然而,人们很清楚地看到一个根本无法回避的事实,那就是:每一个人的生命长度都是有限的,我们根本不可能去阅读所有的图书。于是一个问题很久之前就被提出来了:怎么样才能在有限的生命过程中读到最值得读的书?人们聪明地想到了一个办法:将一些人——一些读书种子——养起来,让他们专门读书,让读书成为他们的事业和职业,然后由"苦读"的他们转身告诉普通的阅读大众,何为值得将宝贵的生命投入于此的上等图书,何为不值得将生命浪费于此的末流图书或是品质恶劣的图书。通过一代一代人漫长而辛劳的摸索,我们终于把握了那些优秀文字的基本品质。这些被认定的图书又经过时间之流的反复洗涤,穿越岁月的风尘,非但没有留下被岁月腐蚀的痕迹,反而越发光彩、青春焕发。

于是，我们称它们为"经典"。

阅读经典是人类找到的一种科学的阅读途径。阅读经典免去了我们生命的虚耗和损伤。我们可以通过对这些图书的阅读，让我们的生命得以充实和扩张。我们在这些文字中逐渐确立了正当的道义观，潜移默化之中培养了高雅的审美情趣，字里行间悲悯情怀的熏陶，使我们不断走向文明，我们的创造力因知识的积累而获得了足够的动力，并因为这些知识的正确性，从而保证了创造力都用在人类的福祉上。阅读这些经典所获得的好处，根本无法说尽。而对于广大的中小学生来说，阅读经典无疑也是提高他们语文能力的明智选择。

这套书，也许不是所有篇章都堪称经典，但它们至少称得上名著，都具有经典性。

2018年7月15日于北京大学

点击名著

◎ **人类命运的思考者**

维克多·雨果（1802—1885），法国19世纪伟大的作家。给他加上浪漫主义、人道主义、民主、博爱这些修饰词，都会显得很苍白，因为他的创作超越了时代，不局限于某些概念范畴。他直面严酷的现实，以理想的情怀、人性的光辉给世界以理性的温暖。代表作有"人类命运三部曲"之称的《巴黎圣母院》《悲惨世界》《海上劳工》等。雨果被人们称为"法兰西的莎士比亚"，被奉为法国艺术和国家精神的代表。其灵柩安放在法国先贤祠。

◎ **建筑艺术与文学作者的意义**

《巴黎圣母院》再现了法国国王路易十一统治时期的世态，作为一部历史小说，可用"一四八二年"作为副标题。巴黎圣母院作为法国"科学和艺术史上的灿烂篇章"，在小说中具有特殊的意义。它是宫廷王权、宗教神权的标志，底层民众崇敬、恐惧、仇恨、鄙视的象征物，也象征了一个命中注定被铁和火彻底摧毁的时代。作者在书中注入了他对社会与人性的思考，那博大深厚的思想和情怀赋予了《巴黎圣母院》奇特的生命。

◎ **浪漫主义小说代表作**

《巴黎圣母院》是雨果久负盛名的浪漫主义小说代表作，在2000年《纽约时报》和美国《读者文摘》组织的横跨五大洲的投票调查中，被选为世界十部经典长篇名著之一。

《巴黎圣母院》获得极大的成功，使米什莱在1833年撰写《中世纪历史》时，提起巴黎圣母院这座古老的教堂时这样写道："某个人在这座建筑上留下深深的狮爪印，此后，谁也不会贸然触碰了。"……爱斯梅拉达、克洛德·弗罗洛，尤其是卡西莫多，都几乎同《悲惨世界》中的冉·阿让一样，成为传奇人物了。

阅读建议

◎ **用心审视社会与你的人生经验**

一般来说，阅读文学作品要凭借感受，张开想象的翅膀，而雨果的小说却时时提醒我们，要观照现实，思考社会与人生。能否深入理解雨果小说取决于你对理想社会和人性的经验与认识的深浅。

一个对人性有深刻认识的读者，能够看到卡西莫多、爱斯梅拉达、克洛德，这些已经成为真善美、假恶丑符号的圆形人物所具有的扁平一面的复杂性，也更能理解作者博大的悲悯情怀。

雨果把自己对社会的思考带入作品。第五卷第二章《"这一个将会杀死那一个！"》中，"在谷登堡的光辉灿烂的印刷机面前，神职人员惊恐万状，眼花缭乱"，他们意识到传统媒介构成的代表王权和神权的巴黎圣母院将被印刷媒介摧毁。而今，信息技术可以帮助你迅速获取在每一个角落的海量信息，你是否也思考过，这会怎样地改变社会？

◎ **搜索雨果所表达的观念：社会的、人生的和创作**

詹姆斯《小说的艺术》说："面对一位作家的全部作品，评论家的首要任务就是找出有关该作家创作方法的某些关键，有关其文学信念的某些观点，以及有关其主导理论的某些意向。"搜集资料，了解雨果的"美丑对照原则""善必然战胜恶"，以及"使人不成其为人"的罪恶社会终究会垮台等观念，非常有助于我们理解作者的创作意图。

知道雨果的一些想法，就能理解小说中所表现的仁慈、宽恕，以及独到的审美观念，他那人道主义就可以解决社会矛盾的乌托邦式的社会主义理想，就不觉得奇怪为什么卡西莫多和爱斯梅拉达等都有人生的缺憾。

◎ **想一想**：为什么总是觉得作者在一旁教诲你

读维克多·雨果、列夫·托尔斯泰这一代大师的小说，不时地会觉得有人在一旁不厌其烦地教育你，其实里面蕴含了丰富的思想，而你却不耐烦地翻页了，这很大程度上是传统小说多讲述的叙述特点造成的。雨果的小说中，叙述者明显有作者的痕迹，不时告诉读者这是什么，这个人怎么样，这种叙述直白、高效；而现代小说基本倾向于用描述的方法显现，需要读者细心品味。例如：莫泊桑已经开始尝试自觉从作品叙述中隐身；海明威的小说，描写人物对话简练到极致，把意思藏在语言下面，作者不做判断，让读者揣摩其中的意味，这正体现了他所谓的"冰山理论"。

知识和能力

◎ **浪漫主义**

浪漫主义是一种文艺创作方法。雨果在《艾那尼》序言的引文中说："如果只是从战斗性这一方面来考察，那么总起来讲，遭到这样多曲解的浪漫主义其真正的定义不过是文学上的自由主义而已。"

《巴黎圣母院》诠释了雨果的浪漫主义创作理念，即思想自由、内心真实、充满激情的夸张与想象等。

柳鸣九认为："雨果的小说具有比单纯浪漫主义更为丰富的美学内涵，它反映了浪漫主义小说向现实主义小说靠拢趋向的历史过程，体现了浪漫主义与现实主义的和谐结合。"

◎ 讲述与描述

"讲述"即作者通过历时性的叙述，提供故事的来龙去脉，交代人物的过去以及种种有关信息。作者采用的叙事立场是近乎全知角度的叙述视角，它一般采用过去时态讲述故事，概括某种故事的历时性内容。（格非语）

"描述"又称显现，是"一种给定了场面的、戏剧性的、现实性的叙述语式"。作者一般不介入叙事，也不直接评议故事中的人和事，而是通过描述，使读者自己看到事件的过程并做出自己的判断。

一般来说，讲述性的叙述有更大的自由，而描述性的叙述受到更多的局限。

专题探究

◎ 专题一

小说《巴黎圣母院》不仅是文学作品，也是历史文本。小说艺术地再现了法王路易十一统治时期的历史真实。例如：

1. 1455年2月23日古登堡印刷的《圣经》出版，奠定了欧洲现代文明的基石；1482年，也就是小说中的历史背景，法王路易十一基本统一了法国全境。

2. 小说中说，巴黎圣母院多次改造、修建都与政治和宗教革命的破坏有关。尤其是1789年法国大革命期间，巴黎圣母院遭到历史上最严重的亵渎与破坏。钟楼只留下一口巨钟，其他的都被熔化；雕像只留下圣母像，其余的都被破坏了。从小说对圣母院的描写中，可以看出作者对历史的褒贬。

3. 1466年的一场瘟疫造成巴黎4万多人死亡，也给克洛德一家造成了灾难。

根据小说描述的社会历史背景查找有关史料，了解那时发生的大事，分析小说中所呈现的社会现象和精神风貌。

◎ 专题二

雨果认为："丑就在美的旁边，畸形靠近着优美，丑怪藏在崇高的背后，美与恶共存，光明与黑暗相共。"小说《巴黎圣母院》中的主要人物都具有两面性，体现了雨果的美学观念。爱斯梅拉达是美的化身，她的爱却很肤浅；卡西莫多外貌极其丑陋，内心善良而正直；小说中的副主教克洛德这个人物刻画得最有深度，也最值得反思。我们总把一切仇恨都集中到克洛德身上，认为他就是黑暗、丑恶的制造者，宗教道貌岸然、虚伪不堪的标志，那为什么小说中又称他为"善良的灵魂"？

从小说中选择一个人物，写一篇人物分析文章。

◎ 专题三

我们一般把《巴黎圣母院》作为小说，然而英国约翰·德林瓦特主编的《世界文学史》却把它归入散文。其实，史铁生的散文《我与地坛》，编者也曾经建议作为小说刊登，但是史铁生不同意。小说和散文边界模糊，但又不可以随意混淆。

请你从作者与叙述者、内容的真实与虚构、篇幅长短、是否有故事情节或者故事情节的连续性等方面，谈谈《巴黎圣母院》的文体特点。

原版《引言》/001

作者原序 /016

定本附记 /017

第一卷 /021

一 司法宫大厅 /021

二 皮埃尔·格兰古瓦 /035

三 红衣主教大人 /043

四 雅克·科佩诺尔老板 /049

五 卡西莫多 /057

六 爱斯梅拉达 /063

第二卷 /066

一 新的打击 /066

二 河滩广场 /068

三 以善报恶 /070

四 黑夜街头跟踪美女的种种麻烦 /078

五 麻烦（续）/082

六 摔罐成婚 /084

七 新婚之夜 /100

第三卷 /109

一　圣母院 /109

二　鸟瞰巴黎 /118

第四卷 /137

一　好心人 /137

二　克洛德·弗罗洛 /140

三　敲钟人 /145

四　狗和主人 /151

五　克洛德·弗罗洛（续）/152

六　不得人心 /158

第五卷 /160

一　圣马丁修道院院长 /160

二　"这一个将会杀死那一个！" /169

第六卷 /183

一　对古代司法界的公正概述 /183

二　老鼠洞 /191

三　一块玉米饼的故事 /194

四　一滴水，一颗泪 /211

五　玉米饼故事的结尾 /218

第七卷 /219

一　把秘密告诉山羊的危险 /219

二　神父和哲学家是两回事 /231

三　钟 /238

四　'ANAΓKH /240

五　两个黑衣人 /252

六　大街上骂人后患无穷 /256

七　夜游修士 /260

八　临河窗子的妙用 /267

第八卷 /274

一　金币变成了枯叶 /274

二　金币变成了枯叶（续）/281

三　金币变成了枯叶（续完）/285

四　抛却一切希望 /288

五　母亲 /299

六　三个人，三颗心 /302

第九卷 /317

一　高烧 /317

二　驼背、独眼、瘸子 /325

三　聋子 /329

四　粗陶花瓶和水晶花瓶 /331

五　红门的钥匙 /339

六　红门的钥匙（续）/341

第十卷 /344

一 圣贝尔纳修士街上格兰古瓦大献妙计 /344

二 "当你的流浪乞丐去吧！" /353

三 快乐万岁！ /355

四 帮倒忙的朋友 /362

五 法兰西路易先生的祈祷室 /377

六 短剑在闲逛 /402

七 夏多佩来救援了 /403

第十一卷 /405

一 小红鞋 /405

二 "白衣美人"（但丁） /431

三 弗比斯成婚 /437

四 卡西莫多成婚 /437

附录：雨果和他的奇书《巴黎圣母院》 /440

检测与评估 /445

资源与拓展 /447

我的兴趣与收获 /449

原版《引言》

《巴黎圣母院》是一部历史小说，可用《一四八二年》作为副标题。它搬上舞台的不是一个鼎盛的时代，而是介于中世纪末期和文艺复兴初期之间的时代；不是路易十一的业绩，而是他的衰落，他的临终；不是大兴土木营造教堂，而是一切历史性建筑物惨遭灭顶之灾，命中注定被铁和火、被乱涂乱刻彻底摧毁的时代。教堂作为中间者的迹象更显而易见：它被视作罗曼艺术向哥特艺术过渡的典范，在尖拱穹隆屈服于意大利建筑艺术影响的过程中，起到举足轻重的作用。这是火焰哥特式艺术的时代，镂空雕刻登峰造极，致使这个费内隆①所谓的"孔洞"艺术配上圆花窗的绚丽色彩，可与燃烧的夕阳，与卡西莫多在两座钟楼间点燃的木柴争艳斗辉，一比高低。满头红棕色头发的巴黎敲钟人，撞击着封建时代的丧钟，预报人民的时代在遥远的将来定会到来。这是一部描绘流浪乞丐暴动和灭亡的小说，一部反对神权、极少宗教信仰，虽说有些"宿命论"，但却充满了希望的小说，一部华特·司各特②式的奇书，它告诉大家，历史确实存在，因为命运并不归结为天命。假如我们一丝不苟地研究手稿，就可以看出，这部以小约翰·弗罗洛为代表的"揶揄和讥讽"的小说，受1830年革命的影响而改弦易辙，被七月闪电③（借用米歇莱④的用语）前所未有的强光照得心明眼亮，确切地说，改变了模样。由于《巴黎圣母院》的问世，历史小说

---

① 费内隆（1651—1715），法国高级教士。
② 华特·司各特（1771—1832），英国诗人、历史小说家。
③ 七月闪电，指1830年7月27日至29日的"光荣的三日"，巴黎人民起义反对查理十世签署的四道敕令。
④ 米歇莱（1798—1874），法国历史学家和作家。

具有了象征意义,并且致力于创建一种历史的哲学。这部小说反映了整整一个时代,整整一种浪漫主义,以致米歇莱不再敢谈论那座从此打上"狮爪"印记的巴黎大教堂。要了解这一点,就必须回忆一下确定小说提纲的过程:长期悬而未决,与出版商无休止地争来吵去,书稿差点儿流产,1830年七月革命爆发以后,作者进行了彻底的修改,直到1832年第二版(一说"第八版")时,也就是七月革命的希望最终破灭——此乃历史的又一大讽刺——之后,全书才全部完成。

首先,我们要提出几个日期,标明这部大体上是自传体小说的作品的创作过程,中心人物克洛德·弗罗洛副主教,较好地代表了知识分子的心态。这个全身心致力于获得绝对真理的科学家,由于突然发现了女人,发现了肉体,而变得神思恍惚,坐立不安,最终走向彻底的毁灭。

1821年,维克多-玛丽·雨果十九岁,在"极端派"的高雅文学社和《文学保守者》杂志社中崭露头角,他一人承担了《文学保守者》的大部分编辑工作。他遵奉母亲旨意,为"君主政体思想和宗教思想"歌功颂德,准备终身为之奋斗,同夏多布里昂①和拉梅奈②过从甚密。在这个小圈子里,谁也不怀疑他的才华,他母亲更是坚信不疑。母亲对他的教育十分宽容,从小就允许他读到手的任何书本,可是,却不能容忍她的"卓越的孩子"为了小阿黛尔·富歇那双美丽的眼睛而摒弃自己崇高的理想:一年前,两家闹翻了,于是,维克多只得满足于用嫉妒的目光偷偷看几眼小阿黛尔。因为才华既是道德,又是诗学和爱情,而且要求十分苛刻和严酷,王朝复辟显然是满足不了的。他和夏多布里昂与拉梅奈一样,用了十年时间,才同与现实的理想格格不入的正统主义痛苦决裂,向一贯嗤之以鼻的资产阶级自由主义投去青睐的目光。小阿黛尔始终觉得,在爱情中"激情是多余的",她只满足于舞会带来的天真、浪漫的快乐,然而年轻的雨果却厌恶这样的快乐。如果说他强迫自己装出纯洁无邪、无动于衷的样子,那是为了掩饰和控制内心沸腾的激情,并使之变得超凡脱俗。将近十岁那年,在巴荣讷,他对激情就有了第一次感悟。阿黛尔使西班牙门和马德里那种褐色而热烈、充满歌唱和舞蹈的不可触及的异国情调在他脑海中留下

---

① 夏多布里昂(1768—1848),法国19世纪上半叶最主要的消极浪漫主义作家。
② 拉梅奈(1782—1854),法国作家和思想家。

了不可磨灭的记忆，吉卜赛姑娘爱斯梅拉达正是继承了这种异国情调。但是，这个与1811年的西班牙之行紧密相连的激情，乃是一首"朦胧的爱情之歌"，还十分幼稚，再加上他父母不和，家庭面临分崩离析，也就使得这童年时代的爱情变得不可能了。雨果将军因为对妻子的强烈爱情从没有得到回报，而拒绝接待她①，雨果从母亲身上学会了仇视父亲，仇视共和国和帝国。不幸的是，荣耀和财富却在父亲那一边。从许多方面看，1811年以来，尤其是1814年他父母离异后，可以说，他是个孤儿，他很爱他的母亲，对母亲的专横百依百顺。1821年，他母亲去世。母亲去世留下的深渊，有可能使过去的一切颠倒过来；摆脱了母亲的魔力，年轻人就可以考虑结婚了，为此，他必须同父亲恢复关系，更确切地说，必须同革命和帝国的壮丽史诗，同它们所孕育的人民的神话，同它们所体现的与极端正统主义背道而驰的国家正统性，建立具有阳刚特征的忠贞不贰的联系，这使他后来把《悲惨世界》中的马里尤斯塑造成一个成熟的男子汉。

1821年6月底，雨果从公墓回家时，突然从一扇窗子里发现他的阿黛尔正在舞会上跳舞，感到非常恐怖，他还没有从丧母的惊愕中清醒过来，这下更是雪上加霜，因而矛盾非但没有解决，反而加深了。雨果在1821年的眩晕，被写进《巴黎圣母院》，就成了弗罗洛的嫉妒，他的敏锐而惊恐的目光，埃及姑娘的舞蹈，耗子洞里赎罪婆的狰狞面孔，戈雅②式的残忍贪婪的母爱。这些眩晕的主题将被安排进一部历史小说，这部小说之所以成为历史小说，正是因为个人的记忆能够单枪匹马地使得历史事件的赓续不断和宏伟建筑的土崩瓦解既具有连续性，又具有可理解性，既充满不幸，又充满希望。雨果把这称作"命运"。同时，一切都向他表明，人不仅生活在家庭中，也生活在社会上，生活中充满了角逐和冲突。他的哥哥欧仁三年来一直有精神错乱的征兆，不久将陷入永久的疯癫。欧仁的精神失常，同阿黛尔的形象和头发不能说没有关系。在德勒，雨果抓住一切机会，同他未来的岳父母恢复关系。从德勒归来，在凡尔赛，他和一个名叫瓦勒罗的卫士发生冲突，掴了那人一记耳光。于是，一场决斗，雨果受伤，他躲到

---

① 雨果父亲在那不勒斯为约瑟夫·拿破仑效劳，雨果夫人住在巴黎，带子女前去团聚，却不和雨果父亲住在一起。

② 戈雅（1746—1828），西班牙画家。

蒙福尔-拉莫里养伤。毫无疑问，他想治愈和遮人耳目的东西，正是小说中漂亮英俊的弗比斯队长躲到布里的尾巴村所想忘却和让人忘却的东西：人对于人是狼。离开母亲的怀抱，干什么都要拔刀相斗，尤其是，教士与军人、诗人与宪兵、知识界与制度、黑暗与光明，这些对立的关系构成了一组组对照，人的欲望不停地在其中挣扎，就像在权利相等的爱情和死亡中挣扎一样。

于是，一部狂热而又充满嘲讽的小说开始了。雨果的第一部小说《冰岛的凶汉》①具有三个作用：首先是献奉上帝的作用，就像在向上帝透露内心的秘密那样，把父母的不幸和离异以及由此造成的子女们的不幸搬进了小说；其次是政治作用，通过描写强者的阴谋和丑恶行为，为国王、青年和人民联盟的怀旧主张辩护；最后是商业作用，他指望挣点钱，否则就不可能结婚。《巴黎圣母院》同《冰岛的凶汉》不是绝对没有相同之处：权力，女人，丑八怪，取代矿工进军首都的流浪乞丐暴动，最后，而且是最重要的，从事一项职业并获得成功，需要有一些别的东西，而不单靠时代的空气生活。民众起义及其失败，在1821年雨果经历的矛盾中，把雨果的心同历史联系在一起，而对于历史来说，则在1793年的恐怖行动和1830年的《巴黎圣母院》之间架起了一座桥梁。这要比《歌吟集》②有过之而无不及。这部在1822年到1828年之间一版再版的诗集，让人看到一种平静的演变。

1825年，查理十世在兰斯举行加冕典礼，《歌吟集》的作者参加了仪式，从而成为官方诗人。他的婚姻因女儿莱奥波德诞生而告圆满成功，而他自己也获得了文人和政治家的深厚友谊。他和夏多布里昂一样，一方面为新国王登基感到高兴，另一方面却与政府保持一定的距离。他和父亲的关系处于最令人满意的状态。他父亲曾因在王朝复辟时期被解职只领取半饷而耿耿于怀，现在他忘却前嫌，致力于国家事务，并为儿子和拉马丁③于同一日获得荣誉勋章而扬扬得意。

---

① 《冰岛的凶汉》，发表于1823年，是雨果发表的第一部小说。
② 《歌吟集》，雨果的诗集，其中的诗作大多在诗刊发表过，于1822年收集成册，1826年又加以补充。其中很多诗反对革命，拥护波旁王朝，歌颂保王主义和天主教。
③ 拉马丁（1790—1869），19世纪法国消极浪漫主义的第二个代表作家。

如果说三十年来①的骄傲是大地的错误，那么，查理十世在兰斯的加冕大典则将在一座哥特式大教堂里，为了法国和宗教、人民和自由、人权和行善的最大利益，同旧制度的幸福重归于好。简而言之，这对文学创作是一个新的庄严的开端。可是，雨果从来也不是行吟诗人，他认为加冕仪式是浮夸而可笑的。王朝复辟是什么？它任民族古迹惨遭毁灭，让往昔的建筑瑰宝惨遭践踏，就像把国王的斗篷交给地位卑贱的人和滑稽可笑的礼节并由其任意摆布一样。教堂欲恢复君主政体的面貌，却遭到无可挽回的失败，别处的优美景色将使雨果发现，考古诗人可以用怎样的方式向建筑物的拆毁者宣战：一部《诗意盎然的勃朗峰游记》写作提纲给雨果提供了丰富的印象和资料，这些印象和资料的脉络不止一次地重新出现在《巴黎圣母院》中。1830年的这部小说利用巴黎大教堂来攻击兰斯大教堂，因为小说的情节恰恰源自兰斯，源自帕凯特·尚特弗勒里的故事，尚特弗勒里被吉卜赛人偷走女儿阿涅斯后，就成了赎罪婆，而阿涅斯将是爱斯梅拉达，与阿涅斯调包的那个可怕的小丑八怪将是卡西莫多。因此，这部汇集在巴黎圣母院钟楼脚下，灾难一个接着一个的关于偷孩子、捡孩子和母女重逢的情节剧，是以法国君主加冕的地点作为注定倒霉的契机的：路易十一也是在兰斯举行加冕大典的，小说用了不止一个段落，生动而历史地描绘了路易十一的加冕典礼。这样，在明显地加以限制的王室大教堂上面，存在着民族的大教堂。另一方面，与法国君主政体相对的是弗兰德尔的市民阶级。正如法国国王是从兰斯进入巴黎一样，布鲁塞尔的圣居迪尔教堂，间接地附属于圣雷米②主教府。赎罪婆叫居迪尔绝不是偶然的：在小说中，正好是弗兰德尔使臣前来巴黎商谈法国王太子和弗兰德尔公主的婚事，介乎圣迹剧惨遭失败和民众暴动惨遭镇压这两幕之间。在创作小说时，继1830年的法国革命之后，又爆发了比利时革命，以纪念1789年的攻占巴士底狱。关于人民攻占巴士底狱，根特市袜店老板科佩诺尔早在1482年就作过预言，而且就是在巴士底狱。

因此，对查理十世的加冕典礼和1825年官方诗人雨果的幻想和失望进行一番思考，不仅有助于发现小说中的某些地理和历史资料的来源，还有

---

① 三十年来，指1795年到1825年。这一阶段，法国为在旧大陆保持霸权而与邻国打仗。
② 圣雷米（437—530），兰斯的主教。

助于把情节中明显的不真实性、奇迹般的巧合、英勇作战的片段和闹剧化的安排,归结为作者个人政治上的深思熟虑。所有这一切,都在一个能工巧匠制造的烟幕后面审慎而秘密地统一成一个复现式的象征主义,既有作者个人的回忆,又有他对政治知识的考古,两者不可分离。《巴黎圣母院》这部表现孤独的小说,提出兰斯已不再在兰斯,国王的最高权力、人民的最高权力和"自我"的最高权力,不过是一成不变的和高乃依式的问题①。

1828年,雨果不久前发表的《克伦威尔》及其序言,使他成为浪漫主义派无可争议的领袖。一年来,人们在他家里聚会;在那里,圣勃夫②同时迷上了诗人和女主人,不过,雨果的家庭仍是幸福的家庭,小夏尔的出生更增添了天伦之乐,而且,另一个维克多也即将出世。③可是1828年初,雨果的父亲雨果将军在巴黎猝然去世。父亲的逝世对雨果的悲观主义有很大的影响,悲观主义已在他的作品中生根,并且不断地加深和增加,对此,人们刚刚开始认识到。当然,雨果的悲观主义是逐渐形成的,但是,可以肯定,他内心经历了一场革命。他对父亲的忠诚事实上是在父亲去世后开始的。《死囚末日记》④宣布同极端保王思想彻底决裂,早一年发表的诗作《铜柱颂》却没有这样明显。《死囚末日记》是一篇反对死刑的辩护词,也就是说,是针对约瑟夫·德·梅斯特尔⑤的一部重要作品,这部作品反映了梅斯特尔的政治思想。但是,《死囚末日记》的价值主要不在政治方面。这部新小说完全推翻了小说的传统艺术,摈弃连贯的叙述,引进了内心独白,让人物时而飘游于梦境,时而生活在现实中,在俚语、歌谣、文体、习俗方面做了各种初步的尝试。此外,这部小说玄想连篇,从头至尾被弑父罪这个主题所困扰。……《死囚末日记》的手稿表明,雨果直到最后一刻才成功地决定集中写国王的孤独,死囚的孤独,自我的孤独:国王禁锢在王宫中,死囚监禁在牢房里,自我幽闭在躯体和生活经历中。这种禁锢遁世的体系或者说方法,这种绞尽脑汁向社会和历史提出各种问题的

---

① 高乃依式的问题,指情感和义务相冲突的问题。
② 圣勃夫(1804—1869),19世纪法国文学批评的代表人物。
③ 夏尔·雨果生于1826年;另一个维克多即弗朗索瓦·维克多,是雨果第二个儿子。
④ 《死囚末日记》,一部批判法律制度的小说,于1829年出版。
⑤ 约瑟夫·德·梅斯特尔(1753—1821),法国政治家、作家和哲学家,反对资产阶级大革命。

做法，又一次被用进了《巴黎圣母院》：巴士底城堡里的路易十一，铁笼里的主教，圣迹区里的格兰古瓦，圣母院的后院或钟楼里的弗罗洛和卡西莫多，躲在哥哥炉子底下的约翰，地牢或空中避难室里的爱斯梅拉达，陋室里的情人，未婚妻客厅里的弗比斯，所有这些人，都是缓刑的死囚，被禁锢的人，对于他们的处境提出了有关政权、国家、教堂、科学、艺术、爱情和婚姻等方面的各种问题。最后，这部优美的历史小说所具有的一切伪装，那种把女人禁锢在微不足道中、把人民幽闭在畸形怪诞中的完完全全是历史的丑恶东西，就在隼山绞刑台的地窖里，随着爱斯梅拉达和卡西莫多的尸体化作灰烬而土崩瓦解烟消云散了……

  1828年11月15日，雨果同书商戈斯兰签订协议，答应为他写一部华特·司各特式的小说。从那一天到1830年七月革命之间，可以说诗人千方百计想逃避这个任务，或者至少推迟小说的出版日期；经过慎重考虑，我们认为，这样一部小说，只有在复辟的合法王朝的崩溃中，才能变得成熟，才能具有历史和文学的合理性。

  最初的故事梗概同我们熟悉的小说内容相差不大，只缺少第三卷和第五卷，第四卷的极少量内容也已存在。最明显的是没有弗比斯，磨坊的约翰还不是克洛德·弗罗洛的弟弟。然而，格兰古瓦的地位却重要得多。从提纲看，完全是另外一部小说，以格兰古瓦游历普莱西-莱-图尔为叙事中心，由此可以想象出，这部小说与华特·司各特的《昆廷·杜沃德》[①]可能十分相近：苏格兰弓手不离左右，国家阴谋层出不穷，铁笼子充满诗情画意，直至可怜的格兰古瓦和他的小山羊一道被绞死。中心情节的展开与路易十一死期临近连在一起，故事发生的时间是1483年。结局同我们知道的差不多。

  小说脱离原来的提纲，经历了三个变化阶段，这样，小说的开端就膨胀了。首先，约在1830年9月23日，引进了弗比斯这个人物，作为副主教对女主人公（当时还只是女巫婆）的狂热爱情的外部障碍。然后，详细描绘刑柱的场面，并以此为中心，展开隐居婆和卡西莫多的故事。就在这里，在拉梅奈写下他姓名和地址的那一页上，于9月26日，磨坊的约翰变

[①]《昆廷·杜沃德》，司各特的一部历史小说，发表于1823年，描写法王路易十一的狡诈残忍。

成了约翰·弗罗洛，副主教的弟弟，或许是杰出的弓手队长的朋友。最后雨果突发奇想，想让克洛德·弗罗洛委托一个妓女帮他摆脱弗比斯，可是，人们在水边交给他的不是他情敌的尸体，却是他弟弟的尸体：这个设想放在《巴黎圣母院》中是不可思议的，要等到《国王寻欢作乐》①中才能成形。

如果说这最后一个奇想被引进了，但它与小说也不是毫无关系：约翰·弗罗洛被卡西莫多砸死在圣母院的大墙上，从而加速了小说的结局。副主教承认自己犯了该隐所犯的罪孽，感到不再有希望了：他彻底陷入罪孽的深渊，把爱斯梅拉达交给了俗权。

雨果删除了有关历史和道德的所有外在化的诗情画意，而把小说的情节统一在嫉妒和父性的弹簧上。小说集中写教士和士兵、肉体和精神之间的事，因而显得紧凑和内在化。弗比斯是弗朗索瓦一世，代表君主政体的权力和性的权力，是未来的太阳王路易十四的象征；克洛德·弗罗洛是特里布莱②，小丑式的知识分子，与政权妥协，远离自然和人民。在弗比斯和弗罗洛之间，是一个少女、一个丑八怪和一个少年奇特的手足之情把他们联结在一起。

事实上，小约翰·弗罗洛是副主教扶养成人的，好比是他的儿子。卡西莫多也一样。一个在大学和妓院赌场，另一个在教堂和愚人节，他们是兄弟，却似乎并不知道，而且互相仇视。卡西莫多和爱斯梅拉达一样，也来自兰斯，甚至，他和吉卜赛姑娘调了个包，雨果利用情节剧的方便，若隐若现地表现了美人和野兽的游戏。在这个结构中，小说写了克洛德·弗罗洛多元爱的故事：对上帝的爱，对科学的爱，对卡西莫多的慈爱，对小约翰的钟爱，所有这些爱都偏离轨道，凝聚到爱斯梅拉达身上，这个像祖母绿那样神秘莫测的夏娃，被认为具有魔力的女巫，在流浪乞丐可怕的祖国自由自在生活的吉卜赛姑娘，白璧无瑕的少女。弗比斯在她身上看到的却只是可以满足他性欲的极好机会。

小说中，用来衬托命运的对照和矛盾比比皆是，克洛德的父亲与隐居

---

① 《国王寻欢作乐》，雨果的剧本，创作于1832年。
② 特里布莱（1479—1536），法国宫廷侍从小丑，风趣诙谐，被雨果搬进他的戏剧《国王寻欢作乐》中。

婆的母爱构成了一组对照。隐居婆一贫如洗，靠卖淫度日，正如副主教废寝忘食，寻找绝对一样，这是悲剧的根源，是灾难的起因。

因此，由于加进了弗比斯作为对照物，小说人物之间的关系就变得密切无比了。这种像是用围墙把虚构的家庭围住的模式，是命运最显而易见的力量，雨果将把这一模式反复引进他的戏剧里，直到《城堡里的伯爵》①为止。小说的原始提纲很简单、粗略，很不具体，我们很难肯定雨果有没有考虑要把"命运"作为《巴黎圣母院》的主题，但是，从该提纲的续篇（那里充斥了趣闻逸事和怪诞设想），可以看出作者尚未为小说找到中心。由此可以得出假定性结论：取消原始小说至少一半的内容，删除将格兰古瓦游历图尔附近的情节，是与作者以"命运"为主题重新续写小说的企图相符合的。作者事后承认，并且在卷首写明，这个主题是写这部小说的启发性原因。

在这之前，爱斯梅拉达被处死的外部原因在于路易十一这个人物。在原始小说前三分之一的地方，路易十一决定"镇压民众，绞死埃及姑娘"，而在我们现在的小说中，这一情节出现在小说行将结束的时候；在原小说的第二个三分之一中，路易十一拒绝宽恕吉卜赛姑娘："既然我自己得不到她，怎能要我免她死罪？"那是1483年，国王病魔缠身，不久于人世，完全被他的御医所控制。因此，可以说，在普莱西城堡中，路易十一因为自己正面临死亡，也就把那位江湖舞女的生命看得一钱不值了。

雨果把这两幕合而为一重写小说，把整个故事集中在巴黎，集中在1482年，而且具体安排在巴士底狱，这就使这部历史小说具有了另一个意义。路易十一不再被看作一个古怪的人物，更确切地说，他的古怪不再是个人和道德方面的，而是属于政治神话范畴。他是历史转折时期的国王，中世纪的最后一个君主，现代的第一个帝王……

这本根据两个写作提纲强有力地统一而成的《巴黎圣母院》，包含着许多含混不清的东西：图朗若国王的古怪脾气，是通过图尔市圣马丁修道院院长拜访撒旦般的副主教表现出来的；库瓦克蒂埃大夫在他的主子路易十一国王和副主教弗罗洛、在圣母院教堂和巴士底城堡之间，起着穿针引线的作用；用类比法推理，国王在教会法庭的代理人夏莫吕则起着更重要的

---

① 《城堡里的伯爵》，雨果的戏剧，1843年上演，结果惨遭失败。

作用，他做梦也在想着炼金，时刻不忘追捕女巫，炼金和追捕女巫可以说是路易十一和弗罗洛以及整个时代的可笑可憎的衍生物，小约翰则躲在他哥哥的炉子底下窥视他们的行为。

因此，在所谓的心理情节和历史情节之间，存在着各种各样的对称和谐关系。二者的融合，是用类比法和象征法通过小说的浓缩实现的。但是，我们已经看到，小说主题的近似炼金术般的结晶，主要是在第五卷进行的。《圣马丁修道院院长》和《这一个将杀死那一个》这两章（初版时被排除在外，1832年再版时首次出现），从1830年起就使雨果发现了他自己小说中的这两章——因还是果，很难说清——它们是真正赋予《巴黎圣母院》生命的富有灵感和才华横溢的地方。

人们完全有理由注意到，《巴黎圣母院》的情节从头到尾只有几天时间，就像是悲剧的几幕。灾难主要来自卡西莫多这个聋子，他是仍被禁锢在物质之中的人民群众的象征……"聋子是可笑的"，雨果这样讲卡西莫多，这个与爱斯梅拉达调包的孩子，奇形怪状的丑八怪，耳朵听不见的音乐家，灵魂禁锢在躯体内，躯体禁锢在圣母院的石头中，他的名字本身就意味着"差不多"，正好表达了富有隐喻的特点。卡西莫多之所以差不多是个哑巴，那是因为不仅钟楼的钟，而且整部书，都在为他模模糊糊地诵念着通俗言语所包含的全部科学，号召教士们来读人民的书。

对于弗罗洛和雨果来说，教堂和书籍之间的主要问题，是知识和渴望知识的问题，在历史和一个人生命的某些阶段，不仅在各种解释体系之间，而且在肉体和精神之间所产生的说不清道不明的互相影响的问题。弗罗洛在精神和肉体上所受的折磨，各种权力欲的骚动，使他成了15世纪的一位浪漫主义的唐璜式人物。这个特殊人物，是为"文明"的这一"状态"提供陪衬物的。但是，知识和欲望的结合，征服的精神，由于知识的虚无性和征服者从未接近过女色而更带有悲剧意味。

……

与他（弗罗洛）相比，他弟弟约翰凝聚着少年而不是青春的全部魅力，这个年纪的人，分不清是孩子，还是成人，当无知用来作邪恶的借口，不幸用来为幼稚行为辩护的时候，可以说两者便互相抵消了。这个年龄可能比出生的时候更是命运的起点。约翰是巴黎顽童的校样之一，《悲惨世界》中的加弗罗什提供了定样。两人都为了一个毫无希望的事业，更确切地说，献身一个毫无希望的事业，因为人在这个年纪非常脆弱，一无所有，其特权就是死亡，不是死在历史中，不是一种为后人认可和纪念的牺牲，而是死在历史的旁边，死于对一切不幸、一切残酷，对社会机器的一切镇压无意识却又是客观的反抗。命运的荒诞古怪不只是用来促成小说中的最不可信的相碰相遇，使卡西莫多、爱斯梅拉达和约翰成为三个准兄弟姐妹；当格兰古瓦叙述自己生平的时候，就像是博马舍①——命运古怪的理论家——笔下的费加罗在独白。在游戏人生的约翰和另一个顽童谢吕班之间，相似之处何止一个：自博马舍和莫扎特以来，谢吕班为渴望不可能的幸福而歌唱。当然是在历史的旁边，但是，这可以说明历史就是靠了这些"在旁边"而不断前进的。在博马舍看来，喜剧转为悲剧，是以谢吕班的死亡为基础的；对于盖纳西岛的流亡者②来说，革命是为了制止新的加弗罗什的死亡。在这两者之间，《巴黎圣母院》的作者让金头发的约翰把脑袋砸碎在圣母院的石头上，正好是在中世纪和近代之间，既作为历史灾难的象征，又是向未来的召唤。描绘可怕事物这个工作，将再一次寻找"事物的本质"，整整一种文化，从莫里哀到博马舍，世世代代，互相呼应，在重复地告诉我们，历史把优美糅于严肃，把怪诞糅于高尚，把浓缩的神话糅于奇想的爆发，历史永远要人去创造。这样，三个多世纪内，每隔很长一段时间就会有一部作品作为里程碑，就像是一个个驿站，与《巴黎圣母院》这部作品互相影响，因此，1482年在1830年就完全有现实意义了。

《巴黎圣母院》中双重复现。首先是个人问题和个人回忆的复现。在克洛德和约翰、弗比斯和格兰古瓦之间，可以看到作者不同的面貌和年龄；在未来的隐居婆帕凯特、爱斯梅拉达和百合花之间，可以看到女性的矛盾。那时，雨果正被女性特征所困扰，因为他的妻子离开他另找新欢，而且他的母亲在1821年与世长辞，女儿莱奥波迪娜也于1843年溺死在塞纳河中，女儿的死完成了他命运的最大和最重要的激变。另一个是历史和文化的复现，书本的复现，表现为神话的贬值，这一点自从他对华特·司各特的富有洞察力的批判就开始了。换句话说，这种复现把个人的痛苦用于建

---

① 博马舍（1732—1799），法国喜剧作家，著有《费加罗的婚礼》等。下文中的谢吕班是《费加罗的婚礼》中的年轻侍从。

② 流亡者，指雨果。他于1855年至1871年间流亡在大西洋中的英属盖纳西岛。

立在一种历史上的写诗方法,能使我们不以假首饰爱好者的身份阅读小说。这种个人的痛苦同历史的写诗法可怕结合的原始形象,可以肯定就是该隐的形象。《巴黎圣母院》的结局几乎完全依赖于"该隐啊,你对你弟弟做了什么呀",根据这个,副主教肯定自己要被罚入地狱,因此也就把爱斯梅拉达也拖入毁灭。过了很多年,雨果写了史诗《咏世集》[①],又一次选择亚伯的哥哥该隐作为例子。该隐是意识的牺牲品和受难者,也就是说,是雨果宗教、历史和政治的主要"信条"的牺牲品和受难者。不能光凭雨果的大哥叫亚伯,另一个哥哥欧仁——与他争夺阿黛尔的情敌——精神错乱,就把这种由过失引起的眩晕说成是个人的事情。犯罪感是历史的;也许历史是从该隐杀亚伯,而不是从夏娃偷吃善恶树上的禁果开始的,被排斥在社会之外的人,有时候是赎罪者:冉·阿让[②]将是父亲身份的基督。克洛德·弗罗洛也是死于不可能尽父亲的责任;他不能主宰他的研究,也不能主宰他的孩子约翰、他的狗卡西莫多和他的爱情,也不愿再当格兰古瓦、夏莫吕或路易十一之流的主子。

因此,小说中描写弗罗洛昏乱和高烧的令人拍案叫绝的段落恰恰表明了副主教的彻底崩溃,直到摔死在圣母院的前庭广场上。因为在这部考古和民众暴动的书卷中,充满了铺石路和磐石,甚至,在这篇反宗教的檄文中,在这部描写教义之命运和教会之僵化的小说中,到处可以看到圣彼得[③]。圣母院的守护神叫卡西莫多,因为他是在复活节后第一个星期日,也就是卡西莫多日捡到的,而这个星期日的名字及其在再生瞻礼仪式中的位置,来源于圣彼得的第一封书信:"作为新生儿,要热烈地希望得到精神的和纯洁的奶汁,依靠上帝长大成人。既然你已体味到上帝是多么温和,当你走近他时,就像走近被人类抛弃、但被上帝选定和珍视的有生命的石头,你也会像有生命的石头一样,进入建筑物的结构。"因此,被"善心人"抛弃的卡西莫多,是"有生命的石头",几乎还没有脱离教堂的钟楼。但是,既然"这一个将摧毁那一个",既然书本将取代建筑,印刷品与日俱

---

① 《咏世集》(1859,1877,1883),一译《历代传说》,是法国文学史上重要的史诗作品,共有三集,以《圣经》故事、古代神话和民间传奇为题材。

② 冉·阿让,《悲惨世界》中的主人公。

③ 圣彼得,耶稣的十二使徒之一,原名"西门",耶稣为他取名"彼得",意为建立教堂的"**磐石**"。

增,将毁灭历史建筑物,那么,我们就面临着奇特的双重颠覆。圣彼得的第一封书信是政治书信,鼓吹服从国王:雨果从那里面借来一个名字,命名未来人民的神话,即使卡西莫多,这个帮倒忙的朋友,错误地成了路易十一神圣的女主人——圣母娘娘的捍卫者。但是,另一方面,圣彼得的政治,只对基督奥体的结构,对再生才具有意义。这双重的颠倒,使得这部反宗教的绝望的小说,成了一种相信人类宗教前途的最了不起的行为。在隼山绞刑台的地窖里,在化作尘埃的尸体中间,那块被爱斯梅拉达视作祖母绿的绿玻璃球,是信仰历史的悲剧性吉祥物。

……

手稿表明,原小说的时间应该确定在路易十一逝世的同一年,路易十一拒绝赦免爱斯梅拉达,因为他自己病入膏肓,不能得到赦免。提纲修改后,家庭的悲剧有了足够的纽结,不再需要这个外部依据了。因此,小说远离路易十一的死期,而靠近阿拉斯条约签订的日期,阿拉斯条约是路易十一政治上的圆满结局。不过,雨果把有些日期搞混了;对于我们来说是1483年的头几个月,被雨果计算成1482年的后几个月:一年始于复活节,雨果不可能不知道。因此,与其说把这看作错误,不如说是两种编年系统的相互干扰,是客观历史在时代的相对性中的折射。可以说,小说的情节不是确定在1482年,或者在1483年,而是介于1482年和1483年之间,正如这个时代介于中世纪和文艺复兴时期,路易十一悬在他的胜利和他的死亡中间一样。……在1482年和1830年之间,还有一个处在交叉点上的日期——1789年。那是攻打巴士底狱的日期,小说已有预言,1830年则试图使之完善。这样,年表的相似结构,加上人物个性以及书本文化的相似结构,就组成了一张总的解释网络,所有充斥于小说并用其火焰般光芒盖住了作品空中结构和黑暗地基结构的所有现实性细节,都在这张网里找到了位置。

……

这部小说,整个过程与其说在寻找平衡,不如说在使自己偏离中心,因此,移位比综合也许更有价值。格兰古瓦本可以代替爱斯梅拉达去坐牢,他的故事使人想起1815年12月德·拉瓦莱特夫人救她的丈夫——帝国邮政部长这件事。贝朗热①在《当日事件》上赞美拉瓦莱特伯爵夫人,拉瓦

---

① 贝朗热(1780—1857),法国诗人和自编自唱的艺人。

莱特伯爵于1830年2月13日刚刚去世。伯爵夫人精神错乱发了疯。《编页码的手稿》在同一个地方记下了威尔逊向拉瓦莱特伯爵提的问题："那么您为什么不愿上断头台？"这和弗罗洛向格兰古瓦提的问题如出一辙。此外，还记下了这条"英国古老的法律"："一个死囚走上绞刑架的时候，如有一个女人愿意嫁给他，他就可以免于一死。"这条法律，加上摔罐成亲，是《巴黎圣母院》故事情节的起源。

另一个移位是比利时的弗兰德尔，这使人们在历史考古学的终端，听到了现实的喧哗声；雨果在撰写，更确切地说在重新组织小说的时候，弗兰德尔正在闹革命、闹独立，按照法国七月革命的模式，通过天主教和自由派的联盟，反对纪尧姆国王的政府。华特·司各特对布鲁塞尔和安特卫普的街道情有独钟，把它们视作哥特式优美的见证人。雨果则把弗兰德尔乡村狂欢节的气氛写进了小说中，这种节日的悲剧性狂欢，毫无优美可言。当正如《会话词典》所云，"一轮阳光把丰富的收获铺满田野，一阵清风把两个世界的珍宝带到田边，那些使国王和人民互相厮杀，使社会道德准则分崩离析的可怕争吵，都应该到这里来获得彻底解决"的时候，比利时的中立立场完全可以悬挂在小说的中立化上。如果说布鲁塞尔也像巴黎那样，眼看"历史古迹一天天消失"，那么，雨果宁愿当一个抱怨这些改革的考古学家，也不愿做拍手称赞的经济学家和政治家。

这部关于命运的考古小说，无拘无束地决定写历史向低处奔跑，承担起思想形态的妥协，以便使之消失在教堂圆花窗引起的眼花缭乱中，玩弄构思的种种巧妙，"在一扇弗兰德尔窗子上刻写舞蹈的疲惫不堪"，最后，正如《悲惨世界》将让那位伟人消失在滑铁卢，以便迎来19世纪那样，《巴黎圣母院》让历史小说在华特·司各特身上玉殒香消，以便创造小说现代探索的先验条件。但是，这件事是分两个阶段完成的，先是1831年的删节本，删节部分留待以后使用。然后是1831年12月的完整版本。从此，雨果和朗杜埃尔，尤其是同开发其作品的公司一起，投入发行和普及其作品的运动之中。后来，他为这次行动辩护说，那是为了民主和教育，而我们却说，那是一次文化行动。结果是，舆论对《巴黎圣母院》的看法一仍其旧，没有丝毫改变：一部优美而怪诞的小说，一部想取代华特·司各特，却没有成功的历史小说，一部尖锐地吐露个人隐情，文笔无与伦比，值得再买的小说。承认这部小说在1830年后有什么创新，确认文学历史及其现实性是什么问题的时候到来了。出版人冒着会留下自己指甲痕迹，甚至可能损坏指甲的危险，试图刮去覆盖在书上的石灰浆，而让读者——突然来临的人民——把那些石灰浆清除干净。

（译文略有删节）

［法］雅克·塞巴谢

作者原序

几年前，本书作者在参观，或者更确切地说，在搜索巴黎圣母院的时候，在一座钟楼一个隐蔽昏暗的角落里，发现墙上有一个手刻的词：

'ΑΝΑΓΚΗ①

这几个大写希腊字母，深深刻入石头里面，年深日久，已经发黑，它们的形状和姿态似乎都带有哥特字体某些固有的特征，仿佛是要表明写字人生活在中世纪，尤其是，这个词蕴含着极其凄凉的宿命观，因此，作者对此产生了强烈的兴趣。

作者绞尽脑汁，反复思考，试图猜出不把这罪恶的或者是不幸的印记留在古老教堂的额头上便不肯弃世而去的痛苦灵魂究竟是谁。

后来，那堵墙重新涂抹过，或是刮磨过，我已记不清楚。从此，那字迹就不见了。近二百年来，人们就是这样对待中世纪那些卓越绝妙的教堂的。四面八方的人都来肢解它们，有内部的，也有外部的。教士乱涂乱抹，建筑师乱刮乱磨，然后，民众也来了，把它们拆得七零八落，支离破碎。

因此，刻在圣母院幽暗钟楼上的神秘字迹，以及这字迹不胜忧伤地概括着的无人知晓的命运，除了本书作者在这里提供的一点儿捕风捉影的回忆外，就不再留有任何痕迹了。在墙上刻这个词的人从尘世间消失已有好几个世纪，这个词后来也从教堂的墙壁上消失了，就连这座教堂也许很快就会从地球上消失。

本书就是根据这个词写成的。

1831年3月

---

① 希腊语，意思是"命运"。

定本附记
（1832）

据预告说，本版要增加若干"新"的章节，这个说法是错误的。而是应该说，要增加若干"未发表过"的章节。因为，如果"新的"是指"新写的"，那么，本版增加的几章就不是"新"的了。它们和作品的其余部分是同时写就的，出于同一时代、同一思想，从来都是《巴黎圣母院》手稿的组成部分。再说，作者很难设想，这类作品一经完成，怎能增加新的章节。不是想增加就增加得了的。作者认为，从某种意义上说，一部小说必定和它的各个章节同时诞生，一部剧作必定和它的各个场景同时产生。千万不要以为，你们称之为剧本或小说的那个整体，那个神秘的小宇宙，其组成部分的数目是可以任意增减的。这一类作品应该一气呵成，一成不变，写好后再嫁接个什么，焊接个什么，是很难成活的。作品一旦写就，就不要再三心二意、修修补补了。书既已出版，作品是男是女，既已得到承认，并且公开宣布；孩子既已呱呱坠地，那就算出生了，生米已煮成熟饭，父母想改变也无可奈何，他属于空气和阳光，死活只好随他自己。你的书失败了吗？那你就自认倒霉吧。千万不要给一部失败的作品加些什么。你的书不完整吗？你在酝酿时就应该使它完整的。你的树盘结弯曲吗？你别想把它矫直。你的小说得了肺痨，生命垂危吗？你不可能使它恢复生命力。你的剧作生来就是瘸腿吗？请相信我，千万别给它装上假腿。

因此，本书作者特别想让读者知道，这次增补的几个章节并非为这次再版而写的。如果说本书前几版没有出现这几章，理由非常简单。《巴黎圣母院》首次付印时，这三章①的草稿找不到了。要么重写，要么就舍弃。当时，作者考虑到这三章中，只有两章篇幅稍长一些，涉及艺术和历史，少了这两章，也无损剧作或小说内容的完整性，读者也不会觉察，只有作者一人知道少了这几章的秘密。所以，他就决定舍弃了。此外，作者不想隐瞒，当时也有惰性在作祟，面对要重写三章的艰巨任务，他望而却步了。他觉得，有这个时间，还不如另写一部小说呢。

今天，丢失的几章又找到了，于是，他抓紧时机，让它们各就其位。

因此，读者将要读到的是一部完整的小说，是作者原本想象的样子，原来写就的样子，原封未动，交给读者，好也罢，坏也罢，千古流芳也罢，昙花一现也罢，不管怎么说，那是作者按照自己的意愿写出来的。

有些人在《巴黎圣母院》中只寻求离奇的故事情节，悲剧的效果。当然，他们也颇有见地，对于这些人来说，重新找回来的这几章也许没有什么价值。但是，有些读者可能和他们相反，认为研究一下本书蕴含的美学和哲学思想，并非徒劳无益，在读《巴黎圣母院》时，他们兴致勃勃地从小说的情节中分辨出非情节的东西，透过诗人的创作，津津有味地追寻（请允许我们使用这些有点狂妄的字眼）历史学家的体系和艺术家的宗旨。

尤其是为了这一部分读者，这次再版时，我们加进了这几章，以使《巴黎圣母院》变得更加完整，假若认为《巴黎圣母院》值得完整的话。

作者认为，建筑艺术如今正日趋衰落，这一至尊艺术几乎不可避免地要走向灭亡，作者在增加的一章中，发表并阐述了这个观点。不幸的是，他这个观点是经过深思熟虑的，并在他心中深深扎下了根。不过，他感到有必要在这里指出，他热切希望将来有一天能证明他的看法是错误的。他知道，无论什么形式的艺术，都可以寄希望于未来的时代，可以听到新一代的天才正在我们的工作室里萌动。种子既已撒入犁沟，收获一定令人满意。只是他担心（在本版第二卷中可以知道原委），建筑艺术这块古老的土地已丧失活力，可是，多少个世纪以来，建筑艺术曾一直是培育艺术的最好土壤。

然而，当今的青年艺术家朝气蓬勃，聪明能干，可以说前程无量，以

---

① 本书第五卷的两章确实是和其他各章同时写好的，但原稿并没有丢失，而是雨果拒绝交给出版人。但第四卷的第六章可能是为1832年第八版增写的。

至于尽管当前建筑学校的教师令人生厌，可是，他们却不知不觉，甚至不由自主地培养出优秀的学生。这与贺拉斯①谈到的陶工相反，那陶工想做双耳大瓮，可是出来的却是砂罐。**轮子一转，为什么出来的是砂罐。**②

但是，不管建筑艺术的前途如何，不管我们的青年建筑家将以怎样的方式解决他们的艺术问题，不管怎样，在期待新的纪念性建筑物诞生的同时，让我们保存好那些古老的纪念性建筑物。可能的话，我们要唤起人民对民族建筑艺术的热爱。作者宣称，这是本书的一个主要目标，也是他毕生奋斗的一个主要目标。

《巴黎圣母院》也许展现了中世纪艺术的某些真实景象，对于这个绝妙的艺术，至今有些人一无所知，更有甚者，还有些人竟然不屑一顾。但是，作者认为，他自愿承担的这个任务远远没有完成。他曾不止一次地抓住时机，为我们古老的建筑艺术辩护，他曾理直气壮地揭露了许多亵渎、玷污和拆毁古老建筑的行为。他将一如既往，坚持不懈。他保证，要经常谈论这个问题，他绝不会食言。他将孜孜不倦地捍卫我们的历史建筑，艺术学校那些破坏传统艺术的人费多大劲来破坏，他也费多大劲来捍卫，因为看到中世纪的建筑落入那样的人手中，看到他们那样粗暴地用灰泥涂抹这一伟大艺术的遗迹，真让人痛心不已。我们这些知书达理的人，看到他们胡作非为，却只满足于在旁边吆喝几声，这真是我们的奇耻大辱。这里所说的不仅是外省发生的事，在巴黎，在我们的家门口，在我们的窗户下，在这个文明的大城市，在这个有出版、言论和思想自由的都市，每天都有这样的事发生。在结束这篇《附记》的时候，我们禁不住要举几个例子，来说明这种破坏艺术的野蛮行为，每天都有策划和研究，每天都有新的开始、新的继续和平平静静的结束，而且就在我们的眼皮底下，当着巴黎艺术公众的面，不顾被这种胆大包天的行为搞得张皇失措的批评界的批评指责。例如，最近拆毁了大主教府③，这座建筑趣味并不高雅，拆了倒也罢了；但是，在拆大主教府的时候，连同主教府也毁了，那是14世纪遗留

---

① 贺拉斯（前65—前8），古罗马著名诗人，代表作为《诗艺》。

② 原文为拉丁语，出自贺拉斯的《诗艺》。贺拉斯的原句为：开始做的是大瓮，为什么轮子一转，竟出来一只砂罐？

③ 大主教府，建于17世纪末，就在巴黎圣母院旁边，1831年2月15日发生骚乱，大主教府被拆毁。

下来的稀世古迹，专事拆毁的建筑师却不识货，良莠不辨，一齐拆掉。现在，有人动念要把樊尚城堡那座令人叹为观止的小教堂夷为平地，用拆下来的石头在那里建造什么工事，然而，连多梅尼尔①在世时都没有觉得需要在那里建造工事。波旁宫②这座破烂不堪的房子，耗费巨资进行修缮和恢复，而圣小教堂③的漂亮彩绘玻璃窗却被春分或秋分的大风刮得东歪西倒散了架。最近几天，圣雅克–德–布什里教堂的钟楼上搭起了脚手架，说不定某个早晨就要遭到镐头的蹂躏。有一个泥瓦匠，在司法宫的两座令人肃然起敬的塔楼之间，建造了一座小里小气的白房子④。还有一个泥瓦匠，把一个有三座钟楼的封建时代的圣日耳曼–德–普雷修道院乱砍滥伐，任意阉割。当然，还会有另一个泥瓦匠来拆毁圣日耳曼–奥塞尔教堂⑤。所有这些泥瓦匠，都自诩为建筑家，由省政府或国库杂支开付工资，居然也穿法兰西学院院士的绿色礼服。他们假冒高雅，对真正高雅趣味的危害罄竹难书。我们在写这篇《附记》时，真让人痛心哪！他们中间有一个来宰杀杜伊勒里宫⑥，他们中的这一个抢起大刀，对准菲利贝·德洛姆的脸面砍了一刀。⑦看到这位先生那样厚颜无耻，竟敢在文艺复兴时期最精美的一座建筑物的正面墙上，开凿如此笨重难看的矮门，无疑会感到是我们这个时代的一大丑闻。

1832年10月20日，巴黎

---

① 多梅尼尔（1776—1832），法国将军，樊尚要塞守将，曾在1814年和1815年为抵御反法联军，守卫樊尚。

② 波旁宫，由波旁公爵夫人建于1772年，大革命以后，是法国资产阶级立法议会所在地。

③ 圣小教堂，由圣路易建于1245年，在司法宫内。

④ 白房子，指1776年司法宫遭火灾后建造的一座豪华的建筑。

⑤ 圣日耳曼–奥塞尔教堂，法国国王的教堂，在卢浮宫廊柱对面。1831年2月14日民众骚乱使它不再适合作教堂，有人想把它拆毁。

⑥ 杜伊勒里宫，法国王宫，始建于16世纪。

⑦ 菲利贝·德洛姆（1510—1570），法国建筑家，1548年始任王室建筑总监。杜伊勒里宫在他主持下开始建造。这里是指建筑师丰泰纳（1762—1853）在菲利贝·德洛姆建造的正面墙上开了一个大门，一条街从这门里通过。

第一卷

一 司法宫大厅

三百四十八年六个月零十九天以前的今天，巴黎老城、大学城和新城的三重城垣内，所有的教堂钟声齐鸣，惊醒了酣睡中的居民。

然而，1482年1月6日在历史上却是平淡无奇的日子。那天，一大早巴黎大小钟楼钟声四起，男女老少纷纷起床，并不是因为有什么重大的事情，不是皮卡迪①人或勃艮第②人打来了，或是要抬着圣物盒游行；也不是拉阿斯葡萄园③的学生造反了，或是威严显赫的国王陛下进城来了④；不是巴黎隼山的绞刑架上要绞死男女扒手，甚至也不是那些穿得花团锦簇，帽子上插着羽毛的外国使团突然来临。这种事在15世纪是屡见不鲜的，不到两天前，还曾有过这样一队人马在巴黎招摇过市，那是弗兰德尔的使团，专程前来为法国王太子同弗兰德斯的玛格丽特公主缔结婚约的⑤。波旁红衣

---

① 皮卡迪，位于法国北部，历史上曾建立过强大的封建政权，长期与法兰西岛的人打仗。1482年归属法国，成为法国的一个省。

② 勃艮第，位于法国东部，历史上也曾建立过王国，14世纪才最终成为法国的一个省，也长期和法兰西岛的人打仗。

③ 拉阿斯葡萄园，巴黎大学城最早的名称，1548年曾发生过大学生暴乱。

④ 当时，国王路易十一通常不住在巴黎。

⑤ 根据阿拉斯条约（1482），年仅十二岁的法国王太子（后来的法王查理八世）要和弗兰德斯年仅三岁的玛格丽特公主缔结婚约。双方于1482年12月23日签订婚约，但最终没有履行。弗兰德斯为旧地区名，位于今法国东北部，14世纪被法国占领，15世纪成为勃艮第公国的领地。

主教①嫌这一行人太麻烦，但为了讨国王欢喜，只好强作笑脸，迎接这群土里土气的弗兰德尔的市长、镇长们，在他的波旁府**大演优美的寓意剧、讽刺剧和笑剧**②，让他们一饱眼福。可是下了场倾盆大雨，门前的华丽帷幔淋了个不亦乐乎。

1月6日，拿让·德·特洛瓦③的话来说，是"使巴黎全体民众欢天喜地"的日子，因为这一天从古以来就是主显节④和愚人节⑤合二为一的隆重日子。

1482年1月6日那天，要在河滩广场上点燃节日篝火，在布拉克小教堂的墓地里种五月树⑥，在司法宫的礼堂演圣迹剧。通告头天就公布了：御前大法官⑦的差役身穿漂亮的紫色毛料半截袄，胸佩白色大十字，在各个街口吹起喇叭，大声宣布总管府的通告。

因此，市民们一早就关上了家门和店门，男女老少，成群结队，从四面八方拥向这三个指定的地点，有的去看篝火，有的去看五月树，有的去看圣迹剧，总之，每个人都有自己的主意。不过，我们要对爱看热闹的巴黎人唱首赞美诗，他们凭着从古代遗传下来的常识，大部分人都去看篝火和圣迹剧，因为一月看篝火正合时令；至于圣迹剧，是在司法宫礼堂里演出的，上有屋顶，四周有墙壁，不怕寒风和冷雨。因此，爱看热闹的巴黎人都不约而同地拥到这两个地方，而布拉克小教堂墓地里的那株可怜的纸花稀疏的五月树则在一月的严寒中瑟瑟发抖。

拥到司法宫前后左右各条街道的人尤其多，因为他们知道，两天前来到的弗兰德尔使臣们提出来要在司法宫大厅里看圣迹剧，同时观看挑选丑

---

① 波旁红衣主教，即查理·德·波旁（1437—1488），十二岁当里昂大主教，1467年任红衣主教，是一位"好战的、卓越的和贪图享受的高级神职人员"。

② 原文为拉丁语。

③ 让·德·特洛瓦，法国编年史家。

④ 主显节，天主教称为"三王朝拜节"（据《圣经》说，耶稣曾三次向世人显形），至今仍在1月6日举行。

⑤ 愚人节，这里是指中世纪的一个民众娱乐节日，不是西方人在4月1日过的愚人节。

⑥ 五月树，一般在5月1日或其他日子种植，常常饰以高等法院书记员团的纹章，种在司法宫的院子里。

⑦ 御前大法官，国王在巴黎的代表，掌管巴黎的军政和司法。

八怪之王。

　　那天，要想挤进这间大厅可不容易，尽管它当时被称为世界上最大的礼堂（的确，那时候，索瓦尔①还没有测量过蒙塔吉城堡的大厅）。司法宫广场上人山人海，水泄不通，好似一片汹涌澎湃的海洋，站在临街窗口看热闹的巴黎人大饱了眼福。通往广场的五六条大街，犹如五六个河口，时时刻刻涌出一股股人流，汇入大海。不断壮大的人流冲击着广场周围的房屋和不规则的墙角，犹如海浪冲击海岸上伸突出来的岬角。司法宫那巍峨的哥特式②建筑的正面中央，有一座高大的台阶，两股人流不断上上下下，到了台阶中层，一分为二，沿着两侧的台阶奔泻而下，可以说，犹如两股流水不断泻入广场，正如瀑布泻入湖泊一样。喊声、笑声、无数双脚的践踏声，合成巨大的喧嚣，这喧嚣有时会变得凶猛异常，人流的后浪把前浪推向台阶，有时却又后退，引起阵阵骚动，掀起团团旋涡：不是御前大法官府的一个弓箭手在推推搡搡地维持治安，就是一个骑警的马在那里尥蹶子。这个妙不可言的维持治安的传统由御前大法官府传到统帅府，又传到骑警队，再传到当今巴黎警察总队。

　　家家户户，大门口、窗户前、窗洞里、屋顶上，满是人头，成千上万。市民们一张张善良的面孔，平静而诚实，注视着司法宫，注视着嘈杂的人群，他们个个都心满意足。因为，即使是现在，有许多巴黎人仍只满足于旁观看热闹的人。眼前是一堵高墙，高墙后面正在发生什么大事；这高墙本身就足以使人产生兴趣了。

　　假如我们这些1830年的人能够展开想象的翅膀，夹杂在这群15世纪的巴黎人中间，和他们一起挤挤撞撞、拉拉拽拽、磕磕绊绊地挤进这个本来极为宽敞，而在1482年1月6日这天却显得异常狭窄的大厅，也会觉得里面的景象既不是没有趣味，也不是没有魅力的。虽说都是很古老的东西，但恰恰因为古老，我们才会感到更加新奇。

　　要是读者同意，我们就来想象一番，看看读者若和我们一起，夹杂在

---

　　① 索瓦尔（1623—1676），法国历史学家。
　　② 一般用的"哥特式"一词的含义是不恰当的，但已约定俗成。因此我们随大流，用它来表示中世纪后半叶的以尖顶穹窿为主要特征的建筑艺术，这一建筑艺术接替了中世纪前半叶那种以半圆拱腹为特征的建筑艺术。——作者原注

这群身穿罩衫、短袄或短裙的嘈杂人流中跨进大厅，会有什么样的感受。

首先，我们会感到耳鸣眼花。头顶上是木雕贴面、饰有金色百合花图案的蓝色双拱穹，脚下是黑白相间的大理石地面。离我们几步远，有一根大石柱，走过去还有一根，再过去还有……直到大厅尽头，共有七根大石柱，支撑着双拱穹的七个拱底石。前面四根石柱周围摆了几个货摊，玻璃制品和假首饰闪烁着夺目的光彩；里面三根石柱周围放着几条橡木板凳，这些板凳已经被诉讼人的裤子和代诉人的袍子磨得又旧又光了。大厅四周，顺着高墙，在门与门、窗与窗、柱与柱之间，一列雕像不见尽头，罗列了自法拉蒙①以来的历代国王：游手好闲的国王②双臂低垂，目光下视；骁勇善战的国王昂首举臂，仰望天空。还有一扇扇尖拱长窗镶着五光十色的彩绘玻璃，一个个宽阔的出口处竖着一座座精雕细刻、绚丽多彩的门扉。拱顶、石柱、高墙、窗框、门扉、护壁板、雕像，这一切，从上到下，一片湛蓝金黄，辉煌灿烂。这些东西，在我们想象中看见的时候，光泽已经有点黯淡，到了1549年，已被灰尘和蜘蛛网所湮没，几乎全然不见当年的光彩，尽管那年杜·布勒尔③还照传统的观念称赞过这些建筑。

我们只要想象一下这个宽敞无比的长方形大厅，在一月惨淡的阳光照射下，拥进一群五颜六色、吵吵嚷嚷的市民，沿着墙壁游荡，绕着七根柱子转悠，我们就能对大厅内的全部景象有个大致的印象了。下面，我们试图将那些有趣的细节作一番具体的描绘。

可以肯定，要是拉瓦雅克④没有谋杀亨利四世，就根本不会有拉瓦雅克的诉讼案，也就谈不上把他的案卷放在司法宫的档案室里，就不会有同谋出于利害关系想销毁上面说的卷宗，因而也就不会有人出于无奈要烧毁司法宫。当然，目的是要烧毁档案室，而烧毁档案室的目的是要销毁那些卷宗，因此，也就根本不会有1618年的那场大火。那么，古老的司法宫仍旧会巍然屹立，而那个古老的大厅也可免于灾难，我也就可以对读者说："去看一看吧。"这样我和读者也就都省事了，我就不必费笔墨来写，而读者也

---

① 法拉蒙，传说中的法兰克第一位君主，生活在公元5世纪。
② 游手好闲的国王，指法国历史上墨洛温王朝最后几个不问政治的国王。
③ 杜·布勒尔，生于1528年，1549年开始过修道生活。
④ 弗朗索瓦·拉瓦雅克（1578—1610），刺死亨利四世。

就不必费神来读了。附带说一句,这件事说明了一个似旧而新的道理:那些重大的事件造成的后果是难以预料的。

当然,拉瓦雅克很可能没有同谋,或者即使有同谋,也很可能与1618年那场大火毫无关系。除了同谋放火一说外,还有两种可以接受的解释。一是3月7日那天,午夜时分,一颗一尺宽、一肘高的熊熊燃烧的大星星,如大家所知,恰好从天空中坠落,掉到了司法宫上面。另一种解释有泰奥菲尔①的四行诗做证:

  司法女神在巴黎,
  吃了太多的香料②,
  自把宫殿来烧掉,
  你说稀奇不稀奇?

对于1618年司法宫的那场大火,的确有上面三种解释,第一种是政治上的,第二种是物理学方面的,第三种是诗歌里描绘的。不管我们怎样看待这三种解释,不幸,火灾却是确凿无疑的事实。由于这场灾难,尤其因为后人反复翻修,把火灾中幸免于难的东西整得面目全非,司法宫的原貌几乎荡然无存了。然而这座宫殿是法兰西国王最早的住宅,比卢浮宫的年代更加久远,在美男子菲利浦③执政时期就早已存在,人们常去那里寻找罗贝国王④所建造的、埃加杜斯⑤所描述的那些巍峨王宫的痕迹。这一切几乎都不存在了。圣路易⑥完婚的洞房变成什么样子了呢?他"穿着羊毛短袄和粗呢无袖衫,罩一件黑檀木色的外套,和儒安维尔⑦一起躺在花园的地毯

---

① 泰奥菲尔·德·维奥(1590—1626),法国诗人。
② 此处一语双关,暗指法官贪污受贿。
③ 美男子菲利浦,即菲利浦四世(1268—1324)。
④ 罗贝二世(970—1031),法国国王(996—1031)。
⑤ 埃加杜斯,教士,卒于1045年,著有拉丁文传记《罗贝国王本纪》。
⑥ 圣路易,即路易九世(1214—1270),法国卡佩王朝国王(1226—1270)。路易九世在位时,推行司法、货币和军事改革。传说他常在御花园里审理民事。
⑦ 儒安维尔(1224—1317),历史学家,圣路易的宠臣。

上"审理过案件的那座御花园现在怎样了呢？西吉斯蒙①皇帝的卧室到哪里去了？查理四世②的呢？还有无地王约翰③的呢？查理六世④颁布大赦令的楼梯到哪里去了？马塞尔⑤当着王太子的面杀死罗贝·德·克雷蒙和尚帕涅元帅的那块石板地呢？撕毁伪教皇贝内迪埃谕旨的那个小门呢？当年传谕使者从这里被带走时还羞辱地穿着袈裟、戴着法冠、怪模怪样地走遍巴黎赔礼谢罪呢。还有那个大厅以及厅内金碧辉煌的饰物、尖拱窗户、雕像、柱子以及刻满一组组图案的宽大无比的拱顶呢？那间金光灿烂的卧室呢？那个低着脑袋、夹着尾巴，像所罗门⑥御座前的狮子那样，表现出暴力服从正义的卑顺姿态的看门石狮如今又在哪里？还有那些精美的门扉、绚丽的彩绘玻璃、刻工精致得连比斯科内特⑦也自觉望尘莫及的铁制饰品和迪·昂西精心制作的木器，这些东西如今又在何处？时光流逝，人事更替，这些人间奇迹都遭到了什么命运？用什么来取代了这一切，取代了丰富多彩的高卢历史和灿烂辉煌的哥特式建筑艺术？艺术上只有圣热尔韦教堂正门的拙劣建造者德·布罗斯⑧的低矮笨重的扁圆拱！至于历史，我们只记得帕特律⑨之流对圣热尔韦教堂正门那根粗柱子的胡言乱语。

这些都无关紧要。言归正传，让我们来继续谈那座名不虚传的古老宫殿内的名不虚传的大厅。

在宏伟的长方形大厅一端，放着著名的大理石桌，桌子的长度、宽度和厚度都是独一无二、举世无双的，据那些古老的土地赋税簿记载，世人从未见过"一整块如此巨大无比的大理石"，这张大餐桌足以引起卡冈都

---

① 西吉斯蒙（1368—1437），日耳曼皇帝，娶法国公主为后。

② 查理四世（1294—1328），法国国王。

③ 无地王约翰（1167—1216），英国国王。在位期间，对法王菲利浦二世作战失败，丧失英国在法国的大片领地。

④ 查理六世（1368—1422），法国国王。

⑤ 马塞尔（1315—1358），法国政治家。为强迫王太子（未来的查理五世）通过大法令，冲入王宫，当着王太子的面杀死了他的两名顾问克雷蒙和尚帕涅。

⑥ 所罗门，公元前10世纪的以色列国王。

⑦ 比斯科内特，巴黎圣母院几道门上铁制饰品的作者。

⑧ 德·布罗斯（1571—1627），法国建筑家。于1616年建造圣热尔韦教堂正门，两个世纪内一直被看作教堂正门建筑的典范。

⑨ 帕特律（1604—1681），以诡辩著称的律师。

亚①的食欲。大厅另一端是小教堂，路易十一让人给自己雕刻了一尊石像，跪在圣母像前，还叫人把查理大帝和圣路易的雕像从大厅里的法兰西国王雕像群中搬出来，移到小教堂里，全然不顾那样做会留下两个空壁龛，他认为这两位圣王在天堂里一定声势显赫，可以为自己增光添彩。小教堂刚造了六年，还是崭新的，建筑精致，雕像美妙，雕镂花纹又细又深，整个儿洋溢着一种优雅迷人的风格，这标志着法国哥特时代的末期，一直延续到16世纪中叶，成为文艺复兴时期充满幻想和魅力的建筑艺术。尤其是门楣上那个透亮的精致优美的圆花窗，堪称杰作，宛若花边缭绕的星星。

大厅中央，搭了一座看台，上铺金线锦缎，面朝大门，背靠墙壁，台上开了一个专用入口，实际上是那间金饰的卧室靠走廊的一个窗口。因为请了弗兰德尔的使臣和其他大人物来看戏，才搭起这个看台的。

按照惯例，圣迹剧一定要在那张大理石桌上演出。因此，一大早桌子就布置好了。华丽的大理石桌面已被法院书记员们的鞋跟划得伤痕累累，现在又用木板搭起了一个相当高的笼子，顶上那层木板充当舞台，整个大厅都看得见，笼身用帷幔围起来，到时用作剧中人物的更衣室。从更衣室上舞台，中间有一架梯子，梯子不太雅观地露在外面，演员们要爬着陡峭的梯子上场下场，没有一个角色、没有一段曲折的剧情、没有一个惊人的突变不是经过事先安排爬梯子上场的。戏剧艺术和舞台布景也有令人钦佩的天真可爱的童年。

司法宫大法官的四名执达吏，分别把守着大理石桌的四个角，无论是行刑还是过节，所有的民众娱乐，都由他们负责守卫。

演出要到司法宫的大钟敲响中午十二点时才开始，因为要迁就弗兰德尔的使臣。这对演戏来说似乎太晚了。

然而，那些观众可是一大早就来等着了。在这些老实巴交、爱看热闹的人群中，许多人天蒙蒙亮就来了，站在司法宫的大台阶前，冻得浑身发抖。有些人甚至为了能抢先进入大厅，横躺在大门口过了一宿。人越来越多，犹如河水泛滥，开始沿着墙壁上涨，围着七根柱子涨，漫到了柱顶盘、横梁和窗台上。总之，凡是建筑物和雕刻的突出部位，都挤满了人，像是被关进了笼子，一个挨一个，挤撞着，踩踏着，透不过气来，浑身不

---

① 卡冈都亚，一个巨人，食量很大。

自在，个个都等得疲惫不堪，急不可耐，胳膊肘稍微碰了一下，钉铁掌的鞋稍微踩了一下，都会引起争吵，加之难得一天可以胡言乱语，为所欲为，因此，在弗兰德尔使臣预定到达的时间之前，人群的吵嚷声早已十分尖刻、十分剧烈了。人们抱怨不绝，诅咒不停，一切都成了发泄的对象：弗兰德尔使臣、巴黎市长、波旁红衣主教、司法宫大法官、奥地利的玛格丽特夫人①、手执笞杖的执行官、时冷时热的坏天气、巴黎主教、丑八怪之王、石柱、雕像、紧闭的门、打开的窗，等等，不一而足。散布在人群中的一帮帮大学生和仆役们听到这些咒骂乐不可支，不是开玩笑，就是恶作剧，这好比是火上浇油，使群众的情绪变得更坏。

在这群快活的调皮鬼中，有一伙人是撞碎了窗玻璃进来的，放肆大胆地坐到了柱顶盘上，里外张望，嘲弄大厅里的观众和广场上的人群。他们滑稽地模仿别人的动作，爆发出一阵阵笑声，还向大厅另一端的同伴大呼大叫，大开玩笑。由此可见，这群年轻的大学生不像其他观众那样疲倦厌烦。他们为了开心取乐，利用眼前的情景，尽情调侃，一边等着看台上演出的另一场戏。

"我敢打赌，你是磨坊的约翰·弗罗洛！"其中一个淘气鬼向另一个喊道。后者有金黄的头发，漂亮的面孔，机灵的神态，正攀附在一个柱头的叶形斗拱上："叫你'磨坊的约翰'真是名副其实，瞧你的胳膊和两条腿多像风车的四个翼片，随风转动。对了，你来了多久了？"

"魔鬼发发慈悲吧！都等了四个多钟头了。"约翰·弗罗洛回答道，"但愿这四个小时，等我死后能从我在炼狱净罪的时间中扣除。我来的时候正好是七点钟，西西里国王②的八名唱经班童子刚好开始在圣小教堂唱大弥撒经呢。"

"那些唱经的长得挺漂亮，"另一个接口说，"他们的嗓子比头上戴的尖帽子还尖！圣上在为圣约翰③先生举行弥撒之前，应该先打听一下，圣约翰先生是不是喜欢听用普罗旺斯口音唱拉丁文的赞美诗。"

---

① 玛格丽特夫人（1480—1530），奥地利公主，本应嫁给查理八世，但因后者另娶而被逐出法国王宫，后成为荷兰总督，在欧洲政治事务中起了重大作用。

② 西西里国王，即雷内·德·安儒，死于1480年11月14日。

③ 圣约翰，《圣经》故事中耶稣的门徒约翰，天主教尊称约翰为"圣人"。

这时，窗下人群中有一个老太婆刻薄地嚷了起来："就是为了雇用西西里国王的这个该死的唱诗班，圣上才搞这个弥撒的。你们倒是说说看，一次弥撒就要花一千巴黎利弗①！都是从菜市场鱼税中刮来的！"

"住嘴，老婆子！"站在卖鱼婆身边的一个胖家伙捂着鼻子，装腔作势地喊道，"举行弥撒有什么不对？难道你要圣上再得病吗？"

攀附在柱头上的那个小个子大学生嚷道："讲得太棒了，王室皮货商吉勒·勒科尼先生！"

皮货商"勒科尼②"这个倒霉的姓氏，引得在场的大学生哈哈大笑。有些人喊道：

"勒科尼，长角的。"

还有人用拉丁文重复说：

"**头上长角的，头发蓬乱的。**③"

柱顶上的小魔鬼又说："嗨！本来就是嘛！有什么好笑的！可尊敬的吉勒·勒科尼老爷，国王内庭大法官约翰·勒科尼律师的弟弟，樊尚树林首席护林官马伊埃·勒科尼先生的儿子！父子都是巴黎的好市民，个个都结了婚！④"

大家乐得更厉害了。胖皮货商无言对答，拼命想躲开从四面八方向他射来的目光。他浑身冒汗，气喘吁吁，可是怎么躲也躲不开。他就像一只楔子嵌进了木头里，劲使得越大，那张恼怒得像中风病人一样紫红的宽脸，在前后左右的肩膀中间就嵌得更紧，拔也拔不出来。

到底有人来解围了，是他身旁一个同样正经的矮胖子。

"真是十恶不赦！学生竟敢这样对大老板讲话！要是在从前，就要用柴火先痛打一顿，再把他们活活烧死。"

那帮学生捧腹大笑。

"喂！是谁唱得这样好听？是哪只不吉利的猫头鹰？"

"嘿，原来是他，安德里·米斯尼埃师父。"一个学生说。

---

① 巴黎利弗，法国古代的货币单位。

② 勒科尼，法语为Lecornu。法语中，le cornu的意思是"长角的"，引申义为"戴绿帽子的人"。

③ 原文为拉丁语。

④ 暗示勒科尼父子都是"头上长角的，头发蓬乱的"。

"因为他是我们大学里四个获师父称号的书店老板中的一个。"另一个说。

"我们这个摊子里什么都是四个，"又一个说，"四个学区①，四个学院，四个节日，四个检事，四个选举人，四个书店老板。"

"那就给他们演一出四鬼戏②，闹个天翻地覆吧！"约翰·弗罗洛说。

"米斯尼埃，我们要烧掉你的书！"

"米斯尼埃，我们要揍你的伙计！"

"米斯尼埃，我们要骚扰你的老婆！"

"胖胖的好妞乌达尔德。"

"像个风流小寡妇。"

"你们见鬼去吧！"安德里·米斯尼埃师父低声咒骂。

"安德里师父，闭上你的臭嘴，不然，我要跳到你脑袋上来了！"约翰接口说，他一直吊在柱头上。

安德里师父抬起头，似乎计算了一会儿，看看柱身有多高，说这话的小鬼有多重，再用体重乘速度的平方，就不敢再吭声了。

约翰控制了战场，乘胜追击：

"我说到做到，别以为我哥是副主教我就不敢。"

"我们大学里的人真好说话！今天这样的日子居然不尊重我们的特权！瞧！新城有五月树和节日篝火，老城有圣迹剧、丑八怪王和弗兰德尔的使臣们。可在我们大学城，什么也没有！"

"难道我们的莫贝尔广场不够大吗！"一个在窗台上安营扎寨的学生接茬说。

"打倒校长！打倒选举人和检事！"约翰喊道。

"今天晚上应该在加雅花园把安德里师父的书烧掉，当作庆祝节日的篝火。"另一个说。

"还有司书的桌子也该烧掉！"旁边一个说。

"还有教堂管事的棍子！"

---

① 四个学区，指法兰西学区、皮卡迪学区、诺曼底学区和日耳曼学区。

② 15世纪，法国时兴圣迹剧，主角是圣人，同时在一旁演出鬼戏，有两个鬼的，称小鬼戏，也有四个鬼的，称大鬼戏。此处引申为"大声喧哗，制造混乱"。

"还有院长的痰盂!"

"还有检事的酒柜!"

"还有选举人的箱子!"

"还有校长的小板凳!"

小约翰一唱一和地跟着说:"打倒!打倒安德里师父、教堂管事和司书!打倒神学家、医学家和经学家!打倒检事、选举人和校长!"

"真是世界末日到了!"安德里师父手捂着耳朵,喃喃自语。

"说到校长,校长就到了。你们瞧,他正从广场上走过哩。"趴在窗台上的一个学生大喊道。

大家争先恐后地朝广场望去。

"真的是我们可敬的校长蒂博先生吗?"磨坊的约翰·弗罗洛一直吊在大厅里边的一根柱子上,看不见外面发生的事,所以问道。

其他人回答:"是的,就是他,一点不错,是校长蒂博先生。"

果然是校长和大学里的头面人物来了,他们列队前来迎接弗兰德尔使臣团,现在正穿过广场。学生们挤在窗口,说着挖苦话,拍手鼓掌喝倒彩,欢迎他们经过。校长走在最前头,首当其冲,遭到了猛烈的攻击。

"您好,校长先生!喂!您好吗?"

"这个老赌棍,怎么会来这里的?他舍得丢下他的骰子吗?"

"瞧他骑着骡子跑得多欢呀!他的耳朵比骡子的还要长哪!"

"喂!您好,蒂博校长先生!**赌红了眼的蒂博**①!老糊涂!老赌棍!"

"上帝保佑您!昨夜,你掷出了不少双六吧?"

"瞧他那张老脸,灰溜溜的,憔悴不堪,贪赌爱玩都把他给熬干了!"

"**骰子大王蒂博**②,你骑着骡子跑得这样快,不去大学去哪里呀?"

"肯定是去蒂博托代③街找赌场呗!"磨坊的约翰喊道。

他的同伙们热烈鼓掌,雷鸣般地吼叫,齐声重复着这句俏皮话。

"是吗,校长先生,魔鬼牌桌上的赌棍?您是去蒂博托代街找赌场吗?"

接着,大学的其他人物成了攻击的对象。

---

① ② 原文为拉丁语。

③ 蒂博托代(Thibautodé),Thibaut aux dés(骰子大王蒂博)的谐音。

"打倒教堂管事！打倒权杖手①！"

"喂，罗班·普斯潘，那人是谁呀？"

"吉尔贝·德·絮利，**吉尔贝图斯·德·絮利亚科**②，奥坦教务会会长。"

"喏，接住我的鞋，你站的位置比我好，把鞋扔到他脸上去。"

"**这是我们给你的农神节的核桃！**③"

"打倒六个穿白道袍的神学家！"

"那些人是神学家？我还以为是圣热内维埃芙修道院替鲁尼采邑送给巴黎城的六只大白鹅④哩。"

"打倒医生！"

"打倒考试答辩！"

"看我用帽子揍你！圣热内维埃芙修道院院长！你可是亏待过我。——我说的是实话！我在诺曼学区的名额，他拿去做人情送给布尔吉省的小阿斯卡尼奥·法勒扎斯帕达了，只因为他是意大利人。"

"太不公平了，"学生们异口同声地说，"打倒圣热内维埃芙修道院院长！"

"喂！若香·德·拉德奥！喂！路易·达于伊！喂！朗贝·奥克特芒！"

"让魔鬼把日耳曼学区的检事掐死。"

"圣小教堂的神父们过来了，披着灰毛搭肩，cum tunicis grisis⑤！"

"**或者说穿着灰皮外套！**⑥"

"喂，看哪！文科硕士们过来啦！多好看的黑斗篷！多好看的红斗篷！"

"他们成了校长的漂亮尾巴。"

"倒像是一个威尼斯公爵赶去参加海上婚礼哩！"

"瞧，约翰，圣热内维埃芙修道院的议事司铎！"

"司铎们见鬼去！"

---

① 法国大学举行仪式时，学校办事员带着装有金银头的权杖，走在要人前面。

② 原文为拉丁语。

③ 原文为拉丁语，引自拉丁诗人马蒂阿尔的作品。

④ 鹅（oie），在法语中有"傻瓜"的意思。

⑤ 拉丁语，指披着灰毛搭肩。

⑥ 原文为拉丁语。

"克洛德·肖阿院长！克洛德·肖阿博士！您是去找玛丽·吉法德的吧？"

"她在格拉提尼街。"

"她在为民兵之王①铺床哩。"

"她卖一次身得四文钱，quatur denarios②。"

"或者是一个屁。③"

"你要不要她当你的面卖一次身？"

"同学们！快看西蒙·桑甘先生，皮卡迪的选举人，他老婆也跟他同骑一匹马哩。"

"骑士后面坐着令人不安的人。④"

"别害怕，西蒙先生。"

"您好，选举人先生！"

"睡个好觉，选举人太太。"

"我真倒霉，什么也看不见。"磨坊的约翰叹道。他一直高栖在那根石柱顶端的叶饰上。

这时，大学城那个获得师父称号的书店老板安德里·米斯尼埃，把嘴凑到为王室提供皮货的商人吉勒·勒科尼师父的耳边，对他说：

"先生，我敢对你说，世界末日到了。什么时候见过学生们这样放肆的？本世纪那些该死的发明把一切都搞糟了。什么火炮呀，蛇炮呀，臼炮呀，尤其是印刷术，这是日耳曼送来的一个瘟神。再也没有手稿，没有书了。印刷术把图书也给毁了。世界末日快到了。"

"我也有同感，如今天鹅绒越来越走俏了。"皮货商人说。

这时中午十二点敲响了。

"哈！……"人群异口同声，叫了起来。学生们闭上了嘴巴。接着，一阵骚动，脚拼命挪动位置，脑袋晃来晃去，咳嗽声和擤鼻涕声，汇成巨大的爆炸声；人人调整姿势，站好位置，个个踮起脚尖，挤成一团；突然，

---

① 民兵之王，古代法国军队里有民兵，与正规军并肩作战，由一个民兵之王率领。14世纪，军队中的民兵取消，但"民兵之王"的称号保留下来，指管理随军妓女的军官。

② 拉丁语，意思是"四文钱"。

③ 原文为拉丁语。

④ 原文为拉丁语，引自古罗马诗人贺拉斯的作品。

人群中鸦雀无声，所有的脖子都伸长了，所有的嘴巴都张大了，所有的目光都转向大理石桌子。什么动静也没有。司法宫大法官的四名执达吏还守在那里，挺直身子，一动不动，宛若四尊彩绘塑像。众人的眼睛纷纷转向专为弗兰德尔特使搭的看台，但看台上依然空着，门依然紧闭。大家一早来到这里，就是为了等三件事：等中午，等弗兰德尔使臣，等看圣迹剧。准时来到的只有中午。

这真令人丧气。

一分钟，两分钟，三分钟，五分钟，一刻钟过去了，仍然没有动静。看台上空空的，舞台上静静的，连个人影也没有。这时，群众情绪已从焦躁转为愤怒。激愤的言辞此起彼伏，虽然声音还不算高。"圣迹剧！圣迹剧！"大家低声喊着，情绪渐渐激昂起来，一场风暴正在人群上空酝酿着，尽管还只是低声咆哮。磨坊的约翰开了第一炮。

"圣迹剧！让弗兰德尔人见鬼去吧！"他用尽全力，大声吼着，像蛇似的绕着石柱扭动身体。

人群中掌声四起。大家齐声呼应：

"圣迹剧！弗兰德尔人见鬼去吧！"

大学生约翰又喊：

"我们要看圣迹剧，马上开演！要不，我建议把司法宫的大法官绞死，那就既有喜剧，也有寓意剧好看了！"

"好！"众人大声喊叫，"先把他的执达吏绞死！"

全场热烈欢呼。那四个可怜鬼吓得脸色发白，面面相觑。人群向他们冲过去。眼看着那根不太结实的木栏杆就要挤弯了。

情况万分危急。

"冲呀！冲呀！"四面八方都在喊着。

就在这个时候，上面描写过的那个更衣室的帷幕掀开了，钻出一个人来。骚动戛然而止，群众像着了魔似的，由愤怒转成了好奇。

"安静！安静！"

那人提心吊胆，浑身打战，毕恭毕敬地走到了大理石桌边，越是接近，态度越是恭敬，好像要屈膝下跪了。

这时，群众已经渐渐恢复了平静，只剩下轻微的议论声。这对于人群来说是难免的。

那人终于说话了:"市民先生们,市民女士们,我们有幸在红衣主教大人面前演出一场非常优美的寓意剧,名叫《圣母的英明裁决》。在下扮演朱庇特①。红衣主教大人正在陪奥地利公爵先生派来的可尊敬的使臣团,现在使臣团正在博代门听大学校长致辞。红衣主教阁下一到,演出就立刻开始。"

说老实话,要不是朱庇特出面干涉,司法宫大法官的四个倒霉的执达吏可能要遭殃。既然我们荣幸地炮制了这个十分真实的故事,我们也就可以荣幸地在英明的圣母马利亚面前负责,我们可以不怕人引用"**不要主神出面干涉**②"这一古训来批评我们了。况且朱庇特大人的戏装非常漂亮,吸引了全场的注意力,对安定群众情绪起了不小的作用。朱庇特身穿黑天鹅绒面、缀有镀金大纽扣的锁子胸甲,头戴饰有镀金银扣的尖顶铁盔。要不是胭脂和大胡子平分秋色地遮住了他的脸,要不是他手执金光灿灿、缀满了金银箔片的硬纸卷筒(明眼人一看就知道是代表雷电③),还有,要不是他像古希腊人一样,光着双脚,打着绑腿,凭他那副威武的装束,简直是贝里公爵④卫队里的布列塔尼弓箭手。

二 皮埃尔·格兰古瓦

然而,当他发表演说时,他那身打扮在观众心中激发的满意和赞美之情,却随着他的讲话渐渐消失;当他最后不识时务地说到"红衣主教阁下一到,演出就立刻开始"时,他的声音却被雷鸣般的嘘声淹没了。

群众高喊:"马上开演圣迹剧!马上开演圣迹剧!"磨坊的约翰也尖着嗓门嚷道:"马上开演!"他的声音最响、最尖,刺破了这一片喧嚣,就像尼姆合奏团的高音笛声异军突起一样。

"打倒朱庇特!打倒波旁红衣主教!"罗班·普斯潘和其他几个盘踞在

---

① 朱庇特,罗马神话中的最高神。

② 原文为拉丁语。全句是:"只有在剧作本身值得这样做时才让上帝出场干涉,作为结局",是古罗马诗人贺拉斯关于悲剧的格言。这里小说作家用了半句,表示"不应该让主神(朱庇特)来干涉"。

③ 罗马神话中,主神朱庇特又是雷电神。

④ 贝里公爵(1340—1416),法国卡佩家族王子。

窗台上的大学生高声大喊。

"立刻演寓意剧!"群众高声附和,"立刻开演!马上开演!再不演就绞死演员,绞死红衣主教!"

可怜的朱庇特吓得不知所措,魂不附体,连涂了胭脂的脸也变白了,手中的雷电也掉了下来。他摘下头盔,拿在手中,然后频频鞠躬,浑身打战,语无伦次地说:"红衣主教大人……使臣们……弗兰德尔的玛格丽特夫人……"其实,他是怕被绞死。

等吧,群众要绞死他;不等吧,红衣主教要绞死他。他左右都只见一个深渊,那就是绞刑架。

幸亏有个人来承担责任,使他脱离了困境。

这个人就站在栏杆里边大理石桌周围的空当里,谁也没有注意他。因为他背靠柱子,又细又长的身体恰好被又粗又大的石柱遮住,大家也就看不见他了。这个人又高又瘦,脸色苍白,一头金发,额头和脸颊上都有了皱纹,但是还很年轻。他目光炯炯,笑容可掬,身上穿着磨得发亮的黑哔叽衣服。他走到大理石桌跟前,向正在受罪的朱庇特做了个手势。可是朱庇特已经吓晕了,没有看见。

新来的人又向前走了一步,说:"朱庇特!我亲爱的朱庇特!"

朱庇特没有听见。

长着一头金发的大个子终于不耐烦了,凑到他跟前大喝一声:

"米歇尔·吉博纳!"

"谁在喊我?"朱庇特这才惊醒过来,问道。

"是我。"穿黑哔叽衣服的人回答。

"啊!"朱庇特说。

"立刻开演,"黑衣人又说,"满足群众的要求。大法官那边我负责去说,红衣主教先生那边由大法官去说。"

朱庇特松了口气。他扯着嗓门,向正在对他大叫大嚷的群众喊道:"诸位市民先生,我们马上开演。"

"**好,朱庇特!鼓掌吧,市民们!**[①]"学生们大声欢呼。

"鼓掌!鼓掌!"群众齐声响应。

---

① 原文为拉丁语。

掌声震耳欲聋。朱庇特已经退到帷幕后面，可是欢呼声仍不绝于耳，震得大厅都在颤抖。

那个神通广大的黑衣人，像我们亲爱的高乃依老先生所说的那样，"把风暴化作平静"之后，谦虚地退进了那根柱子的阴影中。要不是两个年轻女子硬把他从阴影里拉出来，他可能会像先前那样待在那里，一动不动，一声不吭，不让人看见。那两个女子站在前排，注意到了他和米歇尔·吉博纳——朱庇特的秘密谈话。

"师父！"她们中的一个招招手叫他过去。

"别这样称呼，亲爱的丽埃纳德。"她身旁的姑娘对她说。这是个漂亮的姑娘，水灵灵的，穿着节日的盛装，显得更好看。"人家又不是神学生，是在俗的，不能称呼师父，要叫先生。"

于是丽埃纳德便改口叫"先生"。

陌生的黑衣人走到栏杆跟前，忙问道：

"有什么事吗，两位小姐？"

丽埃纳德不好意思极了，忙说："没什么，是我的同伴吉丝盖特·让西埃娜要同你说话。"

"不是我，"吉丝盖特羞得满面通红，说道，"是丽埃纳德称呼您'师父'，我对她说要叫您'先生'。"

两个姑娘低下了头。而那个陌生人巴不得能同她们攀谈，笑吟吟地看着她们说：

"小姐，那么你们没有话要同我说吗？"

"哦！没什么要说。"吉丝盖特回答。

"没有。"丽埃纳德说。

高个子的金发青年往后退了一步，打算走开，可是，那两个好奇的姑娘不想撒手。

"先生，"吉丝盖特就像是打开的水闸，或是下了决心的女人，急促地说，"那您认识在圣迹剧中扮演圣母的那个大兵吧？"

"您是说扮演朱庇特的？"陌生人说。

"哎！就是，"丽埃纳德说，"瞧她多傻！那您认识朱庇特？"

"米歇尔·吉博纳？"陌生人回答，"认识，女士。"

"他的胡子多帅！"丽埃纳德说。

"他们就要演的戏好不好看?"吉丝盖特怯声怯气地问。

"非常好看,小姐。"陌生人毫不犹豫地回答。

"是什么呀?"丽埃纳德又问。

"《圣母的英明裁决》,一出寓意剧,小姐。"

"啊!不是上次看过的。"丽埃纳德又说。

没有人答话。陌生人打破沉默,说:

"这个寓意剧是新编的,从没有演过。"

吉丝盖特说:"那就不是两年前教皇特使来的那天演过的戏了,有三个美丽的姑娘在戏里扮演……"

"美人鱼。"丽埃纳德接口说。

"一丝不挂。"小伙子加了一句。

丽埃纳德难为情地低下了眼睛,吉丝盖特看看她,也低下了头。小伙子却笑嘻嘻地继续往下说:

"挺好看的。今天这出寓意剧是专为弗兰德尔公主写的。"

"唱不唱牧歌?"吉丝盖特问。

"嘿!"陌生人说,"寓意剧能唱牧歌吗?不要把两个剧种搞混了。要是滑稽剧,那就要唱了。"

"太可惜了!"吉丝盖特又说,"那天,在蓬索水池旁边,有一些野蛮男女在打架,一边唱经文歌和牧歌,一边表演身段。"

"对教皇特使合适的,对公主并不合适。"陌生人冷冷地说。

"在他们旁边,"丽埃纳德只顾自己往下说,"低音乐器好像在比赛谁的调子更好听。"

"为了给过往的行人解渴,"吉丝盖特接着说,"三眼喷泉喷出美酒、牛奶和滋补饮料,谁想喝就喝。"

"蓬索水池过去不远,"丽埃纳德说,"在三位一体教堂,有人在演耶稣受难的哑剧。"

"这个我记得可清楚哪!"吉丝盖特叫了起来,"上帝被钉在十字架上,左右两边各有一个强盗!①"

---

① 这里"上帝"应是耶稣。据《新约全书》,耶稣被钉死在十字架上时,左右两边各有一个强盗同时被钉死。

两个喋喋不休的姑娘回忆着教皇特使来到巴黎的情景，越说越兴奋，于是两人同时说开了：

"再往前走，到了画师门，演员的衣着真华丽。"

"在圣婴泉边，有个猎人在追一头母鹿，猎狗汪汪地叫，号角呜呜地响！"

"在巴黎屠宰场，临时搭起的木头架子就算是迪埃普城堡！"

"教皇特使经过的时候，你知道，吉丝盖特，这边的人便开始攻城，把英国佬统统杀了。"

"在大堡①门口，演员穿的服装也漂亮。"

"换钱桥②上也装饰得很好看！"

"教皇特使经过时，桥上放出了两千多只各种各样的鸟儿，好看极了，丽埃纳德。"

"今天的更好看。"和她们说话的那个青年似乎有些不耐烦，就打断了她们的话头。

"您能担保今天的圣迹剧好看吗？"吉丝盖特问。

"当然啰！"他答道。接着，他又稍微有点夸张地说："两位小姐，我就是剧本的作者。"

"真的?"两个姑娘万分惊讶，问道。

"当然是真的!"诗剧的作者扬扬得意地答道，"也就是说，我们两个人，约翰·马尚负责锯木板、搭舞台，我负责写剧本。顺便提一下，我叫皮埃尔·格兰古瓦。"

《熙德》的作者说"我是皮埃尔·高乃依"时，恐怕也不会比他更神气。

读者可能已注意到，从朱庇特退回幕后，到这出新寓意剧的作者突然自动亮相，使得吉丝盖特和丽埃纳德惊叹不已，这中间已经过了不少时间。值得指出的是，几分钟前，观众还在吵吵嚷嚷，现在他们却相信那位

---

① 古时候，塞纳河上有两座桥通往城岛，每座桥上都有一个城堡，扼守进岛入口。北边的桥是换钱桥，桥上的城堡叫大堡，毁于1802年至1810年。南边的桥上的城堡是小堡，毁于1782年。

② 换钱桥，巴黎城岛通往塞纳河北岸的一座桥。中世纪有许多钱币兑换商在桥上摆摊或设店，故名。

演员的话，宽宏大量地等候寓意剧开演。这就证明了一条永恒的真理，一条从我们的剧院里天天都能得到验证的真理：让观众耐心等待的最好办法，是向他们宣布好戏马上就要开演。

然而，大学生约翰可没有睡着。

"好啦！咳！"雨过天晴的平静中，突然爆发出他的喊声，"朱庇特、圣母夫人，你们这些走江湖的，到底在搞什么鬼名堂？你们在拿我们寻开心哪？我们要看戏！快开演！不然，我们又要闹了。"

这一下还真管用。

从戏台里面传出了低音和高音乐器抑扬的乐声。幕布掀起，从里面钻出四个穿着五颜六色服装，脸上抹涂脂粉的剧中人物来，从旁边陡峭的梯子爬上舞台，面向群众排成一行，向他们深深鞠了一躬。于是，音乐停止，圣迹剧开始了。

这四个向观众鞠躬的剧中人物博得了全场热烈的掌声。接着，在一片肃静中，他们开始朗诵序诗。为了免得读者受罪，我们就不细述了。况且在那个时代，如今也一样，观众感兴趣的不是演员念的台词，而是他们穿的服装。说实话，这倒无可非议。他们都穿着半黄半白的双色戏装，只是布的质料不同，第一个是金银两色的锦缎，第二个是丝绸，第三个是呢绒，第四个是粗布。第一个角色右手拿一把宝剑，第二个拿着两把金钥匙，第三个是一把天平，第四个是一把铁锹。这四样象征物的含义一目了然，但为了方便不肯动脑子的懒人，在各人的衣服下摆都用黑线绣着各人的名字，锦缎袍上绣着"我是贵妇"，丝绸袍上绣着"我是教士"，呢绒袍上绣着"我是商妇"，粗布袍上绣着"我是农民"。两个男性穿的袍子短一些，头上戴着无檐帽，两个女性的袍子长一些，头戴风帽，这样的穿戴寓意是很显然的，明眼人一下就能看出他们的性别。

没有头脑的人才会听不懂序诗的内容，不明白农民娶了商妇，教士娶了贵妇，两对幸福的夫妇共有一只无与伦比的金海豚①，一心想把它献给世界上最美丽的女人。他们走遍了全世界，寻找这样的美女，先后拒绝了戈尔孔德女王、特雷比宗德公主、鞑靼大可汗的千金……最后，农民和教士、贵妇和商妇来到司法宫的大理石桌子上休息，面对老实巴交的听众，

---

① 海豚，寓意法国王太子。法语中，"海豚"和"王太子"都是 dauphin。

滔滔不绝地背诵警句格言，正像自由艺术学院的学生为应付哲学、教育学、文法和法律的考试，不惜滥用警句格言进行诡辩，好混一顶学士帽戴戴。

这一切确实很美。

这四个寓意人物争着讨好观众，洋洋大论、连篇累牍地背诵隐喻，然而，在听众中，哪有像剧作者那样倾听的耳朵、那样颤动的心灵、那样焦急的眼睛、那样伸长的脖子。就是这位诗人，正直的皮埃尔·格兰古瓦，刚才一时兴奋，禁不住把他的名字告诉了两个漂亮的姑娘。他又回到了他的柱子后面，离她们几步远的地方，入神地听着、看着，细细地品味着。序诗开场时观众的亲切掌声，还在他头脑中回响，他屏息敛气，看得心醉神迷，一个作者在一片寂静中听到演员如数家珍似的吐出字字珠玑，才会这样全神贯注。好一个皮埃尔·格兰古瓦！

可是，说来于心不忍，这最初的陶醉很快就被扰乱了，格兰古瓦刚把欢乐与胜利的酒杯举到嘴唇边，杯子里就掺进了一滴苦酒。

一个衣衫褴褛的乞丐，挤在人群中讨不到钱，从周围人的口袋里也捞不到油水，于是异想天开，爬到一个引人注目的地方，想得到几个赏钱。因此，演员一开始朗诵序诗，他便攀着专用看台的几根柱子，一直爬到看台栏杆下边的飞檐上坐下。他用褴褛的衣衫和右臂的脓疮吸引人们的注意和同情。不过，他没有说话。

多亏他保持沉默，序诗才得以顺利进行，但倒霉的是，大学生约翰从柱子高处发现了乞丐和他招摇撞骗的鬼把戏，于是又引起了混乱。这个爱出洋相的年轻人突然大笑起来，全然不顾这会打断演戏，扰乱看得出神的观众。他手舞足蹈地高喊："快瞧哪！那个身上长疮的叫花子在讨施舍呢！"

如果在有青蛙的池塘里扔一块石头，或者朝一群飞鸟打一枪，那就能想象出这些大煞风景的话会对全神贯注的听众产生怎样的效果。格兰古瓦像遭到电击似的哆嗦了一下。序诗戛然而止，全场哄乱起来，所有的脑袋纷纷转向乞丐。乞丐丝毫没有惊慌，反而看到这个机会有利可图，便半闭着眼睛，装出一副可怜的样子，喊道："行行好吧！"

"嗨！我以灵魂发誓，那是克洛潘·特鲁伊夫！"约翰又喊道，"喂！朋友，你嫌腿上的疮麻烦，让它跑到胳膊上了？"

接着，他猴子般敏捷地抛出一枚银币，扔进了乞丐用那只长疮的胳膊伸出来的油腻不堪的毡帽里。乞丐不动声色地接受了约翰的施舍和嘲讽，继续凄惨地喊道："行行好吧！"

这段插曲使观众非常开心。罗班·普斯潘和神学生们带头快活地鼓起掌来，欢迎约翰的尖嗓门和乞丐念经的调子插入序诗中的怪声二重唱。

格兰古瓦很不高兴。他一从惊愕中清醒过来，便尽力向舞台上的四个演员高喊："演下去！见鬼！演下去呀！"他甚至不屑朝那两个捣蛋鬼看一眼。

这时，他感到有人在拉他的大氅下摆，他恼火地转过头去，几乎笑都笑不出来。然而，他还是不得不微笑了，因为是吉丝盖特·让西埃娜美丽的胳膊伸过了栏杆，在拉他的衣服。

"先生，"姑娘说，"他们会演下去吗？"

"当然！"格兰古瓦回答，奇怪她怎么会提这个问题。

"那么，先生，"她又说，"能不能麻烦您给我讲讲……"

"下面要演什么？"格兰古瓦打断她说，"行，我给您讲讲。"

"不是，"吉丝盖特说，"是刚才他们都说了些什么。"

格兰古瓦身子一颤，好像伤口给人捅了一下。

"该死的蠢丫头！"他嘀咕了一句。

从此，吉丝盖特在他的心目中变得一钱不值。

其间，四个演员听了他的话，继续演下去了。观众见演员开口，便又开始听起来。可是，圣迹剧突然这样人为地截成两段，中间不够衔接，许多美妙的地方也就领略不到了。格兰古瓦这样想着，心里一阵阵难过。好在观众已渐渐安静下来，大学生约翰也闭上了嘴巴，乞丐正在数他帽子里有几枚钱币。总而言之，台上的圣迹剧又压倒了台下的现世剧。

说实话，这出戏不失为一部佳作，只要稍加修改，就是现在也还可以上演。开场白按惯例有点冗长空洞，但是直接明了。在格兰古瓦天真的内心深处，还是颇为自鸣得意的。大家猜想得到，寓意剧中的四个人物跑遍了世界三大洲，找不到接受金海豚的美人，带着几分疲倦，到大理石桌上来休息。于是，他们对这条神妙无比的大鱼竭力赞颂，微妙的成千隐喻使人一听就知道金海豚指的是玛格丽特·德·弗兰德尔公主的未婚夫，他此刻正闷闷不乐地待在昂布瓦兹城堡①,哪能想到农民和教士、贵妇和商妇刚刚为他跑遍了整个世界呢。金海豚少年英俊,身强力壮,尤其因为他是法兰西之狮的儿子(国王家所有美德概出于此)。我敢说,这个大胆的比喻确实不错,在这大演寓意剧、大唱王室婚礼赞歌的日子,撰写博物史的学者是不会因为把海豚说成是狮子的儿子而感到不高兴的。正是这种世上罕见的荒诞无稽的杂乱交配,才能证明剧作者的满腔热情。不过,若是也要进行一点批评的话,诗人本可以不用二百行诗,就能把以上绝妙的思想讲清楚的。不过,根据御前大法官先生的命令,圣迹剧必须从中午十二点演到下午四点,总得说些什么呀。况且,观众听得也很耐心。

商妇和贵妇正在争吵不休,农民师傅朗诵诗来劝架了:

    树林中从没见过这样神气活现的动物。

突然,看台上那扇讨厌地关着的门,现在更让人讨厌地打开了,门官用响亮的声音通报:

"波旁红衣主教大人驾到!"

三 红衣主教大人

可怜的格兰古瓦!在这庄严而激动人心的时刻,即使所有的圣约翰双筒爆竹②一齐鸣放,二十支火枪一并发射,即使比利塔楼那遐迩闻名的古炮一声轰响(1465年9月29日星期日,勃艮第人围困巴黎时,一炮炸死了七个围城者),甚至寺院门库存的黑色火药全部爆炸,也比不上门官通报一声"波旁红衣主教大人驾到"更震动他的耳朵。

倒不是皮埃尔·格兰古瓦畏惧或蔑视红衣主教大人。他既不懦弱,也不盛气凌人。拿今天的话来说,格兰古瓦是一个名副其实的折中主义者。和许多哲学家一样,他高尚坚毅,稳重沉着,信奉中庸之道(stare in dimi-

---

① 昂布瓦兹城堡,位于卢瓦河上,建于15世纪末,是王太子(即后来的查理八世)的诞生地。

② 圣约翰双筒爆竹,该爆竹通常在圣约翰节鸣放,故名。

dio rerum①），富有理智，崇尚自由哲学，但也恪守基督教的四德②。这类哲学家是世界上永不绝灭的珍贵种族，智慧好比另一个阿丽亚娜③，赐给他们一个线团，从开天辟地以来，一直引导他们穿过人间沧桑的迷宫。这样的哲学家每个时代都有，他们始终如一，就是说，总能适应各个不同的时代。还不算我们的皮埃尔·格兰古瓦。假如我们能够给予他应有的名誉，他倒真是这类哲学家在15世纪的代表。应该说，正是这些哲学家的思想激励迪·布勒尔神父在16世纪写出了天真而又高尚的值得流传百世的话来："按籍贯，我是巴黎人，按言论，我是自由派，因为在希腊文中parrhisia是言论自由。④我甚至对两位红衣主教，也就是孔代亲王殿下的叔父和兄弟也讲言论自由。不过，我很尊重他们，也不得罪他们任何一个仆从。他们的仆从多如牛毛。"

因此，尽管红衣主教这时候进入大厅使皮埃尔·格兰古瓦心里很不高兴，但不是因为对他心怀仇恨，也不是鄙视他的光临。恰恰相反，我们这位诗人头脑是非常清醒的，而且穷得只能穿破衣服，他巴不得让红衣主教大人亲耳听听他在序诗中的丰富隐喻，尤其是对法兰西狮王之子海豚的赞颂。然而，在诗人高尚的天性中，占主导地位的不是个人私心。假如诗人的天性以十来计算，由化学家作分析，用拉伯雷⑤的话说，就是作药物测定，那么，可以肯定，诗人的天性是由一分私心、九分自尊心组成的。然而，格兰古瓦的九分自尊心在听众热烈的赞美声中膨胀得很厉害，就在看台门打开、红衣主教进来的时候，已达到了登峰造极的程度。刚才我们在分析诗人天性中辨别出来的那点儿难以觉察的私心，被这膨胀的自尊心扼杀，消失得无影无踪了；可私心却是极其珍贵的组成部分，很实际的充满人情味的压舱物，没有私心，诗人们就不可能脚踏实地。格兰古瓦可以说已感到、看到和触摸到全场观众的狂热情绪，这对他是莫大的享受，虽然

---

① 原文为拉丁语，意为"善守中庸之道"。

② 基督教的四德，指坚忍、公正、谨慎、节制。

③ 阿丽亚娜，希腊神话中的人物，米诺斯国王的女儿，用线团帮助忒修斯逃出迷宫。"阿丽亚娜的线团"常用来比喻解决问题的办法。

④ parisien（巴黎人）和parrhisian（自由派）是谐音，而parrhisian是parrhisia的派生词。这里是一句俏皮话。

⑤ 拉伯雷（约1494—1553），文艺复兴时期法国作家，人文主义者。

观众都是贱民,但这有什么要紧?在洋洋洒洒、长篇大论的祝婚诗面前,他们看得目瞪口呆,如醉如痴,连气儿都不敢透一下。我敢肯定,格兰古瓦本人也和观众一样心醉神迷,但表现形式和拉封丹相反:拉封丹在看他自己的喜剧《佛罗伦萨人》①时,问别人:"这些歪诗是哪个混蛋写的?"而格兰古瓦却会情不自禁地问身旁的观众:"这部杰作出自哪位高手?"现在我们可以想象出红衣主教不合时宜地突然降临,格兰古瓦会有怎样的想法了。

他担心的事偏偏发生了。看到红衣主教进来,全场顿时乱了起来,谁都把脑袋转向看台。议论的声音大得互相听不见说话。观众嘴里不停地重复:"红衣主教!红衣主教!"多灾多难的序诗只好再一次停下来。

红衣主教在看台门口停留片刻,目光漫不经心地扫视全场,这时,喧哗声变得更大。谁都想好好看看红衣主教,都把脑袋挤在别人的肩膀上。

红衣主教果然不凡,看他比看任何一场戏都值得。他叫查理,是波旁红衣主教,里昂大主教和伯爵,高卢首席主教。他的兄弟皮埃尔是博热的领主,路易十一大公主的驸马,因而他家与王族是姻亲。此外,他的母亲阿涅丝是勃艮第人,所以与莽汉查理②也有姻亲关系。然而,高卢首席主教性格中最突出最鲜明的特点是,对权贵阿谀奉承和忠心耿耿。所以,可想而知,这双重姻亲关系给他带来了多少麻烦。他的心灵就像一叶小舟,不得不在尘世的暗礁间小心航行,以免被路易十一和莽汉查理这两座暗礁撞得粉身碎骨。内穆尔公爵③和圣保尔陆军统帅④就是被这两个卡律布狄斯和斯库拉⑤的魔鬼吃掉的。多亏上帝保佑,他才一路顺风,平安抵港,当上了红衣主教。可是,尽管他已到达港口,也正因为他已经身在港口,每当他回想起他的政治生涯饱经沧桑、危机丛生、历尽艰辛时,就不免心有余悸。因此,他常说,1476年对于他是"黑暗"而又"光明"的一年。这一年,他母亲波旁公爵夫人和表兄勃艮第公爵相继去世,丧母给他带来了巨

---

① 《佛罗伦萨人》,尚梅斯雷的喜剧,1685年7月23日上演,但一直被说成是拉封丹的作品。
② 莽汉查理(1433—1477),最后一个勃艮第公爵。
③ 内穆尔公爵(1437—1476),法国贵族,在当巴黎市长时因谋反路易十一而被斩首。
④ 圣保尔陆军统帅(1418—1475),因勾结莽汉查理,反对路易十一而被斩首。
⑤ 卡律布狄斯和斯库拉,希腊神话中意大利西西里海峡上的两个海妖,遥遥相望,专门吞噬过往船只。这里用来比喻路易十一和莽汉查理。

大的悲痛，但勃艮第公爵的去世却使他颇觉庆幸。

尽管如此，他仍是个大好人。他过着红衣主教的快活日子，对于夏吕奥①王室葡萄园的美酒，来者不拒，开怀畅饮，对于丽莎德·加尔穆瓦丝和托马丝·萨雅尔德之类的女人从不仇视，对漂亮姑娘的施舍比上了年岁的妇女多。由于这种种原因，他很受巴黎民众喜爱。他每走一步，身边总是簇拥着一群主教和修道院院长，他们出身名门，个个风流倜傥，放荡不羁，有时大摆筵席，大吃大喝。圣日耳曼-奥赛尔教堂的信女们晚上从波旁府经过，不止一次地看见窗口灯火辉煌，听见白天还在给她们吟诵经文的嗓门，在觥筹交错声中唱着十二世教皇伯努瓦②的饮酒歌："**像教皇那样畅饮**③"（就是这个伯努瓦，给教皇的冠冕加上了第三重冠），这些正直的信女看到这般情景极为愤慨。

也许正因为他深得人心，他进场时，群众才没有给他难堪，虽然刚才他们还愤愤不满，而且这天要选出一名教皇——丑八怪王，并不打算对什么红衣主教表示尊敬。好在巴黎人很少记仇，再说，他们已自作主张，不等红衣主教到来就让演出开始，长了市民的志气，灭了红衣主教的威风，也就心满意足了。况且，波旁红衣主教大人还是个美男子，有一件非常漂亮的大红袍，穿在身上很得体，就是说，他赢得了在场所有妇女的好感，因而也就赢得了一大半听众的好感。一个脸长得那样漂亮，大红袍穿得那样合身的红衣主教，因为耽误了大家看戏而受到嘲骂，那未免太不公正，太没情趣了。

他进来了，以大人物对民众固有的微笑向观众致意，若有所思地款步走向天鹅绒座椅。他的随从，按今天的称呼，他的参谋部人员，也就是那些主教和修道院院长，也跟着上了看台，使得大厅里的观众更加喧哗，更加好奇。大家指指点点，呼名道姓，争先恐后地显示自己至少认识他们中间的一个。有的说，那是马赛的主教大人，要是我没记错，名叫阿洛代；有的说，那是圣德尼教堂教务会的首席司铎；还有的说，那是罗贝·德·

---

① 夏吕奥，应该是夏约。——作者原注
② 十二世教皇伯努瓦，第一百九十五个教皇（1334—1342）。他当教皇之后，把教皇的冠冕从二重冠增加到三重冠。
③ 原文为拉丁语。

雷斯皮纳斯，圣日耳曼-德-普雷修道院院长，路易十一一个情妇的兄弟，是个放荡不羁的家伙……许多名字都说走了样，听上去怪腔怪调。至于那些大学生，他们口出粗言，骂骂咧咧。今天是愚人节，是他们的节日，是他们纵情狂欢的日子，是法院书记员和大学生一年一度狂饮的日子。这一天，任何坏事都可以做，而且都是神圣的。况且，人群里还有不少痴痴癫癫的荡妇，像西蒙娜·卡特勒利弗尔、阿涅斯·加迪内、罗比娜·皮埃德布等。在这样美好的日子里，又有这帮教士和娼妇做伴，至少可以随心所欲地骂几句，稍微亵渎一下上帝的名字吧。于是他们就抓住时机，恣意妄为了。在一片嘈杂声中，他们的喧闹尤为突出。他们亵渎神明，粗言秽语，不堪入耳。这也难怪，因为惧怕圣路易发明的热烙铁，大学生们一年到头咬紧牙齿，不敢说话，今天终于能放松舌头，张开嘴巴了。可怜的圣路易！这些人在他的司法宫里为所欲为，这对他是多大的嘲弄啊！他们从刚进入看台的人中间，各选一个对象，肆意攻击，有的选黑袍，有的选灰袍，有的选白袍，有的选紫袍。至于磨坊的约翰，作为副主教的弟弟，他大胆地抨击穿红袍的人，放肆地看着红衣主教，用拉丁文大唱：**浸透美酒的袍子！**

所有这些细节，我们全盘告知读者，但当时大厅里喧哗声盖过了学生们的咒骂声，看台上的人根本听不见。红衣主教即使听见了也不会生气，因为这是一种风俗习惯。何况，他还有别的心事。从他忧心忡忡的脸上可以看出，他所担心的是弗兰德尔使臣。他们几乎和他同时步入看台。

倒不是他政治上深谋远虑，担心他的表妹勃艮第的玛格丽特公主和他的表弟维也纳王位继承人查理殿下的婚事会有什么严重后果，奥地利公爵和法兰西国王之间这种涂脂抹粉的亲善关系能够维持多久，英王对于法王鄙视英国公主这件事将抱什么态度，他对这些并不关心，每晚照样畅饮夏约王室美酒。哪里料到就是这种王室佳酿，路易十一拿出几瓶（当然是由库瓦克蒂埃医生做手脚掺进了其他成分后），友好地送给爱德华四世[①]，竟在某天早晨帮助路易十一摆脱了这位英国国王。奥地利公爵极其尊贵的使臣团没有这类事情让红衣主教操心，但在其他方面却让他心绪不宁。这一

[①] 爱德华四世（1442—1483），英国国王，企图帮助勃艮第公爵莽汉查理反对路易十一，传说被路易十一用药酒毒死。

点,我们在本书开头就提到过了。他,堂堂的查理·德·波旁,却要热情招待这些名不见经传的小市民;他,堂堂的红衣主教,却要热情欢迎这些乡镇小官吏;他,堂堂的法国人,快活的席上客,却要热情款待这些喝啤酒的弗兰德尔人,而且是在众目睽睽之下,这实在叫他不堪忍受。为了让国王高兴,他多少次装模作样,强扮笑脸。毫无疑问,今天是最乏味的一次。

所以,当门官用响亮的声音通报"奥地利大公的特使先生们驾到"时,红衣主教便以世上最优美的姿态(他在这方面训练有素),把脸转向门口。不用说,全场观众也都把脸转了过去。

只见马克西米连大公①的四十八位特使两两步入大厅,神态庄严,与红衣主教查理·德·波旁的随行教士欢快的神情形成鲜明的对比。为首的是尊敬的神父,圣伯坦修道院院长,金羊毛修会主事约翰和都比领主,根特最高法官雅克·德·果瓦。大厅里顿时安静下来,偶尔传出低低的笑声,因为每个来宾都一本正经地向门官自报姓名和身份,门官再把他们稀奇古怪的姓名和微不足道的头衔乱七八糟地一一通报给全场观众,传到众人耳朵里已变得残缺不全、面目全非了。他们是:卢文市法官洛瓦·罗洛夫先生;布鲁塞尔市法官克莱·德·埃杜勒德先生;弗兰德尔议长,瓦尔米塞勒领主保尔·德·巴欧斯特先生;安特卫普市长约翰·科甘斯先生;根特市法院首席法官乔治·德·莫尔先生和该市检察院首席检察员盖多夫·冯·德·哈格先生;以及比贝克的领主,还有约翰·皮诺克、约翰·迪马埃尔塞勒,等等,不一而足。大法官、法官、市长、市长、法官、大法官,个个腰板挺直,装模作样,一本正经,身穿花团锦簇的节日盛装,头戴缀有几束塞浦路斯金丝缨子的黑丝绒风帽。总之,都有一副庄严肃穆的面孔,与伦勃朗②的画作《夜间巡逻》中的黑色背景衬托出来的身强力壮、神情严肃的弗兰德尔人一模一样;他们的额头上都清楚地写着"通情达理,骁勇善战,经验丰富,忠诚老实","具有其他类似的优秀品质"。马克

---

① 马克西米连大公(1459—1519),奥地利大公,神圣罗马帝国皇帝(1493—1519),以联姻方式兼并了欧洲部分领土,把女儿玛格丽特公主许配给法国王太子,但王太子(即后来的法王查理八世)毁约另娶。

② 伦勃朗(1606—1669),荷兰著名的画家、装饰艺术家。

西米连大公在给法国国王的声明中赞美他们的这些品德,并要求"给予充分的信任",他这样做是绝对没有错的。

但有一人例外。这人脸上洋溢着精明、聪慧和狡黠,尖嘴猴腮,一副外交家的圆滑相。红衣主教朝他走上前三步,深深地鞠了一躬。其实这个人不过是根特市的参事,一个领取年金的人,名叫纪尧姆·里姆。

当时很少有人知道纪尧姆·里姆是何许人。其实他是个罕见的天才,要是遇上革命,准是个叱咤风云的人物,但在15世纪,他却只能躲在洞穴里搞搞阴谋,借用圣西门①公爵的话说,"生活在地道里"。但他很受欧洲第一号"坑道兵"路易十一的赏识,与路易十一沆瀣一气,狼狈为奸,经常插手他的秘密勾当。在场的观众对这些情况一无所知,只是看到红衣主教对这个看上去像是弗兰德尔大法官的面黄肌瘦的人彬彬有礼,都感到很惊奇。

四 雅克·科佩诺尔老板

当根特市参事和红衣主教大人相互鞠躬、低声寒暄的时候,走来了一个高身材、宽肩膀、阔脸盘的人,要和纪尧姆·里姆并肩登上看台,就像门犬紧跟着狐狸一样。他头戴毡帽,身穿皮袄,这身装扮与周围的丝绒绸缎很不协调。门官以为他是走错路的马夫,便把他挡在了门外。

"喂,朋友!这里不让过!"

穿皮袄的用肩把他推开。

"你这家伙要干什么?"他大声吼道,全场的注意力都被吸引到这场奇特的对话上,"你没看见我和他们是一起的吗?"

"您的姓名?"门官问。

"雅克·科佩诺尔。"

"您的身份?"

"袜店老板,根特市的,店名叫'三链'。"

门官犹豫了。通报市长或法官倒还说得过去,可要通报个袜店老板,

---

① 圣西门(1675—1755),法国历史学家,所写的《回忆录》记下了路易十四时代的宫廷生活。

就为难了。红衣主教如坐针毡。全场观众在一旁听着、看着。两天来,大人费了九牛二虎之力,调教这些粗野的弗兰德尔人,好让他们在公开场合少出洋相。这个洋相可真够他受的。这时,纪尧姆·里姆脸上扯起狡黠的微笑,凑到门官耳边,压低嗓门对他说:

"请通报根特市法官的书记员雅克·科佩诺尔先生。"

红衣主教大声重复:"门官,通报名城根特市法官的书记员雅克·科佩诺尔先生。"

这下可坏事了。本来纪尧姆·里姆一人是可以把事情对付过去的,可是科佩诺尔听到红衣主教这样说就不干了。

"不对,上帝的十字架!"他大叫起来,声若雷鸣,"雅克·科佩诺尔,卖袜的。听见没有,门官?一字不多,一字不少。上帝的十字架!卖袜的有什么不好?大公先生还常到我的袜堆里找他的手套呢。"

全场爆发出笑声和掌声。俏皮话在巴黎向来一听就懂,因而很受欢迎。

再说,科佩诺尔是平民,周围的观众也是平民。他们之间一下子就沟通了,可以说是毫无障碍。弗兰德尔袜店老板的傲慢言辞侮辱了达官显贵,却在那些平民的心灵中激起了一种尊严感,而这种感情在15世纪还是若明若暗,模糊不清的。袜店老板和他们一样是平民,可他刚才却敢顶撞红衣主教大人!而他们这些可怜鬼只知道尊敬和服从别人,从红衣主教直到给红衣主教擎衣牵裾的圣热内维埃芙修道院院长,直到院长的执达吏,执达吏的随从,随从的奴仆!想到这些,他们心里感到很舒服。

科佩诺尔傲慢地向红衣主教施礼,红衣主教向这个连路易十一见了也惧怕三分的威力无比的市民还了礼。然后,在纪尧姆·里姆,这个被菲利浦·德·科敏①称为"聪明而狡猾的家伙"的注视下,他们走到各自的座位前:纪尧姆·里姆微笑中露出讥讽嘲弄和高人一等的神情,红衣主教狼狈不堪,心事重重,科佩诺尔却泰然自若,高傲骄矜。他也许在想,袜店老板不比其他任何头衔逊色;勃艮第的玛丽夫人,也就是他今天奉命前来缔结婚约的玛格丽特公主的母亲,害怕袜店老板也许胜过害怕红衣主教大

---

① 菲利浦·德·科敏(1447—1511),路易十一的宠臣,编年史作家,所著《回忆录》反映了1468年到1498年之间法国在路易十一和查理八世的统治下所发生的事。

人,因为把根特人煽动起来同莽汉查理的女儿①身边的宠幸们作对的,毕竟不是红衣主教;而当这位弗兰德尔贵妇人跑到绞刑架下苦苦哀求人民饶恕他们时,一句话就使得民众不为她的眼泪和哀求所动心的,也不是红衣主教,而是袜店老板,他只是稍稍抬一抬裹着皮革的胳膊,就让居伊·德·安贝古尔和纪尧姆·于戈奈两位大老爷②的脑袋落地了!

然而,可怜的红衣主教还要继续受难,身边的客人那样猥琐,他只有忍气吞声把这杯苦酒喝到底。

读者大概还记得在序诗开始时就爬到中心看台柱子上坐着的那个厚颜无耻的乞丐吧。即使贵宾们入场,他也根本没有理会,仍在上面坐着。当主教和特使们像弗兰德尔鲱鱼装进桶里那样,一个挨一个地在看台上入座的时候,他却在柱顶盘上跷起二郎腿,坐得更舒服了。如此傲慢无礼的举动,真是世上少有。开始时,大家都注意别的地方,因此谁也没有留心他。而他也没有觉察大厅里发生的事,像那不勒斯人那样漫不经心地摇头晃脑,在一片喧哗声中,不时地喊一声:"可怜可怜吧!"仿佛完全是机械的重复。大概他是唯一不屑于扭过头去观看科佩诺尔和门官争执的观众。然而,无巧不成书,根特市袜店老板偏偏来到看台第一排,在乞丐头顶上方的位置上坐了下来。他仔细看了看眼前的这个怪人,友好地伸出手拍拍他缀满补丁的肩膀;观众对袜店老板早已有了好感,眼睛一直盯着他,现在瞧见弗兰德尔使臣对乞丐如此友好,不禁大吃一惊。乞丐转过头来,两人一见如故,脸上露出又惊又喜、相见恨晚的神色……于是,袜店老板和乞丐手拉手地低声交谈起来,全然不顾观众会有什么反应。克洛潘·特鲁伊夫的破衣烂衫展现在看台金色的帷幔上,犹如一条毛毛虫附在黄澄澄的柑橘上。

看到这新鲜而奇特的一幕,大厅里的观众欢呼雀跃,狂喊乱叫,红衣主教当然很快就发现了。他半俯着身子,在他的座位上只看得见特鲁伊夫的破衣裳,于是就想当然地以为他在乞求施舍。对这种胆大妄为的举动,

---

① "莽汉查理的女儿"和下文中的"这位弗兰德尔贵妇人"都指勃艮第的玛丽夫人(1457—1482),奥地利大公的妻子。

② 两位大老爷,勃艮第的两位大法官。因被怀疑在同路易十一就玛丽·德·勃艮第和法国王太子的婚事的谈判中耍了手腕,于1477年4月2日被绞死在根特。

主教大人极为愤慨，大声喊道："司法宫大法官，给我把这家伙扔到河里去！"

"上帝的十字架！"科佩诺尔仍握着克洛潘的手，说道，"红衣主教大人，这位是我的朋友。"

"好！好！"观众喊道。从这一刻起，科佩诺尔老板在巴黎也像在根特市那样"深得人心"了，因为，正如菲利浦·德·科敏所说，"这样有身份的人只要行为放纵，必定会受到巴黎市民的爱戴。"

红衣主教气得直咬嘴唇。他倾过身子，对坐在他身旁的圣热内维埃芙修道院院长低声说：

"大公先生为玛格丽特公主缔结婚约给我们派来的使臣真够有趣的呵！"

院长回答："大人对这帮弗兰德尔蠢猪讲礼貌实属浪费，这叫 Margaritas ante porcos①。"

红衣主教微笑着回答："应该说 Porcos ante margartam②。"

在座的教士们对这句俏皮话不无赞叹。红衣主教心里感到舒服了些。这下他和科佩诺尔算是扯平了，因为他也讲了一句颇受欢迎的妙语。

我们有些读者，用流行的话来说，既善于形象思维，又善于逻辑思维，那么，当他们把注意力转移到司法宫大厅时，能不能清晰地想象出这个无比宽敞的大厅是怎样的景象呢？在大厅中央，背靠西面那堵墙上，有一座围着金色锦缎的华丽宽敞的看台，一队神色庄严的达官贵人通过一道尖拱小门鱼贯进入看台，一个门官用尖锐刺耳的声音通报他们的姓名和身份。在看台前几排的座位上，已经坐了许多令人肃然起敬的人物，头上戴着银鼠帽、丝绒帽或红缎帽。看台上静静的，显得庄严肃穆；看台周围、下面和对面挤满了人，充满了喧闹。无数双眼睛专心注视着看台上的每一张面孔，无数张嘴巴低声重复着每一个名字。毫无疑问，这些情景趣味盎然，完全值得观众注意。但是，在那边，大厅的尽头，好像有一张台子，台上台下各有四个彩色木偶般的人物，那里在做什么呢？台子旁边，有个穿黑破褂儿、脸色苍白的人，他是谁呢？唉，亲爱的读者，是皮埃尔·格

---

① 拉丁语，意为"珍珠放在猪面前"，可以理解为"浪费"。出自马提亚的《福音书》Ⅶ，6。

② 拉丁语，意为"猪在珍珠面前"。拉丁语中的珍珠（margarta）与玛格丽特（Marguerite）词形相近。这里作者改变拉丁语成语的词序，用以讽刺弗兰德尔人。

兰古瓦和他的开场序诗。

我们把他忘得一干二净了！

而这正是他所担心的。

从红衣主教入场的那一刻起，格兰古瓦就一直为拯救他的序诗忙个不停。先是吩咐中断演出的演员继续演下去，而且要他们嗓门再大一些；看到没有人听，他又叫他们停下来。戏停了将近一刻钟了，他急得像热锅上的蚂蚁，不停地跺脚，来回地奔忙，喊了吉丝盖特，又喊丽埃纳德，鼓动周围的观众继续观看开场诗。可这一切都是白费力气。谁也不把眼睛从红衣主教、弗兰德尔使臣和看台上挪开，那里是凝聚全场视线的唯一中心。此外，我们要遗憾地指出，而且这也是事实：从红衣主教入场把观众的注意力一下子全部吸引过去的那一刻起，观众就开始对开场序诗产生厌烦情绪了。舞台上演出的戏，和看台上发生的事有什么两样呢？不都是关于农民和教士、贵族和商人之间的冲突吗？既然如此，许多人宁愿看见他们有血有肉，货真价实，披着红衣主教的大红袍，穿着科佩诺尔的皮外袄，在这群弗兰德尔使臣和这帮法国教士中生活着，呼吸着，运动着，也不愿看见他们脸上涂着脂粉，身上穿着格兰古瓦让他们穿的半黄半白、滑稽可笑的戏装，呆头呆脑，怪模怪样，嘴里不停地吟诵诗文。

然而，当我们的诗人看见大厅稍为安静一点后，便想出了一条妙计，以为能挽回局面。

他身旁有一个胖子，看上去很正经，很有耐心。他转过脸对他说："先生，让他们从头开始，怎么样？"

"什么？"那人问。

"嗨！圣迹剧呗。"格兰古瓦说。

"随便。"那人又说。

回答虽然不很明确，但对格兰古瓦来说足够了。于是，他亲自出马，竭力装成观众，大声喊道："从头演圣迹剧！从头演！"

"见鬼！"磨坊的约翰说，"那边他们在喊什么呀？（因为格兰古瓦声音很大，顶得上四个人的喊声。）喂，同学们！圣迹剧不是演完了吗？他们还要求从头演！这可不行！"

"不行！不行！"大学生们都喊了起来，"打倒圣迹剧！打倒！"

可是，格兰古瓦却变本加厉，喊得更响了："从头开始！从头开始！"

吵闹声引起了红衣主教的注意。

"司法宫大法官先生,"他对离他几步远的一个身穿黑衣服的高个子说,"这些家伙乱叫乱嚷的,难道掉进圣水缸里了?"

司法宫大法官是一种两栖类法官,是司法界的蝙蝠:既属于鼠类,又属于鸟类;既是法官,又是士兵。

他走到红衣主教跟前,心中惴惴不安,害怕大人会发脾气,结结巴巴地向他解释为什么观众如此失礼。他说,中午过了大人才到,演员只好不等大人光临就开演了。

红衣主教纵声大笑。

"换成大学校长,我敢肯定,他也会这样做的。您说呢,纪尧姆·里姆?"

"大人,"纪尧姆·里姆回答,"前半场戏我们没有看成,就算了吧。没看还赚了呢。"

大法官问:"让这些家伙接着演吗?"

"接着演,接着演,"红衣主教说,"我无所谓,我可以用这个时间读我的祈祷书。"

大法官走到看台边,挥了挥手,待全场安静后,喊道:

"市民们,乡民们,居民们,有人要从头开始,有人要结束演出,为了使双方都满意,大人下令接着演下去。"

双方也只好迁就了。可是,为这事,剧作者和观众都对红衣主教耿耿于怀。

于是,剧中人又开始发表议论,格兰古瓦希望观众至少能够听到他作品的后半部分,谁知这个希望也和前面几个幻想一样,很快就破灭了。观众好歹安静下来了,可是格兰古瓦没有注意到,红衣主教下令继续演出那会儿,看台上还没有坐满,在弗兰德尔使臣后面,又陆陆续续来了一些人,都是红衣主教的随从。台上演员们正在对白,门官却过一会儿就扯着尖嗓门通报一位来宾的姓名和身份,这对圣迹剧产生了极大的破坏作用。试想,在演出中,在两句诗之间,甚至常常在一句诗中间,插进门官尖厉的嗓音,通报道:

"雅克·夏莫吕大人,国王陛下在教会法庭的代理人!"

"约翰·德·阿尔莱,见习骑士,巴黎市夜巡骑兵署侍卫!"

"加利奥·德·热诺依拉克大人，骑士，布吕萨克领主，国王陛下的炮兵统领！"

"德勒-拉古埃大人，国王陛下在香槟省和勃里省的水泽森林巡查官！"

"路易·德·格拉维尔大人，骑士，国王陛下的顾问和侍从，法兰西水军司令，攀尚树林护林官！"

"德尼·勒梅西埃大人，巴黎盲人院总管！"

等等，不一而足，听到这些，我们会有什么感觉呢？

简直叫人无法忍受！

这奇特的伴奏使得观众难以跟上剧情，而格兰古瓦偏偏认为剧情越来越精彩，就是没人听，因而心中愤愤不平。的确，这部作品结构之精妙，情节之引人入胜，是无与伦比的。正当开场戏中的四个人物因为没能给他们的继承人找到合适的配偶而走投无路、悲叹不已的时候，维纳斯身穿绣着巴黎市战舰纹章的漂亮短裙亲自出现（vera incessu patuit dea[①]）在他们眼前，她是来向那位要娶世界上最美丽女人的王太子求婚的。朱庇特也支持她，因为更衣室里传来了隆隆的雷声。眼看女神就要胜利，直截了当地说，就要嫁给太子殿下，偏偏来了一个小姑娘，身穿白绸缎，手执一朵小白菊（隐射弗兰德尔的玛格丽特[②]公主），要与女神决一雌雄。真是曲折的剧情，惊人的突变！一番舌战，胜负难分，于是，维纳斯、玛格丽特和退居后台的四个人物一致同意让圣母马利亚裁决。剧中还有一个精彩的角色，就是美索不达米亚国王堂·佩德尔。可是，由于戏中断的次数太多，很难弄清楚他在剧中起什么作用。所有这些人物，都是通过那张梯子登场的。

可是，一切都被毁了！所有这些美妙的地方，都没有让人感觉到和看明白。从红衣主教进场的那刻起，似乎就有一根看不见的魔线，把观众的视线从大理石桌拉向看台，从大厅南端拉向西侧。观众像是中了魔法，根本无法抗拒。所有的眼睛紧紧盯着看台，新来的贵宾，他们该诅咒的名字，他们的面孔，他们的服装，不断地吸引着观众的注意力。这真叫人痛心！除了吉丝盖特和丽埃纳德（格兰古瓦拉她们的袖管时，她们有时掉转

[①] 拉丁语，意为"女神亲自出现"，引自古罗马诗人维吉尔的作品。
[②] 玛格丽特，这个人名与法语中的"雏菊"（marguerite）相同。

脑袋来看一眼），除了他身旁那个耐心的胖子，没有一个人在听，没有一个人在看对面的舞台。可怜的寓意剧被大家彻底遗忘了！格兰古瓦只看到观众的侧面。

看着他用诗歌砌成的这座光辉灿烂的大厦渐渐坍塌，他真是悲痛欲绝。就在刚才，群众因为迫不及待要看他的作品，差点造大法官先生的反！现在如愿了，却又不知道珍惜。戏还是那个戏，为什么开场时观众的反应那样热烈？民众的好恶真是变化莫测！刚才他们还嚷着要把大法官的执达吏绞死呢！格兰古瓦真想不惜一切代价换回那甜蜜幸福的一刻！

门官刺耳的独白终于停止了。贵宾们全都到齐，格兰古瓦恢复了呼吸。演员们勇敢地继续演出。可是，万万没有想到，袜店老板科佩诺尔先生突然站起来，格兰古瓦听见他发表了一篇可恶的演说，观众们听得聚精会神：

"巴黎市民们，绅士们，我真他娘的不知道我们在这里干什么。我看见那边角落里，那张台子上，有几个人好像要打架。我不知道这是不是你们所说的'圣迹剧'，一点也不好看嘛。光打舌战，其他什么也没有。我等他们动手都等了一刻钟了，可就是不动手，都是些懦夫，只会用尖刻的话骂来骂去。应该把伦敦或鹿特丹的角斗士请来，那才好看呢！你们就可以看到拳击，'嘭嘭'的声音在广场上都听得见。可这些人演得糟透了。至少也得给我们跳个摩尔里斯科人①的舞蹈，或别的什么嘛！人家告诉我的可不是这个。说好有愚人节，还要选丑八怪王。在根特，我们也选丑八怪王。在这方面，我们不比你们落后，以上帝的十字架发誓！我们是这样做的：大家聚集起来，就跟这里一样，然后每个人轮流把脑袋伸进一个窗洞里，朝大家扮鬼脸，扮相最丑，赢得一致掌声的就当丑八怪王。就这样。可好玩呢。你们愿意按我家乡的方式来选丑八怪王吗？总要比听这些人讲废话来劲得多。他们要是也愿意从窗洞里扮鬼脸，他们也来好了。怎么样，市民先生们？我们中间长相难看的男女多的是，够我们按照弗兰德尔的方式乐一乐了。有我们这些长相丑陋的人就够了，不愁做不出优美的鬼脸来。"

格兰古瓦本想回敬一下，可他是那样惊愕、愤怒和气恼，根本说不出话来。再说，这些市民被这个深得人心的袜店老板称为"绅士"，心里乐颠

---

① 摩尔里斯科人，指西班牙中世纪被迫改信天主教的摩尔人。

颠的，听了他的提议更是欣喜若狂，任何反对都无济于事，只好随波逐流了。格兰古瓦用手捂住脸。他不如狄曼特斯①画中的阿伽门农②幸运，可以用斗篷蒙住脑袋。

五　卡西莫多

　　实施科佩诺尔提议的准备工作转眼就做完了。市民、学生和书记员们说干就干。大理石桌子对面的小教堂定为表演鬼脸的地方。门上方有一个漂亮的圆花窗，一块玻璃打碎后，露出石头圆框框，规定参赛者必须从这个窟窿里伸出脑袋。不知从哪里弄来了两个酒桶，歪歪斜斜地摞在一起，爬到这两个酒桶上，就够得着这个圆窟窿了。为了使扮出来的鬼脸给人一种新鲜完整的感觉，还规定每个候选人，不论男女（因为也可以选出一个女丑八怪之王），都要把脸捂起来，躲进小教堂里，到时候再露面。前来参赛的人一会儿就把小教堂挤得水泄不通，随后就把门关上了。

　　科佩诺尔在他的座位上发号施令，统率全局。大厅内吵吵嚷嚷，红衣主教和格兰古瓦一样狼狈不堪，他借口要去做晚祷，就带着他的随从退席了。观众对他的退场毫无反应，可他刚才进场的时候，观众是那样的激动。只有纪尧姆·里姆注意到了红衣主教落荒而逃的惨样。观众的注意力就像太阳，继续旋转着：从大厅的一端开始，在大厅中央停留一会儿，现在又转到了大厅的另一端。大理石桌和锦缎看台都有过光辉的时刻，现在轮到路易十一的小教堂大放异彩了。从此，一切胡作非为畅行无阻。现在是弗兰德尔人和巴黎无赖们的天地了。

　　表演鬼脸开始了。从窗洞里伸出的第一张面孔，眼睑上翻，露出鲜红的肉，嘴巴张着好似狮子的口，额头布满皱纹，活像当今帝国轻骑兵的靴子。大家笑得前仰后合，欲罢不能，荷马见了定会把这些乡巴佬当成是奥林匹斯山上的诸神！然而，大厅不正是奥林匹斯神山吗？对此，格兰古瓦那位可怜的朱庇特比谁都清楚。第二张、第三张丑脸相继在窗洞口出现，

---

　　① 狄曼特斯，公元前5世纪末的希腊画家，多以希腊神话为题材作画。
　　② 阿伽门农，希腊神话中的阿耳戈斯王和迈锡尼王，特洛伊战争的发动者。其妻与别人私通。战争结束后，他回到家乡，被妻子和其情夫杀害。

接着，第四张、第五张……大家高兴得手舞足蹈，笑声越来越大，跺脚声越来越响。这种场面具有一种特殊的诱惑力，一种让人陶醉、让人着迷的特殊力量，这是很难向我们今天的和沙龙里的读者言传的。请大家想象一下，一张张丑脸相继出现，有各种各样的形状，从三角形到梯形，从圆锥体到多面体；有丰富多彩的人类表情，从发怒到淫荡；有各种不同的年龄，从新生儿的皱纹到垂死老妪的皱纹；有形形色色的宗教幻象，从半人半羊的农牧神到犹太教中的阎王别西卜；有千姿百态的动物形态，从兽嘴到鸟喙，从猪头到马面。想一想新桥上的柱头怪面兽，被热尔曼·皮隆①的巧手石化了的魔魇，突然获得了生命的气息，一个接一个地跑过来，睁着火红的眼睛瞅着你；想一想威尼斯狂欢节上那五花八门的假面具，接连不断地在你的观剧镜里闪过。总而言之，这是人类怪脸谱的万花筒！

狂欢节越来越带有弗兰德尔的地方色彩。即使由德尼埃②来描绘这个场面，恐怕也只能让我们看到不完整的形象。请大家想象一下萨尔瓦多·罗萨③所画的交战场面吧，眼下的狂欢与它们何其相像！再也分不清是学生、弗兰德尔使臣，还是巴黎市民，是男人，还是女人，是克洛潘·特鲁伊夫、吉勒·勒科尼、玛丽·加特利弗尔，还是罗班·普斯潘。一切差别都不复存在，所有的人都在恣意放纵自己。大厅变成了尽情胡闹、尽情欢乐的地方。一张张嘴巴在狂喊乱叫，一双双眼睛在闪烁光辉，一个个面孔在扮演着怪模样，每一个人都在做出怪姿势。一切都在吼，都在叫。千奇百怪的面孔一个接一个地从圆窗洞里探出来，牙齿咬得咯咯响，每一张丑脸都为火炉添上一把火。在这欢腾的人群中，就像一股烟雾从火炉中蹿出来一样，升起了一片尖厉刺耳的嘶叫声，犹如蚊虫鼓翼发出的嗡嗡声。

"哎哟！真该死！"

"瞧那张脸！"

"一钱不值！"

"换一个！"

"吉埃梅特·莫热尔比，快看这张公牛脸，就差两只角了。你可不能让

---

① 热尔曼·皮隆（1537—1590），法国雕刻家。
② 德尼埃，16世纪弗兰德尔的画家。
③ 萨尔瓦多·罗萨（1615—1673），意大利画家，擅长描绘乱哄哄的交战场面。

他做你丈夫哟!"

"又来一个!"

"喂!教皇的肚子!这叫什么鬼脸!"

"喂!这是弄虚作假!把脸露出来!"

"该死的佩蕾特·卡勒博特!就她做得出来。"

"好!好!"

"我喘不过气来了!"

"快看这一个,耳朵出不来了!"

等等,等等。

然而,不要忘了我们的老朋友约翰。在这群情激奋的混乱中,他仍旧坐在柱顶盘上,就像水手坐在桅杆顶上,乱舞乱摆着,那种疯狂劲儿令人难以想象。只见他张大嘴巴,似乎在喊着什么,但谁也听不见他的声音。倒不是因为大厅里的声浪太大,把他的声音盖住了,而是他的声音太尖,大概超过了听觉的极限,也就是超过了索伏①所说的每秒钟振动一万两千次,比奥②所说的八千次。

至于格兰古瓦,起初他很沮丧,但很快就镇静下来了。他同厄运拼力搏斗。"继续演下去!"他接连三次吆喝那些说话的机器——他的演员们,要他们坚持演到底。他在大理石桌子前大步走来走去,甚至心血来潮,也想到小教堂的窗洞里露露面,哪怕体验一下对那些忘恩负义的民众扮个鬼脸的乐趣。"不行!这样有失身份,"他反复对自己说,"别想着报仇,应该背水一战!诗对人民有很大的召唤力,我会把他们拉回来的。我倒要看看最后鹿死谁手,是鬼脸,还是文学。"

唉!可惜只剩下他一个人在看他的戏了。

而且,情况比刚才更糟糕:刚才他还看见观众的侧面,现在只看到他们的后背了。

我说错了。还有一个人也面对着舞台,就是那个耐心的胖子。在关键时刻,格兰古瓦曾征求过他的意见。至于吉丝盖特和丽埃纳德,早已背转身去看扮演鬼脸了。

---

① 索伏(1653—1716),法国物理学家。
② 比奥(1774—1862),法国物理学家。

那个观众的忠诚使格兰古瓦深受感动，他走过去和他交谈，轻轻摇摇他的胳膊，因为那个好人趴在栏杆上正在打瞌睡呢。

"先生，"格兰古瓦说，"谢谢您。"

"谢什么，先生？"胖子打了个哈欠说道。

"我知道，"诗人又说，"那边吵得太厉害，使您没法安静地听戏，心里烦了。不过，请放心，您的大名将会传给后世。请问您的尊姓大名？"

"雷诺·夏托，巴黎大堡的印章保管人。愿为您效劳。"

"您是文艺女神在这里的唯一代表。"格兰古瓦说。

"过奖了，先生。"大堡印章保管人说。

"您是唯一认真听了戏的观众，"格兰古瓦又说，"您觉得它怎样？"

"嘿！嘿！"睡眼蒙眬的胖法官回答，"挺轻松的。"

格兰古瓦只好满足于这个赞词了，因为突然响起震耳欲聋的欢呼声和鼓掌声，打断了他们的谈话。丑八怪王选出来了。

"好！好！好！"观众从四面八方喊道。

这时在圆窗洞里亮相的丑脸，果然光彩夺目，妙不可言。狂欢激发了群众的想象力，选丑八怪王已有了理想的标准，然而，圆窗洞里先后展示的丑面孔，五角形的，六角形的，奇形怪状的，没有一个符合这个标准。突然，窗洞里露出了一张绝妙无比的丑脸，丑得让大家睁不开眼睛，一下子就赢得了全部选票。连科佩诺尔老板也热烈鼓掌了。克洛潘·特鲁伊夫是候选人之一，他的脸丑到了无以复加的程度，可他也甘拜下风，自叹弗如。我们当然只好认输了。这张脸各部位的丑样确实很难向读者描绘清楚：鼻子是个四面体，嘴巴像马蹄，本来就很小的左眼，一半被茅草般的红棕色眉毛遮住，右眼完全埋在一个大瘤子下面，牙齿横七竖八，参差不齐，就像城墙上的雉堞，嘴唇粗糙不平，一颗大牙龇出来，好似大象的獠牙，下巴劈成两半，尤其是面部的表情，是狡狯、惊讶和忧伤的混合体。这些眼耳口鼻乱七八糟地堆在一张脸上，你想有多难看。

全场观众热烈欢呼，纷纷冲进小教堂，把这个幸运的丑八怪之王从里面抬出来。这时，大家才发现他那副怪模样是天生的，个个目瞪口呆，赞叹不已。

更确切地说，他浑身上下都是鬼模样。大脑袋上长满了红头发，两个肩膀之间隆起一个大驼峰，前面长着鸡胸。大腿和小腿奇形怪状，只有两个膝盖还能合拢,从正面看去,就像两把刀柄相连的大镰刀。手和脚大得出奇。这样畸形的身材,却洋溢着活力、机敏和勇气,显示出一种令人望而生畏的雄姿。通常说,力和美来自和谐,他却是这条永恒法则的一个例外。这就是刚才选出来的丑八怪之王。

他简直是一个四分五裂后又胡乱拼凑起来的巨人。

这个库克罗普斯[①]般的独眼巨人出现在小教堂门口,一动不动,厚厚墩墩,身宽和身高几乎相等,用某个伟人的话来说,"底部方方正正"。从他那件布满白色钟形花纹的半红半紫的大氅,尤其从他那完美无缺的丑模样,观众立刻认出了他是谁,异口同声地叫起来:

"是卡西莫多,圣母院的敲钟人!是卡西莫多,圣母院的驼背!独眼龙卡西莫多!瘸子卡西莫多!好!好!"

这个可怜鬼有很多绰号可以挑选呢!

"大肚子女人可要当心!"大学生们喊道。

"想怀孕的也要当心!"约翰也喊道。

妇女们真的把脸捂了起来。

"啊!丑猴!"一个女人说。

"又丑又坏!"另一个人接口说。

"魔鬼!"第三个补充说。

"我真倒霉,住在圣母院附近。一夜到天亮只听见他在檐槽上转来转去。"

"还带着猫。"

"他老待在我们的屋顶上。"

"从烟囱里向我们施魔法。"

"那天晚上,他到我家的天窗口向我扮鬼脸。我还以为是一个男人在偷看呢,把我吓坏了!"

"我敢肯定,他是去参加巫魔夜会[②]的。有一次,他的一把扫帚掉在我们家的污水槽里了。"

[①] 库克罗普斯,希腊神话中的独眼巨人。

[②] 巫魔夜会,中世纪传说中由魔鬼主持的巫师、巫婆的夜间集会。据传,巫师们都是骑着扫帚带着猫去赴会的。

"啊！驼背的丑脸，真叫人恶心！"

"啊！丑恶的灵魂！"

"呸！"

可是，男人们却兴高采烈，拼命鼓掌。

卡西莫多成了众人喧嚷议论的中心，可他始终站在小教堂门口，神色阴沉而庄严，让大家赞叹欣赏。

一个大学生，我想是罗班·普斯潘，竟然跑到他跟前对着他的脸狂笑。卡西莫多也只是抓住他的腰带，把他往人群里扔出十步远，一句话也没有说。

科佩诺尔老板非常惊奇，走了过去。

"上帝的十字架！以圣父的名义发誓，你是我平生见到的最漂亮的丑八怪。不要说当巴黎的丑八怪王了，就是当罗马教皇也可以。"

科佩诺尔一面说，一面高兴地把手放到对方的肩膀上。卡西莫多一动也不动。科佩诺尔继续说：

"你这家伙，我真想请你吃顿饭，哪怕花十二枚新图尔银币①我也心甘情愿。你看怎么样？"

卡西莫多没有作声。

"上帝的十字架！"袜店老板说，"你难道是聋子？"

他真是个聋子。

可是，卡西莫多开始对科佩诺尔的做法不耐烦了，猛地转过身来冲着他，牙齿咬得咯咯响，吓得这位弗兰德尔彪形大汉直往后退，就像哈巴狗见了猫一样。

于是，丑八怪王周围的人群也都惊畏地朝后退缩，半径十五步的圈子内不敢有人靠近。有个老妇人向科佩诺尔老板解释说，卡西莫多是聋子。

"聋子！"袜店老板按照弗兰德尔人的方式纵声大笑，"上帝的十字架！这是一个完美无缺的丑八怪王！"

"嘿！我认出他是谁了。"约翰大声嚷道。为了从近处好好瞧一瞧卡西莫多，他终于离开了柱顶盘："他是我副主教哥哥的敲钟人。"

"你好，卡西莫多！"

---

① 新图尔银币，13世纪法国图尔市的钱币，15、16世纪流通于法国全境。

"讨厌鬼！"罗班·普斯潘说。他刚才被卡西莫多扔出老远，摔得满身是青紫瘢。"他站在大家面前是驼背，走起路来是瘸腿，看起人来是独眼，同他讲话，他是聋子。咳！他的舌头干什么用了，这个波吕斐摩斯[①]！"

"他想讲的时候也能讲，"那个老妇人说，"他是敲钟把耳朵震聋的。他不是哑巴。"

"美中不足呀！"约翰评论道。

"他还多了只眼睛。"罗班·普斯潘说。

"才不呢，"约翰颇有见解地说，"独眼比瞎子还要惨。因为他知道自己缺什么。"

这时，全体乞丐、仆役和扒手，与学生们会合，排着队到法院书记员的文件柜里找出了丑八怪王的纸板冠冕和假道袍，给卡西莫多穿戴上。卡西莫多满不在乎，顺从而有点得意地任他们摆布。然后大家让他坐到一顶五颜六色的担架上，十二名丑友会会员用肩把他抬起来。看到一个个面孔漂亮、腰背挺直、身材匀称的人都站在自己残疾的脚下，独眼巨人忧郁的脸上漾出了苦涩而倨傲的喜悦。接着，衣衫褴褛的群众乱哄哄地出发了。按照惯例，先在司法宫各条走廊上转一圈，然后再到市内大街小巷去游行。

六　爱斯梅拉达

我们欣慰地告诉读者，尽管发生了选丑八怪王的意外事件，格兰古瓦和他的寓意剧还是坚持下来了。演员们在他的催促下，没有中断演出，而他自己也没有停止看戏。对于观众的喧闹，他只好默默忍受，但打定主意要把戏演到底，因为他幻想着观众可能会回心转意。当他看到卡西莫多、科佩诺尔和伴随丑八怪王的队伍大声喧闹着离开大厅时，希望之火重新燃烧起来。群众一窝蜂地跟着队伍跑了。"好啊，"他心想，"所有的糊涂虫都走了。"不幸的是所有的糊涂虫就是所有的观众。一转眼，大厅里的人都跑光了。

当然，也还剩下几个，他们东一个，西一个，或者三三两两地围着几根柱子，尽是些老幼妇孺，因为听烦了吵嚷和喧哗，不愿再跟着去凑热

[①] 波吕斐摩斯，希腊神话中的独眼巨神，凶恶残暴，以人肉为食。

闹。还有几个大学生跨骑在窗子的盖顶上向广场张望。

"也好,"格兰古瓦心想,"有这几个人看完我的圣迹剧也就够了。数量虽少,却是精华,是有文化修养的观众。"

过了一会儿,圣母登场了,但是,原先安排在这里烘托气氛的一支乐曲却没有演奏。格兰古瓦发现,他的乐队也已被丑八怪王的队伍卷走了。

"没有就算了,演下去!"他镇静地说。

他看到有几个市民好像在议论他的作品,便走过去,听到了他们的几句谈话:

"舍纳多老板,您知道纳瓦尔府吧?原先是德·内穆尔先生的。"

"知道,在布拉克小教堂对面。"

"唉!税务局不久前把它租给圣像画师纪尧姆·亚历山大了,每年租金为六巴黎利弗[①]零八索尔。"

"房租又涨了!"

"算了!"格兰古瓦叹口气,自言自语道,"其他人还在听嘛!"

"同学们,"窗口的一个年轻人大声叫了起来,"爱斯梅拉达!爱斯梅拉达在广场上哪!"

这个词产生了魔术般的效果。刚才没有离开大厅的观众全都奔向窗口,爬到墙上,先睹为快,嘴里重复着:"爱斯梅拉达,爱斯梅拉达。"

就在这时候,外面传来一阵响亮的掌声。

"爱斯梅拉达是什么意思?"格兰古瓦难过地合上双手,说道,"啊!天哪!现在似乎轮到窗口成为舞台中心了。"

他回头看了看大理石桌,演出已经停顿。正好是朱庇特应该举着雷电登场的时候。可是朱庇特待在舞台下面没有动弹。

"米歇尔·吉博纳!"诗人勃然大怒,猛喝一声,"你在干什么?这是你演的角色吗?快上场!"

"上什么场!"朱庇特说,"刚才有个学生把梯子搬走了。"

格兰古瓦一看,果然如此。没有梯子,朱庇特就登不了场,戏的结局就无法演了。

[①] 在路易十一统一货币之前,法国通用巴黎币和图尔币。一个巴黎利弗要比一个图尔利弗贵四分之一。

"捣蛋鬼!"他喃喃说道,"干吗要拿梯子?"

"去看爱斯梅拉达呗,"朱庇特可怜兮兮地回答,"他说:'咦,这儿有个梯子闲着没用!'说着就搬走了。"

这是最后的打击。格兰古瓦只好逆来顺受。

"你们都见鬼去吧!"他对演员们说,"要是回头我领到赏钱,你们也会有的。"

说完,他低着脑袋退出大厅,不过他是最后一个离开的,就像将军打完仗最后一个撤离战场一样。

从司法宫弯弯曲曲的台阶下来的时候,他边走边咕哝:"这些巴黎人是一群蠢驴,蠢猪!他们是来听圣迹剧的,却根本听不进去!他们对谁都感兴趣,克洛潘·特鲁伊夫,红衣主教,科佩诺尔,卡西莫多,甚至对魔鬼!就是不对圣母马利亚感兴趣。早知道这样,游手好闲的家伙们,我就多给你们几个圣母马利亚了!我是来看观众面孔的,却只看到后背!我是诗人,却被当成卖狗皮膏药的!没错,荷马在希腊走村串巷要过饭,纳宗流亡时死在莫斯科。可是,我连他们说的爱斯梅拉达是什么意思都不知道,我要是知道,就叫魔鬼来扒掉我的皮。首先,这到底是什么词呢?一定是古埃及人的咒语!"

第二卷

一 新的打击

  一月的夜晚来得很早。格兰古瓦从司法宫出来时,街上已经暗沉沉的了。夜幕降临,他很高兴。他真想找一条幽暗僻静的小巷,对白天发生的事自由自在地沉思一番,用哲学家的思想治一治他那受伤害的诗人心灵。况且,哲学是他唯一的避难所,因为他还不知道今晚在哪里过夜。这部处女作彻底失败后,他就不敢回到干草港对面的水上谷仓街的公寓去了。他原指望凭他的婚礼赞歌,从御前大法官大人那里领取一笔赏钱,用来交纳房租。他已经六个月没有向巴黎牲畜税承包人纪尧姆·杜克斯-西尔老板交房租了,共欠十二巴黎索尔,他的全部财产,包括短裤、衬衣和帽子,加起来也只值一索尔。他临时在圣小教堂司库禁闭室的小门洞里待了一会儿,思考在哪里过夜。他想,既然巴黎所有的街道任他选择,他得选一个合适的地方。他想起上个星期,他在补鞋街高等法院的一位参事的家门口,发现了一块骑骡子用的踏脚石,当时他就转念这块石头需要时可以给乞丐或诗人当枕头。他感谢苍天给了他这个好主意。他正要穿过司法宫广场,钻进老城那迂回曲折的街道迷宫:制桶街、老字号呢布街、补鞋街、犹太街……(这些古老的街道至今仍在,还有它们的十层楼房),突然,他看见丑八怪王的游行队伍从司法宫出来了,举着火把,奏着音乐,沸沸扬扬地穿过司法宫广场。他心灵上的创伤顿时又疼痛起来,他便连忙躲开了。戏剧上的失败使他痛苦欲绝,凡是令他想起白天那场悲剧的一切,都会加剧他的痛苦,使他的伤口再次流血。

  他想走圣米歇尔桥,可是,有几个孩子在桥上跑来跑去放烟火。

"该死的烟火！"格兰古瓦嘀咕了一句，转而改走换钱桥。桥头堡上悬挂着三面旗子，分别画着国王、王太子和弗兰德尔玛格丽特公主的肖像，另外还有六面小旗，画着奥地利公爵、波旁红衣主教、博热①先生、法兰西的让娜②、波旁的私生子③先生，还有一个不知道是谁。这几面旗子被火把照得通亮，许多人围在那里观赏。

"约翰·富博画师的运气真好！"格兰古瓦长叹一声，转过身去，背对着旗子走了。前面有一条街，他觉得那街又黑又静，想躲进去避开节日的灯火和喧闹。他钻了进去。没走多久，他的脚碰到一样东西，一个踉跄跌倒了。原来是一棵五月树，是法院书记员们早晨放在高等法院院长家门前庆祝节日用的。格兰古瓦顽强地经受了这一新的打击。他从地上爬起来，走到塞纳河边。过了高等法院民事庭的小塔楼和刑事庭的大塔楼，他又沿着御花园的围墙，踩着没有铺石的泥泞河滩往前走，来到老城的西角上，驻足凝视牛渡岛。这个小岛如今已隐没在铜马和新桥下面了。顺着夜色下泛白光的狭窄水面望去，格兰古瓦感到小岛成了黑乎乎的一片。借着一盏小灯的微光，隐约可见一个形似蜂房的小木屋，那是牛渡岛艄公夜里栖身的地方。

"艄公真幸福！"格兰古瓦想，"你不图虚荣，也不写婚礼赞歌。国王结不结婚，勃艮第公爵夫人怎么样，都与你没有关系！你只认识四月的牧场上给你的奶牛当饲料的雏菊④！可我，一个堂堂的诗人，却让人喝倒彩，现在冻得直哆嗦，还欠人家十二索尔的房租，鞋底透明得可以做你那盏灯的玻璃罩。谢谢你！牛渡岛的艄公！你的小屋使我的眼睛得到了休息，让我暂时忘掉了巴黎。"

突然，那间幸福的小屋里放出一支圣约翰双筒爆竹，巨大的响声把他从诗情画意般的梦幻里惊醒。原来艄公为庆祝节日也放起了烟火。

这一支爆竹炸得格兰古瓦毛发竖立。

---

① 博热（1438—1503），皮埃尔·德·波旁二世，博热领主，1474年娶路易十一的长女安娜为妻。

② 法兰西的让娜（1464—1505），路易十一的私生女。

③ 波旁的私生子，指查理七世和情妇阿纳斯·索雷尔的私生子，也是路易十一的同父异母兄弟。

④ 雏菊，隐射弗兰德尔的玛格丽特公主。

"该死的节日!"他喊道,"我走到哪儿,你怎么就跟到哪儿?啊!上帝!都跟到艄公家里来了!"

然后,他看看脚下的塞纳河,突然,一个可怕的念头向他袭来:

"啊!"他说,"要是水不这样冷,我真想投河自尽。"

于是,绝望中他下了最后的决心:既然摆脱不了丑八怪王、约翰·富博的肖像画、五月树、烟花炮和鞭炮,倒不如勇敢地到节日狂欢最热闹的地方河滩广场去。

"至少,"他想,"那里可能有篝火给我暖暖身子。此外,在公共食摊①上,肯定会有三大块献给国王的百合花纹章形状的甜点心②,别人吃剩的残屑正好给我当晚餐。"

二 河滩广场③

河滩广场昔日的面貌如今已残留无几。只有广场北角那座可爱的小塔楼保存下来了,但涂满了难看的灰泥,那些形象生动的雕刻已经面目全非,也许这座塔楼不久就要被一座座拔地而起的新建筑湮没,再也看不到它的倩影。新建筑就像洪水猛兽,正在迅速吞噬着巴黎所有古老的建筑物。

每当我们经过河滩广场时,看到这座小塔楼夹在路易十五时期建造的两幢破房子中间,总要朝它投去怜悯和同情的目光。通过小塔楼,我们很容易想象出昔日广场周围建筑群的面貌,从而也就可以重新描绘出这个古老的哥特式广场在15世纪的全貌。

那时的广场和今天一样,是不规则的四边形,一边是河岸,其余三边排列着高大、狭窄、阴暗的房屋。白天,你可以尽情欣赏五光十色的建筑物,屋身布满了石雕或木雕,完整地表现了中世纪民宅建筑的形貌,可以从15世纪追溯到11世纪,既有行将取代尖拱式窗户的框式窗户,也有早于尖拱式流行式样的古罗马半圆拱式窗户(在面临塞纳河的那个角上,挨着

---

① 公共食摊,当时的济贫设施,以国王的名义进行施舍。
② 法国王室的纹章是三朵百合花。
③ 一译为市政广场,位于塞纳河右岸,是民间节日举行庆祝活动的场所,也是罪犯被处极刑的地方。1357年,巴黎市政府在此设立。

制革街,有一座罗朗塔楼,这幢老房子的二楼窗户就是半圆拱式的)。到了夜晚,这些房屋变得模模糊糊,广场周围耸立着一个个黑黝黝的尖屋顶,好似一座座锯齿状的小山峰。因为那时候,城市的房屋都是山墙朝向广场和街道的,这和现在城市的建筑物不同,现在是正面向着广场和街道。两个世纪以来,房屋改变了方向。

在广场东边正中央,矗立着一幢构架笨重、风格混杂的房屋,由并列的三个正屋组成。它有三个名称,分别说明了它的历史、用途和建筑风格:"太子殿",因为查理五世还是王太子的时候在这里住过;"市民宫",因为它是市政府所在地;"柱子房",因为它的三个楼层由一系列粗柱子支撑着。像巴黎这样体面的城市所需的一切,这里应有尽有:有一个小教堂,用来祈祷上帝;一间公堂,用来辩护,必要时,在这里严厉斥责国王的侍臣;顶楼有一间兵器库,堆满了枪炮。巴黎市民深深懂得,不管什么情况,光是祈祷上帝和为巴黎市民权①辩护是不够的,因此,在市政厅顶层仓库里,常年储备着锈迹斑斑的精良武器。

河滩广场在那时候就有了阴森恐怖的景象,今天仍叫人毛骨悚然,因为它唤起了人们心中的回忆,同时,也由于多米尼克·博卡多②设计的阴沉沉的市政大厦取代了柱子房。应该说,广场中央常年并肩而立的绞刑架和示众柱③(当时又叫"叉刑架"和"梯子"),也使人一见这阴森森的广场便不寒而栗:多少活生生的健康人在这里丧失了生命;五十年后,这里又流行一种"圣瓦利埃④热病",这是一种断头台恐惧症,是最可怕的疾病,因为它不是来自上帝,而是来自人。

顺便说一下,三百年前,死刑仍然横行无忌,铁车轮⑤、石头绞刑架,所有这些深深陷入路面的常备不懈的酷刑工具,充塞着河滩广场、菜市场、王太子广场、特拉瓦十字架广场、猪市、阴森可怖的隼山、卫兵卡、

---

① 市民权,中世纪新兴市民享有的与王权相对抗的权利。
② 多米尼克·博卡多(?—1549),意大利建筑家,于1533年绘制了巴黎市政大厦的平面图。
③ 示众柱,缚罪犯示众的柱子。
④ 圣瓦利埃,查理八世的将领,曾先后在查理八世、路易十二以及弗朗索瓦一世领导下,率领王室百人团到意大利作战。
⑤ 铁车轮,中世纪的一种酷刑——车轮刑所用的工具。该酷刑把死囚剁去四肢,绑在车轮上,让其等死。

猫广场、圣德尼门、尚博市场、博代门和圣雅克门，还不算掌握生杀大权的修会会长、主教、教士、修道院院长、隐修院院长们设立的无数"梯子"，也不算塞纳河上的溺刑。然而，令人欣慰的是，死刑渐渐衰败，它的盔甲片片坠落，形形色色的酷刑、异想天开的刑罚以及大堡中的严刑拷问（每隔五年要换一张皮床）相继取缔。今天，这个封建社会的老霸王，经过围捕追击，几乎完全被逐出我们的法律和城市，在各种法典里和各个广场上，已见不到它的踪影，在一望无际的巴黎，只剩下河滩广场上还有一个不光彩的角落，一座可怜的断头台鬼鬼祟祟、诚惶诚恐、满面羞愧地站在那里，提心吊胆地过日子，生怕做坏事被人当场逮住，每次行完刑，就立刻溜之大吉。

三　以善报恶[①]

皮埃尔·格兰古瓦到达河滩广场时已经浑身冻僵了。为了避开换钱桥上嘈杂的人群和约翰·富博的肖像旗，他是从磨坊主桥绕道过来的。巴黎主教的几台水磨子正在旋转，他经过时，水花四溅，把他的布褂淋湿了。由于剧本惨遭失败，他感到比平时更加怕冷，于是他加快步伐，向广场中央熊熊燃烧的篝火跑去。可是，篝火四周已围着一大群人了。

"该死的巴黎人！"他自言自语道。格兰古瓦是个真正的戏剧诗人，不免有独白的习惯："他们围住火堆不让我靠近！可我正需要有一个角落烤烤火！我的鞋子喝足了水，该死的水磨竟然幸灾乐祸，浇得我像个落汤鸡！讨厌的巴黎主教！我真不明白，主教要磨坊干什么！难道他不想当主教，要当磨坊主？如果只欠我的诅咒他就可以当磨坊主，那我给他就是了，还要诅咒他的教堂，他的水磨子！我倒要看看他们会不会给我让个位置，这些看热闹的人！你知道他们在干什么！他们在烤火，多么快活！他们在观看百来捆细树枝燃烧，多美的景色！"

走近一看，他发现圈子很大，仅仅为了烤火，似乎太大了些。看来观众不完全是被那堆篝火的美景吸引来的。

在人群和篝火之间的空地上，有个姑娘在跳舞。

[①] 原文为西班牙语，"Besos para golpes"，意思是"以吻报揍"。

这姑娘是凡人、仙女，还是天使？格兰古瓦这个怀疑论派哲学家，擅长讽刺的诗人，被眼花缭乱的景象迷住了，一时没能弄清楚。

她个儿不高，但身段苗条，亭亭玉立，因此看上去很高。她肤色黝黑，但是，可以想象在阳光下一定会像安达卢西亚和罗马妇女①那样发出美丽的反光。那双纤足也是安达卢西亚式的，穿着俏丽的鞋子，显得小巧又自如。脚下随便铺着一张破旧的波斯地毯，她在上面舞蹈着，旋转着，每当她容光焕发的脸孔从你眼前闪过，你会感到她那双乌黑的大眼睛向你投来闪电般的光芒。

周围的观众一个个看得目瞪口呆。她踩着鼓点狂舞，两只优美的圆臂将巴斯克手鼓举过头，敲得嘣嘣响。她身材窈窕，姿态轻盈，就像一只小黄蜂，金色的胸衣平整无褶，五颜六色的裙子随着舞步鼓胀，双肩袒露，衣裙飘舞，不时露出修长的双腿；头发乌黑，双眸似火，真是一个从天上下凡的仙女。

"没错，"格兰古瓦想道，"她是火精，是仙女，是神灵，是酒神巴克科斯的女祭司！"

这时，"火精"的一条发辫松开了，一枚铜币滚到地上。

"哦，不对，"他说，"她是吉卜赛女郎。"

幻觉顿时烟消云散。

她继续舞蹈。她从地上拿起两把剑，把剑头抵着脑门，让它们朝一个方向转动，她自己却朝另一个方向旋转。一点不错，她就是吉卜赛人。尽管格兰古瓦幻觉已经消失，但是，整个场景仍然魅力无穷。篝火发出强烈的红光，在周围观众的脸上，在姑娘黝黑的额头上欢腾跳跃，闪闪烁烁，篝火又把微弱的反光和晃动的人影投射到广场深处，一头照在柱子房黑乎乎、皱巴巴的门面上，一头照在绞刑架的石头支杆上。

在这千百张被火光映红了的脸中间，有一张脸似乎比所有的人看得更出神。这是一张男人的脸，严峻、平静、阴沉。这人穿什么衣服看不见，因为被人群挡住了。看上去他不会超过三十五岁，但是头顶已经秃了，只有双鬓还有几撮稀疏的花白头发。高高宽宽的额头已有皱纹，但那双深陷的眼睛却焕发着青春，洋溢着炽热的生命和深沉的情欲。他目不转睛地看

---

① 安达卢西亚和罗马妇女，即西班牙妇女和意大利妇女，南欧人种，肤色较深。

着吉卜赛姑娘。当十六岁的少女为所有的人狂舞和旋转时,他那边似乎陷入更深的沉思,神情变得更加阴郁。有时候,他的唇际会漾出一丝微笑,同时从嘴里发出一声叹息,可那微笑比那叹息显得更痛苦。

少女跳得气喘吁吁,停了下来,观众爱怜地为她热烈鼓掌。

"加利。"吉卜赛姑娘唤道。

这时,格兰古瓦看见一只美丽的小山羊跑上来,浑身洁白光亮,神态敏捷机灵,犄角和蹄子都是金黄色的,脖子上还挂着镀金项链。格兰古瓦刚才没有看见山羊,因为它一直蹲在地毯的一个角上,看女主人跳舞。

"加利,该你了。"舞者又喊了一声。

她坐下来,温柔地把她的巴斯克手鼓举到山羊面前,继续说道:

"加利,现在是几月?"

山羊抬起前脚,在鼓上敲了一下。一点不错,就是一月。观众又一次鼓掌。

"加利,"姑娘把鼓转了个面,又问,"今天是几号?"

加利抬起金色的前脚,在鼓上连敲六下。

"加利,"埃及姑娘①把手鼓又翻过去,继续问,"现在几点钟?"

加利连敲七下。就在同时,柱子房的时钟敲响了七点钟。

观众惊叹不已。

"这里面有巫术!"人群里有个阴郁的声音喊道,是那个眼睛死盯着吉卜赛少女的秃头喊的。

她打了个寒噤,转脸看去。但是,场上又爆发了一阵掌声,把那人阴郁的喊声盖住了。

这热烈的掌声甚至把那声音从她心灵上完全抹去了,她继续考问山羊:

"加利,巴黎手枪队队长吉夏·格朗-雷米先生在圣烛节游行时是什么样子?"

加利用后腿站立行走,咩咩叫了几声,姿态十分端庄可爱。围观的群众看到手枪队队长充满私欲的假虔诚被山羊滑稽地模仿出来,都禁不住大笑起来。

---

① 埃及姑娘,即吉卜赛姑娘。中世纪人认为吉卜赛人是从埃及去欧洲的,所以,小说中吉卜赛人和埃及人说的是一回事。

少女被越来越热烈的掌声壮了胆，又问山羊："国王派到教会法庭的检察官雅克·夏莫吕先生是怎样说教的？"

山羊坐在后腿上，咩咩地叫了起来，一面挥动前腿，样子滑稽可笑，除了雅克·夏莫吕的蹩脚法语和拉丁语学不出来，其他的动作、声调、姿态都模仿得惟妙惟肖。

观众报之以更热烈的掌声。

"亵渎神明！"秃脑袋又喊了一句。

吉卜赛少女又一次回过头去。

"啊！"她说，"又是这个坏蛋！"接着，她把下嘴唇向前伸出，噘了噘嘴——这好像是她的习惯动作，然后，她单足转身，托着巴斯克手鼓接收观众的赏赐。

各种各样的银币和铜币雨点般落到手鼓里。她很快转到了格兰古瓦跟前。格兰古瓦傻乎乎地把手伸进口袋，少女赶紧停住脚。"见鬼！"诗人发现口袋空空，身无分文，咕哝了一句。然而，美丽的姑娘站在那里，睁大眼睛看着他，伸出手鼓等待他赏钱。格兰古瓦急得满头大汗。

要是他口袋里有座秘鲁金矿，他肯定会把它奉献给面前这位姑娘的。可是，格兰古瓦没有金矿，再说那时美洲还没有被发现。

幸好，一个意外插曲给他解了围。

"还不滚开，埃及蚂蚱！"广场最黑暗的角落里有人尖着嗓门喊了一句。

姑娘吓得赶忙转身望去。这次可不是那个秃脑袋了，而是一个女人的声音，一个狂热而凶恶的声音。

这喊声使吉卜赛姑娘胆战心惊，可是，一群在那里闲逛的孩子却高兴得手舞足蹈。

"是罗朗塔楼的隐居婆在骂人哪！"孩子们大笑大嚷道，"是赎罪婆[①]在喊叫哪！她还没吃晚饭吧，我们去看看食摊上还有什么剩的，给她拿点来。"

孩子们一窝蜂地向柱子房跑去。

格兰古瓦趁舞者惶恐之际悄悄溜走了。孩子们的叫嚷使他突然想起自己也还没有吃晚饭。他赶快向食摊跑去。可是，那群顽童跑得比他更快，

[①] 赎罪婆，法国旧时有基督补赎修会，会员披着粗布衣或麻袋，把灰撒在身上，进行赎罪。

等他到那里时，他们已将残羹冷饭一扫而光，连五索尔一斤的粗点心也没有剩下，只留下墙上的三朵细瘦的百合花徽，与蔷薇错杂在一起，那是马修·比泰内1434年画的。这可是一顿很不丰盛的晚餐！

不吃饭就睡觉是很难熬的，没有吃饭又不知道去哪里睡觉那就更难熬了。格兰古瓦现在的处境就是这样。没有面包，没有栖身的地方。他被生活的种种所需逼得走投无路，他觉得生活实在艰难。他早就发现了一条真理：朱庇特创造人类的时候，正是他愤世嫉俗大发作的时候，哲学家在自己的整个一生中，思想总是受到命运的围攻。至于格兰古瓦，他从来没有见过像今天这样的全面围攻。他听见他的肚子饿得咕咕叫，就像被围者在敲投降鼓，他觉得厄运在用饥饿迫使他的哲学投降，这种做法实在太不高明。

他正在被这个忧郁的思绪困扰，突然，一阵优美而又古怪的歌声把他从沉思中惊醒，是那位埃及姑娘在歌唱。

歌声的震撼力不亚于她的舞蹈和美貌，那样清脆嘹亮，那样轻盈飘忽，不可捉摸，沁人心脾；音色饱满，连绵不断，时而是出人意料的旋律和节奏，时而是简单的乐句伴着又尖又细的音符；音阶忽高忽低，却始终和谐悦耳，夜莺也要甘拜下风；时而高八度，时而低八度，柔和波动，就像年轻歌者的胸脯一起一伏。她那姣美的面孔随着歌曲万般情感的起伏转折而变化莫测，忽而激情奔放，忽而庄严纯净；忽而是个疯子，忽而是个女王。

格兰古瓦听不懂歌词，不知道是什么语言，连姑娘自己也未必知道是什么意思，因为她的表情与歌词的内容看不出有什么联系。比如，下面四句诗她唱起来却非常欢快：

> 在一根大柱子里面，
> 发现了一箱子珍宝，
> 箱内有几面新军旗，
> 旗上有吓人的脸谱。[①]

[①] 原文为西班牙语。

过一会儿,她又唱道:

勇猛的阿拉伯骑士,
手执宝剑全身披挂,
纹丝不动坐在马背上,
一张弓弩挂在脖子上。①

听着那样奇特的歌曲,格兰古瓦感动得热泪盈眶。不过,她的歌声主要表现欢乐,就像鸟儿唱歌,心境恬静,无忧无愁。

吉卜赛姑娘的歌声扰乱了格兰古瓦的沉思遐想,不过,也就像天鹅扰乱平静的水面一样。他凝神谛听,心醉神迷,乐而忘归。几个钟头以来,他第一次忘掉痛苦。

然而好景不长。

刚才大声吆喝不让吉卜赛姑娘跳舞的女人,现在又来扰乱她唱歌了。

"住嘴,该死的知了!"声音仍是从广场那个黑暗的角落里传来的。

可怜的"知了"戛然停止唱歌。格兰古瓦连忙捂住耳朵。

"啊!"他叫道,"该死的破锯子,它来锯琴了。"

这时,其他观众也和他一样不满了,一些人喊道:"赎罪婆见鬼去!"要不是观众的注意力转到了丑八怪王游行队伍身上,这个只闻其声不见其人、大煞风景的老恶婆就要为这场挑衅付出代价了。丑八怪王游行队伍走遍大街小巷后,高擎火把,沸沸扬扬,终于来到了河滩广场上。

读者看见这支队伍是从司法宫出发的。一路过来,队伍不断壮大,巴黎的无赖、小偷、流浪汉,凡是闲着没事的都参加进来,因此,到达河滩广场时,已经是一支浩浩荡荡、颇为壮观的队伍了。

走在最前面的是埃及人②。埃及公爵骑马打头,伯爵们步行护卫,给他牵缰扶鞍。后面是杂乱无章的埃及平民,男的女的,老的少的,小孩子们骑在父母的肩上大叫大嚷。所有这些人,不管是公爵、伯爵,还是平民百

---

① 原文为西班牙语。
② 埃及人,指吉卜赛人。下文的"公爵""伯爵"等是这个社会中,大小头目的封号。

姓，全都穿着五颜六色的破衣衫。接下来是"乞丐王国①"，法国形形色色的小偷、乞丐，按尊卑排列，最卑微的走在最前面。就这样，乞丐们四人一排向前缓缓行走，每个人都带着他们在这个奇特社会中的特殊等级标记。他们大多身有残疾，有的瘸腿，有的断臂。最前面的是失业者，然后是朝过圣的、被疯狗咬过的患癫痫病的、头上长癣的、身上长疮的、头上包破布装病的、背酒瓶行乞的、拄拐杖的、割口袋行窃的、被火烧伤的、破了产的、残疾军人、没爹没妈的、当大帮凶的、得麻风病的，等等，名目繁多，举不胜举，荷马再世，也难以尽数。大帮凶乞丐和麻风病乞丐②之间，隐约可辨乞丐王大科埃斯，他蹲在两条狗拉套的小车上。乞丐王国后面是加利莱帝国③。加利莱帝国皇帝纪尧姆·鲁索身穿酒迹斑斑的大红袍，前呼后拥，威风凛凛，走在队伍中间，一群江湖艺人跳着出征舞为他鸣锣开道，周围是他的权杖手、侍从和审计院的书记员们。走在最后的是身穿黑袍的司法宫小书记员们，带着饰有纸花的五月树，奏着疯狂的音乐，燃着黄色的大蜡烛。在这帮人的正中央，丑友团的公务员们肩抬一顶轿子，轿上插满了蜡烛，即使在瘟疫流行期间，圣热内维埃芙遗骸盒上也没见过这样多的蜡烛。新当选的丑八怪之王，也就是圣母院的敲钟人，驼背卡西莫多端坐在轿上，他手执权杖，身披道袍，头顶王冠，显得容光焕发，喜气洋洋。

在这滑稽可笑的游行队伍中，每个部分都有自己独特的音乐。埃及人不成其调地敲击着非洲木琴和手鼓。不谙音乐的乞丐王国的臣民们还停留在12世纪，他们的乐器是七弦琴、号角和哥特手琴。加利莱帝国也不比他们先进多少，他们的音乐中勉强可以辨出最原始的乐器三弦琴，而且只能奏出"来—拉—咪"。然而，在丑八怪王周围，却展示着那个时代的全部音乐财富：最高音三弦琴，次高音三弦琴，高音三弦琴，外加笛子和铜管，这些乐器合奏出雄壮的不和谐音。唉！读者一定记得，这正是格兰古瓦的乐队。

---

① 乞丐王国，由流浪汉、乞丐、小偷组成的社会，主体是乞丐。这些人都讲黑话，因此也称"黑话王国"。

② 大帮凶乞丐和麻风病乞丐，均为乞丐王国的高级人士，有权选举乞丐王。

③ 加利莱帝国，中世纪时的审计院书记员协会。

从司法宫出发时，卡西莫多的脸上还笼罩着忧郁和丑恶，可一路来到河滩广场，他的脸上却充满了自豪和幸福，真是容光焕发，难以尽言。他生平第一次感受到自尊自爱的快乐。他从来都因出身低贱而受尽侮辱和歧视，因长相丑陋而遭人厌恶和仇视。因此，现在他像真正的教皇，尽情品味着群众的欢呼，尽管他耳聋听不见，尽管他和这群人平时互相憎恨。他的臣民纵然是一群丑八怪、瘸子、扒手和乞丐，那又有什么关系！最要紧的，他们是臣民，而他是君王。尽管群众的喝彩带有嘲讽的意味，对他的尊敬显得滑稽可笑，但他信以为真。不过也要承认，群众对他也确实有点畏惧，因为驼背身强力壮，瘸子行动敏捷，聋子凶恶异常，这三种特点使人不敢过分拿他当笑料。

再说，新丑八怪王此刻不见得清楚自己的感受，也不会清楚别人对他的感受。寓居在这残疾躯体里的智力也一定是残缺和封闭的。因此，他当时的感觉对他自己来说绝对是模模糊糊、若明若暗的。他只是感到高兴，感到骄傲。他那阴沉而不幸的面孔散发着光辉。

因此，当卡西莫多似醉非醉、扬扬得意地经过柱子房时，当一个男人冲出人群，愤怒地从他手中一把夺过象征丑八怪王位的木制金色权杖时，大家又是惊讶，又是恐惧。

这个胆大妄为的家伙就是那个刚才混在人群中，用威胁和仇恨的嘶叫，把吉卜赛姑娘吓得魂不附体的秃脑袋。他穿着教士的道袍。格兰古瓦一直没有发现他。当他冲出人群时，格兰古瓦一下就认出他是谁了。"咦！"他惊叫道，"他不就是教我赫耳墨斯①的老师②堂·德·弗罗洛副主教吗？他干吗要和这个独眼龙过不去呢？不怕被吃掉吗？"

果然，听到一声恐怖的喊叫。可怕的卡西莫多跳下轿子，妇女们都别过脑袋，不忍心看见副主教被他撕成碎片。

他一步蹿到副主教跟前，看看他，噗地双膝跪倒在地上。

神父扯掉他的王冠，折断他的权杖，撕碎他那件闪光的王袍。

---

① 赫耳墨斯，希腊神话中诸神的使者，掌管商业、交通、畜牧、竞技、演说以及欺诈、盗窃，被希腊人看作科学艺术的创始人，也是巫术、占星术、炼金术著作的作者。雨果在这里把"赫耳墨斯"当作神秘学说的代名词。

② 老师，对教会僧侣们的尊称。

卡西莫多仍然跪在地上，低着脑袋，双手合十。

接着，他们用手势和暗号进行了一场奇特的谈话，他俩谁都没有说话。神父站着，满脸恼怒、威胁和蛮横；卡西莫多跪着，一副卑躬哀求的神态。然而，可以肯定，卡西莫多只要伸出拇指就可以把神父捏碎。

最后，副主教粗鲁地摇晃卡西莫多强壮的肩膀，示意他起来，跟他走。

卡西莫多站起来。

这时，丑友团成员从最初的惊愕中醒过来，想捍卫被粗暴地拉下宝座的丑八怪之王。埃及人、乞丐以及所有的小书记员都围上来对神父乱吵乱嚷。

卡西莫多挺身站立在神父面前，举起两只力大无比的拳头，像发怒的老虎磨着利牙，恶狠狠地瞪着这些进攻者。

神父恢复了阴郁严肃的神态，向卡西莫多做了个手势，默默地退下了。

卡西莫多走在前面，吓得人群赶紧闪开。

当他们穿过人群和广场后，那些爱看热闹和无所事事的人想跟在他们的后面。于是，卡西莫多又转到副主教身后，倒退着给他做后卫。只见他厚厚墩墩，满脸凶相，奇形怪状，头发蓬乱，四肢蜷缩，舔着野猪般的长牙，发出猛兽般的吼叫，手脚一动，目光一闪，都会在人群中引起骚动。

他们走进一条又窄又黑的小巷，谁也不敢冒险跟在他们后面，单凭卡西莫多一副咬牙切齿的恶神相，大家就不敢靠近了。

"真不可思议！"格兰古瓦说，"可是，我到哪里去找晚饭吃呢？"

四　黑夜街头跟踪美女的种种麻烦

格兰古瓦怀着碰碰运气的念头，开始跟踪吉卜赛姑娘。看见她和山羊钻进了刀剪街，他也跟着上了这条街。

"干吗不呢？"他心里想道。

格兰古瓦是讲求实际的巴黎街头哲学家。他早就发现，跟踪一个去向不明的漂亮女人，更能使人想入非非。他甘愿放弃自己的独立意志，服从另一个人的兴致，而那人却毫无察觉。这种随心所欲的做法本身既包含空幻的独立，也包含盲目的服从，似乎介于奴役和自由之间，而这正是格兰古瓦所喜欢的。因为格兰古瓦基本上是一个混合体，优柔寡断，心理复杂，从不走极端，对人类共有的各种禀性不偏不倚，善于利用一种倾向制约另一种倾向。他常常喜欢把自己比作穆罕默德的陵墓，受到两个磁场的相互作用，总是在顶峰和底层、拱顶和地面、上升和下坠、天顶和天底之间摇来摆去。

要是格兰古瓦能够活到今天，那他一定会在古典主义和浪漫主义之间不偏不倚。

可他不是原始人，不可能活到三百岁，这是非常遗憾的。他的去世留下了空白，这一点在今天，体会更加深切。

此外，要像这样在街上跟踪行人，尤其是跟踪女性（这是格兰古瓦最乐意做的），再没有比不知道去哪里投宿更合适的心情了。

因此，他若有所思地跟在那少女后面。少女看见市民匆匆回家，小酒店纷纷打烊（那天开门营业的就这些小店），便加快步伐，美丽的山羊也跟着她小跑起来。

"她总有个住处吧，"他心里思忖，"况且，吉卜赛女人的心肠是很好的。谁知道呢？……"

他故意没让自己的心理活动充分展开，可是，在这省略号中，包含着多少美妙的念头啊！

当他从最后关门的市民家门口经过时，这里那里听到了人们谈话的只言片语，打断了他的美妙遐想。

这里有两个老头在攀谈。

"蒂博·费尼克勒老板，您知道，今年可冷呢！"

（格兰古瓦从入冬就知道了。）

"是呀，博尼法斯·迪索姆老板！今年会不会像三年前的冬天那样，木柴卖到八索尔一斤？"

"算了！蒂博老板，与1407年相比，这是小巫见大巫。那年，从圣马丁节①到圣烛节一直都结冰！高等法院的书记员坐在大厅里做记录，每写三个字，鹅毛笔就要冻一次！审讯记录都没法做了。"

再过去，是两个女邻居拿着蜡烛站在自家的窗口，夜雾使烛火噼啪作响。

---

① 圣马丁节，每年的11月11日。

"您丈夫给您讲那件惨事了吗？布德拉克太太。"

"没有啊，什么事，图康太太？"

"大堡公证人吉尔·戈丹先生的马看见弗兰德尔使臣和仪式队伍时受了惊吓，把则肋司定会①修士菲利博·阿夫里奥师父撞倒了。"

"真的？"

"当然是真的！"

"市民的马！太不像话了！要是骑士的马，那才妙呢！"

窗户关上了，格兰古瓦的思路也断了。

幸好他很快找回思路，并且不费劲地接上了。这要感谢吉卜赛少女和加利。她们一直走在他前面。这两个秀丽、娇弱、妩媚的生灵！她们纤秀的小脚、优美的身段、婀娜的体态，令他赞叹不已。他看得出神时，几乎分不清她们谁是谁，见她们都很聪明，很友好，便以为她俩都是少女，看到她们步履轻盈、敏捷，又觉得她俩都是山羊。

然而，街道越来越黑，行人越来越少。宵禁钟声早已敲过，街上偶然能碰到一个行人，窗口偶然能看到一线亮光。格兰古瓦跟着吉卜赛少女，走进了古圣婴公墓周围迷宫般的小巷、岔道和胡同，那些街巷错综复杂，就像一团被猫抓乱了的线球。"这些街道真是不讲逻辑！"格兰古瓦说。他在这迂回曲折的迷宫里走得晕头转向，可那少女却好像熟门熟路，寸步不乱，并且越走越快。而格兰古瓦却不知道自己在哪里，幸亏在一条街的拐弯处，隐约看见菜市场那根绑罪犯的八角形示众柱，示众柱的镂花尖顶的黑影，清楚地显现在韦德莱街一个亮着灯光的窗户上。

姑娘早就注意到他了。她好几次不安地回过头来看他。有一次，她甚至突然停住脚步，利用一家面包铺半掩着的门缝里透出的亮光，从头到脚打量了他一遍，接着，格兰古瓦看见她像在河滩广场上那样，微微噘了噘嘴，又继续朝前走了。

这个噘嘴引起了格兰古瓦的沉思。在这娇美的怪相中，肯定包含着蔑视和嘲讽。因此，他低下脑袋，放慢脚步，把距离拉得稍微远一些。她拐到了另一条街上，刚从他的视线中消失，他就听见了一声尖叫。

他赶紧跑过去。

---

① 则肋司定会，教皇塞勒斯坦五世于1254年创立的教派。

那条街黑咕隆咚。但在拐角处圣女像脚下有一个铁笼子，里面燃烧着一根油捻子，格兰古瓦借着微弱的亮光，看见吉卜赛少女在两个男人的胳膊中挣扎，他们拼命捂住她的嘴巴，不让她喊叫。可怜的小山羊吓坏了，低着头咩咩直叫。

"巡逻队快来救命呀！"格兰古瓦边喊边勇敢地冲过去。抱住姑娘的两个人中，有一个回过头来。原来是卡西莫多那张可怕的面孔。

格兰古瓦没有逃跑，但也没敢再向前一步。

卡西莫多走过来，反手一推，把格兰古瓦推倒在四五步以外的石板地上。卡西莫多扛着姑娘，转瞬消失在黑暗中。姑娘就像一条丝巾，搭在他的一只胳膊上。他的同伴跟在他后面。可怜的山羊哀叫着在后面追赶。

"救命啊！救命啊！"不幸的吉卜赛姑娘喊道。

"站住，恶棍！把这个婊子给我放下！"忽然，响起了雷鸣般的一声吼叫。一个骑士从邻近的路口突然出现。

这是国王近卫弓手队的一位队长，他全副武装，手里拿着一把双刃巨剑。

卡西莫多吓蒙了。弓手队长从他怀里夺过姑娘，放到自己的马鞍上。等可怕的驼背回过神来，扑上去要把猎物抢回时，紧跟在队长身后的十四五名弓手举着长剑出现了。这是国王近卫队的一支分队，奉御前大法官罗贝·代图特维尔大人之命，在进行夜间巡逻。

他们包围卡西莫多，抓住他，用绳子捆起来。卡西莫多怒不可遏，大声咆哮，用嘴咬那些士兵。要是在白天，毫无疑问，光凭那张由于愤怒而变得无比丑恶的面孔，就可以把他们全部吓跑。可在夜里，他最可怕的武器——他那张丑脸起不了作用。

他的伙伴趁他们扭打之际溜走了。

马鞍上的姑娘娇媚地坐直身子，双手勾住年轻军官的肩膀，举眸谛视片刻，好像被他英俊的外貌和拔刀相救的行为深深打动了似的。随后，她主动打破沉默，用更甜蜜更温柔的声音对他说：

"请问尊姓大名，骑兵先生？"

"弗比斯·德·夏多佩队长。愿为您效劳，我的美人！"军官挺直身子回答道。

"谢谢。"她说。

弗比斯队长伸手捻他的小胡子,姑娘趁机哧溜一声滑下马,跑掉了。就是闪电也不会消失得这样快。

"教皇的肚脐!"弓手队长说,一面命令手下把卡西莫多捆紧些,"我宁愿把那婊子看得更牢些。"

"那有什么办法,队长,"一个骑兵说,"黄莺已经飞走,蝙蝠还在。"

五　麻烦(续)

再说格兰古瓦被卡西莫多摔在地上后,昏了过去,一动不动地躺在街角圣女像前的地面上。他渐渐恢复知觉。开始时迷迷糊糊,似醒非醒,在一种不无温馨的梦境中飘飘悠悠,吉卜赛姑娘和山羊轻盈的幻影与卡西莫多沉重的拳头缠绕在一起。这种状况只持续了几分钟,他的身体接触地面的部分便感到一阵阵凉气,这使他摆脱幻境,完全清醒过来。"这股凉气是从哪里来的?"他突然产生了疑问。这时,他才发现自己几乎完全躺在路边的排水沟里。

"该死的驼背独眼龙!"他咬牙切齿地骂道。他想爬起来,可脑袋昏沉沉的,身上的伤口疼疼的,他只好依旧躺着。好在手还能动,他就用手捂住鼻子,躺着不动了。

"巴黎的污泥真臭!"他想道(因为他确信排水沟就是他的窝了)。

在窝里,不深思默想还能做什么?[①]

"污泥中大概含有许多挥发性硝酸盐。这是尼科拉·弗拉梅尔[②]大师和那些炼金术士的看法……"

"炼金术士"这个词使他猛然想起了克洛德·弗罗洛副主教。他记起刚才隐约看见的强暴场面,吉卜赛姑娘在两个男人的怀里挣扎,卡西莫多有一个伙伴,副主教那张阴郁而高傲的面孔模模糊糊地在他脑海里闪过。"这

[①] 引自拉封丹寓言《兔子和青蛙》:"有只兔子在窝里深思默想(除此之外,在窝里还能做什么)。"

[②] 尼科拉·弗拉梅尔(1330—1418),法国化学家,炼金术士。

就奇怪了。"他想道。于是他以这个论据作为基础，开始用假设搭起一座荒诞的大厦，一座哲学家们善于建造的一推即倒的城堡。不一会儿，他又回到了现实中，突然喊道："哎呀！我身上结冰了。"

的确，这地方越来越待不下去了。排水沟每一个水分子都要从格兰古瓦身上带走一分热量，他的体温和排水沟的水温令人不堪忍受地逐渐趋向平衡。

突然，另一种性质的麻烦也来袭击他了。

自古以来，巴黎街头总有野里野气的小乞丐到处乱窜，他们历来都叫作"流浪儿"；在孩提时代，当我们傍晚放学回家的时候，看见我们穿着整整齐齐的裤子，他们就向我们扔石子。就是这样一群顽童，正在向格兰古瓦躺着的街口跑来，一路笑笑嚷嚷，全然不顾附近的居民正在睡觉。他们拖着一个说不出形状的大口袋，里面不知装的是什么。光是他们木鞋发出的踢踏声，就可以把一个死人吵醒。格兰古瓦还不完全是死人，他微微抬起身子。

"喂，埃纳甘·当代什！喂，约翰·潘斯布德！"他们大叫大喊道，"街口的铁铺老板厄斯塔什·穆邦老家伙刚才死了。我们拿了他的草垫子来点一堆篝火。今天是欢迎弗兰德尔人的日子！"

他们已走到格兰古瓦身边，但没有看见他躺在地上，顺手把草垫子一扔，恰好扔在他身上。有个孩子扯下一把麦秸，拿到圣母像前的油灯上点着了。

"该死的基督！"格兰古瓦咕哝道，"我岂不就要太热了吗？"

情况紧急，他就要受到水火两面夹攻了。于是，他就像要下油锅而竭力想逃跑的假币制造人一样，拼足力气站起来，抓起草垫向流浪儿扔去，赶紧逃跑了。

"圣母！"孩子们惊叫起来，"铁铺老板复活啦！"

他们也赶紧逃跑了。

草垫子成了战场的主人。据贝勒福雷[1]、皮埃尔·勒·朱热[2]和科罗泽[3]

---

[1] 贝勒福雷（1530—1583），于1580年出版了《从几个著名作品摘选的奇妙故事》。
[2] 皮埃尔·勒·朱热，研究圣热内维埃芙的历史学家。
[3] 科罗泽（1510—1568），法国作家和书商。

所记载，第二天，该地区的教士们庄重地捡起草垫，送到了圣奥波蒂娜教堂圣物保管室。此后，直到1789年，该教堂圣物保管员靠这个草垫子每年都有一笔相当可观的收入，因为在1482年1月6日那个值得纪念的夜里，莫贡塞伊街口的圣母像显灵，把死者厄斯塔什·穆邦藏在草垫里的灵魂吓跑了。厄斯塔什·穆邦是为了和魔鬼开玩笑，临死时把灵魂藏在草垫里的。

六　摔罐成婚

诗人拼命逃跑，不知道自己在什么地方，脑袋不知多少次碰在街角的墙上，跳过不知多少个排水沟，穿过不知多少条深巷、胡同和街口，从菜市场迂回曲折的古老石板路上寻找逃跑的途径，在惊恐万状中探索拉丁语诗文中的**一切道路，包括幽径和小巷**①的语意。跑了一阵后，我们的诗人忽然停下来，上气不接下气，但立即被脑海中闪过的两种推理紧紧抓住。他用手指头按着脑门，对自己说："皮埃尔·格兰古瓦大师，我觉得你这样拼命逃跑太没有头脑。你怕他们，他们也同样怕你。听我说，我觉得你向北逃的时候，你听到他们的木鞋声是向南跑的，然而，两者必居其一：或者他们是逃跑了，要是这样，仓皇中可能扔下草垫，正好给你当床铺，从今天早晨起你就梦寐以求有个供你睡觉的地方，圣母娘娘显灵给你送来了，以报答你为她编写了一出圣迹剧，而且受到了热烈的欢迎；或者他们没有逃跑，这样，他们一定把草垫点着了，那岂不是你求之不得的一堆好火，你正需要它烘衣取暖，驱散忧愁。不管是好火还是好床，反正草垫是上天赐给的。也许正是为了这个缘故，莫贡塞伊街口大慈大悲的圣母马利亚才让厄斯塔什·穆邦去世的。你这样落荒而逃，像皮卡迪人遇到法国人那样，却把你想要寻找的东西抛在了后面，真有些神经错乱。你是个十足的大傻瓜！"

于是，他往回走了。他伸长鼻子闻闻，竖起耳朵听听，边走边寻，竭力想找回圣母赐福的草垫。但这是白费力气。周围房屋错乱丛杂，大街小巷盘亘交错，他常常犹豫不决，不知道该走哪一条街，在这黑咕隆咚、扑朔迷离的街巷迷宫中转来转去，却越转越迷糊，即使在亨利二世的图尔内

---

① 原文为拉丁语。

尔宫①也不会像这样晕头转向。最后,他转得不耐烦了,一本正经地喊道:"该死的街巷岔道!是魔鬼照他铁叉的样子造出来的。"

他这样一喊,心里舒坦多了。这时,他隐隐看见在一条深巷的尽头,好像有淡淡的红光在闪烁,顿时来了精神。"谢天谢地!"他说,"就在那里!是我的草垫在燃烧。"接着,他把自己比作夜航的船夫,虔诚地用拉丁文呼唤:

"导航星,向你致敬!②"

他这句祷文是对圣母还是对草垫讲的,我们就不得而知了。

这条狭长的小巷顺斜坡而下,没有铺面,越来越泥泞,越来越倾斜。没走几步,他就发现一个奇怪的现象。这条小巷并不是荒无人迹。一路上,只见一个个奇形怪状、模糊不清的东西,匍匐着朝尽头那闪烁的微光移动,就像笨拙的毛毛虫,夜里攀过一根又一根小草,爬向牧童的篝火。

没有比囊空如洗的人更富有冒险精神的了。格兰古瓦继续前进,一会儿就走到了爬得最慢,落在最后头的一条毛毛虫身边。走近一看,原来是一个没有腿的可怜虫,就像受伤后只剩下两条细腿的蜘蛛,用两只手一蹦一跳地往前走。当他从这只人面蜘蛛身旁经过时,听见它用悲哀的声音对他说:"行行好吧,老爷!行行好!③"

"让魔鬼把你抓去,"格兰古瓦说,"也把我一起抓去,要是我知道你在说什么。"

他继续前行。

他赶上了另一个向前爬行的毛毛虫,仔细一看,原来是个缺胳膊少腿的双重残疾,他的拐杖和木腿结构十分复杂,瞧他走路的样子,就像是泥瓦匠的脚手架在移动。格兰古瓦满脑子都是古典的比喻,他在心里把这残疾人比作火神的三足鼎。

格兰古瓦经过时,这只活鼎向他脱帽致敬,可是,帽子举到格兰古瓦的下巴跟前就停住了,就像托着一个刮胡子用的盘子,一面对着他的耳朵

---

① 图尔内尔宫,位于巴黎,结构复杂,有"迷宫"之称。1559年,法国国王亨利二世在此被谋杀。

② 原文为拉丁语。

③ 原文为意大利语。

说:"骑士老爷,给点钱买个面包吧!①"

"看来这一个也会说话,"格兰古瓦说,"可他说的话我听不懂。要是他懂,那他就比我走运。"

他的思想突然转到另一个问题上,他拍拍脑门说:"对了,今天上午他们说的'爱斯梅拉达'到底是什么意思?"

他想加快步伐,但觉得第三次被什么东西挡住了去路。这个东西,更确切地说,这个人,是个瞎子,矮矮的个子,长着胡子,脸看上去像犹太人。他用棍子划桨似的在周围乱戳,一只狗给他领路。瞎子带着匈牙利人的口音齉鼻儿对他说:"可怜可怜吧!②"

"太好了!"皮埃尔·格兰古瓦说,"总算有一个人讲基督的语言了!我的样子大概很像乐善好施的富人,所以他们要我施舍。可我却囊中羞涩,不名一文。"他把脸转向瞎子,接着说:"朋友,上星期,我刚卖了最后一件衬衣,既然你只懂西塞罗③的语言,我就用拉丁语重复一遍:Vendidi hebdomade nuper transita meam ultimam chemisam④。"

说完,他转身继续赶路。可是,瞎子也加快了步伐,接着,双重残疾人和无腿人也急忙赶上来,讨饭碗和拐棍与地面相碰叮当直响,三个人挤挤撞撞,紧跟在可怜的格兰古瓦后面,向他唱起了要饭歌:

"可怜可怜吧!"瞎子用拉丁文唱道。

"行行好吧!"无腿人用意大利文唱道。

那个缺胳膊少腿的接过乐句,用西班牙语重复他的唱词:"给点钱买面包吧!"

格兰古瓦捂住耳朵,喊道:"啊!真是座巴别塔⑤!"

他拔腿就跑,瞎子、瘸子和无腿人也都跟着跑起来。

他越往深处跑,周围的无腿人、瞎子、瘸子就越来越多,还有断臂的、独眼的,还有浑身都是伤口的麻风病人,一个个从屋子里,从附近的

---

① 原文为西班牙语。

② 原文为拉丁语。

③ 西塞罗(前106—前43),古罗马政治家、雄辩家、哲学家。公元前51年任西里西亚总督。

④ 拉丁语,意为"上星期我刚卖了最后一件衬衣"。

⑤ 据《圣经》记载,巴别塔由诺亚后裔所建,上帝把他们的语言弄乱,使他们互相听不懂,这样城和塔始终没有建成。"巴别"转义为"语言混乱的地方"。

小巷里,从地窖的气窗里跑出来,号叫着,吼叫着,尖叫着,一瘸一拐,一颠一晃,朝着灯光拥去,像雨后的蚰蜒,在泥浆中滚动。

格兰古瓦被这三个人紧紧追逼,不知道下场是什么,张皇失措地走在这群残疾人中间,绕过一个个瘸子,跨过一个个无腿人,在这瘸子跛脚群中磕磕绊绊,就像一个英国船长陷进了螃蟹群中。

他想往回走,但太晚了。这一大群人已经封住了他的退路,那三个乞丐又揪住他不放。他只好硬着头皮继续往前走,被这股不可抵挡的浪潮推涌着,也是因为害怕,因为眩晕,他觉得周围的一切仿佛变成了一场可怕的噩梦。

终于走到了小巷尽头。走出巷子,便是一个宽阔的广场,火光星罗棋布,在夜雾中闪闪烁烁。格兰古瓦冲进广场,指望仗着腿快,能够摆脱紧缠他不放的三个残疾的幽灵。

"你这家伙,往哪里跑?[①]"那个缺胳膊少腿的用西班牙语喊道。他扔掉拐杖,拔腿就追,巴黎街头从没有见过他那样健壮的两条腿。

而那个没有腿的乞丐也站了起来,把沉重的铁皮大碗扣在格兰古瓦头上,瞎子则用两只闪亮的眼睛瞪着他。

"这是在哪里?"诗人吓得魂不附体,问道。

"圣迹区[②]。"第四个幽灵回答。他刚上来和他们搭讪。

"我以灵魂发誓,"格兰古瓦又说,"我确实看见瞎子看得见,瘸子跑了起来,可是救世主在哪里呢?"

他们以狰狞的笑声作回答。

可怜的诗人环视周围。果然是可怕的圣迹区,好人从来不会在这个时候闯进来的。这里是魔圈,大堡的法官和御前大法官的执达吏来这里总是有进无出;这里是小偷的集居地,巴黎脸上的毒瘤;这里是阴沟,一股夹带着罪恶、乞讨和流浪的污泥浊水,每天早晨从这里流出去,晚上又流回来;这里是可怖的马蜂窝,人类社会形形色色的马蜂每天晚上满载赃物归来,在世界各国首都的大街小巷里,总是横流漫溢着这种污泥浊水;这里

[①] 原文为西班牙语。

[②] 圣迹区,中世纪的巴黎的一个街区,乞丐、无赖、流浪汉的集居地。他们装成各种残疾人去乞讨,回区后"奇迹"般地恢复正常,仿佛上帝突然显灵,把他们治愈了,因此得名。

是制造假病的医院，吉卜赛人、还俗的修士、堕落的学生、各种国籍的无赖（西班牙的、意大利的、德国的），各种宗教的渣滓（犹太教的、基督教的、伊斯兰教的、崇拜偶像的），他们白天在身上敷满假伤口出去乞讨，晚上摇身一变又成强盗。总之，这里是巨大的化装室，巴黎街头每天都在演出盗窃、卖淫、谋杀等丑剧，而那个时代，在剧中扮演角色的演员都在这里换装。

这是一个很大的广场，形状不规则，地面铺砌得很不好。当时巴黎的广场都这样。广场上生了一堆堆火，火堆周围聚集着一群群奇形怪状的人。他们走来走去，吵吵嚷嚷，可以听见刺耳的叫声，孩子的啼哭声，女人的说话声。他们的脑袋和胳膊不停地晃动，在明亮的背景上清楚地显现出千姿百态的剪影，火光在地上颤动，掩映出形状难辨的巨大黑影，不时地可以看见一条像人的狗或一个像狗的人经过。圣迹区也和群魔殿①一样，人种和物种的界限似乎不复存在。在这群人中间，似乎不分男女老少，人畜禽兽，不分健康人还是病人，一切都是混杂、重叠、合而为一的，每个人都兼有一切特征。

借着微弱而闪烁的火光，格兰古瓦在慌乱中辨认出，宽阔的广场周围，是一圈简陋破旧的房屋，满身蛀孔，皱皱巴巴，歪歪斜斜，每座房子都有一两个小窗户，亮着灯光。在格兰古瓦看来，这些房屋在阴影中就像一个个老妪的巨大脑袋，皱着眉头，怪模怪样，围成一圈，眨着眼睛在观看群魔乱舞。

这仿佛是一个陌生的新世界，闻所未闻，丑陋不堪，爬行着，聚集着，怪诞不已。

格兰古瓦越来越感到害怕。三个乞丐就像三把钳子，把他紧紧夹住，一大群面孔在他周围翻滚、吼叫，把他的耳朵震聋了。多灾多难的格兰古瓦竭力镇静下来，想弄清楚今天是不是星期六②。但这是徒劳的。他的记忆和思维已经中断。他怀疑一切，在看到的和感觉到的之间飘飘忽忽，他不断地向自己提出一个不可解答的问题："如果我存在，这一切会存在吗？如果这一切存在，我会存在吗？"

---

① 群魔殿，想象中的地狱的首都。
② 星期六，西方传说中的安息日，巫魔举行狂欢的日子。

就在这时,从周围嘈杂的人群中,响起了一个清晰的喊声:"带他去见大王!带他去见大王!"

"我的圣母!"格兰古瓦低声说,"这里的大王,想必是一只公山羊。"

"去见大王!去见大王!"所有的人齐声附和。

他被拖走了。谁都争着伸出爪子抢他。可三个乞丐怎么也不松手,把他从那些人手中抢回来,大声吼道:"他是我们的!"

诗人那件紧身短大衣本来就很破旧,在这场争夺战中,彻底完蛋了。

当他穿过可怕的广场时,头昏目眩的感觉渐渐消失。没走几步,他就恢复了现实的感觉,对周围的气氛开始适应了。起初,从他诗人的脑袋中,或者,说得更直接、更干脆些,从他空空的肚皮里,升起了一股烟雾,也可以说是一道水汽,弥弥漫漫,挡住了物体,使他的视线变得模模糊糊,他因此坠入了迷雾缭绕、漆黑一团的噩梦深渊,周围的一切轮廓都哆哆嗦嗦,一切形体都在扮演鬼脸,一切物体都在聚合堆积,物膨胀成妖魔,人膨胀成鬼怪。渐渐地,幻觉消失,目光不再那样迷乱,那样放大一切。他周围的现实世界渐渐清晰明朗,不断撞击着他的眼睛,冲击着他的双脚,把他起初信以为真的种种可怕的诗情幻景一片片地撕成碎片。他不得不清楚地看到,他涉足其中的不是冥河,而是污泥浊水,此刻推拽着他的不是魔鬼,而是扒手,利害攸关的不是他的灵魂,而是他的性命(因为他身上没有宝贵的金钱,而金钱是强盗和好人之间最有效的调解人)。他正在更仔细、更冷静地审视这群魔乱舞的场面,不料一下跌进了小酒店。

"圣迹区"实际上是一个下等酒吧,不过,那是葡萄酒和鲜血染红的强盗们的酒吧。

那些破衣烂衫的押送人员终于把他带到了行程的终点。眼前的景象并不能重新把他带回到诗的意境,哪怕是地狱的诗景。他更真实地看到了下等酒店这个冷酷无情、毫无诗意的现实。要不是在讲15世纪发生的事,我们就可以说,格兰古瓦一下子从米开朗琪罗①跌入了卡洛②时代。

在一块巨大的圆形石板上,有一堆熊熊燃烧的大火,火焰从烧红的金

---

① 米开朗琪罗(1475—1564),意大利16世纪雕刻家、画家和诗人。其画作大多以神鬼为主题。

② 卡洛(1592—1635),17世纪法国画家和诗人,擅长描绘巴黎下层社会。

属三脚架上蹿出来，三脚架此刻正好没煮食物。几张被虫蛀得破破烂烂的桌子，横七竖八地放在火堆周围，没有一个略通几何学的人去把它们摆得稍微整齐一些，至少不至于让它们交切成如此怪模怪样的角度。桌上几只闪闪发光的罐子，流淌着葡萄酒和麦芽酒，一群酒鬼正围坐着喝酒，火光和过量的饮酒把他们的脸染成了紫红色。有一个快活的大肚汉，正吵吵闹闹地搂着一个胖妓女在亲热。还有一个假士兵，用他们的黑话来说，一个残疾丘八，一面吹着口哨，一面正在解开假伤口上的绷带，为了让他那条从早晨起就被千缠百裹着的强健有力的膝盖松弛一下。对面，有一个假疮乞丐，正在用白屈菜泥和牛血炮制第二天要用的"伤腿"。再过去两张桌子，有一个假香客乞丐，一身朝圣打扮，嘴里唱着《圣后》悲歌，唱时也没有忘记用诵经的声调，还带着鼻音。另一个地方，有一个小乞丐在向一个老癫痫乞丐讨教如何装癫痫，那老乞丐教他嘴里嚼一块肥皂就可以口吐白沫。旁边，有一个假水肿病人正在消肿，臭得四五个女骗子连忙捏住鼻子，她们正在一张桌子上争夺当晚偷来的一个孩子。正如两个世纪后索瓦尔描绘的那样，所有这些景象，"在国王及其朝臣们看来十分滑稽，于是成了国王解闷的笑料，还被作为四幕宫廷芭蕾舞剧《黑夜》的前奏，在小波旁宫的剧场里演出"。一个曾在1653年看过这出舞剧的人后来写道："圣迹区变幻莫测的景象，在舞剧中表现得惟妙惟肖，淋漓尽致，这是前所未有过的。为使我们了解剧情，邦斯拉德①还作了相当优雅的诗呢。"

到处都有人在放声狂笑，唱淫荡歌曲。谁都只顾自己说长道短，骂骂咧咧，而不听别人说什么。酒罐子撞得叮叮当当，引起一阵阵争吵，破罐子把破衣烂衫撕得更加破烂。

一条大狗蹲坐着看火，有几个孩子也在凑热闹。那个偷来的孩子在哭哭啼啼。另一个四岁的胖孩子闷声不响，坐在一张板凳上，凳子太高，只好两腿悬空，下巴勉强够着桌子边。还有个孩子一本正经地用手指头拿蜡烛滴下的油脂在桌上乱涂乱抹。最后，还有一个孩子蹲在烂泥里，瘦小的身子几乎整个儿埋在一口铜锅里，用瓦片在锅里刮来刮去，那声音让斯特

---

① 邦斯拉德（1613—1671），法国诗人、戏剧家。为路易十四及其宫廷编写芭蕾舞和喜、悲剧，深得路易十四喜爱。

拉迪瓦里乌斯①听见了真会晕过去。

火堆旁有个酒桶,桶上坐着个乞丐。这人就是乞丐王国的大王,酒桶就是他的宝座。

那三个逮住格兰古瓦的乞丐把他带到酒桶跟前,狂欢乱舞戛然停止,只有钻进锅里的孩子仍在发出刺耳的声音。

格兰古瓦不敢喘气,也不敢抬头。

"伙计,摘掉你的帽子。②"那三人中有一个用西班牙语对他说。没等他明白是什么意思,那人就把他的帽子抢走了。他这顶尖帽子虽然很旧,但遮遮太阳、挡挡风雨还是蛮管用的。格兰古瓦长叹了一声。

这时,乞丐王从他的酒桶上对他讲话了。

"这小子是怎么回事?"

格兰古瓦打了个寒噤。这声音因为略带恫吓而变得粗大了,但仍使他想起今天上午带着鼻音向观众乞讨,致使圣迹剧首次受到冲击的那个声音。他抬头一看,果然是克洛潘·特鲁伊夫。

克洛潘·特鲁伊夫穿上了王袍③,但上面的补丁仍和平时的一样多。胳膊上的疮已经消失,手里拿着一根白色长皮鞭,就是值勤警官用来维持秩序的那种鞭子,名叫"布莱依"。他戴着一种顶上封口、四周加帽檐的帽子,但很难说清楚是王冠还是儿童防跌软垫帽,因为两者十分相似。

然而,不知为什么,当格兰古瓦认出乞丐王就是在司法宫大厅里同他作对的那个该死的乞丐时,反而产生了一线希望。

他结结巴巴地说:"师父……阁下……陛下……我该怎样称呼您?"他的称呼逐步升格,到了最高级后,不知道怎样再往上升,或者怎样再往下降,就只好问对方了。

"阁下,陛下,或者朋友,随你怎么称呼。不过,得快点。你有什么要为你辩护的吗?"

"为你辩护!"格兰古瓦想道,"我讨厌这个说法。"于是,他期期艾艾,继续往下说:"我是今天上午……"

---

① 斯特拉迪瓦里乌斯(1644—1737),意大利弦乐器商。
② 原文为西班牙语。
③ 王袍,指乞丐王的礼服,即缝了无数补丁的五颜六色的破衣服。

"别磨牙了！"克洛潘打断他说，"报你的名字，小子，别废话。听着，你面前有三位强大的君主：我是克洛潘·特鲁伊夫，五法郎银币王①，大科埃斯的传人，乞丐王国的最高统治者；那边头上缠着破布的黄脸老头是埃及和吉卜赛公爵马蒂阿·亨加里·斯皮加里；那个只顾和一个婊子打俏，不听我们说话的胖子，是加利莱皇帝纪尧姆·鲁索。我们是你的审判官。你不说我们的黑话，却进了我们的黑话王国，你侵犯了我们在这个城市的特权，应该受到惩罚，除非你是'卡蓬''弗朗米图'或'里福代'②，用你们正人君子的行话说，就是扒手、乞丐或流浪汉。你是这一类人吗？为你自己辩护吧。快交代你的身份。"

"可惜的是，"格兰古瓦说，"我没有这份荣誉。我是写……"

"这就够了，"特鲁伊夫没有让他说下去，"你要被绞死。事情很简单，正直的市民先生们，这就叫以其人之道，还治其人之身。你们用来对付乞丐的法律，乞丐们用它来对付你们。如果说这个法律太坏，那是你们的错。我们也应该经常看到好人的脑袋套在麻绳圈里龇牙咧嘴的怪模样。这样，绞刑才变得体面。来吧，朋友，把你的破衣烂衫痛痛快快地脱下来，让这些女士瓜分吧。我马上就叫人把你绞死，好让乞丐们乐一乐。你呢，就把钱包掏出来，给他们买酒喝。假如你还有什么假正经的事要做，那边捣盐的石臼里有一个石头上帝，是从圣皮埃尔-奥伯教堂里偷来的。我给你四分钟时间，去把你的灵魂向他抖一抖吧。"

乞丐王这番演说确实精彩。

"我以灵魂发誓！讲得太好了！克洛潘·特鲁伊夫讲起道来，活像是教皇圣父。"加利莱喊道，一面把酒罐子打碎垫桌子。

"皇帝和国王阁下，"格兰古瓦镇静地说（不知怎么的，他又恢复了信心，说话很坚决），"你们不会想到，我叫皮埃尔·格兰古瓦，是诗人，今天上午在司法宫大厅里演出的寓意剧，就是本人写的。"

"啊！是你呀，大师！"克洛潘说，"我也在那里，我以上帝的脑袋发誓！怎么，朋友，难道你上午给我们演了那场乏味的圣迹剧，今晚就有理

---

① 五法郎银币王，即乞丐王。五法郎银币为法国古币，这里指乞丐乞讨的银币。
② "卡蓬""弗朗米图"或"里福代"，乞丐王国的黑话，指三种乞丐。这里均为音译，下文已有相应的解释。

由不被绞死吗?"

"我恐怕很难脱身了。"格兰古瓦心想。然而,他还要试一试,于是,他说:"我不明白为什么诗人不能列入流浪乞丐的行列中。伊索就是流浪汉,荷马当过叫花子,墨丘利①是个小偷……"

克洛潘打断他说:"我看,你是想用这些难懂的话来糊弄我们。你就乖乖地被绞死吧,别装腔作势了!"

"对不起,五法郎银币王阁下,"格兰古瓦决心寸土必争,反驳道,"绞死我是应该的……不过,等一等……听我说……你总不能不听我辩护就处死我吧……"

可是,他说话的声音不幸被周围的喧闹声盖住了。刮锅的小男孩比任何时候都刮得起劲,更糟糕的是,一个老婆子刚把一只装满牛油的煎锅放到灼热的三脚架上,牛油被火熬得噼啪直响,就像一群顽童追赶一个假面人时发出的叫嚷声。

克洛潘·特鲁伊夫好像同埃及公爵和加利莱皇帝商量了一会儿,那皇帝已经烂醉如泥。接着,他用刺耳的声音喊道:"大家静一静!"那两口锅都不听指挥,继续它们的二重唱。克洛潘跳下酒桶,朝铁锅一脚踢去,连锅带人踢出十步开外,他又朝煎锅踢了一脚,牛油全都泼在了火上。然后,他庄严地重新回到宝座上,对孩子的哭泣和老妇的嘀咕全然不理,而老妇的晚饭已化作美丽的白烟。

特鲁伊夫做了个手势,公爵、皇帝以及大帮凶乞丐和麻风病乞丐们来到他身边,围成半圆圈,格兰古瓦站在圈子中间,始终被粗暴地当成受审者。这些站成半圆圈的人全都衣衫褴褛,戴着假首饰,手拿铁叉、斧头,一个个喝得迷迷糊糊,两条腿都站不住了,他们赤裸着粗壮的胳膊,面孔肮脏,毫无光泽,显得非常迟钝。在这个乞丐圆桌会议中央,克洛潘·特鲁伊夫俨然像元老院的议长,贵族领地的国王,红衣主教会议上的教皇,君临一切,驾驭全场,首先因为他坐在酒桶上,居高临下;此外,他的神态说不出的傲慢、凶残和吓人,使他的眼睛闪闪发亮,显出他那流浪汉种族特有的野兽般的模样。在这群丑八怪中,他显得出类拔萃,真可谓一群

---

① 墨丘利,古罗马神话中的商业神,即希腊神话中的赫耳墨斯,掌管商业、交通、畜牧、竞技、演说以及欺诈、盗窃。

猪中的猪头。

他用长满茧子的手摸着丑陋的下巴，对格兰古瓦说："听着，我没有理由不绞死你。确实，你很讨厌这玩意儿，这也很自然，你们市民还不习惯，把绞刑看得太粗鄙。其实，我们并不想和你过不去。现在有一个办法可以救你。你愿意成为我们的人吗？"

格兰古瓦原以为性命难保，已经不抱任何希望，听了这话，又惊又喜，赶快抓住这根救命稻草，忙说：

"当然愿意，一百个愿意。"

"你同意加入扒手的行列吗？"克洛潘问道。

"是的，千真万确。"格兰古瓦回答。

"你承认自己是自由市民中的一员吗？"乞丐王又问。

"承认。"

"愿意做乞丐王国的臣民？"

"愿意。"

"愿意当流浪乞丐？"

"愿意。"

"真心诚意？"

"真心诚意。"

"我要告诉你，"乞丐王又说，"你仍免不了要被绞死。"

"见鬼！"诗人说。

"不过，"克洛潘沉着地说，"不是现在，而是以后，仪式更加隆重，由巴黎市支付费用，在一个漂亮的石头绞刑架上，你要被那些正人君子绞死。这对你是一种安慰。"

"但愿如您所说。"格兰古瓦回答。

"还有其他好处。你当了自由市民，就不要再像巴黎市民那样交清道捐、救济捐和灯火捐了。"

"但愿如此，"诗人说，"我同意。我是流浪汉、乞丐、自由市民、扒手，您要我当什么，我就当什么。其实我早就是了，五法郎银币王先生，因为我是哲学家；正如您知道的，**哲学包罗万象，哲学家什么都干**[①]。"

[①] 原文为拉丁语。

乞丐王皱了皱眉头。

"你把我想成什么人了，朋友？你在说什么匈牙利犹太人的黑话？我不懂希伯来语。当强盗的，就不是犹太人。我现在甚至不偷了，比这更厉害，我杀人。割喉咙，干；割钱包，不干。"

克洛潘越说越气愤，越说越不连贯。格兰古瓦终于插进了一句道歉的话："请原谅，阁下。这不是希伯来语，是拉丁语。"

"你听着，"克洛潘狂怒地继续说，"我不是犹太人，我以犹太教徒的肚子发誓，我要绞死你！还有你身边那个冒充破产小商人的犹太人，我希望有一天能看到他像一枚假币那样被钉死在一张柜台上。他本来就是一枚假币。"

他边说，边指着那个满脸胡子的小个子匈牙利犹太人，就是在小巷里用拉丁语对格兰古瓦说"行行好"的那个人。那人听不懂其他语言，看见乞丐王向他大发雷霆，惊得瞠目结舌。

克洛潘阁下终于平静下来，对诗人说：

"小子！那么你愿意做流浪乞丐了？"

"当然！"诗人回答。

"光愿意还不够，"暴躁的克洛潘说，"有好的愿望不一定有用，只是对进天堂有好处。可是，天堂和乞丐王国是两回事。你想进乞丐王国，就得证明你能干点什么，你得表演掏假人的腰包。"

"您要我掏什么，我就掏什么。"格兰古瓦说。

克洛潘做了个手势。几个乞丐从圈子里出去，不一会儿就回来了，搬来了两根木桩，下端是两根宽木条做成的十字构架，立在地上稳稳当当。他们又在两根木桩之间加了一根横梁，做成了一个可以搬动的非常漂亮的绞刑架。格兰古瓦看到一眨眼工夫，面前就竖起了一个绞刑架，感到大开眼界。样样齐备，甚至还有绞索，正在横梁下面悠悠晃动。

"他们到底想干什么？"格兰古瓦忧心忡忡。这时，他听到一阵铃响，顿时放了心。原来是个假人。乞丐们正在把那条绳子套在假人的脖子上吊起来。这假人有点像用来吓唬野鸟的稻草人，穿着红衣服，挂满大小铃铛，就是用它们来披挂三十头卡斯蒂利亚①骡子也足够了。这无数的铃铛随

---

① 卡斯蒂利亚，西班牙地名，当地骡子常挂铃铛。

着绳子晃动响了一阵,声音渐渐变弱,最后不响了,因为假人已经服从了取代滴漏计和沙时计的钟摆规律,停止晃动了。

克洛潘指着假人脚下的一张摇摇欲坠的矮凳子,对格兰古瓦说:"上去。"

"要我命哪!"格兰古瓦抗议道,"我会摔断脖子的。您这张矮凳就像马提雅尔①的双行体诗,长短不一,一只脚是六个韵,另一只是五个韵。"

"上去!"克洛潘又说。

格兰古瓦踏上板凳,脑袋和胳膊摇晃了几下,才在上面站稳。

"现在,"乞丐王继续说,"你用右脚钩住左腿,踮起左脚尖。"

"阁下,"格兰古瓦说,"你是非让我断胳膊断腿啰。"

克洛潘摇摇头。

"听着,朋友,你废话太多。两句话就给你说清楚了。你照我说的那样,踮起脚尖,这样,你就够得着假人的口袋了,你把手伸进去,把里面的钱包掏出来。你干这件事时,要是铃铛一个也不响,那就成功了,你就可以当流浪乞丐,接下来就是连续揍你一个星期。"

"上帝的肚子!我一定当心。"格兰古瓦说,"可要是碰响了铃铛呢?"

"那就要被绞死。明白了吗?"

"一点也不明白。"格兰古瓦回答。

"我再说一遍。你要去掏假人的口袋,把钱包掏出来。只要有一个铃铛发出声音,你就要被绞死。明白了吗?"

"明白了。"格兰古瓦说,"还有呢?"

"如果你能把钱包掏出来而铃铛不响,你就是流浪乞丐。接下来就是连续揍你一个星期。现在该明白了吧?"

"我又不明白了,阁下。我有什么利可图呢?不是被绞死,就是挨揍。"

"你不是当上流浪乞丐了吗?"克洛潘接着说,"当流浪乞丐,不就是好处吗?我们揍你,也是为了你好,让你今后经得住揍嘛。"

"万分感谢!"诗人回答。

"行了,快点吧,"乞丐王说,并用脚把酒桶敲得像大鼓一样咚咚响,"快去掏吧,别再磨蹭了。我最后一次警告你,要是我听到一声铃响,你就

---

① 马提雅尔(43—104),罗马著名铭辞作家,现代警句诗的开山鼻祖。

得站到假人的位置上去。"

对于克洛潘的主意，乞丐们热烈拥护。他们围着绞刑架站成一圈，残忍地大笑着。格兰古瓦发现，他成了他们取乐的对象，因此，他们绝不会饶过他的。他没有生路，除非能成功地完成他们强迫他做的动作，但可能性极小。他决定碰碰运气，但在行动之前先向那个假人虔诚地做了祈祷，心想，它也许比流浪乞丐有同情心。在他看来，那些数不清的长着小铜舌的铃铛，像毒蛇一样张着嘴巴，随时准备发出咝咝的叫声，咬他一口。

"啊！"他低声说，"我的生命竟然取决于这些小铃铛，哪怕最小的铃铛发出最轻微的声音，都会要我的命！呵！"他又合掌祈祷，"小铃铛呀，你千万别作声！小铃铛呀，你千万别晃动！小铃铛呀，你千万别颤抖！"

他还想再做一次努力，问特鲁伊夫：

"万一有风呢？"

"你一样要被绞死。"特鲁伊夫毫不犹豫地说。

看到已经毫无退路，不可能缓刑，也没有其他任何借口，于是，他横下了一条心。他把右脚钩住左腿，踮起左脚尖，伸出一只胳膊……就在接触假人时，他那一只脚支撑着的身体，在只有三条腿的矮凳上晃了一下，他下意识地想抓住假人，这下失去了平衡，重重地摔倒在地上；而那个假人经他一推，先是打了个转，然后威严地在两根木柱之间摇摆起来，成千只铃铛响成一片，震得他头昏耳聋，也决定了他的命运。

"倒霉！"他摔倒时喊了一声。他趴在地上一动不动，就像死了似的。

然而，他还听得见铃铛在他头顶上轰鸣，流浪乞丐在发出魔鬼般的狂笑，特鲁伊夫在说："给我把这个窝囊废拉起来，狠狠地绞死。"

格兰古瓦从地上爬起来。那个假人也被搬走了，给他腾出了地方。

乞丐们让他爬到矮凳上。克洛潘过来把绳索套到他脖子上，拍拍他的肩膀，对他说："再见了，朋友。你肚肠里的弯道道即使跟教皇一样多，这次也躲不过去了。"

他想喊"饶命"，但话到嘴边又咽了下去。他朝四周看看，所有的人都在大笑不止，他明白自己毫无希望了。

"贝勒维尼·德·雷托瓦尔，"乞丐王对一个身材高大的乞丐说，"爬到横杆上去。"那人应声出列。

贝勒维尼·德·雷托瓦尔敏捷地爬上了横杆，不一会儿，当格兰古瓦抬头时,看见他已坐在那上面了,感到十分恐惧。

"现在,"克洛潘·特鲁伊夫又说,"等我一拍手,红发安德里,你用膝盖把矮凳拱倒;弗朗索瓦·尚特-普吕纳,你拽住这小子的腿;你,贝勒维尼,压住他的肩膀。你们三个要同时行动,听见没有?"

格兰古瓦浑身打战。

"准备好了吗?"克洛潘·特鲁伊夫对那三个乞丐说。他们已准备扑向格兰古瓦,就像三只蜘蛛准备扑向一只苍蝇。克洛潘不慌不忙,他用脚尖把几根还没烧着的树枝踢进火堆里,可怜的格兰古瓦心惊肉跳,等着受刑。过了一会儿,克洛潘又问:

"准备好了吗?"他张开双手准备拍击,再过一秒钟,全都结束了。

但他突然停下来,好像想起了什么。"等一等,"他说,"我刚才忘了!……按照惯例,在绞死一个男人之前,先得问问有没有女人要他。伙计,这是你最后一次机会了。你必须娶一个女乞丐,否则就与绞索成亲。"

吉卜赛人的这条规矩,在读者看来荒诞不已,但今天仍被写在古老的英国法典里,不信可以查阅《伯林顿的注疏》①。

格兰古瓦松了口气。半个小时以来,他这是第二次死里逃生,因此,不敢过于相信。

"喂!"克洛潘喊道,他已回到酒桶宝座上了,"喂!女的们,雌的们,上到巫婆,下到巫婆的雌猫,你们中间有哪个婊子要这个色鬼?喂,科洛特·夏洛!伊丽莎白·特鲁凡!西蒙娜·若杜依纳!玛丽·皮埃德布!托娜·隆格!贝拉德·法努埃尔!米歇勒·热纳伊!克洛德·隆热-奥雷伊!玛蒂丽娜·吉罗鲁!喂!伊莎博·蒂埃里!你们都过来!好好看看!白送你们一个男人!谁要呀?"

格兰古瓦正在落难之中,惊魂未定。当然,他的模样不可能吸引人。那几个女人对克洛潘的建议几乎无动于衷,不幸的格兰古瓦听见她们回答:"不要!不要!绞死他,让我们大家开开心。"

不过,还是有三个女人走出人群,上来把他仔细打量。第一个是四方脸的胖妞。她细细看了看哲学家那件寒酸的紧身短上衣,发现它破得很厉害,窟窿比烤栗子的平底锅还要多,她鄙夷地做了个鬼脸。"破布头!"她

---

① 《伯林顿的注疏》,出版于1766年。

咕哝一句，又问格兰古瓦："你的披肩呢？"格兰古瓦回答："丢了。""帽子呢？""被人抢了。""鞋呢？""快没有底了。""那钱包呢？""唉！"格兰古瓦期期艾艾地说，"身无分文。""那你就让他们绞死吧，说声'谢谢'！"女乞丐说完，转身就走。

第二个又老又黑，满脸皱纹，奇丑无比，即使在这丑人集居的乞丐王国里也显得格格不入。她围着格兰古瓦转了一圈。格兰古瓦就怕她会相中自己。可她口齿不清地说："太瘦。"说完也走了。

第三个是年轻的姑娘，挺鲜嫩，也不太丑。可怜鬼低声求她：

"救救我吧！"

那姑娘怜悯地打量他一会，然后低下脑袋，摆弄衣裙，犹豫不定。格兰古瓦眼睛注视着姑娘的一举一动，这可是他最后的一线希望呀！

"不行，"姑娘终于说话了，"不行，纪尧姆·隆格儒会揍我的。"她也回到人群中去了。

"伙计，"克洛潘说，"算你倒霉。"

然后，他站在酒桶上，模仿拍卖人的腔调，喊道："没有人要吗？"大家被逗得哈哈大笑。"没有人要？一——二——三——！"他转向绞刑架，点了点头，"成交！"

贝勒维尔·德·雷托瓦尔、红发安德里和弗朗索瓦·尚特-普吕纳走到格兰古瓦身边。

就在这时，乞丐群中响起一片喊声：

"爱斯梅拉达！爱斯梅拉达！"

格兰古瓦心里一震，朝喧哗的地方转过头去。人群向两边闪开，给一个灿烂夺目的姑娘让开一条通道。

原来是那个吉卜赛姑娘。

"爱斯梅拉达！"格兰古瓦激动不已，惊讶万分，没想到与他白天的事情紧密相连的这个咒语，竟然是这位姑娘的名字。

这个人间尤物，以其魅力和美貌，似乎在圣迹区也有着不可抗拒的威望。她一路过来，男女乞丐默然给她让路，看见她，最粗野的面孔也都变得容光焕发。

她步履轻盈，走到了受刑人跟前，美丽的加利跟在她后面。格兰古瓦就好像死了一般。她默默地端详了他一会儿。

"您要绞死这个人?"她转向克洛潘,神情非常严肃。

"是的,姐妹,"乞丐王回答,"除非你要他做你的丈夫。"

她下嘴唇漂亮地噘了噘。

"那我要了。"

格兰古瓦确信,从上午起他就一直在做梦,眼前的事不过是梦的延续。这个转折虽然美妙,但毕竟太突然了。

有人给他解开绳索,让他从矮凳上下来。他不得不坐下来,因为他受的震动太强烈。

埃及公爵一句话也没说,拿来了一只瓦罐。吉卜赛姑娘把它递给格兰古瓦,对他说:"把它摔到地上。"

瓦罐碎成四瓣。

埃及公爵把手分别放到他们额头上,说:"兄弟,她是你的妻子;姐妹,他是你的丈夫。婚期四年。去吧。"

七 新婚之夜

不一会儿,我们的诗人就已经在一间不透风的暖烘烘的尖拱小屋里了。他坐在桌子前。桌上空空的,似乎正等着向一旁的挂柜里借些食物。他就要有一张舒服的床和一个漂亮的姑娘在一起。这场奇遇像是中了魔法似的。他开始真的把自己当成童话中的人物了。他不时地四下张望,像是要看看那两头喷火怪物拉套的火焰车还在不在,只有这种车才可能这样快地把他从地狱送进天堂。有时候,他紧盯着上衣的破窟窿,以便抓住现实,免得想入非非。他在幻想的童话世界里飘游,已经晕晕乎乎,全靠这件破衣裳帮他恢复理智。

那姑娘似乎一点也不注意他。她走来走去,一会儿碰着什么小凳子,一会儿同她的小山羊说说话儿,不时地噘起小嘴巴。她终于过来坐在桌子旁,格兰古瓦这才能自由自在地端量她。

亲爱的读者,你也曾有过童年,或许你更幸运,现在还是个孩子。你肯定不止一次(我自己就常常那样,那是我一生中最美好的时光)在阳光明媚的日子里,沿着潺潺的小溪,穿过一个个小树丛,追逐美丽的蓝蜻蜓或绿蜻蜓。蜻蜓忽上忽下,轻吻着每一根树梢。你一定还记得,你是怎样情意绵绵、兴致勃勃地注意那紫红或天蓝的翅膀，它们轻轻飞旋，萦萦绕绕，由于飞得太快，形体飘忽，难以捉摸。那微微颤动着的翅膀中模模糊糊显露出来的空中小生命，在你看来，那样虚幻缥缈，仿佛是想象出来的，看不见，摸不着。可是，当蜻蜓终于停在芦苇梢上，你终于能屏气凝神观察它那薄纱般的长翼，珐琅般的长袍，水晶球般的眼珠时，你是多么惊讶，又多么担心它会重新化作幻影，它的生命会重新变成虚无。回想起这些，你就不难体会格兰古瓦此时此刻在这个看得见、摸得着的爱斯梅拉达面前所产生的感觉，因为在这之前，他一直是通过歌舞和喧嚣的旋涡，模模糊糊地看见她的。

他越来越陷入梦境，目光蒙眬地注视着爱斯梅拉达，心里思忖："原来这就是爱斯梅拉达！佳妙无双的女子！街头舞女！那样高贵，又那样低贱！上午断送我圣迹剧的是她，晚上救我一命的也是她。她是我的恶神，也是我的天使！我发誓，她是个漂亮女人，她大概爱我爱得发狂，才会在那种情况下要我的。对了，"蓦然，他站起来，因为他又回到了现实中，这现实感是构成他性格和哲学的基础，"我还不太知道该怎么办，不过，难道我不是她的丈夫吗？"

他转着念头，眼睛里流露出欲望，朝姑娘走去，那样威武，那样殷勤，吓得姑娘直往后退。

"您要干什么？"她问道。

"您怎么能提这个问题，可爱的爱斯梅拉达？"格兰古瓦回答，语调充满了情欲，连他自己听了都大吃一惊。

埃及姑娘睁大眼睛："我不懂您的意思。"

"怎么！"格兰古瓦又说，越来越冲动，寻思面前的姑娘不过是乞丐王国的一个贞女，"我不是你的吗，亲爱的朋友？你不也是我的吗？"

说完他轻率地把她拦腰抱住。

吉卜赛姑娘犹如柔滑的鳗鱼，从他手中挣脱掉。她一步跳到房间的另一头，弯下腰，随即又直起身，手里亮出一把小匕首，格兰古瓦根本来不及看清楚这把刀是从哪里抽出来的。姑娘怒形于色，傲气凛然，嘴巴噘着，鼻孔鼓着，面颊红得像苹果，眼睛里冒着火花。就在同时，那头白山羊跑到她跟前，耸起两只美丽的金犄角，向格兰古瓦摆开战斗的架势。这一切仅是转眼的工夫。

蜻蜓变成了马蜂，只想螫人。

我们的哲学家一下愣住了。他目光呆滞，一会儿看看山羊，一会儿看看姑娘。

待他稍微回过神来，终于能说话时，他喊道："圣母！真是两个泼辣货！"

吉卜赛姑娘也打破沉默："您吃了豹子胆啦！"

"对不起，小姐，"格兰古瓦微笑着说，"不过，您为什么要我做丈夫呢？"

"难道应该看着您被绞死？"

"这么说，"诗人看到爱的希望化为泡影，心里不是滋味，"您嫁给我纯粹是为了救我？"

"那您还要我有什么别的想法？"

格兰古瓦咬了咬嘴唇，说："算了，看来我当丘比特[①]没有我想象的那样成功。可是干吗要摔破那只可怜的瓦罐呢？"

爱斯梅拉达和小山羊仍然严阵以待，一个用匕首，另一个用犄角。

"爱斯梅拉达小姐，"诗人说，"我们和解吧。我不是大堡的书记员，对于像您这样不顾御前大法官大人的禁令，怀里揣着匕首在巴黎街头乱逛这件事，我不予追究。然而，您不会不知道，一个星期前，诺埃尔·莱克里文就因为携带短剑，罚款十个巴黎索尔。不过，这不关我的事，现在我来谈正题。我以天堂的名义发誓，没有您的同意，我决不靠近您。可是，您得给我点吃的。"

其实，格兰古瓦和德普雷奥[②]先生一样，"并不太贪女色"。他不是那种袭击女孩子的骑士和火枪手。在爱情方面，也像其他事一样，他主张采取折中态度，伺机而动。在他看来，一顿美味可口的晚餐，外加佳人做伴，尤其在饥肠辘辘的时候，这好比在一场艳遇的序幕和结局之间加了一段美妙插曲。

埃及姑娘没有吭声。她倨傲地噘噘嘴，小鸟似的扬起头，突然哈哈大笑，那把小巧玲珑的匕首忽地消失了，像出现时一样迅速，格兰古瓦都没

[①] 丘比特，古罗马神话中的小爱神。

[②] 德普雷奥（1636—1711），法国诗人和批评家。曾撰文批评当时的风尚，讽刺时髦女性。

能看见蜜蜂把它的刺藏在哪里。

不一会儿,桌上摆起了一块黑面包、一片猪油、几个皱巴巴的苹果,还有一罐啤酒。格兰古瓦狼吞虎咽,大嚼大吃。听见他把铁叉和瓷盆碰得叮当响,会以为他的情欲已全部化作食欲了呢。

姑娘坐在他对面,默默地注视着他吃饭,可是看得出来,她心不在焉,在想别的事,脸儿不时地漾出笑容,手儿轻轻抚摸小山羊聪慧的脑袋。山羊懒洋洋地伏在她膝盖上。

昏黄的烛光照耀着这幅一个狼吞虎咽,另一个沉湎梦幻的场景。

然而,待饥肠的辘辘声平息下来,格兰古瓦发现只剩下一只苹果了,感到有点不好意思:"您不吃吗?爱斯梅拉达小姐。"

她摇摇头,沉思的目光移到小屋的拱顶上。

"她在想什么鬼心事?"格兰古瓦想道,也把视线拉到拱顶上,"刻在拱顶石上的那个龇牙咧嘴的侏儒,绝不可能让她这样出神。见鬼!我难道还比不上它?"

他提高嗓门说:"小姐!"

她好像没有听见。

他用更大的声音说:"爱斯梅拉达小姐!"

仍然白费力气。姑娘的心不在这里,格兰古瓦的声音没有能力把它召唤回来。幸亏山羊干预了。它轻轻地扯扯女主人的衣袖,埃及姑娘仿佛突然从梦中惊醒,问道:"加利,你要什么?"

"它饿了。"格兰古瓦说道,他为能搭上话而喜形于色。

爱斯梅拉达开始喂加利,她把面包掰碎,放在手心窝里,加利优雅地吃起来。

格兰古瓦怕她又陷入沉思,便抓紧时间,试着提出一个微妙的问题。

"那么,您不要我做您的丈夫?"

姑娘睁大眼睛凝视他:"不要。"

"情人呢?"格兰古瓦又问。

她噘了噘嘴,答道:"也不要。"

"朋友呢?"格兰古瓦继续问。

她又一次凝视他,想了想,说:"也许。"

这个"也许",哲学家们向来是看得极其珍贵的,因此,格兰古瓦胆子更大了。

"您知道什么是友谊吗?"他问。

"知道,"埃及姑娘回答,"就是兄弟和姐妹,两个心灵相碰,但不合而为一,就像手的两个指头。"

"那么爱情呢?"格兰古瓦又问。

"啊!爱情!"她声音颤抖,目光炯炯,"那是两个人,合而为一。一个男人和一个女人融合成一个天使,是天堂。"

这个在街头跳舞的少女说这话的时候,显得格外美丽。格兰古瓦深受震动。他觉得,她那种美貌同她话中洋溢着东方式的狂热激情相得益彰。她那玫瑰般纯洁的嘴唇微微笑着,单纯而宁静的额头常常因为心有所思而变得朦朦胧胧,就像镜子哈上热气后变得模糊不清;长长的黑睫毛低垂着,眼睛里射出难以形容的光辉,使她容貌动人,秀色可餐。这正是拉斐尔后来在画圣母像时,在处女、母亲和神灵三者的神秘交会点上获得的理想形象。

格兰古瓦穷追不舍。

"什么样的人才能使您动心呢?"

"必须是一个男子汉。"

"那我呢?"他问,"我是什么?"

"男子汉头上要戴铁盔,手中要拿利剑,靴跟要有金光闪闪的马刺。"

"行,"格兰古瓦说,"没有马,就不算男人……您爱上谁了吧?"

"您是指爱情?"

"爱情。"

她沉思片刻,脸上露出古怪的表情,说:"我很快就会知道的。"

"为什么不能是今晚呢?"诗人动情地说,"为什么不能是我?"

她严肃地看了他一眼。

"我只能爱一个能保护我的人。"

格兰古瓦脸唰地红了,他知道再说也没有用了。这显然是在暗示两小时以前的危急关头他没有给她帮助。今晚,奇遇接踵而来,把这事冲淡了,现在他才想起来。他拍拍额头说:

"对了,小姐,我本该从这件事开始的。请原谅我一时疏忽大意。您是怎样逃脱卡西莫多的魔掌的?"

这个问题使吉卜赛姑娘不寒而栗。

"啊！可怕的驼背！"她用手捂住脸，浑身哆嗦，好像冷得不行。

"的确可怕，"格兰古瓦继续追问，"可是，您是怎样逃脱的？"

爱斯梅拉达笑了笑，叹口气，缄默不语。

"您知道他为什么跟踪您吗？"格兰古瓦拐了个弯问道。

"不知道。"姑娘说。继而她又激烈地问道："您不也跟踪我吗？那您为什么要跟踪我？"

"说真的，"格兰古瓦回答，"我也不知道。"

接下来一阵沉默。格兰古瓦用小刀在桌上划来划去。姑娘微笑着，仿佛在看墙壁那一边的什么东西。忽然，她用西班牙语唱起歌来，声音含混不清：

> 五色斑斓的小鸟
> 唱倦了，而大地……①

她骤然停下，开始抚摸加利。

"您这头山羊很漂亮。"格兰古瓦说。

"她是我的妹妹。"她回答。

"您为什么叫爱斯梅拉达？"诗人问。

"我不知道。"

"总有个道理吧。"

她从怀里掏出一个长方形的小香袋，是用一串印度楝树粒项链吊在脖子上的。这香袋散发出浓郁的樟脑味。外面是一层绿绸子，中间嵌着一颗仿祖母绿玻璃珠。

"可能因为这个。②"她说。

格兰古瓦想去拿香袋。

她往后一退：

"别碰，这是护身符；你会破坏它的魔法，或者，你会中它的魔法。"

---

① 原文为西班牙语。

② "爱斯梅拉达"和法语中的"祖母绿"是谐音。

诗人兴趣越来越浓。

"谁给您的?"

她用一只手指放在嘴唇上,把护身符藏到怀里。他试着又问了几个问题,但她爱理不理。

"'爱斯梅拉达'是什么意思?"

"不知道。"她说。

"是什么语?"

"埃及语,我想。"

"我早就猜到了,"格兰古瓦说,"您不是法国人?"

"不知道。"

"有父母吗?"

她用一种古老的曲调唱道:

> 我父亲是雄鸟,
> 我母亲是雌鸟。
> 我过河不用舟,
> 我渡河不用船。
> 我母亲是雌鸟,
> 我父亲是雄鸟。

"很美。"格兰古瓦说,"您几岁到法国的?"

"很小就来了。"

"巴黎呢?"

"去年。我们从教皇门进城的时候,我看见苇莺在空中掠过。那是八月底。我说:'冬天会很冷。'"

"去年冬天就是很冷。"格兰古瓦说。终于交谈起来了,他非常高兴。"我一冬天都冷得直往手指头上哈热气。您难道能预卜先知?"

"不会。"她又不爱搭理了。

"叫埃及公爵的那个人是你们部落当家的?"

"是的。"

"是他为我们主持婚礼的呀。"诗人怯生生地指出。

她照例又娇美地噘了噘嘴:"我连您的名字都不知道。"

"我的名字?如果您想知道,我就告诉您:我叫皮埃尔·格兰古瓦。"

"我知道一个更漂亮的名字。"她说。

"您真坏,"诗人又说,"不过没什么,我不会生您的气。嗯,等您进一步了解我后,说不定会爱我的。您那样信任我,给我讲了您的身世,我也来谈谈我自己。我叫皮埃尔·格兰古瓦,是戈奈斯公证所承租人的儿子。二十年前,巴黎被围时,我父亲被勃艮第人绞死,母亲被皮卡迪人开膛剖肚。因此我六岁就成了孤儿,光着脚在巴黎街头流浪。我不知道六岁到十六岁是怎么挨过来的。在这里,水果店老板娘赏给我一个李子;到那里,面包铺老板赐给我一块面包。晚上,我就故意让夜巡队抓进牢房,牢房里有一捆麦秸可以供我睡觉。尽管如此,我还是长大了,但很瘦,正如您看到的那样。冬天,我躲在桑斯大主教府邸①的门廊下晒太阳,我觉得,圣约翰篝火②生在夏至那天实在荒唐。十六岁那年,我想找个职业,什么工作都尝遍了。我当过兵,但不够勇敢;做过修士,又不太虔诚;再说,我至今还不太会喝酒。绝望中,我加入伐木场木匠的行列,当一名学徒,但我又没有力气。我比较喜欢当教师。当然,我那时目不识丁,但这不是理由。过了一段时间,我发现自己干什么都不行。既然什么都干不了,我就干脆当个诗人,写写韵文。这个行当,流浪汉是可以干的,这总比当扒手强,还真有几个朋友的强盗儿子劝我去当小偷呢。幸亏有一天我遇见了圣母院那位可尊敬的副主教克洛德·弗罗洛神父。他对我很感兴趣。多亏了他,我今天才成为有真才实学的人,精通拉丁文,从西塞罗的《论职责》,到则肋司定会修士们的解罪经,我无所不晓,对于经院哲学、诗学、韵律学,甚至对于最高科学炼金术,我也很内行。我就是今天在司法宫大厅里演出的深受观众欢迎并且大获成功的圣迹剧的作者。我还写了一本书,印出来有六百页,说的是1465年那颗罕见的彗星,有个人对它入了迷。我在其他方面也卓有成就。因为我略懂制炮的木工活,有幸参加了让·莫格大臼炮的制造。您知道,那门炮试射那天,在夏朗通桥上爆炸,炸死了二十四个

---

① 桑斯大主教府邸,位于巴黎,是中世纪的建筑古迹,建于1475年至1507年,作为桑斯地区大主教在巴黎的府邸。

② 圣约翰篝火,在夏至那天生的火,以庆祝太阳进入夏至点。

看热闹的人。您看，我当个配偶并不坏吧。我还会变好多奇妙的戏法，以后我可以教您的山羊，比如，模仿巴黎的主教，这该死的巴黎人，他那些磨子水花四溅，谁从磨坊主桥上经过，都会弄得满身是水。还有，我的圣迹剧，如果他们给报酬的话，会给我带来一大笔收入。最后我要说，我将为您效劳，我本人，还有我的思想、我的学识、我的文才。如果您愿意的话，小姐，我准备和您一起生活，假的也好，真的也好，您觉得做夫妻合适，那就夫唱妇随，如果您觉得做兄妹更好，那就以兄妹相待。"

说到这里，格兰古瓦停住了，等待姑娘对他这番表白做出反应。姑娘的眼睛一直看着地面。

"弗比斯！"她喃喃自语，然后转过头来问诗人，"弗比斯是什么意思？"

格兰古瓦不明白这个问题和他的演说有什么关系，但有机会炫耀自己的知识，还是很高兴的。他不无骄傲地回答：

"这是个拉丁词，意思是太阳。"

"太阳！"她重复一遍。

"这是一个漂亮英俊的弓手的名字，他是一位天神。"格兰古瓦补充说。

"天神！"埃及姑娘重复道，语调流露出沉思和热情。

这时候，她的一只手镯脱落，掉在地上。格兰古瓦赶忙弯腰去捡。当他站起来时，姑娘和山羊都无影无踪了。他听见插门的声音，大概是一扇通向邻室的小门从里面插上了。

"至少她给我留下了一张床吧？"我们的哲学家说。

他在屋子里转了一圈。只有一张长度还算可以的木箱适合当床用，可是箱盖上雕刻着花纹，凹凸不平，格兰古瓦睡在上面，跟米克罗梅加斯[①]躺在高低不平的阿尔卑斯山巅的感觉差不多。

"算了！应该随遇而安。"他说，一面尽量使自己躺得舒服些，"不过，这实在是奇特的新婚之夜。真遗憾！刚才摔罐成亲时，我还挺高兴哩，觉得它散发着一种古朴的情调。"

[①] 米克罗梅加斯，法国作家伏尔泰创作的同名小说中的主人公，一个巨人。

第三卷

一 圣母院

无疑,巴黎圣母院今天仍然是座雄伟壮丽的建筑物。岁月流逝,它依旧美丽如故。可是我们仍不免会感到心疼和愤慨,因为时间和人使这个古老建筑蒙受了无数破坏和损毁,全然不把奠定第一块基石的查理大帝和安放最后一块石料的菲利浦-奥古斯特①放在眼里。

这位大教堂之王的年迈衰老的面孔上布满了皱纹,而每一条皱纹旁边都有一道伤疤。Tempus edax, homo edacior②,这句话我想译成:时间是瞎子,人是傻瓜。

如果我们有空和读者一起端详这座古教堂,逐一审视它身上的各种创伤,就会发现时间的破坏还是最小的;而人,尤其是那些艺术家造成的损毁最为惨重。我必须说是"有专长的人",因为近两个世纪以来,有些人获得了建筑师的称号。

只能举几个突出的例子。首先是圣母院的正面,建筑史上很少看到比这更辉煌的篇章。三座尖拱大门,一排雕花镂刻、边缘呈锯齿状的二十八位君王的神龛,位于中央

---

①菲利浦-奥古斯特(1165—1223),即菲利浦二世,法国卡佩王朝国王(1180—1223)。

②拉丁语,原意为"时间是破坏者,人比时间更厉害"。

> 作者曾宣称,唤起人民对民族建筑艺术的热爱,是本书的一个主要目标,也是他毕生奋斗的一个主要目标。

> 损毁建筑的是时间和愚蠢的人,而所谓艺术家、建筑师、有专长的人,对建筑的破坏尤其惨重。如果雨果活到今天,看到巴黎圣母院的尖顶毁于2019年的一场大火,不知该有多心疼。

的硕大无比的圆花窗，两侧各有一个窗子，犹如执事和副执事守立在神父两旁，又高又单薄的三叶饰拱廊，瘦骨嶙峋的小圆柱支撑着沉重的阳台，还有两座黑色的钟楼，五层雄伟的石板房檐重重叠叠，在雄伟的整体中显得非常和谐——所有这一切依次而同时地、成群而有序地展现在你眼前，连同它们不可胜数的雕像、雕花、浮雕，这些细部也同样具有整体的宁静和壮丽。可以说，这是一部宏伟的石头交响乐，是人类和一个民族的辉煌杰作，既单一又复杂，是《伊利亚特》和《罗曼司罗》的姐妹篇[①]；是一个时代各种力量通力合作的伟大产物，每一块石头都充分展现了工匠的奇想同艺术家的天才的完美结合。总之，这是人类的一种创造，像神的创造那样威力无穷，丰富多彩，仿佛是从神的创造中窃取了多变和永恒这两重特征。

关于教堂正面的这些描述，适用于整个教堂，而有关巴黎圣母院的描述，适用于中世纪所有的基督教堂。因为这种建筑艺术都讲求逻辑严谨，比例和谐，量一量巨人的脚指头，就能知道巨人有多高。

现在继续来谈圣母院的正面。一如我们今天虔诚地去瞻仰这座大教堂时所看到的，圣母院正面雄伟而庄严，用编年史学家的话来说，"其规模令人望而生畏[②]"。

今天，巴黎圣母院的正面已经少了三样重要的东西。首先是使它从地基上升高的那十一级台阶，其次是三座拱门神龛内的一排雕像，这是正面下层的雕像系列，还有位于二楼长廊的二十八尊法国早期国王的雕像，从希尔德贝[③]到手中握着"权杖"的菲利浦-奥古斯特。

台阶消失是时间造成的：日复一日，年复一年，巴黎

"犹如执事和副执事守立在神父两旁"，显示出建筑所代表的社会、文化和威严的宗教神权。

此处饱含敬仰之情，精细地描述了圣母院——一个民族的辉煌杰作，并把它比作交响乐、史诗。

巴黎圣母院是一个时代的缩影。

令人望而生畏的还有其背后的威权文化。

王权！

[①]《伊利亚特》是古希腊荷马的史诗，《罗曼司罗》是中世纪前西班牙民间传奇性叙事诗。这里是指这两类文艺作品。

[②] 原文为拉丁语。

[③] 希尔德贝，法兰西国王，死于公元558年。

老城的地面缓慢而又不可抗拒地上升了。然而，时间虽然使巴黎的地面不断升高，逐渐吞没了十一级台阶，使建筑物不如从前那么高大巍峨，但它所给予这建筑物的却要比夺走的更多，因为几个世纪的日积月累，教堂的正面渐渐蒙上了一层暗淡的色泽，使古老的建筑物变得更加美丽。

那么，是谁拆去了那两排雕像，让那些神龛空着的呢？又是谁在中央拱门的正当中新凿了一个不伦不类的尖形穿隆，并在这个平淡而笨重的大门上镶了一圈有路易十五式雕刻图案的木框，而且这个图案居然就在比斯科内特①当年设计的阿拉伯装饰花纹的旁边？是人，是我们今天的建筑家、艺术家们。

假如我们进入教堂里面看一看，是谁把圣克里斯多夫②的巨大雕像推倒的？那是雕像的典范，正如司法宫的大厅和斯特拉斯堡的钟楼是同类中的楷模一样。还有那些不可胜数的群雕，昔日安静地待在中殿和祭坛的圆柱之间，跪着的、站着的、骑马的，男人、女人、孩子，国王、主教、士兵，石头的、大理石的、金的、银的、铜的，甚至还有蜡制的，是谁把它们扫地出门的？绝不是时间！

还有，是谁把陈列着显赫圣骨盒和圣物盒的古老的哥特式祭坛拆毁，代之以刻满天使头像云彩的笨重的大理石棺，像是从神恩谷修道院和残疾军人院拆下来一块石头？是谁这般愚蠢，把这个过时的笨重石棺嵌在加洛林王朝时期埃尔冈杜斯主教铺设的石板地上？难道不是路易十四为实现路易十三的夙愿？③

> 不是时间又是什么呢？是人，是建筑师、艺术家，而他们背后又是什么？是时代的潮流浩浩汤汤，即第五卷所说的"这一个将会杀死那一个！"。

---

① 比斯科内特，铸铁的发明者。

② 圣克里斯多夫，中世纪被看作脚夫的保护神。传说有一天圣克里斯多夫曾背耶稣过河。

③ 此处的祭坛是在查理大帝时代，即加洛林王朝（始自751年），由当时巴黎圣母院的主教埃尔冈杜斯建造的。路易十三在1638年想修建祭坛，未遂心愿；路易十四在1699年实现了他前任的遗愿。

> 绚丽夺目的彩绘玻璃是哥特式建筑的特征，一度被白玻璃代替，"冷冰冰"一词也表现了雨果的不满。巴黎圣母院后来又重修，还原为彩色玻璃。

是谁用冷冰冰的白玻璃代替了从拱门圆花窗到后殿之间的"绚丽夺目"的彩绘玻璃？这些彩绘玻璃曾让我们的先辈目眩神迷，流连忘返！16世纪的唱诗童子要是看见那些野蛮的大主教糟蹋文明，用黄颜色涂抹他们的教堂，会有什么想法呢？他们会想到这是刽子手用来涂抹囚房的颜色；会想到由于陆军元帅背叛国王，小波旁宫的墙壁也涂上了这种黄颜色。索瓦尔说："这种黄色涂料质地精良，是人们竭力推荐的，涂上后一百多年也未见褪色。"最后，唱诗童子会以为圣殿变成了污秽的场所，赶紧躲得远远的。

倘若我们向教堂顶部走去，且不理会沿途看到的对古代文明形形色色的摧残，爬到顶上，我们再也见不到那座迷人小钟楼的倩影了。昔日，它挺立在甬道的交会处，和不远处的圣小教堂的钟楼尖顶（也已被拆毁）一样细弱，一样无畏，高插云霄，压倒其他所有的钟楼。它细细的，尖尖的，透着光亮，发出的声音震耳欲聋。是一位品位高雅的建筑师在1787年把它砍掉的，他以为贴上一块形似锅盖的大铅皮，就可以掩盖伤疤了。

中世纪的卓绝艺术就这样遭到了灭顶之灾，世界各国几乎无一例外，而法国一马当先。从中世纪艺术遗迹上，可以分辨出三类不同深度的"创伤"。一是时间不知不觉留下的损伤，遗址表面裂痕满目，锈迹斑驳；二是政治和宗教革命的破坏，这些革命天生是盲目而狂暴的，它们汹汹扑来，撕碎了中世纪建筑的华丽外衣——雕镂花纹，拆毁了圆花窗，砸烂了美丽的项链——阿拉伯装饰花纹和小雕像，捣毁了雕像（有时因为它们头戴主教帽，有时却因为它们头戴王冠）；三是时尚变得越来越愚蠢可笑，从文艺复兴时期种种杂乱无章、一味追求华丽的风尚开始，式样层出不穷，建筑必然越来越衰落。时尚造成的破坏更甚于革命。各种时尚从形式到象征，从逻辑思维到审美观念都不一样，因此，时尚的破坏是深层的，它们攻击艺术的骨架，伤其筋骨，对建筑物进行截割、切削、肢解和杀戮。而且，新的时尚问世，就对建筑物进行脱胎换骨的改造，时间和革命却没有这种奢望。从"高雅的情趣"出发，时尚不顾哥特式建筑的累累伤疤，厚颜无耻地安装上昙花一现的庸俗饰物，加上大理石饰带和金属球形饰物，卵形的、涡形的、螺旋形的，帷幔、花环、流苏、石刻火焰、青铜云彩、胖墩墩的小爱神、圆滚滚的小天使，所有这些与麻风病人身上的痂疤没有两样，先在卡特琳·德·梅第奇①的小祈祷室里兴风作浪，摧毁了中世纪艺术的容颜，两个世纪以后，又蔓延到杜巴里夫人②的小客厅，经过一番痛苦的折磨，这一艺术终于毁灭了。

综上所述，摧残哥特式建筑，并使之改变模样的有三种情况。表面的皱纹和疣子，那是时间造成的。暴虐引起的损害、创伤、坼裂，那是从路德③到米拉波④的革命所致。至于截肢、肢解、骨架错位、修修补补，那是教授们遵循维特鲁维乌斯⑤和维尼奥雷⑥的理论，模仿希腊、罗马和野蛮民族的风格，大刀阔斧改造的结果。汪达尔人⑦创造的这一灿烂艺术，学院派把它扼杀了。时间和革命的破坏至少显得不偏不倚，光明正大，可是，各种流派的建筑师纷至沓来，却都是受人委托，被人指定，都宣过誓。他们趣味庸俗，缺乏判断力，只好糟蹋艺术，为了向巴特农神庙表示崇高的敬意，不惜用路易十五时代的菊苣饰纹代替哥特式花边绦带。这好似蠢驴对奄奄一息的狮子猛踢一脚。老橡树本已凋零衰落，毛毛虫还要来蛀咬，把它撕得千疮百孔。

---

①卡特琳·德·梅第奇（1519—1587），法国亨利二世之妻，三个儿子先后都当过国王。查理九世幼时垂帘听政，颇具政治才干。

②杜巴里夫人（1743—1793），路易十五的情妇，法国大革命时期死于断头台。

③马丁·路德（1483—1546），16世纪德国宗教改革运动的发起者，基督教路德宗派的创始人。

④米拉波（1749—1791），18世纪法国资产阶级革命时期立宪派领袖之一。

⑤维特鲁维乌斯，公元前1世纪罗马建筑理论家，代表古典风格。

⑥维尼奥雷（1507—1573），意大利著名建筑师和理论家，著有《论建筑五大序列》，代表文艺复兴时期的风格。

⑦汪达尔人，原来居住在波罗的海沿岸，公元406年入侵高卢和意大利，对哥特文化有重要贡献。

  罗贝·瑟纳利①曾把巴黎圣母院同以弗所②那座举世闻名的狄安娜③神庙相提并论。狄安娜神庙是古代异教徒的朝圣地，艾罗斯特腊图斯④因放火烧毁神庙而名留史册，可是，瑟纳利却认为巴黎圣母院这座高卢大教堂"无论长度、宽度、高度和结构，都更胜一筹⑤"。可惜，罗贝·瑟纳利的时代已一去而不复返了！

  此外，巴黎圣母院不能称作一座完整风格的建筑物，无法确定它属于什么类别。它已不再是罗曼风格⑥的了，但还不是哥特式教堂。它不是一座典型的建筑。巴黎圣母院和图尔尼斯修道院不一样，不是以半圆拱腹为枢纽，没有沉重宽阔的外形和浑圆宽大的拱形，不那样冷冰冰、空荡荡，也不那样简朴庄严。它和布尔日大教堂也不一样。不是那种华丽、轻盈、形状繁多、杂乱无章、枝叶茂盛的尖拱式建筑物，也不能把它归入幽暗、神秘和低矮的像是被半圆拱腹压弯了的古代教堂的行列之中：那些古老的教堂，除顶棚外，可以说和埃及建筑风格相近，教堂的装饰是象形的，用作祭祀和具有象征意义的，菱形和"之"字形图案多于花饰，花饰多于动物图案，动物图案多于人；这些教堂与其说是建筑家的创造，毋宁说是主教的作品，它们是建筑艺术的最早变态，到处印着起源于后期罗马帝国⑦，终止于征服者威廉⑧时代的那种服从神权政治和军事的痕迹。也不可能把我们这个教堂归入另一类高大、轻盈，有大量彩绘玻璃和雕刻的教堂之列：那些教堂形体尖峭，姿态粗犷，是自由政治的象征，散发着市镇的气息，但又是艺术作品，奇幻奔放，变化莫测；它们是建筑艺术的第二次变异，它们不再是象形的，不再是仅用于祭祀的或一成不变的，而是极富艺术魅力的，非常大众化的，并且是不断发展的；这类建筑艺术是伴随着十字军东

---

① 罗贝·瑟纳利，奥朗什教堂的主教。
② 以弗所，希腊爱琴海岸的古城，那里的狄安娜神庙当时被誉为世界一大奇迹。
③ 狄安娜，希腊神话中的月亮女神。
④ 艾罗斯特腊图斯，以弗所人，为使自己留名于世，放火烧毁了狄安娜神庙。
⑤ 《高卢史》第2卷第3篇第103印张第一页。——作者原注
⑥ 罗曼风格，中世纪西欧土生土长的一种艺术风格。
⑦ 后期罗马帝国，指公元225年到公元476年之间的西罗马帝国。在这一时期，东方的影响在各个领域都很明显。
⑧ 征服者威廉（1027—1087），原为法国诺曼公爵，1066年率兵征服英国，成为英国统治者。

征归来开始的，到路易十一时代宣告结束。巴黎圣母院既不像第一类教堂那样纯粹是罗马式的，也不像第二类教堂那样纯粹是阿拉伯式的。

巴黎圣母院是一座过渡时期的建筑。那位撒克逊建筑师刚刚竖起中殿的柱子，还没来得及装半圆拱腹，十字军东征带回的尖形穹隆建筑式样已抢先占领地盘，放到了这些罗曼式粗大的柱头上。从此，这座教堂的其余部分都照尖拱式样建造。然而这种式样初出茅庐，缺乏经验，畏首畏尾，只是把下端放大些，放宽些，但也适可而止，不敢像许多后来奇妙的大教堂那样顶部细得像箭头，像针尖，就好像中殿那几根笨重的罗曼式大柱子在对它施加压力，不让它过于放纵似的。

然而，这些象征着从罗曼风格向哥特式风格过渡的建筑物，仍和纯粹的哥特式建筑物一样珍贵，值得研究，它们表现了艺术的一种细微变化，没有它们，就显得中间脱节。这是尖拱穹隆和半圆拱腹相结合的产物。

巴黎圣母院就是这种变异体的珍奇样品。这座古老建筑的每一个面，每一块石头，不仅是我国历史的光辉一页，也是科学和艺术史的灿烂篇章。这方面的例子举不胜举。我们只谈主要的，比方说，北边那座小红门精美至极，是15世纪哥特艺术的顶峰，可是中殿那些圆柱体积之大，分量之重，又使人想起加洛林时代的圣日耳曼-德-普雷修道院。这座红门和这些柱子之间似乎相隔六个世纪。甚至连炼金术士也能在教堂正门上的象形符号中，发现对他们这一学科的令人满意的概述，而圣雅克-德-布什里教堂早已有了这门科学最完善的象形文字。因此，罗曼式修道院、点金术教堂、哥特艺术、撒克逊艺术，使人想起格雷古瓦七世①的笨重圆柱、路德的先驱尼古拉·弗拉梅

> 这里讨论巴黎圣母院建筑风格，堪称经典。巴黎圣母院与亚眠大教堂、兰斯大教堂、夏特尔大教堂并称"法国四大哥特式教堂"。
>
> 哥特式建筑继承了罗马式建筑的风格，这在巴黎圣母院中也有体现。不仅如此，这座教堂还融入了其他艺术风格。
>
> 雨果叙述建筑，同时也翻开了一页页历史。作者认为，建筑艺术如今正日趋衰落，这一至尊艺术几乎不可避免地要走向灭亡。建筑艺术这块古老的土地已丧失活力。

---

① 格雷古瓦七世，罗马教皇（1073—1085）。

尔①的神秘象征主义、教皇权力的统一和分裂、圣日耳曼-德-普雷修道院、圣雅克-德-布什里教堂，所有这一切都被融化、结合和混杂在巴黎圣母院的建筑中，这座中心教堂，在巴黎所有古老教堂中，是一个奇特的混合体，它的头是这座教堂的，四肢是那座教堂的，臀部又是另一座的。它同每一座古教堂都有相似的地方。

我们要重复一遍，这种混合型建筑物，在艺术家、考古学家和历史学家看来，依然魅力无穷，令人神往。从这些建筑身上，我们感觉到建筑艺术在很大程度上是原始的东西，这一点从巨人时代②的遗迹、埃及金字塔和印度巨塔中可以得到证明。我们还感到，最伟大的建筑物与其说是个人的创造，不如说是社会的业绩；与其说是个人天才的迸发，不如说是人民劳动的结晶，是民族的宝库，世纪的堆积，人类社会创造不断消失的剩余物。总之，是各种形式的生成层。时间的每一股洪流都在不朽的建筑上增添一层冲积土，每一代人都在上面铺一层泥土，每一个人都在上面添加一块砖瓦。海狸就是这样筑窝的，蜜蜂就是这样造房的，人就是这样建屋的。建筑艺术的伟大象征巴别塔就是一座蜂房。

那些大建筑物，也和大山一样，是世代的产物。常常是艺术改变了，而建筑还没有完成：**中断的工程悬而未决**③；它们按照变化了的艺术平静地继续修建下去。新的艺术遇到不朽的建筑物就抓住不放，深嵌下去，吸收同化，随心所欲地加以发展，可能的话，就让工程竣工。这个过程总是按照一条平静的自然法则顺利地、不费力气地、一无反抗地走向完成。这是一次新的嫁接，新的生长发育。新的浆液在全身流动。可以肯定，这种同一建筑物身上融合着好几种不同层次的艺术，这事实本身可以写出好几部巨著，而且往往是人类的通史。在这些庞然大物身上，不会留下作者的姓名，人、艺术家、个人的作用没有任何痕迹，它们概括和集中了人类的聪明才智。时间是建筑师，人民是泥瓦工。

这里，我们只谈欧洲基督教的建筑，它是东方建筑的小妹妹。这一建

---

①尼古拉·弗拉梅尔（1330—1418），巴黎大学获"师父"称号的作家。因联姻获得一笔巨大财富，用于教堂和慈善事业，人们传说他是靠炼金术发财的。

②巨人时代，公元前3000年的希腊迈锡尼文化时代。从遗迹看，建筑物都由巨石组成，传说中称之为巨人时代。

③原文为拉丁语，引自古罗马诗人维吉尔的诗。

筑艺术犹如巨大的结构层，可以分为三个彼此独立而又重叠的地带①：罗曼地带、哥特地带、文艺复兴地带（或称希腊—罗马地带）。罗曼地带是最古、最深的一层，其特点是半圆拱腹。当半圆拱腹在最高、最现代的文艺复兴层中重新出现时，用作支撑的是希腊式圆柱。尖形穹顶介于两者之间。有的建筑单纯属于其中一个层次，特征非常明显，既单一又完整。比如朱米埃尔修道院、兰斯大教堂、奥尔良圣十字架教堂。但是，这三个地带的边缘互相渗透重叠，就像太阳光的七种色彩。因此，就有了各种风格混杂的建筑，有了略显差别的过渡建筑。其中的一座，脚是罗曼的，身是哥特的，头是希腊—罗马的。这是因为用了六百年才建成。这样的建筑实属凤毛麟角。埃当普教堂的主塔是这类建筑的样品。但是两种风格混杂的建筑物却很普遍，如巴黎圣母院。这个尖拱式建筑，中殿的柱子深入罗曼地带，和圣德尼教堂的正门以及圣日耳曼-德-普雷教堂的中殿同属一个地带。还有博舍维尔教堂，它那漂亮的教务会议厅上半部属哥特层，下半部属罗曼层。再就是鲁昂大教堂，它的中央钟楼的尖顶属于文艺复兴地带，不然，它就是彻头彻尾的哥特式建筑了。②

不过，所有这些差异和不同只影响建筑的表层。只是艺术换了层皮。基督教教堂的结构本身并没有改变。内部的骨架，各部分的逻辑布局一成不变。一座教堂，它的外壳可以呈现出不同风格的雕刻和装饰，但它的底部却总是古罗马式的，至少可以看到古罗马教堂的雏形或退化的器官。基督教教堂永远遵循着同一条法则在地面上发展。它始终有两个殿，交叉成十字形，半圆形后殿设唱诗室；总是在两侧的耳堂里举行室内游行仪式，安放小祭坛，这是一个与主殿相通的过道，中间仅隔一排柱子。在这个大前提下，小祭坛、正门、钟楼、尖塔的数量变化不定，随时代、民族、艺术的口味不同而不同。只要祭祀仪式所需要的东西装备好了，建筑艺术就可以随心所欲，千变万化。雕像、彩绘玻璃窗、圆花窗、阿拉伯装饰图案、齿状花纹、柱头、浮雕，这一切都可以按照合适的对数关系，尽情发挥想象力，进行排列组合。因此，这些建筑物内部井井有条，千篇一律，

---

① 按地区、气候、种族，又称为伦巴第带、撒克逊带、拜占庭带。这几种是并列的姐妹艺术，各有其特点，但都起源于半圆拱腹，面貌各不相同，但也相差无几。——作者原注

② 这部分希腊—罗马式尖顶是木结构，1823年被天火烧毁。——作者原注

但外表却五光十色,气象万千。树干恒久不变,枝叶却变化多端。

二 鸟瞰巴黎

刚才,我们对巴黎圣母院做了一番修复,试图让读者看到这座奇妙教堂的原貌。我们把它在15世纪仍然存在、现在已消失殆尽的美妙之处,大部分做了扼要的介绍。但是,我们遗漏了最重要的,那就是从圣母院钟楼顶端可以鸟瞰当时巴黎的全景。

钟楼的厚墙上有一道很陡的螺旋梯,沿着黑洞洞的楼梯摸索而上,走了很久,终于来到居高临下,充满阳光和空气的一个平台上(共有两个平台),这时,一幅美丽的图景尽收眼底。这真是一种独特的景致!读者如果有幸见到过一座完整而全面的、清一色的哥特式城市,就不难想象了。这样的城市如今还有一些:巴伐利亚的纽伦堡、西班牙的维多利亚,甚至还有一些小城市,像布列塔尼的维特雷、普鲁士的北豪森,假如它们完整地保存下来的话。

三百五十年以前的巴黎,15世纪的巴黎,就已经是一座大城市了。我们巴黎人一般都误认为,巴黎的地盘在15世纪以后才有很大的扩展。其实,路易十一以来,巴黎也就扩大了三分之一多一点。而且,应该说,面积上的收获无法抵偿美学上的损失。

众所周知,巴黎诞生在形似摇篮的古老小岛上,现在称作老城区。小岛的河滩就是它最早的城墙,塞纳河就是它最初的护城河。连续几个世纪,巴黎一直囿于小岛,南北各有一座桥,桥上都有一个桥头堡,既是门户,又是堡垒。右岸的叫大堡,左岸的叫小堡。后来,也就是第一王朝①统治时期,由于小岛过于狭窄和拥挤,巴黎便跨过塞纳河向两岸进军。于是,在大堡和小堡以外,第一座城墙和城楼开始侵入塞纳河两岸的田野。那道古城墙,上个世纪还有一些遗迹,如今只剩下回忆和历史上遗留下来的几处地名了,像博代门,或叫博多耶门,也叫巴戈达门。城市从中心不断向外扩张,房屋越造越多,这股洪流漫出城墙,渐渐侵蚀、损毁和吞没了城墙。菲利浦-奥古斯特为了阻挡这股洪流,修筑了一道新堤坝。那是一

---

① 第一王朝,墨洛温王朝,始于克洛维斯一世(约466—511),止于矮子佩潘(714—768)。

圈高大结实的城楼，把巴黎囚在里头。以后的一个多世纪内，在这个盆地里，房屋越来越多，鳞次栉比，好像水库里的水那样往上涨。房屋开始增加高度，盖了一层又一层，你高我更高，就像压缩液体向上喷发，谁都想使自己的脑袋高过邻居，以便能多得到一些空气。街道显得越来越凹，越来越狭窄。所有的空地都造了房屋，最后一块空地也都挤满了。于是房屋越过菲利浦-奥古斯特城墙，就像越狱的囚犯，欢快而杂乱无章地撒到平原上。它们在那里安营扎寨，开辟花园，过着悠然安逸的日子。从1367年起，城市向郊区扩展得更加厉害，有必要建造一座新城墙，尤其在塞纳河右岸。于是查理五世造了一座新城墙。但是，像巴黎这样的城市是不会停止发展的，也只有这样的城市才会成为首都。它们好比是谷地，汇集着一个国家的地理、政治、道德和智慧，汇集着一个民族的全部习惯，也可以说是文明之井，或者说是地下水道，商业、工业、智慧、居民，一切与一个民族的活力、生命和心灵有关的东西，都在这里过滤、沉积，一滴一滴，世世代代，绵延不绝。于是，查理五世建造的城墙，遭到了菲利浦-奥古斯特城墙同样的下场。15世纪末——姑且只说到15世纪——城市又开始超越围墙，向外扩展，郊区也就跑到了更远的地方。到了16世纪，查理五世城墙好像越来越往后缩，越来越陷进古老的城市中，因为一座新城正在城外兴起。因此，简单地说，早在15世纪，巴黎就已经摧毁了三座城墙。这些城墙都环绕着同一个中心，可以说，早在叛教者朱利安①时代，在大堡和小堡身上就已经萌芽了。这座强大的城市先后撑破了四道城墙，就像孩子逐渐长大，撑破了往年的旧衣裳。在路易十一时代，可以看到一个个倾塌的旧城楼高耸在房屋的汪洋大海中，恰似洪水中冒出的一个个山巅，像是旧巴黎被新巴黎淹没后残留下来的群岛。

此后，我们不幸地看到巴黎又有一些变化，不过，也就跨越了一道城墙。那是路易十五建造的。这座污秽猥琐的城墙同建造这座城墙的国王十分相称，也值得诗人这样歌唱：

  巴黎高墙环绕，人民怨声载道。

---

① 朱利安（331—363），又译尤里安，古罗马皇帝（361—363），即位后宣布与基督教决裂，剥夺基督教团体享受的一切优惠，故被该教称为"叛教者"。

在15世纪，巴黎依然分为三个截然不同的各自独立的城区：老城、大学城和新城。这三个城区都有各自的面貌、专长、习俗、特权和历史。老城在小岛上，最老也最小，是另外两个城区的母亲，夹在她们中间，打个比方说，就好似一个小老太婆夹在两个身材高大的美丽姑娘中间。大学城位于塞纳河左岸，从图尔内尔城楼到内斯尔城楼，前者在今日的酒市，后者在现在的造币厂。大学城的围墙深深嵌入朱利安当年建造公共浴池的那片乡野。圣热内维埃芙山被围在城墙里面。这座高低起伏的城墙，它的最高点是教皇门，大体上是现在先贤祠的地方。新城在塞纳河右岸，是巴黎三个城区中面积最大的一个。它的堤岸断断续续，有几个地方仍是河滩，沿着塞纳河而下，从比利塔楼到树林塔楼，就是说，从今日的丰谷仓到杜伊勒里宫。这四个塔楼，图尔内尔和内斯尔在左岸，比利和树林在右岸，正是塞纳河切断首都城墙的地方，统称为"巴黎四塔楼"。新城区比大学区更深入乡野。新城区城墙（查理五世城墙）的最高点在圣德尼门和圣马丁门，这两个地方至今未变。

正如前面所说，巴黎这三个城区，各自成为一座城市，但都各司其事，有失完整，离开另外两个城区，就不能生存。它们的外貌各不相同。老城区有很多教堂，新城区有很多宫殿，大学城有很多学校。如果把旧巴黎那些别出心裁的次要特点和随心所欲的道路捐税撇在一旁，不理会混乱不堪的市政管辖权，而只是从总体上泛泛而谈，那么可以说，城岛属于巴黎主教，右岸属于巴黎市长[①]，左岸属于大学校长。御前大法官统辖一切，他代表王室，而不代表市政府。老城有巴黎圣母院，新城有卢浮宫和市政府大厦，大学城有索邦神学院。新城有菜市场，老城有主宫医院，大学城有教士草场。大学生们在左岸，在他们的牧场犯了罪，要在城岛的司法官受审，在右岸的隼山处刑。除非大学校长觉得大学比国王强大而出面干涉，把犯罪的学生要回来在校园内绞死，因为在自己人中间绞死，是学生们的一个特权。

（顺便提一笔，学生们的特权——有的要比这更令人愉快——大多是通过造反和暴乱向国王索取的。自古以来就是这样。人民不造反，国王是不

[①] 巴黎市长，主要管辖巴黎的商人。

会开恩的。关于人民效忠国王,曾有一个古老的文件,其中直言不讳地写道:**市民从效忠国王中获得了许多特权,但他们曾多次造反,时常表现了对国王的不忠。**①)

15世纪,巴黎城圈内的塞纳河上有五个小岛:卢维埃岛,那时岛上有树木,现在只剩下柴火了;牛岛和圣母岛,这两个岛是巴黎主教的采邑,荒无人烟,只有一间破房子(17世纪,这两个岛合而为一,建成了一个新岛,现在我们叫它圣路易岛);最后是城岛和牛渡岛,牛渡岛位于城岛的末端,后来消失在新桥斜堤下面了。那时候,城岛有五座桥:三座在右边,圣母桥和换钱桥是石头的,磨坊主桥是木头的;左边有两座,小桥是石头的,圣米歇尔桥是木头的。桥上都有房屋。大学城有六座城门,是菲利浦-奥古斯特建造的,从图尔内尔塔楼数起,相继是圣维克托门、博代尔门、教皇门、圣雅克门、圣米歇尔门、圣日耳曼门。新城也有六座城门,是查理五世建造的,从比利塔楼数起,依次为圣安托万门、寺院门、圣马丁门、圣德尼门、蒙马特尔门、圣奥诺雷门。所有这些城门都固若金汤,也很漂亮,外表美观并不损害其威力。城墙下有一条又宽又深的壕沟,环绕整个巴黎,冬汛期间,沟里水流湍急;水来自塞纳河。夜里城门关闭,城市两头的塞纳河面上用几根粗铁索封锁住,巴黎就可以高枕无忧睡大觉了。

鸟瞰巴黎三镇,无论老城、大学城还是新城,都呈现出一张错综复杂、难解难分的街道网。然而,第一眼看去,你会感到这三个部分是一个整体,两条平行的长街,几乎笔直地展开,中间既无隔断,也无干扰,从南至北,贯穿三镇,与塞纳河垂直,把三镇联结起来,使它们浑然一体,不停地把这个城区的居民输入、注入、倾入另一个城区,使三镇合而为一。第一条街左起圣雅克门,右至圣马丁门。在左边的大学城叫圣雅克街,在老城叫犹太街,在新城叫圣马丁街,两度跨过塞纳河的,分别是小桥和圣母桥。第二条街从大学城的圣米歇尔门走向新城的圣德尼门,左岸那段叫竖琴街,城岛那段叫木桶街,右岸那段叫圣德尼街,塞纳河左河汊上的那段叫圣米歇尔桥,右河汊上的那段叫换钱桥。尽管名称繁多,叫法不一,其实始终是两条街。它们是母亲,衍生出无数条子街。它们是巴黎的大动脉,三个城区的所有血管都要从这里输入或输出血液。

---

① 原文为拉丁语。

除了这两条横贯巴黎、为整个首都所共有的主干道外,新城和大学城各有一条大马路,东西走向,与塞纳河平行,和两条"主动脉"呈直角交叉。这样,在新城,可以从圣安托万门直达圣奥诺雷门;在大学区可以从圣维克托门直达圣日耳曼门。这两条大马路与那两条主干道交叉,构成一张网的总脉络,巴黎的各条街道都从这里向四面八方放射开来,组成一张迷宫般错综复杂的巨大街网。此外,细看这张难解的网络图,可以辨别出两个密集的宽街道群,一个在大学城,一个在新城,犹如两大束鲜花,在那几座桥和那几道城门之间灿烂开放。

这张平面几何图上的有些东西,今天依然存在。

那么,1482年从圣母院钟楼上俯瞰巴黎,是怎样的一幅景象呢?下面我们试图做一番描绘。

游人气喘吁吁地爬上钟楼,首先会被一片屋顶、烟囱、街道、桥梁、广场、尖塔、钟楼弄得眼花缭乱。山墙、锐角屋顶、墙角塔、11世纪的石头金字塔、15世纪的石板方尖碑、城堡主楼一无点缀的圆形主塔、教堂布满装饰花纹的方塔,大的、小的、笨重的、轻盈的,一股脑儿涌到你眼前,让你目不暇接。昏眩的眼睛久久凝视这一望无垠的迷宫,无论是有着彩绘雕刻门面、木头屋架、扁圆大门、楼层外伸悬凸的最普通的民房,还是当时还矗立着一排柱廊式高塔的王室住宅卢浮宫,无一不独具匠心,合情合理,俏丽多姿,巧夺天工,无一不闪烁着艺术的光辉。当眼睛渐渐适应这纷然杂陈的建筑物时,可以分辨出几个主要的群体。

首先是老城。索瓦尔那本书尽管废话连篇,但有时也不乏优美词句。他写道:"城岛宛若一只大船,在塞纳河上顺水航行,于河中陷入泥沙搁浅而成。"前面我们说到,在15世纪,这条大船被五座桥系在河的两岸上。城岛的形状与船相似也引起了纹章学家的兴趣,因为据法凡和帕斯基埃[①]记载,巴黎古老的盾形城徽破译成船,是因为城岛像只船,而不是因为诺曼人围攻巴黎。[②]对那些破译纹章的专家来说,纹章好似一道代数题,好比一种语言。中世纪后半叶的全部历史都记述在纹章上,正如前半叶的历史记

[①] 法凡和帕斯基埃,法国两位历史学家。帕斯基埃(1529—1615)著有《法国研究》。

[②] 诺曼人来自北欧,为航海民族,于9世纪渡海侵入诺曼底,建立公国。因其历史上曾多次围攻巴黎,故有人把巴黎城徽上的船形标志与诺曼人联系起来。

述在罗曼教堂的象形符号上一样。这是继神权象形文字之后，封建政权的象形文字。

因此，城岛首先头朝西、尾朝东地展现在你眼前。面向船头，只见古老的屋脊鳞次栉比，圣小教堂后殿的铅皮圆顶高耸其间，好似大象滚圆的臀部，上面矗立着钟楼。只是这座钟楼的尖顶设计最大胆，装饰最精美，木工最细巧，外形最凹凸不平，透过镂空的圆锥形塔顶观望天空，是任何钟楼所不及的。圣母院门前，有三条街汇入漂亮的前庭广场，广场四周有古老的房屋。南侧可以看见中心医院，它的正面皱巴巴，阴沉沉，屋顶布满了脓疱和疣子。接下来，你左右前后都看一看，在城岛狭窄的地盘上，矗立着二十一座教堂，钟楼高耸入云，建造的年代各不相同，形状和大小也不尽一样。圣德尼-迪帕教堂的钟楼是罗曼式的，又低又矮，且被虫蛀坏了，称作"海神的监狱"，而圣彼得-奥伯和圣朗德里两座教堂的钟楼细如针尖。圣母院背后，北边是它的内院及哥特式回廊，南边是半罗曼式的主教府，东边是"滩地"的荒凉尖角。在这密密麻麻的房屋群中，一座座王宫的屋顶上好似戴了一顶顶石制的镂空主教帽，那上面的窗户清晰可辨，同时，还可以分辨出查理六世时代巴黎市赠给朱韦纳尔·德·于尔森①的那座官邸。再过去，可以看到帕吕市场一座座沥青抹顶的简陋棚屋；再远些，是老圣日耳曼教堂新造的半圆形后殿，1458年延伸到弗夫街上；此外，还可以看到一个行人熙攘的街口，一根竖在某街角上的示众柱，一段菲利浦·奥古斯特时代铺设的漂亮石板路面，路当中画了马行道（这段石板路在16世纪被难看的碎石路面取代，美其名曰"同盟马路"）；还可以看到一个荒凉的后院，楼梯上有一个半明半暗的角楼，这种盖在楼梯上的角楼在15世纪屡见不鲜，今天在布尔多奈街上还有一座。最后，在圣小教堂的右侧是司法宫；西头，一群塔楼依水而坐。老城的西角上坐落着御花园，园中大树参天，牛渡岛隐而不见。至于塞纳河，从圣母院钟楼顶上俯视老城两边，几乎看不见河面。塞纳河消失在大桥下面，而大桥又消失在房屋下面。

这些古老的大桥上布满房屋，屋顶看上去发绿，水汽使它们过早地长满了青苔。你把视线越过那几座桥，远眺左岸的大学城，映入眼帘的第一

---

① 朱韦纳尔·德·于尔森（1350—1431），法国行政官员，1388年任巴黎市长。

幢建筑，是一群低矮粗壮的塔楼，那就是小堡，门洞大开着，吞没了小桥①的一端。你把目光从东到西，从图尔内尔塔楼到内斯尔塔楼扫视一遍，你会看到一长排民房，雕花椽子，彩色玻璃，楼层重叠，俯视路面，一垛垛山墙犬牙起伏，不见尽头，但时常被一个街口切断，有时会露出一座石头公馆的正面或墙角。这些公馆，连同它们的院子和花园，厢房和正屋，踌躇满志地置身于这群密集狭窄的民房中，有如达官贵人置身于一大群平民百姓之中。在沿河马路上，有五六幢这样的公馆，一头是洛林公馆，它和贝纳丁修道院共有图尔内尔塔楼旁边的大院墙；另一头是内斯尔公馆，它的主塔楼作为巴黎的边界，它那黑乎乎的三角形尖屋顶，一年中有三个月把红彤彤的夕阳切成倒"V"字形。

此外，塞纳河这一边远不如那一边商业发达，大学生要比手艺人更喜欢喧闹，更喜欢成群结队地上街闲逛。严格说来，大学城这边只有从圣米歇尔桥到内斯尔塔楼这一段才有堤岸，其余部分要么是光秃秃的河滩，如贝纳丁修道院以东的河岸；要么是一大片房屋，屋基浸泡在水中，例如两座桥之间的地带。从早到晚，沿河都传出洗衣妇的喧闹声，她们叫着，说着，唱着，用力捶打着衣裳，跟现在的情形一样。这是巴黎一桩不小的赏心乐事。

大学城看上去浑然一体。从这一头到那一头，房屋高度密集，结构千篇一律。那数不胜数的屋顶，有棱有角，鳞次栉比，几乎都是同样的几何图形，从高处看去，好像是同一物质的结晶体。街道像是变幻无常的沟壑，但并没有把这一大片建筑群分割得七零八落。四十二所学院相当均匀地散布在大学城，比比皆是。这些美丽的建筑，屋顶五花八门，赏心悦目，但万变不离其宗，与周围比它们低矮的普通屋顶一样出自同一种建筑艺术，归根结底，是同一种几何图形的平方或立方演算的结果。因此，这些学院的屋顶使整体显得杂而不乱，补其所缺，又不使整体显得臃肿。几何学就是讲究和谐。此外，还有几幢漂亮的公馆散布在左岸的民房群中，豪华的屋顶高踞于民房秀丽的顶楼之上。有内维尔公馆、罗马公馆、兰斯公馆，现在已不复存在；还有克吕尼府邸，今天依然矗立在那里，这令艺术家感到欣慰，可是，几年前，有人愚蠢至极，竟把它的塔楼砍掉了。克

---

① 小桥，巴黎一座桥的名称，小堡就在小桥的另一端。

吕尼府旁边，有一座罗马式宫殿，有漂亮的圆顶拱门，那是朱利安建造的公共浴场。还有许多修道院，跟那些公馆一样漂亮，一样豪华，但更能显出对宗教的虔诚，看上去更庄重肃穆。首先吸引你注意力的，是圣贝纳尔修道院及其三座钟楼；还有圣热内维埃芙修道院，它的方塔至今还在，但其余部分均已拆毁，确实令人痛惜；还有索邦神学院，既是学校，又是修道院，如今只剩下叹为观止的中殿和圣三会教士们修道的那个美丽的内院了；索邦旁边是圣伯努瓦修道院，就在本书出完第七版，还尚未出第八版的时候，有人居然在它的院墙内草率地盖了座剧院；还有方济各会修道院，三座巨大的山墙并肩而立；还有奥古斯特教派修道院，造型优美的尖塔犹如锯齿形山峰，在巴黎的这一边，由西数起，这算是第二个，第一个是内斯尔塔楼。事实上，那些学院是修道院与尘世沟通的中间环节，介乎公馆和修道院之间，朴素而优雅，它们的雕刻装饰不像宫殿那样轻浮，建筑风格不像修道院那样严肃。在这些建筑中，哥特艺术得到了尽善尽美的发挥，华丽和朴素表现得恰到好处，可惜，如今几乎荡然无存了。大学城里教堂云集，个个灿烂辉煌，展示了各个时代的建筑风格，从圣朱利安教堂的半圆拱顶到圣塞夫兰教堂的尖顶穹窿，这些教堂高耸于其他房屋之上，仿佛要在这和谐的整体中再增添一分和谐似的，时时刻刻从周围无数犬牙交错的山墙群中冲出来，展现出锯齿状的尖塔，镂空的钟楼，或像针一样纤细的尖顶。这种尖顶式样其实是锐角形屋顶登峰造极的夸张表现。

大学城地面起伏不平。东南角的圣热内维埃芙山犹如一个硕大无朋的灯泡，从圣母院钟楼上朝那里眺望，你会看到一幅美丽的景致，一条条街道（现在叫"拉丁区"）狭窄而曲折，一堆堆房屋从山顶向四周散布，杂乱无章地、几乎是垂直地从山坡俯冲下去，直到塞纳河边，有的好像要跌倒，有的好像在重新往上爬，但似乎都在互相手拉着手。街道上，无数黑点来来往往，连绵不断，好像眼前的一切都在移动。这就是人群，从高处和远处看，就是这般模样。

这无穷无尽的屋顶、尖塔和起伏不平的建筑，使大学城的外圈变得奇形怪状，时而弯曲，时而扭结，时而又犬牙交错。空隙之处，可以隐隐看到一堵长满青苔的院墙，一座固若金汤的圆塔，一道作为堡垒的筑有雉堞的城门，那就是菲利浦-奥古斯特修建的城墙。再过去是绿茸茸的草地，几条渐渐消逝的道路，沿途零星散落着几个村镇，越远越稀少。这些近郊村镇，有些还是相当重要的。从图尔内尔塔楼数起，首先是圣维克托镇，镇上有一座单拱桥，横跨在比埃弗尔河上，还有一个修道院，那里有胖子路易①的墓志铭，还有一座教堂，它的八角尖塔簇拥着四个小钟楼，是11世纪的产物（在埃唐普还可以看到这样一座教堂，至今尚未拆毁）。接着是圣马索镇，有三个教堂和一个修道院。再下来是圣雅克镇，左侧是戈伯兰磨坊，有四堵白墙；镇的街口有一个雕刻精美的十字架；还有圣雅克-德-奥伯教堂，在那时候是一座哥特式风格的尖拱建筑，十分可爱；还有圣马格卢瓦教堂，中殿是14世纪建造的，非常漂亮，拿破仑把它改成了干草仓库；还有乡间圣母院，那里有拜占庭的镶嵌艺术。接着是坐落在旷野中间的夏尔特尔修道院，它是司法宫的同代建筑，富丽堂皇，美轮美奂，有几个分隔成块的小花园，还有鬼怪出没的沃韦尔废墟。越过夏尔特尔修道院，继续往西眺望，视线最后落到了圣日耳曼-德-普雷教堂那三座罗曼式尖顶钟楼上。那时候，圣日耳曼镇就已经是一个大市镇了，有十五到二十条街道。圣絮尔皮斯修道院的尖顶钟楼就在镇的一个角上。旁边，圣日耳曼集市的四面围墙依稀可辨，现在已变成商场。镇上还有修道院院长的示众柱，那是一个顶上有铅制圆锥体的漂亮小圆塔。再过去是瓦窑，然后是烘炉街，那里有公共面包烘炉房②，然后是磨坊，在小山冈上，然后是麻风病院，那是一座与世隔离、遭人嫌弃的小房子。但是，这个镇上最醒目最吸引视线的还是修道院本身。那修道院形象威严，像教堂，又像领主府邸；那是修士的殿堂，巴黎的历任主教都以在这里住上一夜为荣；还有那间饭堂，建筑师赋予它大教堂的气派和漂亮的外观，给它安了大教堂才有的美丽圆花窗；还有那座雅致的圣母小教堂，宏大的禅房，一座座大花园、栅栏、吊桥、筑有雉堞的围墙，以及看上去似乎在切割四周的绿草地；还有那些庭院，武士的兵器和修士的金色披风交相辉映；所有这一切，众星拱月般地环绕着三座高耸于哥特式后殿上的半圆拱腹式尖塔，在天际展开了一幅宏伟壮丽的图画。

当你看够了大学城的景致，最后转身去看右岸的新城时，你会觉得景色陡然改变了。的确，新城比大学城大得多，也不如大学城整齐。一眼望

---

① 胖子路易，即路易六世（1081—1137），法国国王（1108—1137）。
② 在法国封建社会，一些领地设有公共面包烘炉房，交一些钱就可以使用。

去，新城非常明显地分成若干个部分。首先，在东边那块至今仍叫沼泽地的地区，宫殿星罗棋布。那里曾是一片沼泽地，卡米洛热纳①曾引诱恺撒深入腹地。这片宫殿直达河边。四座府邸几乎连成一片，它们是儒伊府、桑斯府、巴博府和王后寝宫，石板屋顶上矗立着轻巧的塔楼，倒映在塞纳河中。这四座建筑占据了从诺南第埃尔街到则肋司定修道院的空隙，修道院的尖顶塔楼优雅别致，衬托着这四座府邸的山墙和雉堞。挨着水边，有几所发绿的破房子，挡住了视线，但仍可以看见这些豪华宫殿正面的美丽墙角、带石框的方形大窗、布满雕像的尖拱大门、棱角分明的墙壁尖脊：所有这些美妙的建筑奇想，使得哥特艺术似乎在重新排列组合，装饰着这些宏伟的建筑物。在这几座府邸后面，是叹为观止的圣波尔宫②，它的院墙伸向四面八方，无限宽广，形状多变，一会儿像城堡那样断开，围着栅栏，筑有雉堞；一会儿又像修道院那样被参天大树遮掩。圣波尔宫规模宏大，富丽堂皇，法国国王可以同时留宿二十二个与王太子和勃艮第公爵品位相当的王侯，连同他们的仆役和随从。大领主们在这里有他们的居所，皇帝来观光巴黎，也在这里下榻，宫中豢养的狮子在这国王的行宫里也有它们单独的寓所。要说明的是，每位王侯的住处不少于十一个厅室，从豪华的起居室，到祈祷室，还不算长廊、洗澡间、蒸汽浴室以及其他"多余的场所"，不算国王每个宾客的专用花园，不算厨房、食物贮藏室、配膳室、仆役的公共饭厅；还有家禽饲养场，内设作坊，从烧烤到配酒，共有二十二个项目；还有各种各样的娱乐场所，如木槌球场、网球场、穿环竞技场；还有鸟棚、鱼塘、动物园、马厩、牛圈；还有图书室、兵器库和铁工场。那时候的一座王宫，一座卢浮宫，一座圣波尔宫就是这个样子，是城中之城。

　　从我们所在圣母院的钟楼望去，圣波尔宫几乎有一半被刚才说的四座府邸遮住了，但依然宏伟壮观，赏心悦目。查理五世把小米斯府邸、圣莫尔修道院院长府邸和埃唐普伯爵府邸并入了自己的王宫，用饰有彩绘玻璃和小圆柱的长廊把它们同王宫的主体建筑巧妙地连接起来，但仍可以看出是三个附属部分：小米斯公馆的屋顶边缘装饰着一圈花边状栏杆；圣莫尔

---

① 卡米洛热纳，高卢族首领，卒于公元前51年，与恺撒军队英勇作战，引他们进入沼泽地。
② 圣波尔宫，位于巴黎东部，建于查理五世时代，是查理五世的王宫。

修道院院长公馆看上去像一座堡垒，有一个大塔楼，还有堞孔、枪眼和铁雀①，在撒克逊风格的大门上，位于吊桥的两个槽口之间，刻着修道院院长的盾形纹章；埃唐普伯爵府邸的主塔因顶层已经坍塌，看上去变圆了，形似鸡冠。在圣波尔宫，到处都有老橡树，三四棵一群，就像硕大无朋的花菜；鱼池清澈明净，波光粼粼，天鹅在水上嬉戏；有数不清的庭院，呈现出一片秀色可餐的景色；狮子宫的一座座低矮的尖拱，由撒克逊式短柱支撑着，还有一道道铁栅门和狮子永不消停的吼叫声；越过这一切，可以看到有鳞片装饰的圣母经教堂的尖塔；左侧是御前大法官的府邸，两旁有四座精雕细琢的小塔；中间深处，才是真正所谓的圣波尔宫。在查理五世之后，圣波尔宫的正面不断扩建，饰物越来越多。两个世纪以来，建筑师们凭着一时的奇想，给它增添了许多不伦不类的附加物，小教堂添加了半圆形后殿，走廊上垒起山墙，还增添了无数随风旋转的风标，还有两座紧挨在一起的高塔，那筑有雉堞的圆锥形顶盖，犹如边缘卷起的尖顶草帽。

我们的目光继续在这伸向远方的圆形剧场般的宫殿群中搜索，越过仿佛是新城房屋群中一条深谷的圣安托万街，跳过不重要的建筑物，就看到了昂古莱姆府。这是一个经历了几个朝代的庞大建筑，有些部分看上去洁白清新，与整体很不协调，就像是蓝袄上缀了块红补丁。可是这个现代式样的宫殿，却有着又高又尖的屋顶，檐槽雕刻着花纹，屋顶覆盖着铅皮，上面镶嵌了无数闪闪发光的镀金铜片，构成阿拉伯装饰图案。这金银相间的奇特屋顶，优美地耸立在这座古老建筑的残败景象之中。几座巨大的古塔，年久失修，好像是用旧了的酒桶，中间鼓了起来，看上去恰似敞开衣襟的大肚子。昂古莱姆府后面是图尔内尔宫，那里尖塔林立，轻盈飘忽，魅力无穷，令人幻觉丛生；那些尖塔、小钟楼、烟囱、风标、螺旋梯，那些楼台亭阁，那些像是用冲孔机凿出来的镂空顶塔，那些形状各异、参差不齐、仪态万千的纺锤形小塔，仿佛组成了一个硕大无朋的石头棋盘，无论在阿朗布拉宫②，还在是尚博尔宫，在世界上任何地方，都见不到如此壮丽的奇观。

图尔内尔宫右侧，是巴士底城堡。只见一群黑压压的炮楼，互相嵌

---

① 铁雀，城墙外面突出来的防御装置，用来掩护城墙。
② 阿朗布拉宫，西班牙格拉纳达地方摩尔王族的著名宫殿。

入，壕沟环绕，像是被一根粗绳捆成了一束；主堡的枪眼多于窗孔，吊桥从来不见放下，狼牙闸门从来不见打开。一个个黑鸟喙似的东西从雉堞中间伸出来，远看好像是檐槽，其实是炮筒。

在这可怕的巴士底城堡旁边，它的炮口底下是圣安托万门，夹在两个箭楼之间。

从图尔内尔宫过去，到查理五世城墙，一片片繁茂青翠的庄稼和绚丽多彩的花圃，铺开了茸茸的地毯，那是农田和御花园。在御花园中间，根据那一片扑朔迷离的林木和幽径，可以辨认出路易十一馈赠给库瓦克蒂埃①的那座遐迩闻名的迷宫花园。库瓦克蒂埃大夫的观象台矗立在迷宫花园中，好似一根孤立的大圆柱，顶端的小屋就像是柱头。这小屋里曾进行过可怕的星象研究。

那里如今成了王宫广场。

我们尽量想使读者对宫殿区有个大致印象，但仅仅介绍了建筑的屋顶部分。正如我们刚才说的，宫殿区位于新城东端，在查理五世城墙和塞纳河的夹角之间。新城中心却是一大片民房。事实上，老城的三座桥就是从这里通往右岸的。有了桥，就会造民房，然后才会有宫殿。这一大片拥挤的民房，就像蜂窝的一个个小穴，有一种特殊的美。在一个国家的首都，民房的屋顶竟像大海的波涛，这确实了不起。首先是街道，它们纵横交错，千姿百态，美不胜收。菜市场就像一颗星星，向周围射出无数道光芒。圣德尼街和圣马丁街犹如两棵大树，枝杈茂密，盘根错节。一些弯弯曲曲的线路分布全区，像石膏厂街、玻璃厂街、织布厂街等。也有一些漂亮的建筑耸立在这山墙海洋的波涛中间。换钱桥这一头的大堡就是其中之一（在换钱桥后面，可以看见塞纳河在磨坊主桥的磨扇下面白浪翻滚）。大堡已不再是叛教者朱利安时代那种罗马风格的城楼了，而是13世纪封建时代的风格，石头异常坚硬，用十字镐刨三小时，也刨不下拳头大的一块来。此外，还有圣雅克-德-布什里教堂富丽堂皇的方形钟楼，由于布满雕刻，四个塔角似乎失去了锋芒。这座钟楼在15世纪还没有竣工②，但就这个样子也已使人惊叹不已了。那时候，四只怪兽还没有安放上去，现在它

---

① 库瓦克蒂埃，路易十一的医生。
② 圣雅克钟楼1508年才开始建造。本故事发生时，还不存在。雨果此处有误。

们蹲在塔顶的四个角上，仍然像斯芬克司①，让新巴黎去猜旧巴黎之谜。到1526年，雕刻家罗尔才把这四头怪兽安放上去，他这番辛劳只换来二十法郎。还有那朝向河滩广场的柱子房，前面我们已介绍过了。再就是圣热尔韦教堂，一座所谓"趣味高雅"的正门把它全毁了；圣梅里教堂，它的古老尖拱几乎和半圆拱腹相差无几；圣约翰教堂，它那美丽的尖塔有口皆碑；还有二十来座其他的历史丰碑，它们心甘情愿让自己的奇观湮没在黑暗、狭窄、深幽的街巷迷宫中。还可以加上竖立在各个街口的数量比绞刑架还要多的石雕十字架；越过一道道屋顶，远远看见围墙的圣婴公墓；从科索纳里街的两座烟囱的空当里看得见顶端的菜市场示众柱；位于人群熙攘的特拉瓦尔十字架广场的绞刑架；简陋房屋环绕的小麦市场；淹没在房屋群中的菲利浦-奥古斯特城墙遗迹，及其爬满常春藤的破烂城楼、坍塌的城门、一截截残壁颓垣；有着许多店铺和鲜血淋淋剥皮场的沿河马路。塞纳河上，从草料港到主教监狱一带，小船来来往往，行走如梭。这就是新城的不规则四边形中心地区在1482年呈现的面貌，读者想必有了大致的印象。

除了宫殿区和民宅区外，新城展示的第三个景象是一长排的修道院区，沿着城界，从东到西，几乎贯穿全境。这些修道院和小教堂位于巴黎旧城垣后面，形成了巴黎的第二道内城垣。在图尔内尔宫花园旁边，圣安托万街和寺院老街之间，有圣卡特琳修道院和它的广阔农田，一直延伸到巴黎城墙。在寺院新街和老街之间，是圣殿骑士寺院②，那是一群孤立的高大挺拔而又阴森可怕的塔楼，院子很大，院墙上筑有雉堞。在寺院新街和圣马丁街之间，是圣马丁修道院，这个加以设防的漂亮教堂，花园环绕，炮楼林立，钟楼宛若教皇的三重冠，真是固若金汤，灿烂夺目，唯有圣日耳曼-德-普雷修道院在它之上。在圣马丁街和圣德尼街之间，伸展着三神修道院的围墙。最后，在圣德尼街和蒙托戈伊街之间是修女院。旁边就是圣迹区的破烂屋顶和街道。这是混在这虔诚的修道院链条中的唯一世俗的环节。

最后，在塞纳河右岸那堆屋顶中，还可以区分出第四个格子，位于城

---

① 斯芬克司，希腊神话中带翼狮身女怪，在底比斯城外出各种谜语叫行人猜，猜不出就当场吞噬。

② 圣殿骑士寺院，圣殿骑士团的驻地。圣殿骑士团创建于1119年。

墙西角和下游河岸之间，又是一群宫殿和府邸，围绕卢浮宫展开。菲利浦-奥古斯特的老卢浮宫，是一座宏大的建筑物，主塔周围聚集着二十三个大塔和无数的小塔，远远看去，宛若镶嵌在阿朗松府和小波旁宫的哥特式屋顶上。这个多头巨蛇，巴黎的守护神，二十四个脑袋永远昂然挺立，巨大的身躯覆盖着铅皮或鳞状石板，闪烁着金属的反光，使新城的西边呈现出令人惊叹的轮廓。

就这样，一大片民宅（古罗马人称之为"岛"）两侧各有一大群宫殿，西边以卢浮宫为首，东边以图尔内尔宫为冠，北边是一长条修道院和农田，放眼望去，浑然一体；建筑物的瓦片或石板屋顶层层叠叠，形成一串串奇形怪状的链条；在这数不清的建筑物上面，耸立着四十四座教堂的钟楼，刺花文身，精雕细刻。街道纵横交错，数不胜数。一边以矗立着方形箭楼的巍峨城墙为界（大学城是圆城楼），另一边以横跨着一座座大桥、穿梭着一只只小船的塞纳河为界：这就是15世纪的新城。

城墙外面，挨着几个城门的地方，有一些小镇，但比大学城外要少一些，也更分散。巴士底城堡后面，在有奇异雕刻的福班十字架和有扶壁拱架的圣安托万-德尚修道院周围，聚集着二十来所简陋房屋；波潘库尔镇隐没在一片麦田中间；库蒂伊是一个欢乐的小村，那里有许多小酒店；还有圣洛朗镇，远远看去，镇上教堂的钟楼好像和圣马丁门的城楼尖阁连在了一起；还有圣德尼镇和宏伟的圣拉德尔教堂；在蒙马特尔门外，是白墙环绕的内河航运谷仓，后面是蒙马特尔山，那时候，在石灰石山坡上，教堂的数量几乎和磨坊一样多，后来只剩下磨坊了，因为如今的社会只需维持生命的面包。最后，从卢浮宫过去，可以看见圣奥诺雷镇伸展在草场上，当时，它就已颇具规模了；还可以看见郁郁葱葱的小布列塔尼林园和猪市，猪市中央，矗立着一口可怕的大锅，用来处死制造伪币的人。你大概已经注意到，在库蒂伊村和圣洛朗镇之间的荒凉平原上，有一个小土丘，顶上有一座建筑物，从远处看，犹如一排倒塌的柱廊竖立在坍陷的屋基上。那不是巴特农神庙，也不是奥林匹亚山的宙斯庙，而是隼山绞刑架。

我们把巴黎的建筑做了介绍，是想让读者对旧巴黎的轮廓有个大致的印象，虽然介绍简明扼要，但列举的建筑太多，即使读者已经清楚了，我们仍想用几句话做一个概括。巴黎中央是城岛，看上去像只大乌龟，那几座覆盖着鳞状瓦顶的大桥犹如乌龟的脚爪，从灰屋顶的龟壳里伸出来。左边是大学城,就像是一块形状不规则的巨石,坚硬,稠密,拥挤,布满了尖塔。右边是一望无垠的半圆形新城,不计其数的花园和历史性建筑物错落其间。这三大部分,无论是老城还是大学城和新城,都是街道密布,数不胜数。塞纳河,用杜·布勒尔的话来说,"哺育巴黎的塞纳河",流经全境,河上拥塞着一个个沙洲、桥梁和船只。巴黎周围一马平川,点缀着各种各样的农作物和美丽的村庄:左边有伊西、旺弗尔、沃日拉、蒙鲁热,以及既有方塔又有圆塔的让蒂伊;右边也有二十来个村镇,从孔弗朗到主教城。天边山峦环抱,好像在给一只大盆镶边。在远处,东边是樊尚城堡和它的七座四角塔,南边是比塞特尔城堡和它的小尖塔,北边是圣德尼城堡和它的尖塔,西边是圣克鲁城堡和它的主塔。这就是1482年的乌鸦从圣母院钟楼顶上看到的巴黎。

然而,关于这座城市,伏尔泰却说:"在路易十四以前,只拥有四座美丽的建筑",也就是索邦神学院的圆顶、神恩谷修道院、现代风格的卢浮宫,第四座我记不清了,可能是卢森堡宫吧。值得庆幸的是,伏尔泰仍然写出了《老实人》,而且,在人类历史上,他是最善于发出魔鬼般冷笑的人。不过,这证明一个绝世天才,可能会对不是自己本行的某种艺术一窍不通。莫里哀把拉斐尔和米开朗琪罗称作"他们那个时代的米尼亚尔[①]",不就自以为在恭维他们吗?

言归正传,继续来谈15世纪的巴黎。

15世纪的巴黎,不仅美丽,而且非常协调,是中世纪历史和建筑艺术的产物,是一部关于石头的编年史。它的建筑风格有两个层次,一种是罗曼式的,另一种是哥特式的,因为古罗马建筑早已消失殆尽,只有朱利安公共浴池顽强地冲破中世纪厚厚的地层,依旧矗立在巴黎。至于凯尔特那个层次,即使到很深的地下去挖掘,也难找到它的遗迹。

五十年后,进入文艺复兴时期,在庄严单一然而又丰富多彩的巴黎,掺进了文艺复兴时期形形色色、灿烂夺目的新奇建筑式样和体系,那就是罗马式半圆拱腹、希腊式柱子和哥特式扁圆拱顶,还有柔和而完美的雕刻,情趣超俗的阿拉伯装饰图案和柱头叶形装饰,和路德同时代的异教情

[①] 米尼亚尔(1612—1679),法国画家。莫里哀是17世纪的作家,拉斐尔和米开朗琪罗是15、16世纪的画家。

调的建筑。这时候的巴黎在视觉上和在想象中可能不如过去和谐,但也许更加美丽了。但是好景不长。文艺复兴失之偏颇,它不满足于建设,还要毁灭历史文物。确实,要建设就要有地方。因此,哥特式巴黎的完整无缺只历时很短时间。圣雅克-德-布什里教堂的钟楼还没有完全竣工,旧卢浮宫就开始拆毁了。

从此以后,这座伟大城市的外貌日益衰颓。哥特式巴黎取代了罗曼式巴黎,到头来它自己也消失了。可是谁能说得清楚,又是什么样的巴黎取代了哥特式巴黎呢?

有卡特琳·德·梅迪奇斯的巴黎,便是杜伊勒里宫①;有亨利二世②的巴黎,在市政大厦,这两座建筑仍然具有高雅的趣味;有亨利四世的巴黎,那是在王宫广场,周围是三色的房屋,砖头的正面,石头的墙脚,石板的屋顶;有路易十三的巴黎,那是神恩谷修道院,一座低矮粗壮的建筑物,穿隆犹如篮子的提手,圆柱挺胸凸肚,圆顶酷似驼峰;有路易十四的巴黎,在残疾军人院,宏大、华丽、金灿灿、冷冰冰;有路易十五的巴黎,在圣絮尔皮斯教堂,有石刻的螺旋饰、花带结饰、云彩、密纹和菊苣叶饰;有路易十六的巴黎,在先贤祠,那是罗马圣彼得教堂的拙劣仿制品,整个建筑不自然地堆积起来,线条很不和谐;有共和国的巴黎,在医学院,是古罗马和古希腊风格的拙劣模仿,看上去像古罗马的圆形剧场或古希腊的巴特农神庙,正如共和三年的宪法和古希腊米诺斯法典相像一样,这种建筑风格在建筑史上称作稿月③风格;有拿破仑的巴黎,在旺多姆广场,那是雄伟壮丽的巴黎,用大炮铸成了一根青铜柱子;有王朝复辟时期的巴黎,在交易所,一排雪白的柱廊支撑着光滑的中楣,整个建筑呈正

---

① 我们痛苦而愤慨地看到,有人想把这座绝妙的宫殿进行扩大、改建、翻修,也就是要把它毁灭。当代建筑师们手脚太重,不能让他们去碰文艺复兴时期这些娇弱的作品。我们始终希望他们不敢这样做。此外,现在拆除杜伊勒里宫,不仅是一种连汪达尔人都会感到羞愧的粗暴行为,而且是一种背叛行径。杜伊勒里宫不单纯是16世纪艺术的杰作,也是19世纪历史的一页。这座宫殿不再属于国王,而是属于人民。还是让它保持过去的样子吧。我们的革命两次在它额头上打上了烙印。它的两个正面,一个在8月16日挨过炮弹,另一个在7月29日遭到炮击。这座宫殿是神圣的。——1831年4月7日,巴黎。作者原注

② 亨利二世(1519—1559),法国国王(1547—1559)。

③ 稿月,法兰西共和历的第十月,相当于公历6月19(或20)日到7月19(或20)日。

方形，耗资两千万。

这些特征迥异的纪念性建筑物，在各个城区都有一定数量的民房在风格、式样和姿态上和它们相似，行家一看，便能辨别出哪些民房同哪座历史建筑物出自同一个时代。只要懂行，哪怕从一个门环上，也可以发现一个世纪的精神和一个国王的风貌。

因此，现代巴黎的面貌是无法概括的，它是好几个世纪建筑风格的集锦，而最美的已经消失。现在的首都只是在房屋的数量上增加了，可那是些什么样的房屋啊！照巴黎现在的发展速度，每五十年就要更新换代一次。因此，巴黎建筑的历史意义日益减少。不朽的建筑物越来越罕见，它们似乎渐渐淹没在现代房屋的汪洋大海中。我们的祖先是石头巴黎，我们的子孙就将是石灰巴黎了。

至于新巴黎的现代纪念性建筑物，我们就不去描绘了。不是我们对它们不像应该的那样欣赏。毫无疑问，苏弗洛①先生的圣热内维埃芙教堂，是用石头制成的最美丽的萨瓦式蛋糕。荣誉勋位团宫也是一块极其精美的糕点。小麦市场的圆顶是放大了的英国职业骑师的鸭舌帽。圣絮尔皮斯教堂的两座塔楼犹如两根巨大的单簧管，式样毫无出众之处，塔顶上歪歪斜斜、皱皱巴巴地竖着的空中信号机②倒是一个可爱的意外。圣罗克教堂的拱门壮丽宏伟，只有圣托马斯-达坎教堂的拱门可以和它相媲美。圣罗克教堂的酒窖里也有一个耶稣受难的圆浮雕和一个镀金木头太阳，这两样东西真是妙不可言。植物园迷宫的观景楼也是巧夺天工。至于交易所大厦，就其柱廊而言，这是座希腊式风格的建筑，可它的门窗却是半圆拱的，因此又可以说是古罗马风格的，它的拱顶低矮宽阔，这又是文艺复兴时期的产物，不过，无可怀疑，这是一座规范而地道的纪念性建筑物，大厦的顶楼就是明证，线条笔直，非常优美，一个个雅致的烟囱插在楼顶上，如此雅典风格的漂亮顶楼在雅典都难以见到。还要指出的是，在通常情况下，一个建筑物的特征必须同它的用途相适应，让人一看便知道这个建筑物派什么用场，但是，当看到一个纪念性建筑既可当王宫，也可做议院、市政厅、学校、驯马场、科学院、仓库、法院、博物馆、兵营、陵墓、寺院或

---

① 苏弗洛（1713—1780），法国建筑师。
② 空中信号机，安在高处的信号机，用灯光向远处传递信号。

剧场时，也不要感到太吃惊。眼下，这座建筑是做交易所用的。此外，一座建筑还应该适应气候。交易所显然是为了适应我们寒冷多雨的天气，有一个近乎东方式的平坦屋顶，冬天下雪时，就可以打扫屋顶。当然，造屋顶就是为了便于打扫。至于刚才我们讲到的用途，这个任务它完成得好极了。在法国，它是交易所；要是在雅典，也可以当神殿。诚然，建筑师为掩饰那座会破坏正面优美线条的大时钟着实费了番心思，可是反过来，我们就有了这圈环绕大厦的柱廊，每逢庄严隆重的日子，证券和商业经纪人可以在柱廊下一本正经地高谈阔论。

毫无疑问，这些都是富丽堂皇的建筑。还可以加上许多美丽而饶有趣味的千变万化的街道，如里沃利街。假如有一天从气球上俯瞰巴黎，我相信一定会看到丰富多彩的线条、五光十色的细节、变幻莫测的面貌，就像在方格棋盘上可能看到的那种雄伟寓于简朴、意外来自优美的难以描绘的意境。

然而，尽管今天的巴黎让你赞叹不已，但我建议你在头脑中让巴黎恢复成15世纪的样子，透过篱笆般矗立着的令人惊讶的尖顶、圆塔和钟楼观望太阳，想象一下比蛇皮的色彩还要变幻不定的塞纳河，一汪汪泛着黄绿色的大漩涡，想象一下它是怎样奔流在一望无垠的巴黎城中间，遇到沙洲尖角就撕裂，碰到桥拱就泛波浪；你再把古老巴黎哥特式风格的剪影，清晰地呈现在湛蓝的天际，让不计其数的烟囱周围弥漫着冬雾，使巴黎的轮廓在雾霭中飘浮；你让巴黎浸没在深沉的黑夜中，好好看看光明和黑暗在这建筑物的迷宫中，进行怎样奇特的游戏；你投下一线月光，让巴黎显出朦胧的身影，使无数大塔楼从浓雾中露出脑袋；或者，你再次展现巴黎的黑色身影，让无数呈现锐角的尖顶和山墙重新变得昏暗，再把这比鲨鱼的牙齿还要参差不齐的黑色剪影凸现在傍晚昏黄的天幕上。然后，你再做个比较吧。

假如你想感受一下旧巴黎，获得新巴黎不再能给予你的印象，那你就在哪个重大节日的早晨，比如复活节或圣灵降临节，趁着旭日东升，登上某个制高点，俯瞰整个巴黎，观看教堂钟声齐鸣的奇景吧。你看吧，天空刚发出信号（因为是太阳发出的），成千上万座教堂就全部颤动起来，开始只是零零星星的钟声，从一个教堂传到另一个教堂，就好像乐师拨动琴弦，彼此相告演奏就要开始。接着，你突然会看见——有时耳朵似乎也有视觉——你会看见各个钟楼仿佛同时升起了一股声音的圆柱，一团和声的烟雾。开始，每个钟楼的颤音直升灿烂的晨空，那样纯净，可以说彼此都是孤立的。接着,钟声越来越响,渐渐地彼此融为一体,汇成一曲气势磅礴的交响乐。这时,钟声形成了响亮的颤音大合奏,从成千上万的钟楼袅袅升起,在城市上空飘浮、波动、跳跃、旋转,把震耳欲聋的颤音圈扩散到天的尽头。然而,这个和声的汪洋大海一点也不混浊。尽管它浩瀚、深邃,但仍然清澈透明。你可以看见每组音符从钟楼飘出,独立地在和声的海洋里蜿蜒游动。你可以谛听木铃和巨钟的谈话,时而低沉,时而尖锐。你可以看见八度音符从一个钟楼跳到另一个钟楼,银钟的声音像是长了翅膀,轻灵,尖厉,直冲云霄;木钟的声音微弱,蹒跚,像断了腿似的往下坠落,圣厄斯塔什教堂七口大钟音阶丰富,忽上忽下,变幻无常。你看见如光一般快速的音符一路奔跑,画出三四道弯弯曲曲的光迹,像闪电一样消失了。那边是圣马丁修道院嘶哑尖利的歌声,这里是巴士底狱阴沉忧郁的呼叫,另一头是卢浮宫大塔楼的男低音。王宫御钟不知疲倦地向四面八方传送着光彩熠熠的颤音,圣母院的沉重钟声有节奏地撞击着御钟的颤音,犹如铁锤敲击铁砧,迸发出阵阵火花。你不时地听见圣日耳曼-德-普雷教堂的大钟连敲三下,看见各种形状的音符掠过眼前;这雄伟壮丽的钟乐合奏有时微微让出一条通道,让圣母马利亚修道院的三下钟声穿插进来,犹如赋格曲结束前的密接和应①,爆发出星星的火光,在晨空中闪烁。在这协奏曲的最深处,你依稀可辨教堂的歌声。那是从拱顶各个颤动的毛孔里渗透出来的。——的确,这是一部值得谛听的歌剧。白天,你听见巴黎喧闹的声音,那是城市在说话;夜间,那是城市在呼吸;现在,那是城市在歌唱。因此,你不妨侧耳细听这钟乐的齐奏,把五十万人的喁喁低语、塞纳河的无穷哀怨、风儿的无尽叹息,以及天际山岭上四座森林像管风琴那样低沉的四重奏分散开来,再把过于嘶哑、过于尖厉的钟声消除干净。现在,请你说说,世上有没有比这钟乐齐鸣更丰富、更欢乐、更金光灿烂、更使人眼花缭乱的音乐!你哪里看到过像这样的音乐大熔炉,听到过像这样成千上万的铜钟在高达三百尺的石笛中齐声歌唱,见到过像巴黎这样浑然成为一支管弦乐队的城市,听到过像这样暴风骤雨般轰鸣的交响乐!

---

① 在赋格曲结束时,插进密接和应,这是主题的紧缩,宣告赋格曲就要结束。圣母马利亚修道院是路易十一于1475年建造的。修道院的钟楼早、中、晚各敲三下,呼唤人们诵念三遍圣母经。

第四卷

一 好心人

本故事发生前十六年,一个风和日丽的卡西莫多日①,做过早弥撒后,有人在圣母院前庭左侧的那张木床上放了一个小生命。木床对面是圣克里斯多夫②的巨像,1413年以来,安托万·德·埃萨尔骑士老爷的石像一直跪在圣像前,仰望圣克里斯多夫,直到有人无所顾忌地把圣像和信徒像一起捣毁。按照惯例,弃婴就陈放在这张床上,乞求公众慈悲收养。谁想要孩子,可以到这里来抱回去。木床前面放着一个铜盆,让公众施舍。

1467年的卡西莫多日那天上午躺在这张木床上的小生命,好像格外引人注意,周围站满了人,大部分是妇女,而且几乎都上了年纪。

第一排的四个妇女腰弯得最低,从她们带风帽的灰色僧衣,可以猜到她们属于某个修女团体。我认为,历史应该把这四个审慎而可敬女人的名字留给后代。她们是阿涅斯·埃尔默、让娜·德·塔尔默、昂里埃特·戈蒂埃、戈歇尔·维奥莱特,四个人都是寡妇,埃蒂安纳-奥德里小教堂③的修女,今天,她们向师父请了假,遵循皮埃尔·达伊教规,从小教堂到圣母院来听布道。

---

① 卡西莫多日,即复活节后的第一个星期日。
② 圣克里斯多夫,基督教传说的圣人,背朝圣者朝拜基督。
③ 埃蒂安纳-奥德里小教堂,建于1306年,用建造者的名字命名。1386年,小教堂有三十二个寡妇,称为"埃蒂安纳-奥德里小教堂的修女"。1414年,德·皮兹红衣主教参照巴黎大学训导长、查理六世的忏悔神父皮埃尔·达伊的意见,订立了教规,把这些寡妇命名为"看护病人的修女"。

不过，如果说这四个圣母升天会的修女来听布道是遵循皮埃尔·达伊教规的话，那么，可以肯定，她们尽情地违背了米歇尔·德·布拉舍和德·皮兹红衣主教极不人道地规定的不许随便说话的章程。

"这是什么，大姐？"阿涅斯问戈歇尔，一面打量木床上的弃婴。那弃婴看见许多陌生的面孔，吓得大哭大叫，拼命扭动身子。

"要是现在都像这样生孩子，"让娜说，"我们会变成什么？"

"孩子的事我不内行，"阿涅斯又说，"不过，看一下这个孩子也是有罪的。"

"这不是个孩子，阿涅斯。"

"这是只发育不全的猴子。"戈歇尔提醒说。

"这是个奇迹。"昂里埃特·戈蒂埃接口说。

"这是拉塔尔星期日①以来的第三个奇迹了，"阿涅斯指出，"不到一个星期前，我们看见奥贝维里埃圣母院的圣母显灵，惩罚了一个讥讽朝圣者的人，这是本月的第二次奇迹。"

"这个所谓的弃婴，是亵渎神灵的怪物。"让娜说。

"他的哭声会把唱经人的耳朵震聋，"戈歇尔又说，"别号啦，小哭鬼！"

"真想不到，是兰斯先生把这个怪物送给巴黎先生的哪！"戈歇尔合掌说道。

"我想，"阿涅斯·埃尔默说，"这是一个畜生，是动物，是犹太人跟母猪生的。反正不是基督的孩子，应该把他扔进河里，要么把他烧死。"

"真希望没有人领养他。"戈蒂埃说。

"啊！我的上帝！"阿涅斯叫道，"在沿河小巷尽头紧挨主教府的育婴堂里喂养孩子的奶妈可就可怜了，要是人们把这个小妖怪送给她们喂奶的话！换了我，宁愿喂一个吸血鬼。"

"可怜的埃尔默！她太无知了！"让娜说，"大姐，您没看见，这个小怪物至少有四岁了，他对您的奶头不会感兴趣的，宁愿啃烤肉叉子。"

这个"小怪物"（我们也难免要这样称呼）的确不是初生儿。这是一团瘦骨嶙峋的小东西，不停地扭动着，装在一只布口袋里，脑袋露在外面，口袋上印着当时的巴黎主教纪尧姆·夏蒂埃的姓名缩写字母组成的图案。

---

① 拉塔尔星期日，卡西莫多日前四个星期日。

那脑袋非常丑陋，只看见乱蓬蓬的棕色头发、一只眼睛、一张嘴巴和几颗牙齿。那只眼睛在哭，那张嘴巴在号，那几颗牙齿看上去只想咬人。身子整个儿在布袋里扭动挣扎，围观的人越来越多，不断更新，个个惊讶不已。

一位有钱的妇女阿洛伊丝·德·贡德洛里埃夫人，帽子的金角上拖着一条长纱巾，手里牵着一个六岁左右的漂亮小女孩，路过时也停下来，站在木床前看了看这个可怜的小生灵，而她的可爱的女儿百合花·德·贡德洛里埃，穿着丝绸和天鹅绒衣服，用漂亮的小手指着常年挂在木床上的牌子，拼读着"捡来的孩子"。

贵妇人厌恶地别转脑袋，说："我还以为这里只放孩子呢。"

她转身就走了，顺手往铜盆里扔了一枚银币，砸得盆子里的银币叮当响，埃蒂安纳-奥德里小教堂的四个可怜的修女惊得睁圆了眼睛。

过了一会儿，国王的大法官，庄重而博学的罗贝·米斯特里科勒经过这里，他一只胳膊夹着一本巨大的祈祷书，另一只胳膊挽着他的妻子吉耶梅特·梅莱斯贵妇人，这样，他左右各有一个调节器，一个是宗教的，另一个是世俗的。

"捡来的孩子！"他仔细看了看床上的东西，说，"显然是在冥河边上捡到的！"

"他只有一只眼，"吉耶梅特说，"另一只长了个瘤子。"

"那不是瘤子，"罗贝·米斯特里科勒大人说，"是一个卵，里面藏着一个跟他一模一样的魔鬼，而这个魔鬼又有一个卵，卵里又藏着一个魔鬼……"

"您怎么会知道的？"御前法官夫人吉耶梅特问道。

"我就是知道。"大法官回答。

"大法官先生，"戈歇尔问道，"您看这个所谓捡来的孩子预示着什么？"

"最大的灾难。"米斯特里科勒回答。

"啊！我的上帝！"听众中有个老妇人说，"去年就有一场大瘟疫，还有人说，大批英国人就要在阿尔弗勒登陆，现在又有这个。"

"这样，王后今年九月就可能不来巴黎了，"另一个老妇人说，"生意本来就不好做了。"

让娜·德·塔尔默嚷了起来："我觉得，这个小巫师不能躺在这木板上，应该把他放在柴堆上①，这样对巴黎市民更好些。"

"一堆烧得旺旺的柴火！"

"这样也许更稳妥。"米斯特里科勒说。

一个年轻的神父在听圣母升天会修女们的议论和御前大法官的判决。他来到这里已有些时候了。神父神情严肃，额头宽大，目光深邃。他一言不发，用手拨开人群，仔细地看了看"小巫师"，向他伸出胳膊。正是时候，因为那些虔诚的修女想象着那堆"烧得旺旺的柴火"，已经高兴得在舔嘴唇了。

"我收养这个孩子。"神父说。

他用教袍把小孩一裹，抱走了。在场的人都惊讶地望着他离开。不一会儿，他从红门里消失了。那时候，这红门连接着圣母院教堂和议事司铎居住的内院。

一阵惊讶过后，让娜·德·塔尔默凑到戈蒂埃的耳朵边，悄悄地说：

"大姐，我早对您说过，这个年轻的教士克洛德·弗罗洛先生是巫师。"

二　克洛德·弗罗洛

确实，克洛德·弗罗洛不是平庸之辈。他的家庭属于中等阶层。在15世纪，这一类家庭不得体地被称为"高等市民"或"小贵族"。弗罗洛家族从帕克莱兄弟那里继承了蒂尔夏普采邑。这个采邑隶属于巴黎主教。为了那里的二十一栋房屋，在13世纪，帕克莱兄弟通过宗教法庭同巴黎主教不知打过多少场官司。作为这个采邑的拥有者，克洛德·弗罗洛是一百四十一位声称在巴黎及其近郊享有年贡的领主之一。他的名字早已登记在圣马丁-德尚教堂的契据簿中了，排在弗朗索瓦·雷兹的唐加维勒府邸和图尔

> 克洛德出身于中等阶层，有条件接受良好的教育。中世纪法国社会等级森严，城镇与农村以高墙隔离。当时的人们一方面同情穷人和病人，另一方面又对他们施加酷刑。

---

① 在中世纪，被指控为巫师和巫婆的人都要放在柴堆上烧死。

学院之间。

克洛德·弗罗洛很小的时候，他父母就决定让他终生从事神职工作。他跟人学习拉丁语，还学会了低头走路，小声说话。他从小就被父亲送进大学城的托尔希神学院①，在祈祷书和拉丁语、希腊语词典中渐渐长大。

此外，他是一个忧郁、庄重、严肃的孩子，学习勤奋，过目成诵。课间休息时从不大叫大嚷，很少涉足富阿尔街纵酒作乐，不知道什么叫**打耳光揪耳朵**②，在1463年的学生叛乱（编年史家们把这个事件严肃地称作"大学第六次暴动"）中，他绝对没有露面。蒙塔居学院的男学生常穿一种叫"卡佩特"的短斗篷，大家都揶揄地喊他们"卡佩特"，多尔芒学院的公费生都剃光头，身穿青、蓝、紫（按照四王冠教堂红衣主教③的说法，是**蓝色或褐色**④）三种颜色的粗呢拼成的大衣，对于这些穷学生，克洛德·弗罗洛很少冷嘲热讽。

相反，他学习勤勉，圣约翰-德-博韦街的大小学堂里常常见到他的人影。圣皮埃尔·德·瓦尔修道院院长在圣旺德雷热齐勒学校宣讲教会法典时，看见的第一个学生就是克洛德·弗罗洛，只见他面对讲坛，背靠柱子，膝盖上放着角质的文具盒，嘴里咬着羽毛笔杆，伏在磨损了的裤腿上写字，冬天，不时地在手指上哈热气。每星期一上午，教谕博士米勒·德·伊斯利埃先生也总看见克洛德·弗罗洛第一个气喘吁吁地赶在开门时到达谢夫-圣德尼学校，来听他讲课。因此，年轻的教士十六岁就已满腹经纶，神秘神学方面已比得上教堂神父，经学方面已比得上教谕神父，经院神学方面也已比得上索邦神学院的博士。

---

① 托尔希神学院，创建于15世纪初。
② 原文为拉丁语，意思是在公共场所打架斗殴。
③ 这位红衣主教名字叫让·德·多尔芒，是博韦的主教。
④ 原文为拉丁语。

欧洲中世纪大学一般设有文学、法学、医学和神学四种。克洛德小时候接受了怎样的教育？他有怎样的品性？

"忧郁"这个词当时含有悲伤、沉思、幻想等含义。

在当时的社会，宫廷、宗教和平民冲突激烈。作者提到了克洛德对待1463年学生叛乱的态度，是想突出他什么样的性格特点？

学完神学，又连忙投入教谕；读完《箴言大全》，又一头扎进《查理曼法令汇编》。他如饥似渴，孜孜不倦，教谕啃了一本又一本，先后读了伊斯帕勒的主教泰奥多尔的教谕，沃姆的主教布夏尔的教谕，夏尔特尔的主教伊夫的教谕；然后，他又啃了《格拉西安法令》，那是查理曼法令汇编的续篇；接下来是格雷古瓦九世的教令集，还有奥诺里乌斯三世的书信集《论思辨》。由泰奥多尔主教在618年开始的、格雷戈瓦教皇在1227年结束的时代，是民法和宗教法斗争与发展的漫长而动荡不安的时代，他都弄得清清楚楚，背得滚瓜烂熟。

教谕吃透后，他又开始攻读医学和七种自由艺术①。他研究草药学、香料学。他成了医治发烧、挫伤、脓肿的专家。雅克·德斯帕②可能想让他当理论医生，里夏·埃兰可能想让他当开业医生。他还通过了"七艺"的学士、硕士、博士等各个学位。他学了拉丁语、希腊语、希伯来语，这三座语言圣殿，当时很少有人涉足。他废寝忘食地获取和积累科学知识。在十八岁，他已经把神学、法律、医学和自由艺术四大学科学遍了。对这个年轻人来说，生活似乎只有一个目的：求知。

大约就在这个阶段，1466年夏天，异常炎热的天气导致了一场大瘟疫，巴黎子爵领地有四万余人丧生。据让·德·特洛瓦记载，死亡的人中有"御前星象师阿努尔先生，一个聪明、可爱、善良的人"。大学城里议论纷纷，传说蒂尔夏普街瘟疫尤其厉害。那里有克洛德家的采邑，生活着他的父母双亲。年轻的大学生惊惶失措，急忙跑回家中。他父母亲头天就都已病死了。一个襁褓中的小弟弟

> 克洛德攻读了哪些学科，达到了怎样的水平？推测一下他未来能够在哪些方面取得成就。

> 《巴黎圣母院》可以作为史料看。文中说1466年这场瘟疫造成"巴黎子爵领地有四万余人丧生"。这场瘟疫给克洛德一家造成了什么灾难？

---

① 七种自由艺术，简称"七艺"，为文法、伦理、修辞、算术、几何、音乐和天文。

② 雅克·德斯帕，巴黎圣母院的议事司铎，医学院的医学博士，于1454年建议扩建医学院。1486年，里夏·埃兰当医学院院长。

还活着，躺在摇篮里，无人照管，正在大声啼哭。这个孩子是家里剩给克洛德的唯一亲人。年轻人抱起孩子，满腹心事地走出家门。他从前的生活里只有学识，现在，他开始生活在现实中了。

这场灾难是克洛德人生中的一场危机。他成了孤儿，可又是长兄，十九岁就挑起家长的重任。他感到自己从学校的梦幻里一下被召回到了现实世界中。怜悯使他变得感情丰富，他对这个孩子，对他的小弟弟产生了强烈的爱，决心要为他献身。从前他只爱过书本，这种爱人的感情对他来说是奇妙而甜蜜的。

这种感情发展到了不可思议的程度，在他新的灵魂中，像是初恋一样。他从小离开父母，几乎不了解他们，一直过着隐修生活，可以说被囚禁在书本中，如饥似渴地学习和研究，只知道通过学习科学来发展智力，学习文学来丰富想象力，还没有时间领略感情的重要。这个失去双亲的小弟弟，这个襁褓中的孩子，突然从天而降要他扶养，使他变成了一个新人。他发现这世上除了索邦大学的思辨和荷马的诗篇外，还有别的东西，他发现人需要感情，没有温情和爱的生活，不过是一个没有上油的齿轮，时刻发出凄切的叫声。然而，在他那个年纪，一个幻想破灭了，另一个幻想接踵而来，他便以为骨肉至亲的情感是唯一需要的，有一个小弟弟要去爱就足以填满他的生活了。

于是，他把爱全部献给他的小约翰，爱得那样深沉、炽热，那样全神贯注。这个柔弱而可怜的有着卷曲金发、粉红肤色的漂亮小家伙，这个只有另一个孤儿做依靠的孤儿，深深地打动着他的心。他素来喜欢深思，便怀着无限的同情，开始思考如何把约翰扶养成人。他对小弟弟的爱护和照顾无微不至，仿佛这是个脆弱易碎需要特别当心的物品。他不仅是孩子的兄长，还成了他的母亲。

小约翰失去母亲时还没有断奶，克洛德就给他找了个

> 这场灾难对克洛德的一生是一个转折点，改变了他的人生。此后，他表现出什么样的品性和责任？

奶妈。除蒂尔夏普采邑外,他还从父亲那里继承了磨坊采邑,在让蒂利教堂管辖的范围之内。磨坊在一个山丘上,离温歇斯特(比塞特尔)城堡很近。磨坊主的妻子正好也有个漂亮孩子在吃奶,而且那里离大学城不很远。克洛德亲自把他的小约翰送去让她喂养。

从此,他觉得自己肩负着重任,对待生活更加严肃。思念小弟弟不仅成了他的乐趣,也是他学习的目的。他决心对上帝负责,把自己整个身心奉献给弟弟,终身不娶,不要孩子。他的妻子,他的孩子,就是弟弟的幸福和前程。因此,他更加热爱神职工作。他博学多才,而且又是巴黎主教的附庸①,因此,教会的各座大门都向他敞开着。才二十岁,他就获教廷特许,当了神父,成为巴黎圣母院最年轻的教士,侍奉所谓的"懒汉圣坛"(因举行弥撒的时间较晚而得名)。

他比以往任何时候更埋头于心爱的书本,只有在跑到磨坊采邑看望弟弟时才离开一会儿。他年纪轻轻,就那样满腹经纶,那样刻苦律己,实在难能可贵,很快就博得圣母院上上下下的尊敬和钦佩。他博学多才的声名越过院墙,传到民众中间,传来传去,竟传成了"巫师",这种传得面目全非的事在当时常有发生。

卡西莫多日那天,他给懒汉们做完弥撒正要回去("懒汉圣坛"就在唱诗室右侧通往中殿的小门旁边,离圣母像很近),突然看见几个老年妇女围着放弃婴的木床叽叽喳喳在议论什么,便产生了兴趣。

于是,他走到了那个惨遭憎恨、生命受到威胁的可怜小东西身边。看到他那样凄惨,那样畸形,被人遗弃,想到他幼小的弟弟,如果自己死了,他心爱的小弟弟也会这样悲惨地被遗弃在这张木床上,不由得心头一震,顿时对这个弃儿产生了强烈的怜悯,就把他抱走了。

他把孩子从布袋里拉出来时,发现他果然长得奇丑无比。那模样简直像个小魔鬼,左眼上有一个瘤子,脑袋缩在脖子里,脊背隆起,胸骨突出,双腿弯曲,但看上去很有生命力。尽管无法听懂他结结巴巴说的是什么语言,但他响亮的啼叫声却说明他很有力气,身体很健康。克洛德看到他长得那样丑陋,就更加同情,他在心里暗暗发誓,为了弟弟,一定要把这孩子抚养成人,日后小约翰无论犯什么错误,就可以用这件为他而做的

---

① 这里指克洛德的采邑隶属主教。

善事作补偿。可以说这是以弟弟名义存放的善行投资，是为弟弟提前积攒的卑微功德，以防哪天淘气的弟弟可能会缺少这种通往天堂唯一有效的买路钱。

他给养子行了洗礼，取名"卡西莫多"，可能为了纪念收养他的日子，也可能为了表明这个可怜的小生命何等发育不全，只是略具人形。事实上，卡西莫多是独眼、驼背、罗圈腿，"勉强"具有人的模样。①

三 敲钟人②

1482年，卡西莫多早已长大成人。他当圣母院敲钟人已有好几年了，是他的养父克洛德·弗罗洛保举的，克洛德当上了若扎的副主教，是他的恩主路易·德·博蒙先生保举的，而博蒙于1472年在纪尧姆·夏蒂埃去世后，当上了巴黎主教，是他的保护人奥利维埃·勒丹保举的。奥利维埃·勒丹是国王路易十一的剃须匠，那是上帝的恩赐。

因此，卡西莫多成为了圣母院的敲钟人。

岁月流逝，敲钟人和教堂之间渐渐产生了一种难以形容的亲密关系。他出身不明，又天生残疾，这双重厄运注定他永远与世隔绝。他从小就被禁锢在这不可逾越的双重桎梏中，久而久之，可怜而不幸的卡西莫多也就养成习惯，终日生活在圣母院的墙垣内，安心受圣母院的庇佑和保护，对于院墙外的世界不闻不见。根据他成长发育的不同阶段，圣母院对他来说，相继是卵、窝、家、祖国和宇宙。

可以肯定，在这个生灵和这座建筑之间，存在着一种

---

① 拉丁语中quasimodo的意思为"差不多"，"略差一点儿"。教士给孩子取这个教名，想说明孩子勉强有个人样。

② 原著标题是拉丁语，意思是："侍奉一群怪兽的人自己更怪"。译文采取作者最初为本章确立的标题。

读完这一部分，用自己的话讲述克洛德的人生经历。想一想，这样的学生会成为一个怎样的人？看看下文，再想想，与你读第一部分时所预想的一样吗？克洛德的结局是可悲的。他残忍地看着爱斯梅拉达被绞死；在民众的造反声中，养子卡西莫多鄙视着他，最终把他送进死亡的深渊。

先定的、神秘的和谐。幼年时代，当他拖着双腿，一歪一斜、一蹦一颠地在教堂昏暗的拱穹下行走时，人们看到他那人类的面孔、野兽的四肢，会以为他是从阴暗潮湿的石板地上生出来的爬行动物。罗曼风格的柱顶盘在石板地上投下了多少奇形怪状的阴影！

有一次，他无意中抓住钟楼的绳索，吊在上面把钟敲响了，这在他的养父克洛德看来，就好像是一个孩子第一次开口讲话。

就这样，他始终按照教堂的模式发育成长，在里面生活，在里面睡觉，几乎足不出户，每时每刻都受到教堂的神秘影响，渐渐地，他和教堂相像了，终于嵌入教堂，可以说，成了它不可分割的一部分。他身上的每个凸角——请允许我用这个比喻——正好嵌入教堂的凹角中，他似乎不仅是教堂的住客，而且是它的天然成分。甚至可以说，他是照着教堂的模式成形的，正如蜗牛按照外壳的模式成形一样。这是他的寓所，他的洞穴，他的外壳。他和这座古老的教堂天生息息相通，相互吸引，意气相投，外貌相似，因此，他在某种程度上已经黏附在教堂上，就像乌龟黏附在甲壳上一样。凹凸不平的教堂正是他的甲壳。

读者当然不会从字面上来理解这些比喻的。使用这些比喻，无非是为了表达一个人同一个建筑物之间那种对称的、直接的、几乎是同类物质的奇特结合，也无须说明他经过了那样长久、那样亲密的同居，对整个建筑物已经了如指掌。卡西莫多在这个住处适得其所。没有一个深处他没有钻过，没有一个高处他没有爬过。他多少次仅仅利用雕刻的凸出部分，攀登有好几层高度的正面。那两座孪生钟楼又高又险，令人望而生畏，他却常常攀缘在外墙上，犹如壁虎爬行在陡峭的墙壁上，头不昏，眼不花，毫无害怕的感觉，连身子也不晃一下。看到那两座钟楼在他手下显得那样温柔，那样容易攀登，你会觉得这钟楼已被他驯服了。由于经常在这雄伟教堂的悬崖峭壁上跳跃、攀缘和嬉戏，他在某种程度上已变成了猴子或羚羊，正如生活在意大利南部卡拉布里亚海边的孩子从小和大海嬉戏，还没学会走路，就已经学会游泳。

不仅是他的躯体，就连他的心灵似乎也是按照这座教堂塑造出来的。在这畸形的躯壳下，在这孤僻的生命中，他的精神世界处于什么状态，思想染上了什么习惯，具有怎样的形态，这是很难说清楚的。卡西莫多生来就是独眼、驼背、瘸子。克洛德·弗罗洛费了九牛二虎之力，用了极大的耐心才教会他说话。可是，这个捡来的孩子命该倒霉。十四岁那年，他当了圣母院的敲钟人，钟声把他的鼓膜震破，他便成了聋子，这样，人身上的残疾他可谓一应俱全。大自然赋予他的向外部世界打开的唯一大门，突然永久地关闭了。

这道门一关闭，也就把唯一还能渗透卡西莫多心灵的那道欢快而明亮的光线截断了。他的心灵坠入茫茫黑夜。苦命的卡西莫多变得郁郁寡欢，他的郁结心绪同他的残疾躯体一样彻头彻尾，不可治愈。此外，耳聋又以某种方式把他变成了哑巴。由于怕人讥笑，他从发现耳聋之时起，就决心不再开口说话，只有当他单独待着的时候，才会打破沉默。克洛德·弗罗洛费了很大劲儿才把他的舌头解开，现在他又坚决地把它重新扎起来，久而久之，他的舌头就像铰链生锈的门扉，变得僵硬、笨拙，当他不得不说话时，也不会说了。

现在，假如我们试着穿透这层厚厚的外壳，触及卡西莫多的心灵，假如我们可能探测这个残疾躯体的深处，点燃一把火炬，看一看这些不透明器官的背后，探一探这个不透明生灵的内心，观察它的每个暗角和死巷，出其不意地用强光照一照锁在这洞穴深处的心灵，我们会发现这个不幸的灵魂也是发育不全的，像得了佝偻病，如同威尼斯铅屋顶监狱[①]里的囚犯，终日蜷伏在又矮又窄的石头房里，衰老得很快。

躯体发育不全，头脑肯定也会衰退。卡西莫多的心灵和他的躯体一样残缺不全，他几乎感觉不到在他的躯体里有思想在骚动。对外界事物产生的印象还没有到达思想，就已扭曲得面目全非。他的头脑是一个特殊的介质，思想经过那里，出来时全都扭曲了。这种折射所产生的思想，当然是杂乱无章和偏离轨道的。

于是，他的眼睛常常出现幻觉，判断常常误入歧途，思想常常发生偏差，有时狂乱，有时愚痴。

这样一种机体结构，必定带来不幸的后果。首先是扰乱了他对事物的视觉。他对外界事物几乎没有直接的感觉。外部世界离他似乎比我们远得多。

[①] 威尼斯铅屋顶监狱，位于威尼斯圣马丁宫的最高层，因该建筑物的屋顶是铅皮，而监狱又在屋顶下而得名。

他的不幸造成的第二个后果是，他变得十分凶恶。

他确实很凶恶，因为他性格孤僻！而孤僻的性格又来源于长相丑陋。他的性格形成自有其逻辑，这和我们是一样的。

他力大无比，这是导致他凶恶的又一个因素。正如霍布斯①所说："**凶恶的孩子必定身强力壮。**②"

不过，我们要为他说句公道话，他的凶恶并非与生俱来。他初次与人接触就感觉到，并且亲眼看到大家都嘲笑他，侮辱他，嫌弃他。人类语言对他来说不是讥笑就是诅咒。他是在人们的仇恨中长大的。他自己也学会了仇恨。他染上了这种人所共有的邪恶，捡起了别人用来伤害他的武器。

总之，他万不得已时才转过脸去看人。有他的教堂就足够了。那里面寓居着无数的大理石雕像，有国王、圣徒，还有主教，他们至少不会冲着他的脸大笑，总是用慈祥的目光注视他。即使雕像是妖魔鬼怪，对他卡西莫多也没有仇恨。它们和他长得太相像了，是不会仇恨他的。它们宁愿嘲笑其他人。圣徒是他的朋友，为他祝福；妖魔是他的朋友，做他的卫士。因此，他常常向它们倾诉衷肠。有时一连几个钟头，蹲在一尊雕像面前，孤独地和它谈心。要是中间有人来了，他就像唱小夜曲的情人被撞见一样，立刻逃跑。

圣母院大教堂对他不仅是社会，而且是宇宙，是整个大自然。他所向往的花园，正是那些画着永开不败花木的彩绘玻璃；梦中的树荫，正是撒克逊风格柱顶盘上的石刻叶饰，永远绿荫交织，鸟儿啼鸣；他需要的高山，正是圣母院那两座巨人般矗立着的钟楼；他渴望的大海，正是在钟楼脚下汩汩流淌的巴黎。

在这座慈母般的建筑中，他最喜欢的是那些大钟。它们能唤醒他的灵魂，使这个深居洞穴、悲惨地缩成一团的灵魂振翅飞翔，有时候能使他感到幸福。他热爱它们，亲抚它们，同它们讲话，能听懂它们的语言。无论对哪口钟，从交叉甬道尖塔中的排钟，到正门钟楼里的大钟，他都是满腔柔情，爱不释手。在他眼里，交叉甬道里的钟塔和两座主钟楼犹如三个大鸟笼，里面的大钟好比是他饲养的小鸟，只为他一个人歌唱。把他耳朵震

---

① 霍布斯（1588—1679），英国哲学家。

② 原文为拉丁语。

聋的就是这几口大钟，可他最疼爱的也是它们，因为做母亲的常常喜欢最调皮捣蛋的孩子。

他耳朵还能够听见的，也就是钟声了。正因为这样，正门钟楼里的那口大钟是他的心肝宝贝。每逢节日，钟楼里所有的钟都围着他欢快摆动，犹如一群爱说爱笑的少女，而他最喜欢的却是那口大钟，它叫玛丽。它和它的妹妹雅克琳并排同居在南钟楼里。雅克琳的身材稍小一些，所居的笼子也小一些。之所以取名雅克琳，是因为捐钟人让·德·蒙塔居①的妻子叫这个名字。尽管捐了这口钟，蒙塔居仍然没有逃脱在隼山上身首异处的下场。北面那个钟楼里还有六口钟，此外，在交叉甬道尖塔中还有六口小钟和一口木钟。只有在圣木曜日②的晚饭后到复活节前夕的早晨这段时间里，才敲响木钟。因此，卡西莫多在他的后宫里一共拥有十五口钟，而大钟玛丽是他的宠妃。

在敲那口大钟的日子里，我们很难想象出他有多么高兴。每当副主教放他去敲大钟时，只要对他说声"去吧"，他就一溜烟爬完了钟楼的旋梯，比别人下楼的速度还要快。他气喘吁吁，跑进藏着那口大钟的空中楼阁里，出神而痴情地先端详一会儿，然后同它亲切交谈，用手轻轻抚摸，仿佛它是一匹就要远行的骏马，为它要担负这个苦役而感到心疼。爱抚过后，他吆喝那些安放在钟楼最底层的助手开始工作。它们悬吊在缆绳上，绞盘轧轧作响，那口大铜钟缓慢地晃动起来。卡西莫多的心突突直跳，眼睛紧随着大钟转动。钟舌和青铜钟壁第一次相撞，卡西莫多身在的木架就颤动起来，他和大钟一起颤动。"哇！"他大叫一声，狂笑不止。这时，巨钟加速运动，摇摆的角度越来越大，卡西莫多的眼睛也就更加光彩熠熠。最大角度的摆动终于开始了，整个钟楼都在颤抖，一切都在发出轰鸣，木架、铅板、石块，从底层的木桩，到屋顶的三叶装饰。这时，卡西莫多兴奋得口中直冒白沫，他跑来跑去，从头到脚都跟着钟楼一起颤动。巨钟像匹脱缰的野马，疯狂地左右摇摆，把它的青铜大口轮番转向钟楼两侧内壁，发出暴风雨般的咆哮，数里以外都能听到它的声音。卡西莫多就待在张开的钟口跟前，随着大钟的摆动，一会儿蹲下去，一会儿站起来，呼吸

---

① 让·德·蒙塔居，查理六世的一位大臣，于1409年被砍头。
② 圣木曜日，复活节前的星期四。

着令人神魂颠倒的气息,时而瞧瞧二百尺以下熙熙攘攘的广场,时而又望望不断地在他耳朵里号叫的巨大铜舌。这是他唯一能听见的话语,是唯一为他打破寂静世界的声音。他乐得心花怒放,犹如鸟儿沐浴到了阳光。突然,他也像大钟那样变得疯狂起来,双目放出奇异的光芒。他像蜘蛛等候苍蝇那样,等待大钟晃到他跟前,然后猛扑上去。于是,他高悬空中,随着大钟剧烈晃动,双手抓住青铜怪兽的耳朵,双腿紧紧夹住钟身,用脚后跟推波助澜,竭尽全身的重量和冲力,加剧大钟的摇摆。这时,钟楼也晃动起来了。至于卡西莫多,他大声吼叫着,牙齿咬得咯咯响,红头发竖了起来,胸腔发出风箱的呼呼声,眼睛喷射出炯炯的火光,那口巨钟在他身下气喘吁吁,咆哮不止。此刻,圣母院的大钟已不再存在,卡西莫多也不再存在,只有梦境,只有旋风,只有暴风骤雨,仿佛骑乘着音响在腾云驾雾;那是攀在飞马后背上的幽灵,是半人半马的怪物,是被神奇的长翼铜马带走的令人胆战心惊的阿斯托尔夫①。

  这个怪人使整个教堂洋溢着一种难以形容的活力。从他身上,至少按照当时越传越广的说法,似乎散发出一种神秘的力量,使得圣母院的每一块石头都有了生命,古老教堂的五脏六腑都悸动起来。只要知道他在里面,人们就会相信亲眼看到了刻在长廊里和门道上的成千上万个雕像都活了过来,动了起来。事实上,教堂在他手下宛如俯首帖耳的生灵,等待他的命令发出吼叫。卡西莫多仿佛是教堂的守护神,无处不在,与它形影不离,好像给这座巨大的建筑物注入了生命。他的确无处不在,好像会分身术似的,各个地方都可以看到他的身影。一会儿,人们惊恐地远远看见钟楼顶上有一个稀奇古怪的侏儒在攀登、在蠕动、在爬行,不顾深渊,沿着外墙往下滑移,从一个凸角跳到另一个凸角,把手伸到墙上魔头饰雕像里搜索:那是卡西莫多在掏鸟窝。一会儿,又在教堂某个昏暗的角落里,撞倒在一个妖鬼模样的人身上,他神色忧郁地蹲在地上:那是卡西莫多在沉思。时而,又会看见在一个钟楼下面有一个大脑袋和一团四肢不协调的东西,吊在一根绳子下面,疯狂地来回摇摆:那是卡西莫多在敲钟报告祈祷时间。夜里,常可以看见一个可怕的人影,在钟楼顶部环绕半圆后殿的那

---

  ① 阿斯托尔夫,英国传说中的王子。在意大利诗人阿里奥斯特(1474—1533)的诗作《狂怒的罗朗》中,阿斯托尔夫为救发疯的罗朗,骑着半马半鹰的怪兽,到月亮上寻回罗朗失去的理智。

圈摇摇欲坠的花边状栏杆上游荡：那又是圣母院的驼背。于是，附近的女人们都说，整个教堂充斥着一种神奇、怪异和可怕的气氛，到处都是睁着的眼睛，张着的嘴巴，到处可以听到那些伸长脖子、张大嘴巴、日夜守护着教堂的石犬、石蛇、石龙在狂吠乱叫。如果是圣诞之夜，当那口大钟发出虎狼般的吼叫，召唤信徒们来望午夜弥撒时，黑黝黝的教堂正面就弥漫着一种恐怖的气氛，似乎那座大拱门正张开血盆大口，要把来做弥撒的信徒们一一吞噬，而那圆花窗正瞪着眼睛监视着他们。这一切都来自卡西莫多。古埃及人会把他奉为这座寺庙的神祇，但在中世纪，他却被看作魔鬼；其实，他是灵魂。

因此，对确信卡西莫多在这个教堂生活过的人来说，今天的圣母院就太荒凉，太缺乏生气，太死气沉沉了。他们觉得有些东西已经消失。这庞大的躯体变得空洞无物，成了一具骷髅，灵魂已经远走高飞，只留下它寓居过的地方，如此而已。就像一副颅骨，眼睛的两个窟窿依然存在，却不再射出光来。

四　狗和主人

卡西莫多对谁都仇恨和嫌恶，唯有一人例外，那就是克洛德·弗罗洛。卡西莫多爱他胜过爱教堂，甚至爱得更深。

事情很简单。他是克洛德·弗罗洛收养和抚育成人的。小时候，每当恶狗和顽童跟在他后面狂吠乱叫时，他总习惯在克洛德·弗罗洛的膝下寻求避难。克洛德·弗罗洛教他说话、读书和写字。克洛德·弗罗洛让他当了圣母院的敲钟人，把那口大钟许配给卡西莫多，就好比把朱丽叶许配给罗密欧。

因此，卡西莫多对弗罗洛的感激是由衷的、热烈的、无穷无尽的。尽管他的养父脸上常常阴云密布，言辞简单生硬，不容置辩，但他的感激之情从没有因此而减弱过。卡西莫多是副主教最卑顺的奴隶，最听话的奴仆，最警觉的看门狗。可怜的卡西莫多耳朵被钟声震聋后，他和克洛德·弗罗洛就改用手势进行交流，这套神秘的手语只有他们自己看得懂。这样，副主教就成了卡西莫多唯一还保持着联系的人。在这个世界上，他只同两样东西打交道，一个是巴黎圣母院，一个是克洛德·弗罗洛。

副主教对敲钟人的威力无可比拟，而敲钟人对副主教的依恋也是世上罕见。只要看到克洛德做一个手势，为了使他高兴，卡西莫多就会马上从圣母院的钟楼顶上冲下来。卡西莫多的体力那样充沛，却盲目地交给另一个人使唤，这是异乎寻常的。无疑，这里面有儿子对父亲的孝顺，奴仆对主人的依恋，也有一个人对另一个人的迷恋。这是一个愚昧、笨拙的可怜人对一个深邃、睿智、有权有势的聪明人的俯首帖耳、垂目乞怜。最后，而且是最重要的，是知恩图报。这种报恩思想已经登峰造极，我们无法把它同什么进行比较。这样一种品德，在人类当中是找不到例子的。因此，我们说卡西莫多爱副主教，胜过狗、马或大象爱它们的主人。

五 克洛德·弗罗洛（续）

1482年，卡西莫多大约二十岁，克洛德·弗罗洛大约三十六岁。一个已经长大，另一个老了许多。

克洛德·弗罗洛已不再是当年托尔希神学院的普通学生和小弟弟的嫩弱保护人了，也不是那个知识渊博但不通人生、喜欢沉思的年轻哲学家。他现在是一个严肃、朴素、忧郁的神父，负责世人的灵魂；是若扎的副主教先生，巴黎主教手下的第二个辅祭，是蒙雷里教堂和夏多福教堂的首席神父，领导着一百七十四个乡村本堂神父。他威严而忧郁。当他双臂交叉在胸前，脑袋低垂只让人看见他光秃秃的大脑门，庄严而若有所思地从唱诗室高大的尖拱下款款走过时，那些穿白长袍和紧身上衣的唱诗童子、圣奥古斯坦教派的修士和圣母院的神职人员都会胆战心惊。

尽管成了副主教，堂·克洛德·弗罗洛仍没有放弃研究科学和教育他的小弟弟，这是他生活中的两件大事。然而，这两件极其甜蜜的事渐渐地掺进了苦汁。这正像保

> 克洛德成了一个怎样的人？从性格、成长经历和社会环境等方面来说说，是什么原因导致他成了这样的人。

尔·迪阿克尔①说的，天长日久，最好的东西也会变味。小约翰·弗罗洛（绰号"磨坊的约翰"，因为他在磨坊奶养过）没有朝克洛德期望的方向发展。哥哥指望弟弟成为虔诚、听话、博学、体面的学生。可是弟弟却像不顾园丁的苦心栽培，偏要朝向空气和阳光的幼树，顽固地朝着懒惰、无知和放荡发展，长出美丽而茂密的枝叶。他是一个不折不扣的魔王，生活放荡不羁，这使堂·克洛德常常皱起眉头，可是他又机敏过人，滑稽可笑，这又常使哥哥忍俊不禁。克洛德把他托付给了托尔希神学院，当年他自己曾在那里苦读和进修过好几年。这所神圣的学校过去曾以弗罗洛姓氏为荣耀，如今却把这个姓氏当作耻辱，这不能不使克洛德深感切肤之痛。有时候，他也会对小约翰严加训斥，小约翰默默地忍受着。这个小无赖毕竟心地善良，正如在任何一部喜剧中可以看到的那样。可是，训斥过后，他仍然若无其事，依旧放浪形骸，胡作非为。一会儿，他叱责一个新入学的"雏鹰"（大学里这样称呼新生），以表示对他的欢迎；这种欺侮新生的宝贵传统一直精心地保持到今天。一会儿，他又鼓动一些学生，那些学生**就像听到了吹军号那样**②，按照传统做法冲入哪家小酒店，用"进攻性棍子"把老板狠揍一顿，快快活活地把酒店扫荡一空，就连酒窖里的酒桶也要捣几个窟窿。于是，托尔希神学院的副学监恭恭敬敬地向堂·克洛德递上一份用漂亮的拉丁语写的报告，还加上痛苦的旁注："**这场打架斗殴，最直接的原因是纵酒。**③"而且还说，他行为放荡到竟多次去格拉蒂尼街④，这事发生在十六岁的少年身上，实在令人发指。

> 圈出描写小约翰·弗罗洛的形容词。从这些词，可以看出他是一个怎样的孩子？猜想一下，他未来会成为怎样的人？通读小说，确认他的发展是否符合自己的预想。

---

① 保尔·迪阿克尔（740—801），伦巴第的历史学家和诗人。伦巴第是6世纪德国人侵略意大利部分领土后，在那里建立的国家，其末代国王于774年被法国国王查理大帝击败。

②③ 原文为拉丁语。

④ 格拉蒂尼街，赌场和其他下流场所的集居地。

> 克洛德想把弟弟培养成一个像他一样的人,受挫之后,对他有怎样的影响?

> 克洛德的爱是残缺的,打破了才智、道德和气质的平衡。

> 合法领域,指人类发现并认可的知识;非法领域,指不符合人类认知的内容,包括情感领域。有人说克洛德"涉猎人类知识的禁区",下文哪些细节可以看出这一点?

克洛德的情感遭受了挫折,非常伤心和气馁,就更加狂热地投入知识的怀抱,至少,这个姐妹不会当面嘲笑你,你关心她,她一定会报答你,尽管有时报答是微不足道的。他的学问越来越多,由此而来的是,他作为神父变得越来越严谨,而作为人却越来越忧郁。我们自己何尝不是如此,我们的智力、品行和性格总是平行而连贯地发展的,只有在生活中出现重大变故时才会中断。

克洛德·弗罗洛早在年轻时就已把那些正面的、表面的和合法的人类知识几乎全学遍了,因此,他只好走得更远,去为他永不满足的脑力活动觅取食粮,除非**走到了尽头**①,否则绝不停止。古时候有蛇自啮尾巴的象征,用于搞学问尤其合适。在这方面,克洛德·弗罗洛似乎有切身体会。有些古板的人说他在穷尽了人类知识的**合法领域**②后,竟敢涉猎人类知识的**禁区**③。他们说他把智慧树上的果子尝遍后,也不知是因为饥饿还是厌烦,最后竟咬起禁果来了。正如读者看到的,无论是索邦大学的神学家讨论会,还是信奉奚拉里的自由艺术家会议,或是信奉圣马丁的教谕家辩论会,或是圣母院圣水缸前的医生集会,他都每次必到,从不错过。这四大菜系,也就是四大学院④为一个聪明的脑袋调制和准备的各种允许品尝的佳肴,他都一一尝遍,还没吃饱就觉得厌烦了,于是他就在这个已经穷尽的物质科学下面向深层次挖掘,他也许把自己的灵魂抛置一旁,深入洞穴,坐到了炼金术士和星象家聚集的那张神秘的桌子旁。在中世纪,这神秘的聚会是以阿韦罗埃斯⑤、纪尧姆·德·帕里⑥、尼科拉·弗拉梅尔为中心的,

---

①②③ 原文为拉丁语。

④ 四大学院,指前面四所学校,分别教授神学、自由艺术、教谕学和医学。

⑤ 阿韦罗埃斯(1126—1198),阿拉伯著名哲学家、医学家。其哲学著作涉及唯物论和泛神论,因而被巴黎大学和罗马教廷判刑。

⑥ 纪尧姆·德·帕里,巴黎圣母院主教。

在七支烛台照耀下，一直延展到所罗门①、毕达哥拉斯②和佐罗阿斯特尔③。

不管是真是假，反正大家是这样推测的。

不错，副主教确实经常去探视圣婴公墓，那里埋葬着他的父母亲和1466年那场瘟疫的其他受害者，而且，他对父母亲墓前的十字架，也确实不如对一旁尼科拉·弗拉梅尔和克洛德·佩内尔墓上刻着的那些稀奇古怪的图像感兴趣。

不错，人们的确常见他走在伦巴第街上，悄悄溜进作家街和马里沃街拐角处的一座小房子里。这房子是尼科拉·弗拉梅尔建造的，1417年左右，他在那里去世，从此再没有人住过，已经开始坍塌，因为世界各国的炼丹方士都把自己的名字刻在墙上，仅此就足以把墙壁损坏了。有几个住在附近的人甚至说，他们从地窖的一个气窗里，看见过克洛德副主教在两间地窖的地上乱掘乱挖。方石砌成的墙上有无数诗句和象形文字，那是尼科拉·弗拉梅尔在世时涂写的。据说，弗拉梅尔把点金石藏在地窖里了。从马吉斯特里到帕西菲克④神父，那些炼金术士在地窖里乱翻乱搜，折腾了两个世纪，从没有间断过，直到有一天房子终于沦为尘埃。

此外，还可以肯定，副主教对圣母院那座富有象征意义的拱门特别迷恋，这是圣母院主教纪尧姆·德·帕里在石头上刻下的一页天书。这位主教想必早已下地狱了，因为建筑物的其余部分永远唱诵圣诗，他却给这圣诗加上了如此罪恶的扉页书题。而且，克洛德副主教也对圣克里斯托夫的巨像进行了深入的研究。这个谜一般的雕像当时矗

---

① 所罗门，古代希伯来的君主。
② 毕达哥拉斯，古希腊著名的哲学家和数学家。
③ 佐罗阿斯特尔（约前7—前6世纪），古波斯的宗教改革家，"祆教"的创始人。
④ 帕西菲克，17世纪上半叶的嘉布遣会修士。

> 克洛德探视圣婴公墓流露出不正常的心理。

> 克洛德的研究已经走火入魔，痴迷于炼金术和玄学。可在网上查找一下尼科拉·弗拉梅尔的相关信息，小说《哈利·波特》再创了这个形象。

立在圣母院前庭的入口处，民众戏称为"灰衣先生"。但是，有一点是有目共睹的，他常常一连好几个钟头坐在广场栏杆上，凝视大拱门上的雕刻，时而观察倒拿灯盏的疯疯癫癫的处女，时而又瞻望举着灯盏的聪明乖巧的处女；不然，就是计算刻在左门道上那只乌鸦的视角，那乌鸦凝视教堂某个神秘的地方，点金石如果没有藏在尼科拉·弗拉梅尔的地窖里，就肯定藏在乌鸦凝视的地方。顺便说一句，在那个时代，圣母院教堂被克洛德和卡西莫多这两个截然不同的人以截然不同的方式虔诚地爱恋着，这真是圣母院的奇特命运。一个是半人半兽，离群索居，出于本能，爱它的美丽和宏伟，爱它雄浑整体所显示出来的和谐；另一个博古通今，沉湎于想象，爱它的寓意、神话和内涵，爱它遍布正面的各种雕像所象征的意义，仿佛那是羊皮书上第二次写的文字，下面还隐藏着以前写过的文字，总之，爱这座教堂为人类智慧所提供的永远解不开的谜。

最后，副主教的确在教堂里搞了个极其秘密的小室，就在那座俯视河滩广场的钟楼里，挨着放钟的木笼子。据说，不经他允许，谁也不能进去，哪怕是主教。这个小室几乎就在钟楼的最高处，周围布满了乌鸦窝，是雨果·德·贝桑松①主教开辟的，他在世时曾在里面兴妖作怪，施行巫术。小室里究竟藏着什么秘密，这无人知晓，但在夜间，从广场河滩上经常可以看到钟楼后背的一个窗洞里透出古怪的红光，若隐若现，断断续续，那似乎不是灯光，而是火光，仿佛随着风箱的节拍一起一伏，忽明忽暗。这是在黑夜，又在那样高的地方，人们当然会感到奇怪，上了年纪的女人们说："瞧，副主教又在拉风箱了，那上头发出的是地狱的火光。"

----

① 雨果·德·贝桑松，1326年到1332年为圣母院雨果二世主教。——作者原注

> 圣母院，象征宗教统治地位，代表着仁慈与温柔，还在一定程度上激发人们的正义感。克洛德的人生与它的衰落有着密切的关系。

这一切并不能证明克洛德在搞巫术，但是无风不起浪，况且副主教的名声也不大好。然而，我们应该指出，埃及的那些科学，即招魂术和巫术，哪怕是最清白无辜的，在提交圣母院主教法庭的先生们审判时，不会遇到比副主教更凶猛的敌人，更无情的告发者。副主教这样做也许出于真正的厌恶，也许是贼喊捉贼，但是不管怎样，圣母院教务会议的权威们认为，他是一个拿自己的灵魂到地狱里去冒险，堕入邪魔外道，在神秘科学的黑暗中摸索的人。民众在这方面也没有弄错；稍微有一点头脑的人，都把卡西莫多看作魔鬼，把克洛德·弗罗洛看作巫师。敲钟人显然是来给副主教效劳一段时间，等期限一到，就要向副主教索取报酬，把他的灵魂抓走。因此，尽管副主教生活极其严肃，在那些善男信女看来，他仍是臭气熏天。没有一个人闻不出他是术师，哪怕是毫无嗅觉经验的人。

如果说随着年事增长，他的学问出现了深渊，那么，他的心灵也同样出现了深渊。至少，当人们审视他的面孔时，只要能透过他脸上的一层乌云看见他的灵魂，就有充分的理由这样认为。他的脑门怎么会秃的？为什么他的脑袋总是低着，胸腔总是发出叹息？是什么隐秘的思想使他的嘴角浮现出痛苦的微笑，使他的两道眉毛纠集在一起，就像两头即将抵角的公牛？为什么剩下的头发已经花白？他目光中偶尔闪过的火焰反映了什么内心世界，竟使他的眼睛看上去就像火炉壁上凿出来的窟窿？

这些表明内心剧烈活动的征候，在本故事发生的时候，已达到了顶点。唱诗班的童子不止一次地发现他独自待在教堂里，目光又怪又亮，吓得赶紧逃跑。在祭堂做祷告时，他旁边的教士不止一次地发现他念单旋圣歌时，加进了一些别人所不懂的东西。给圣母院教士洗衣服的女工不止一次地发现，若扎副主教先生的白法袍上有被指甲和手指头抠掐的痕迹，感到非常惊讶。

此外，他看上去更加严肃，更加以身作则。由于身份

> 巴黎圣母院里的人和民众都无法理解克洛德，把他的研究视为妖术。叙述者隐藏着作者，他并没有认可公众的看法。

> 他给自己造成了两道深渊：学问和心灵。其中，心灵的深渊是什么？

> 他自我封闭，与世隔绝，连孩童也害怕他。

的关系，也由于性格，他向来不近女色，现在对女人似乎更加仇恨。只要听见女人衣裙的窸窣声，他就马上把风帽拉下来遮住眼睛。他在这方面是那样严肃谨慎，1481年12月，当国王的女儿德·博热夫人要来参观教堂的内院时，他竟郑重地表示反对，并提醒主教，1334年圣巴泰勒米节①前夕颁布的黑皮书中规定，任何妇女，"不论老幼贵贱"，一律不准进入内院。主教不得不引述教皇特使奥多颁发的敕令来反驳他，敕令上说，**有几个贵妇不能拒之门外，以免激起公愤**②。然而，副主教却固执己见，指出教皇特使的敕令在1207年就已颁布，比黑皮书早一百二十七年，因此，事实上已被黑皮书废除了。抗不过主教，于是他拒绝同公主照面。

此外，人们还注意到，一段时间以来，他对埃及女人和茨冈女人的憎恨加深了。他要求主教颁布命令，禁止吉卜赛女人到圣母院的广场上来跳舞和敲手鼓，同时，他查阅宗教法庭发了霉的档案，搜集男女巫师因为同猪羊合谋搞妖术而被判处火刑或绞刑的案例。

> 爱的残缺、神父的身份和社会地位导致他越来越害怕吉卜赛女人。

六　不得人心

上面已经说过，圣母院附近的贵族和贱民都不喜欢副主教和敲钟人。有时，克洛德和卡西莫多一起外出，仆随主后，从圣母院周围那些寒冷、阴暗和狭窄的街道经过时，会不止一次地遭到辱骂、讽刺和嘲笑。除非克洛德·弗罗洛走路时抬起头来，向嘲笑者们展示他那严肃而令人敬畏的前脑门，吓得那些人噤若寒蝉，不敢再放肆，但这种情况是很少的。

---

① 圣巴泰勒米节，每年的8月24日。圣巴泰勒米是基督十二使徒之一。
② 原文为拉丁语。

在他们那个街区，两个人成了过街老鼠，同雷尼埃①描写的两个"诗人"所处的情况一样：

各种人跟在诗人们后面，
犹如黄莺叫嚷着追赶猫头鹰。

有的时候，是一个心眼不好的顽童，为图一时快乐，竟冒着被打断骨头的危险，把一枚别针插进卡西莫多的驼背。有的时候，是一个轻佻而放肆的漂亮少女，故意贴近克洛德神父的黑袍，冲着他的脸恶作剧地唱道："抓呀！抓呀！魔鬼给抓住了！"还有些时候，是一群腌臜的老太婆，蹲在一家门廊前黑乎乎的台阶上，看见副主教和敲钟人经过，冲他们咕哝几句，像在表示"亲切"的欢迎："嘿！瞧这两个人，一个灵魂丑，一个相貌丑！"要不然，就是一帮正在做游戏的学生或当兵的，看见他们便一拥而上，按照传统的做法，用拉丁语嘲笑他们："瞧哪！瞧哪！克洛德和他的瘸子！"

可是，这些侮辱，神父和敲钟人通常是注意不到的。卡西莫多耳朵太聋，克洛德心事太重，当然不可能听见这些优美的颂词。

---

① 雷尼埃（1573—1613），法国诗人。

第五卷

一 圣马丁修道院院长[①]

堂·克洛德声名远扬。于是,就在他拒绝同德·博热夫人见面前不久,有个人来拜访他了。这件事令他久久难以忘怀。

那是一个晚上。他做完晚课,刚回到后院他那间议事司铎的小屋。小屋的一个墙角里扔着几个玻璃瓶,除此之外,再没有奇怪和神秘的东西。那些玻璃瓶装满了相当可疑的粉末,像是火药。墙上有些地方刻着铭文,但都是从正经作品中摘录下来的科学或宗教警句。一盏三嘴铜灯照亮着屋子。副主教刚刚在堆满手稿的大柜子前坐下。柜子上摊着奥诺里乌斯·德·奥多的《论宿命和自由意志》。他胳膊肘支在这本书上,正在思考什么,随手翻弄一本刚带回来的对开印刷品。小屋里就这一本印刷品。他正想得入神,忽听得有人敲门。"谁呀?"学者问道,声音温和,好似一条饿狗被打搅啃肉骨头时发出的叫声。门外那个人回答:"您的朋友雅克·库瓦克蒂埃。"

来者果然是国王的御医,五十来岁,面貌冷酷,但那狡黠的目光却做了一些弥补。有一个人陪他一起来的。他们都穿着深灰色鼠皮长袍,束着腰带,裹得严严实实,头戴相同质地和颜色的帽子。他们的手缩在衣袖里,脚被长袍盖住,眼睛被帽子遮住。

"愿上帝保佑我,先生们!"副主教把他们让进屋里,说道,"没想到这么晚了,二位还会大驾光临。"他一面彬彬有礼地寒暄着,一面用不安和探

[①] 原文为拉丁语。

询的目光看着医生和他的同伴。

"拜访像堂·克洛德·弗罗洛·德·蒂尔夏普这样令人瞩目的学者是不分时辰的。"库瓦克蒂埃大夫回答,一口弗朗什-孔泰①的乡音,每句话都拖着长音,就像长袍拖着后裾,显得庄重严肃。

于是,医生和副主教互相恭维起来,这是那个时代的习俗,学者们谈正事之前,总要寒暄一番,但这仅仅是表面上的客客气气,骨子里却相互倾轧。其实,当今不也是这样,一个学者恭维另一个学者时,甜言蜜语中藏着毒汁。

克洛德·弗罗洛对雅克·库瓦克蒂埃的赞扬,主要围绕着这位可敬的御医在他令人羡慕的生涯中,善于利用国王一次次患病,获取无数的物质利益。这是一种比寻求点金石更实用、更可靠的炼金术。

"库瓦克蒂埃大夫,当我听说您的侄子,尊敬的皮埃尔·韦尔塞老爷荣升主教时,我非常高兴。他不是亚眠的主教吗?"

"是的,副主教先生。那是上帝的恩赐。"

"您知道吗?圣诞节那天,您带着审计院的那帮人,看起来可神气呢,院长先生。"

"是副院长,堂·克洛德。唉!仅此而已。"

"圣安德烈拱门街上的那幢漂亮宅第造得怎么样了?真是座卢浮宫哪。我特别喜欢刻在门上的那棵杏树和那个风趣的文字游戏 A L'ABRI-COTIER②。"

"唉!克洛德先生,整个工程花费我好多钱哪。将来房子建成,我也就成穷光蛋了。"

"嘿!您不是还有监狱和司法宫的收入吗?另外还有普瓦西领地的房产租金。那些摊棚店铺可是头好奶牛,够您挤的啦。"

"那块领地今年分文未收。"

"那您在特里埃尔、圣雅姆、圣日耳曼-昂-莱征收的通行税一向都是不错的呀。"

---

① 弗朗什-孔泰,法国东部旧地区名。

② A L'ABRI-COTIER,由 A L'ABRICOTIER(杏树)断开而成。A L'ABRI 为"隐蔽、掩护"的意思,COTIER 与医生的名字 COICTIER 谐音。"杏树居所",又为"库瓦克蒂埃居所",一语双关。

"一百二十利弗罢了，还不是巴黎的。"

"您还有国王参事的收入，这是固定的嘛。"

"这倒是，克洛德同仁，可那块倒霉的波利尼领地，名气挺大，其实年景平均每年不到六十个金埃居。"

堂·克洛德在恭维雅克·库瓦克蒂埃时，语气有些尖酸和揶揄，微笑中包含着忧伤和冷酷，就像一个高傲而不幸的人，为了一时的快乐，拿一个庸俗而富有的人开玩笑。可另一个竟毫无感觉。

"我以灵魂发誓，"克洛德终于握住他的手说，"看到您这样健康，我很高兴。"

"谢谢，克洛德大师。"

"对了，"堂·克洛德叫道，"您那王上的病怎样了？"

"他付医生的钱总是不够数。"大夫向他的同伴瞟了一眼，回答道。

"您这样认为，库瓦克蒂埃伙计？"那个同伴说。

这句话的语气中流露出惊讶和责备，把副主教的注意力拉回到这个陌生人身上。说实话，从这个人跨进门槛起，副主教的目光一刻也没有完全离开过他。副主教容忍雅克·库瓦克蒂埃大夫带了个陌生人来，想必他有千万条理由要善待路易十一的这位炙手可热的御医。因此，当雅克·库瓦克蒂埃给他做介绍时，他的脸上冷冰冰的。——大夫对他说：

"堂·克洛德，我给您带来一位同仁，他久仰您的大名，想来拜访您。"

"先生也是搞学问的？"副主教问道，用锐利的目光审视库瓦克蒂埃的同伴。他在陌生人双眉下看到的也是敏锐和不信任的目光。

借着微弱的灯光，可以判断出这是一个六十岁上下的老头，中等身材，看上去有些老态龙钟，而且病得相当厉害。从侧面看，他的相貌像个普通市民，但却十分威武、严厉，他的眼珠在高耸的眉棱下面闪闪发光，犹如兽穴深处的一堆火光。便帽一直拉到鼻子上，但可以感觉到帽子下面转动着一个充满智慧的宽额头。

他亲自回答副主教的问题，用庄重的声调说：

"尊敬的大师，久仰您的大名，我想来向您求教。我只是一个可怜的外省绅士，脱掉鞋子才能走进学者家里。应该让您知道我的名字，我叫图朗若伙计。"

"绅士怎么会叫这样古怪的名字。"副主教心里嘀咕。他感到将面临一件严肃而棘手的事。凭着高度的智慧,他本能地意识到图朗若伙计的皮帽下面,掩盖着和他一样充满智慧的脑袋。他默默注视着这副庄重的面孔,刚才,为应付雅克·库瓦克蒂埃而在忧郁的脸上扯起的略带挖苦的笑容,此刻已渐渐消失,犹如薄暮渐渐融入黑夜。他重新坐到那张大安乐椅上,默不作声,郁郁不乐,胳膊肘又放到桌子惯常的位置上,用手托着脑门。沉思片刻,他示意两位客人坐下,然后,问图朗若伙计:

"您来向我求教,大师?关于哪方面的?"

"尊敬的大师,"图朗若伙计回答,"我是病人,病得很厉害。据传,您是伟大的埃斯科拉庇俄斯[①],我到这里来,是向您讨教医学问题的。"

"医学问题!"副主教摇摇头说。他似乎又沉思了一会,接着说:"图朗若伙计——既然这是您的名字——请您转过头去,您会找到我的回答,都写在墙上呢。"

图朗若伙计顺从地转过脑袋,看见头上方的墙壁上刻着一条铭文:"医学是梦幻的女儿。——让布利克[②]。"

雅克·库瓦克蒂埃在听见他的同伴要向克洛德请教医学问题时就已经有气了,现在又见克洛德这样回答,便气上加气。他凑到图朗若伙计耳朵跟前,怕副主教听见,压低声音对他说:"我早对您说过,他是疯子。您却非要来看他。"

"雅克大夫,要是这个疯子说对了呢?"图朗若伙计同样压低声音回答,脸上露出苦涩的笑容。

"随您的便!"库瓦克蒂埃冷冰冰地回敬了一句。然后,他对副主教说:"您倒是直言不讳,堂·克洛德,您不受希波克拉底[③]的束缚,正如猕猴不会被胡桃难倒一样。医学是梦幻!要是药物大师们在这里,我猜想他们会忍不住用石头砸您。您难道否认春药可以止血,膏药可以愈合伤口?您否认这个被称作世界的、由花草和矿物组成的永恒药房?那是专门为医治被称作人的这个永恒的病人设立的!"

"我既不否认药房,也不否认病人,"堂·克洛德冷静地说,"我只否认

---

① 埃斯科拉庇俄斯,罗马神话中的医神,阿波罗的儿子。
② 让布利克,公元前4世纪的古希腊哲学家。
③ 希波克拉底(约前460—前377),古希腊医师,西方医学奠基人。

医生。"

"那么,"库瓦克蒂埃言辞激烈地说,"痛风是体内糠疹,敷一只烤焦的老鼠能治愈炮伤都是假的啰?在老年人的血管里适当注入年轻人的血液能返老还童也不是真的?二加二等于四也是错的?角弓反张必定会引起前弓反张也不对了?"

副主教不动声色地回答:"对于有些事,我有我的思考方式。"

库瓦克蒂埃恼羞成怒,满脸通红。

"得了,得了,我的好库瓦克蒂埃,别生气了,"图朗若伙计说,"副主教先生是我们的朋友。"

库瓦克蒂埃平静下来,低声咕哝:

"真是个疯子!"

"帕斯克-上帝①!克洛德大师,"图朗若伙计沉默片刻,又说,"您让我很下不了台。我来有两件事向您求教,一件同我的健康有关,另一件是我的星宿问题。"

"先生,"副主教又说,"如果您想的就是这些,实在不必喘着粗气爬我的楼梯。我不信医学,也不信星象学。"

"真的!"图朗若惊讶地说。

库瓦克蒂埃不自然地笑了笑,低声对图朗若伙计说:

"您看见了吧,他是个疯子。他连星象学都不相信!"

"就跟你们想象的那样,每个人头上都有一道星光像绳子一样牵着?"克洛德接着又说。

"那您信什么?"图朗若伙计嚷道。

副主教犹豫了一下,接着,忧郁地笑了笑,仿佛在否定自己刚才的回答:"**我信上帝!**②"

"**我们的主!**③"图朗若伙计画了个"十"字说。

"阿门!"库瓦克蒂埃说。

"尊敬的大师,"图朗若伙计又说,"看到您有如此虔诚的宗教信仰,我

---

① 帕斯克-上帝,路易十一的口头禅。

② 原文为拉丁语。

③ 原文为拉丁语。

由衷地感到高兴。可是，您是个知识极其渊博的人，难道您竟渊博到不再相信科学？"

"不是的，"副主教说，他抓住图朗若伙计的胳膊，干枯的眼睛里又燃起热烈的火光，"我并不否认科学。我长时间趴在地上，指甲掐着泥土，爬过了地道的无数曲径，不会没看见在我前面很远的地方，在黑暗的地道尽头有一线亮光，一股火焰之类的东西在闪烁，那是灿烂夺目的中心实验室的反光，坚韧不拔和聪明睿智的人在那里做出了让上帝大吃一惊的事。"

"那么，"图朗若伙计打断他的话头说，"您认为什么是真实和肯定的呢？"

"炼金术。"

库瓦克蒂埃又嚷了起来："当然，堂·克洛德，炼金术固然有它的道理，可是您为什么要亵渎医学和星象学呢？"

"您那个人学是虚无的！您那个天学也毫无价值！"副主教武断地说。

"那是在弘扬艾皮道鲁斯①和迦勒底②精神。"医生反唇相讥。

"听着，雅克先生，我要说的话是认真的。我不是御医，国王陛下也没有赏给我迷宫花园供我观察星座。——别生气，听我说。——您得出了什么真理呢？我指的不是医学，那是最没有理智的东西，而是星象学。您能给我举些例子，说明垂直牛耕式书写法③有什么长处，齐鲁夫数字和泽菲罗德数字④有什么新奇的地方？"

"您难道否认灵键的感应力？否认通神鬼术是由此派生而来的？"

"那都是谬误，雅克先生！您那些法术没有一个是真实的。然而，炼金术却有新的发现。您能否定这样几个成果吗？玻璃埋在地下一千年，会变

---

① 艾皮道鲁斯，古希腊城名，曾有灿烂文化，并有医神埃斯科拉庇俄斯的神庙。
② 迦勒底，古代美索不达米亚的文明古国，以天文学、星象学著称。
③ 牛耕式书写法，古希腊的一种书写法，一行从左写到右，下一行就从右写到左，交替进行。垂直牛耕式书写法可能指希伯来语字母上下排列的方式，字母表的最后一个字母代替第一个字母，倒数第二个字母代替第二个，以此类推。因此，希伯来语纵行字母表被另一个反方向的具有象征意义的一行字母重复。
④ 齐鲁夫数字和泽菲罗德数字，犹太人对《旧约全书》做解释时的用语。泽菲罗德数字有十个，用来解释最初的世界。齐鲁夫数字指进行象征性解释的一系列方法，按照这些方法，可以从希伯来语字母出发，对创世说进行解释。

成水晶石。铅是一切金属的始祖（因为黄金不是金属，黄金是光）。铅只需经过二百年为一周期的四个阶段，就会相继由铅变成红砷，由红砷变成锡，由锡变成银。这些难道不是事实？然而，相信灵键，相信满线和星宿，就和中国人相信黄鹂会变成鼹鼠，麦粒会变成鲤鱼一样荒唐可笑。"

"我研究过炼金术，"库瓦克蒂埃叫道，"我认为……"

副主教正说到兴头上，没让医生把话讲完："而我研究过医学、星象学和炼金术。这才是唯一的真理（在说这句话时，他已经从柜子上抓起一个小瓶子，里面装着前面提到过的那种粉末），这才是唯一的光明！希波克拉底是一个梦，乌拉尼亚①是一个梦，赫耳墨斯②是一种思想。而金子是太阳，炼出金子，就能当上帝。这是唯一的科学。我跟您说，我深入研究过医学和星象学，那都是虚无的，毫无价值！人体，那是茫茫黑夜！星宿，那是茫茫黑夜！"

说完，他又跌坐在椅子上，那种威风凛凛的姿势，像是受到了神灵的启示。图朗若伙计默默地观察他。库瓦克蒂埃无可奈何，冷笑着，耸耸肩，低声重复说："疯子！"

"那么，"图朗若伙计突然问道，"这个神奇的目标，您达到了吗？金子炼出来了吗？"

"要是我炼出来了，"副主教若有所思、慢腔慢调地回答，"法国国王就不叫路易，而要叫克洛德了。"

图朗若伙计皱皱眉头。

"我在说些什么呀！"堂·克洛德轻蔑地笑了笑，又说，"我要是能够重建东罗马帝国，法国王位对我有什么用？"

"好极了！"图朗若伙计说。

"啊！可怜的疯子！"库瓦克蒂埃低声说道。

副主教继续往下说，像是自言自语，回答自己提出的问题：

"毫无用处！我仍然要爬行，在地道的石子上磨得鼻青脸肿，双膝皮开肉绽。我只能雾里看花，不能瞻望！只能拼读，不能流畅阅读！"

---

① 乌拉尼亚，希腊神话中的九位缪斯之一，司天文学和几何学。

② 赫耳墨斯，希腊神话中诸神的使者，被认为是巫术、炼金术的始祖。雨果在这里把赫耳墨斯当作神秘学说的代名词。

"当您能够读下来时,"图朗若伙计问道,"您会造金子吗?"

"那还用问!"副主教说。

"要是这样,我很想学会读您的书,圣母知道我太需要钱了。告诉我,尊敬的大师,您的科学不会与圣母为敌,或者不会让圣母不高兴吧?"

对于这个问题,堂·克洛德只是平静而傲慢地回答:"我是谁的副主教?"

"这倒是真的,大师。好吧!您愿意教我吗?让我和您一起来拼读。"

克洛德顿时神态威严,俨然成了先知撒母耳①。

"老人家,要在这条神秘的地道中旅行,需要很长的时间,您剩下的岁月已经不多了。您头发已经斑白。从这条地道出来的人,肯定白发苍苍,可进去时却满头乌发。这门科学不需要老年人向它奉献皱巴巴的脸,它自己就有能力在我们的脸上凿出一条条皱纹,使我们形容枯槁,变成干瘪老人。不过,如果您不顾年龄,实在想投身这门科学,想认读连先哲也望而生畏的识字课本,您就来吧,这很好,我就试一试。我不会让您这样可怜的老人去拜谒先哲希罗多德②谈到的金字塔墓室的,也不会叫您去参观巴比伦的砖塔和印度埃克林加神庙宏伟的白大理石圣殿。我和您一样,没看到过迦勒底人仿照美索不达米亚的瞭望神殿③式样建造的房屋,也没看到过已沦为废墟的所罗门庙和破残不堪的以色列历代国王墓室的石门。我们就利用手头有的赫耳墨斯著作的片段。我要给您讲解圣克里斯托夫的雕像有什么寓意,播种者④象征着什么,圣小教堂拱门上的两个天使,一个手插在坛子里,另一个手伸进云端,这意味着什么……"

刚才,雅克·库瓦克蒂埃被副主教咄咄逼人的言辞驳得哑口无言,这时又神气活现起来,以一个学者纠正另一个学者的口吻,扬扬得意地打断副主教的话头:"**您搞错了,克洛德老友。**⑤象征不是数字。您把俄耳浦斯⑥

---

① 撒母耳,希伯来第一个先知和最后一个士师。

② 希罗多德(约前484—约前425),古希腊历史学家。

③ 美索不达米亚人在举行祭祀男女神结合的宗教仪式时,在这种神殿的高处瞭望天空。

④ 播种者,对上帝的一种称呼。

⑤ 原文为拉丁语。

⑥ 俄耳浦斯,希腊神话中的歌手。这里指古代崇拜俄耳浦斯的神秘教理,相信灵魂不灭和肉体轮回转生,创建于公元前6世纪。雨果借用来作为神秘学说的代名词。

错当成赫耳墨斯了。"

"是您搞错了。"副主教严肃地反驳,"代达罗斯①是屋基,俄耳浦斯是墙壁,赫耳墨斯是建筑。这是一个整体。"接着,他转过身,对图朗若伙计说:"您想什么时候来就来。我要给您看尼科拉·弗拉梅尔当年炼金的坩埚里剩下的金屑,把它们同纪尧姆·德·帕里的金子进行比较。我要教给您希腊词peristera②的神秘含义。但我先要教会您认读这张字母表的大理石字母,教会您读这本书的花岗岩页面。我们先去看纪尧姆主教教堂和圣约翰圆形教堂的正门,再去看圣小教堂,然后去马里沃街看尼科拉·弗拉梅尔的故居,去圣婴公墓看他的坟墓,去蒙莫朗西街看他的两座医院,我要带您去看铸铁厂街的圣热尔韦医院,教会您读四个大铁栅栏门上的象形文学。我们一起去圣科姆教堂,圣热内维埃芙·德·阿当教堂,圣马丁教堂,圣雅克-德-布什里教堂……一起来辨读这些教堂正面的奥秘。"

图朗若伙计虽然耳聪目明,但对堂·克洛德的这番演讲,似乎早已不知所云,便打断他的话头:

"天哪!您那些书究竟是什么呀?"

"这里就有一本。"副主教说。

他打开小屋的窗子,指指圣母院大教堂。圣母院的两座钟楼、石头拱顶尖角和巨大圆顶,在繁星闪烁的夜空,展现出黑色的身影,宛若双头斯芬克司巨怪蹲在城市的中央。

副主教默默地注视这宏伟的建筑物,然后,长叹一声,右手指着摊开在桌子上的那本书,左手指向圣母院,目光忧郁地看了看书,又转向教堂,说:

"唉!这一个将会杀死那一个!"

库瓦克蒂埃急忙走到书跟前,禁不住惊叫起来:"我当是什么呢!这有什么可怕的!不就是《圣保罗③书信注疏》嘛!1474年安东尼·科柏格在纽

---

① 代达罗斯,希腊神话中的建筑师和雕刻家,迷宫的建造者。这里借来指历史遗存的建筑艺术,研究其中的神秘寓意,可达到法力无边,点石成金。

② 该词有双重含义。一个意思是"马鞭草",这种神圣植物据说能驱逐恶魔,使分裂的心复原;另一个意思是"鸽子",是维纳斯的神鸟,圣灵的面孔。这个词的不同意义之和等于希腊字母表中首字母alpha和最后一个字母oméga的意义之和,根据神秘哲学,代表着基督和圣灵的同一性。

③ 圣保罗,耶稣死后确定的基督使徒,代表上帝给民众写信。

伦堡出版的吧？又不是新版。是格言大师皮埃尔·隆巴写的。就因为是印刷的？"

"您说对了。"克洛德回答。他似乎若有所思，站在那里，食指弯曲着放在著名的纽伦堡印刷厂印刷的书上。接着，他又补充了几句，深奥莫测，令人费解："唉！唉！小的可以战胜大的。一颗牙齿能啃掉一个庞然大物。尼罗河的老鼠能咬死鳄鱼，箭鱼能戳死鲸鱼，书能摧毁建筑物！"

雅克大夫低声地向他的同伴重复他的老调："他疯了。"这一次，他的同伴回答："我想是的。"就在这时，内院就寝的钟声响了。

就寝时间一到，外人一概不准留在内院。两位客人起身告辞。图朗若伙计辞别时，对副主教说："大师，我喜欢学者和英才。我对您更是敬佩之至。明天，您到图尔内尔宫来，求见图尔圣马丁修道院院长。"

副主教回到屋里，惊愕万状。他终于明白图朗若伙计是什么人了，因为他想起了图尔圣马丁修道院文件集上的一段文字："圣马丁修道院院长，即法兰西国王，按照惯例，是议事司铎，享有圣维南的小额俸禄，并应执掌修道院金库。"

据说，从此国王路易十一来巴黎时，副主教常被召去谈话。堂·克洛德的影响使奥利维埃·勒丹和雅克·库瓦克蒂埃相形见绌，黯然失色。雅克·库瓦克蒂埃耿耿于怀，便以他惯常的伎俩，极其粗暴地对待国王。

二　"这一个将会杀死那一个！"

请女读者原谅，这里，我们要暂停叙述，探讨一下副主教所说的"这一个将会杀死那一个，书能摧毁建筑物"这谜一般的话语隐含的思想。

我们感到，这个思想包括两个方面。首先，这是教士们的一种想法，表明神职人员在印刷术这一新生事物面前，有一种恐惧心理。在谷登堡[①]的光辉灿烂的印刷机面前，神职人员惊恐万状，眼花缭乱。这表示教坛和手稿、口说的话和手写的话对印出来的话感到惶惶不安，犹如一只燕雀看见

[①] 谷登堡（1400？—1468），德国印刷工人，发明活字印刷术。

一个叫"群"的天使展开六百万只翅膀①,感到惊慌失措。这是预言家的惊呼,他已经听见人类在冲破束缚,蠢蠢欲动,乱挤乱爬,看见智慧将要摧毁宗教信仰,自由舆论将要取代宗教信念,世人将要摆脱罗马教廷。这是哲学家的预测,他看见人类思想将被印刷机变成蒸汽,冲破神权的牢笼。这是士兵的恐惧,他审视青铜羊头撞锤②说:"城楼就要坍了。"这意味着一个强权将要取代另一个强权。这表明印刷品将要摧毁教堂。

但是,我们认为,这是表层的,也是最简单的想法,下面还隐藏着另一层思想,更为新颖,是第一层想法的必然结果,不易察觉,但更易质疑。这也是一种哲学观点,不过,不仅教士有这种想法,学者和艺术家也忧心忡忡。这是预感到人类思想在改变形式的同时,也将要改变表达方式,每一代人的主导思想,不会再以同样的物质、同样的方式写出来,石头书再结实,再持久,也将要被更结实、更持久的纸书取而代之。从这个角度看,副主教这个模糊的说法③,还包含着另一层意思,说明一种艺术将取代另一种艺术,印刷术将摧毁建筑艺术。

事实上,从原始社会到15世纪,包括15世纪,建筑艺术向来是人类伟大的书卷,是人的力量和智慧在不同发展阶段的主要表现。

当原始人的头脑感到负载过重时,人类记忆的行囊装得太多太杂,会使得口头传诵的没有被保存下来,瞬间即逝的知识在半路上失散,这时候,人类就用最显目、最持久,又是最自然的方式,把它们记录在地面上,把每个传统都写在一座纪念碑上。

最初的纪念碑,只是一些普通的岩石,如摩西说的,是"没有被铁器碰过的"岩石。④建筑艺术,和任何文字一样,是以字母表开始的。把一块石头插到地里,这就是一个字母,而每个字母都是一个象形文字,每个象形文字上面都有一组思想,如同柱子顶上装有柱头一样。世界各地同时期

---

① 据《路加福音》中记载,有一个人被许多恶魔缠身,耶稣问他叫什么名字,他回答叫"群",因为他身上有好多魔鬼。这时恰好附近有一群猪,耶稣把魔鬼赶到猪群里。雨果这一比喻出自《圣经》的这个典故,只是魔鬼变成了天使。

② 撞锤,古代破城墙用的工具。

③ 指"这一个将会杀死那一个"。

④《圣经·出埃及记》中,古代犹太人的首领摩西对以色列人说:"如果你给我垒石头祭坛,千万不要用修凿过的,因为如果你用凿子,就会亵渎祭坛。"

的最初人类都是这样做的。凯尔特人的"竖石"①，在亚洲的西伯利亚，在美洲的潘帕斯草原也可以见到。

后来就创造了词。把石头摞起来，再把花岗岩音节配在一起，语言便试着进行组合。凯尔特人的古石冢和直立巨石围墙，伊特鲁立亚人②的古冢，希伯来人的古墓穴，这些都是词。有些词，尤其是古冢，是专有名词。有时石头很多，地方很大，就写一个句子。卡纳克③人把巨石堆在一起，就是写了一个完整的句子。

最后，就开始写书。传统产生象征，又消失在象征下面，正如树干消失在树叶下面一样。这些寄托着人类信仰的象征繁衍生殖，互相交错，日趋复杂；早期的纪念碑已经容纳不下了，满得到处往外溢。这些原始的纪念碑，即使表达像它们自身那样简单朴素、毫无装饰、匍匐在地的原始传统都很勉强了。象征需要在建筑物上成长壮大。于是，建筑艺术随着人类思想的发展而发展，变成了千头万臂的巨人，用一种看得见、摸得着的永恒形式，把这个漂泊不定的象征意义固定下来。当代表力量的代达罗斯还在测量，代表智慧的俄耳浦斯还在歌唱的时候，作为字母的柱子，作为音节的拱廊，作为词的金字塔，同时受到某个几何定理和诗律的推动，聚集起来，组成句子，互相混合，上升下降，在地面上排列组合，一层层冲入天空，直到按照一个时代的主导思想，写出美妙的书卷，也就是奇妙的建筑，如印度的埃克林加神庙，埃及的拉姆塞翁金字塔，还有所罗门庙。

主题思想——语言不仅存在于这些建筑的内部，也表现在建筑形式上。例如，所罗门庙不只是圣书的精装封面，其本身就是一部圣书。从那些同心墙垣上，祭司们可以相继读到显示在眼前的有形语言，他们从一座圣殿到另一座圣殿，注视着语言的不断变化，直到在最后一个圣幕④上面抓到了语言最具体的形式，那就是圣约柜，这仍然是建筑艺术。所以，语言隐藏在建筑中，但它的形象却表现在建筑物的外壳上，正如人的形象表现在木乃伊的棺木上。

---

① 凯尔特人是公元前10世纪至公元3世纪西欧的主要居民。"竖石"是他们用来祭祀的巨石。
② 伊特鲁立亚人，古意大利居民。
③ 卡纳克，古埃及南方名城底比斯废墟上的两大村落之一。
④ 圣幕，古代犹太人的移动式神堂，里面存放圣约柜和圣物。

不仅建筑的形式，而且，它们的地址也显露出它们所代表的思想。象征可以表达优美，也可以表达阴沉，根据需要，希腊人在山顶上修建赏心悦目的神庙，印度人则开山劈岭，在里面修凿奇形怪状的浮屠，由一排排花岗岩大象驮着。

因此，在世界最初的六千年中，从印度斯坦最古老的浮屠，到科隆的大教堂，建筑艺术一直是人类最伟大的文字。这是不可否认的事实。不仅任何宗教象征，而且任何人类思想，在这部巨书中都有各自的位置，都有自己的丰碑。

任何文明都始于神权而终于民主。这个自由取代统一的规律，也写在建筑物上了。这一点，我们必须强调。不要以为，建筑艺术的威力仅仅在于建造庙宇，表现神话和宗教象征，把神秘的摩西十诫用象形文字记载在石头书页上。如果建筑艺术只限于建造庙宇，就不可能再现人类思想的这个新状态，正面写满字迹的书页，背面会是一片空白，作品会断头少臂，书本会残缺不全，因为任何社会都有这样的时候，神圣的象征会被自由思想损害磨灭，人会逃避教士，哲学和社会制度的赘疣会侵蚀宗教的面容。因此，建筑艺术的作用不限于此。

以中世纪为例，因为这个时期离我们比较近，看得更清楚。中世纪初，神权政治开始统治欧洲，梵蒂冈在朱庇特神殿周围旧罗马的废墟上，以自己为中心重建一个新罗马，基督教到古代文明的残垣断壁中寻找社会的各个层次，用这些废墟重建以僧侣制度为基石的新等级社会。就在这片混乱的状态中，在基督教的影响和蛮族人的推动下，神秘的罗曼式建筑艺术慢慢地从古希腊和古罗马建筑艺术的废墟上涌现出来，先是听到汩汩冒出的声音，后来见到了具体的形象；这是埃及和印度宗教建筑的姐妹，纯正天主教永恒不灭的标记，教皇一统天下经久不变的象形文字。事实上，那个时代的全部思想，都写在这阴沉的罗曼式建筑风格上了。随处可以感觉到神权的威力和统一，宗教的不可渗透性和绝对性，感觉到格雷古瓦七世①的存在。到处是教士，而不是人；到处是特权阶层，而不是人民。可是，十字军远征开始了。这是规模宏大的群众运动。任何大规模的群众运

---

① 格雷古瓦七世，罗马教皇（1073—1085），他让僧侣战胜了日耳曼帝国，迫使德皇亨利四世向他投降。

动，不管是什么原因和目的，最后总会释放出自由思想。于是，新生事物诞生了。于是，就出现了三个动荡不安的时代：雅克农民运动、布拉格贵族运动和神圣联盟①。神权摇摇欲坠，统一分崩离析。封建制度要求和神权平分秋色，然而，人民将不可避免地登上历史舞台，并且像以往那样，最后分得狮子的一份，**因为我叫狮子**②。因此，僧侣制度孕育着领主制度，而领主制度又孕育着公社③制度。欧洲的面貌焕然一新，建筑风貌也随之发生了变化。建筑艺术和文明一样，揭开了新的一页，准备适应新的时代精神，谱写新的历史篇章。十字军远征给建筑艺术带回了尖拱式样，正如给国家带回了自由。于是，随着罗马帝国逐渐解体，罗曼式建筑艺术也慢慢消亡。象形文字离开大教堂，去向封建制度施展魅力，成为领主城堡主塔上的装饰纹章。而教堂本身，这个昔日极其教条的建筑，从此遭到市民、公社、自由的侵袭，逃出教士的控制，落入艺术家的手掌中。艺术家按照自己的意志建造教堂。什么神秘性、神话，什么清规戒律，统统去他的！要的是随心所欲，想入非非！教士只要有教堂和祭台，就无话可说了。四堵墙属于艺术家。建筑艺术这部书不再属于僧侣，不再属于宗教，不再属于罗马，而是属于想象，属于诗，属于人民。因此，这一新的建筑艺术仅仅历时三个世纪，就有了层出不穷的迅速变化，而这巨大变化发生在具有六七百年历史的罗曼式建筑艺术长期停滞不前之后，就更给人以深刻的印象。然而，艺术大踏步前进，人民大众充分发挥自己的才能和独创精神，做着从前主教们做的事。每一代人都在这部书上留下自己的一行字，抹去各大教堂扉页上的罗曼象形文字，如果说在新的象征下面，还能看得出宗教建筑艺术的条条框框，充其量也只是一鳞半爪，寥寥可数。在人民的帷幔下，很难看出宗教的遗骸。我们无法想象，那时的建筑师多么肆无忌惮，为所欲为，甚至对教堂也一样。例如，在巴黎司法宫的壁炉厅，柱头上编织着男女修士无耻交欢的图案；在布尔日修道院大门下，赤裸裸地刻着挪亚的奇遇；在博谢维尔修道院盥洗室的墙上，画了一个醉醺醺的修

---

① 法国这三个运动代表着三个世纪，雅克农民运动发生在1358年，布拉格运动发生在1440年，是法国贵族反对王权的斗争，神圣联盟是指16世纪法国的天主教联盟。
② 原文为拉丁语。前文中，"狮子的一份"即最大最好的一份。
③ 公社，指资产阶级从封建领主手中取得自治权的城市。

士，长着驴耳朵，手里拿着酒杯，公然耻笑修道院的众僧侣。那时候，建筑师用石头刻写思想享有的特权，可以和当今新闻享受的自由相比拟。这是建筑艺术的自由。

这种自由走到了极端。有时，一座教堂的大门、正面，乃至整个教堂，展现出与宗教毫无关联，甚至与教会为敌的象征意义。13世纪的纪尧姆·德·帕里，15世纪的尼科拉·弗拉梅尔，就写过这种煽动性篇章。圣雅克-德-布什里就是一座与宗教思想格格不入的教堂。

那时候，思想只能以这种方式自由地表达出来，因此，只好全部写在叫作建筑的书上。思想假如不用建筑表达，而胆敢用手稿冒险，恐怕早就被刽子手当众烧毁了。那么，刻在教堂大门上的思想就会目睹写在书本上的思想惨遭火刑。既然建筑是表达思想的唯一途径，思想就从四面八方涌向建筑。因此，教堂雨后春笋般地建造起来，遍及整个欧洲，数量之多令人瞠目结舌，即使亲眼看见，也难以置信。社会的一切物质力量和精神力量全都汇合到建筑艺术上。就这样，以给上帝营造教堂为借口，建筑艺术蓬勃发展起来。

于是，凡有诗人天赋者都争当建筑师。散布在民间的天才，四面八方受到封建主义的束缚，就像套上了铜盾甲壳①，只有到建筑上寻找出路，于是人们趋之若鹜，用教堂的形式书写他们的《伊利亚特》。其他一切艺术都服从建筑艺术，投身于它的门下。这是创造伟大作品的能工巧匠。师傅既是建筑师，又是诗人，集雕刻、绘画、音乐于一身，雕刻艺术为这部作品凿刻门面，绘画艺术绘制五光十色的彩绘玻璃窗，音乐艺术撞响钟乐，奏响管风琴。就连狭义的诗学，那顽固不化，坚持在手稿中苟延残喘的可怜诗学，为了做一番事业，也不得不以圣歌或散文诗的形式加入建筑行列。总之，扮演着埃斯库罗斯②在希腊宗教节日、《创世记》在所罗门庙中扮演的角色。

因此，在谷登堡发明印刷术之前，建筑艺术一直是主要的、世界通用的文字。这本花岗岩书，东方写了个开头，古埃及和古罗马完成了中间部分，中世纪装上了结束语。此外，中世纪的这种人民建筑艺术取代等级建

---

① 古罗马士兵进攻堡垒时，都用盾作挡箭牌。
② 埃斯库罗斯（约前525—前456），古希腊三大悲剧家之一，被誉为希腊悲剧之父。

筑艺术的现象不是绝无仅有的,在历史的其他伟大时代,人类智慧都有过这种类似的运动。这里只能概括介绍一下普遍规律,细述起来,要写好几部书。例如,在远古时代的摇篮——东方,继印度建筑之后,有腓尼基建筑,它是阿拉伯建筑艺术体态丰腴的母亲;在古代,先是埃及建筑,而伊特鲁立亚建筑风格和迈锡尼的蛮石建筑不过是埃及建筑艺术的变体,后来又有了希腊建筑艺术,而罗马风格不过是希腊建筑的延续,尽管罗马风格累赘地加上了迦太基圆屋顶;在现代,继罗曼式建筑之后,出现了哥特式建筑。把这三个系列一分为二,在三位大姐姐——印度建筑、埃及建筑和罗曼式建筑身上,我们发现了同样的象征:神权、等级、统一、教条、神话、上帝;在三位小妹妹——腓尼基建筑、希腊建筑、哥特式建筑身上,我们发现,尽管它们各有特征,形态迥异,却有着相同的含意:自由、人民和人。

从印度、埃及或罗曼式建筑身上,总可以感到,而且只感到教士的存在,不管叫婆罗门①、麻葛②,还是教皇。人民建筑艺术就不是这样,它更富丽堂皇,却少了一些神圣。在腓尼基建筑中,能嗅出商人的味道;在希腊建筑中,能感觉到共和主义的存在,而哥特式建筑则散发出市民的气息。

神权建筑艺术的普遍特征是永恒不变,故步自封,墨守成规,因袭传统,惯于把人和自然的各种形态,用令人难以理解的象征符号表达出来。那都是晦涩难懂的天书,只有圈内人才能看懂。此外,在这些书中,任何一种建筑形式,哪怕奇丑无比,也都有其特定的含意,必须严格遵循。你别想要求印度、埃及或罗曼式建筑修改它们的图案,或改进它们的雕塑,任何改进都是大逆不道。在这些建筑艺术中,僵化的教条似乎已扩散到石头中,犹如第二次石化。相反,人民建筑艺术的普遍特征,则是不断变化,不断前进,富有创造,五光十色,运动不止。人民建筑艺术相当程度上已摆脱宗教的束缚,开始考虑美化自己,不断改善雕像的装饰或阿拉伯图案的造型,把自己装扮得更加漂亮。这种艺术紧跟时代,也有了人性,并把人性不断糅入神的象征中,又在神的象征下再生。这样,就有了任何灵魂、任何头脑、任何想象力都可以看懂的建筑物,尽管仍是象征,但和

---

① 婆罗门,印度古代的僧侣贵族。
② 麻葛,是古波斯琐罗亚斯德教祭司的称号。

大自然一样容易理解。神权建筑艺术和人民建筑艺术之间存在的差距，可以跟神圣语言①和通俗语言，象形文字和艺术，所罗门和菲迪亚斯②之间的差距相提并论。

上面，我们对建筑艺术做了概述，许多证据以及许多有争议的细节都从略了，归结起来就是：直到15世纪，建筑艺术从来都是人类思想的主要载体，在那段时间里，世界上没有一个稍为复杂的思想不用建筑形式表达出来，人民的种种思想和宗教的条条法规，都有自己的纪念性建筑物，人类任何重要的思想，都会写在石头上。为什么呢？因为不管是宗教思想，还是哲学思想，都想永远流传；使一代人受到振奋的思想，还想继续影响后代，留下痕迹。可是，手稿弱不禁风，难以长期保存，而建筑这本书结实耐久，便于永世流传。摧毁手写的书，只需一把火和一个土耳其人③就够了，然而，摧毁石刻的书，必须有一场社会革命，一场人间的革命。野蛮人就践踏过罗马竞技场，大洪水可能冲击过埃及金字塔。

到了15世纪，一切都改变了。

人类发现了一种能使思想永久流传的办法，不仅比建筑更持久耐用，而且更简便易行。建筑被取而代之，俄耳浦斯的石字母，将让位于谷登堡的铅字母。

书将要摧毁建筑。

发明印刷术是人类历史上最伟大的事件。这是一切革命的起源。人类的表达方式正在彻底改变，人类思想正在抛弃旧的形式，换上新的形式，从亚当以来一直象征着智慧的蛇④正在进行最后彻底的蜕变。

在印刷品形式下，思想更能世代流传，它像鸟儿那样会飞，不可捕捉，难以摧毁，它和空气混在一起。但在建筑艺术统治的年代，思想是一座大山，只能占领一个地方，统治一个世纪。现在，思想是一群小鸟，飞向四面八方，同时占领天空和地面的任何地方。

我们要重复一遍，在印刷品形式下，思想更不容易毁灭，这难道不是

---

① 神圣语言，一般指拉丁语或希伯来语。
② 菲迪亚斯（前490—前431），希腊大雕塑家。
③ 在这里，土耳其人是野蛮人的代名词。
④ 《旧约·创世记》说，蛇引诱夏娃吃伊甸园里的禁果，夏娃吃了禁果，变得眼明心亮，能分辨善恶。

有目共睹的吗？它从坚固变成轻盈，从持久变成永恒。一座房屋可以拆毁，但是，无处不在的东西怎能彻底清除？哪怕洪水来了，山可能早已被滚滚的波涛淹没，鸟儿却仍在飞翔，只要有一叶方舟漂浮在水面上，它们就会飞上去栖息，和方舟一同随波逐流，一同观看洪水退落。当新的世界从这场混乱中诞生时，一出世就会看见旧世界被洪水吞没了，但它的思想依然生气勃勃，在空中翱翔。

既然印刷的书不仅便于保存，而且简便易行，人人都能掌握，不需要拖着一个大行囊，也不需要带着一套笨重的工具，既然用建筑表达思想和用书表达思想相比，前者必须兴师动众，求助于其他四五种艺术，投入成吨的金子，整座山的石头，整个森林的木材，整个国家的工人，而后者却只要一些纸张、墨水和一支笔就够了，那么，当我们看到聪明的人类舍弃建筑艺术，而谋求印刷术时，有什么可以大惊小怪的呢？挖一条运河若突然截断一条河流的河床，让运河低于河流，河水肯定会舍弃原来的河床。

所以，自从印刷术问世，建筑艺术就渐渐干涸、衰落和枯竭。显而易见，水位在降低，水流在改道，时代和人民的思想正在从建筑身上撤离。这种衰退在15世纪还几乎感觉不到，因为印刷术初出茅庐，羽毛未丰，充其量只是从强大的建筑艺术那里掠取一点儿剩余生命罢了。可是到了16世纪，建筑艺术的弊端日渐明显，基本上不再能表现社会了，可悲地成了古典艺术，由高卢的、欧洲的、土生土长的艺术，变成了希腊和罗马的艺术；从真正的和现代的艺术，变成了假古典艺术。而这种衰退，却美其名曰"文艺复兴"。然而，衰退的景象雄伟壮观，因为古老的哥特保护神，这个正在梅因茨①印刷机这座高山背后缓缓沉落的太阳，在一段时间里，仍然把余晖投射到罗马式拱廊和希腊式柱廊混杂的建筑②上。

正是这黄昏夕照，却被误认为是黎明的曙光。

然而，建筑艺术一旦变得平淡无奇，不再是完全的、主宰一切的、独霸世界的艺术，也就失去了控制其他艺术的力量。于是，其他艺术就获得了自由，纷纷打碎建筑师的枷锁，开始走自己的路。它们都从这场离婚中得到了好处，它们各行其是，各自为政，也就都发展壮大了。雕刻成为雕

---

① 梅因茨，德国城市，是印刷术发明者谷登堡的故乡。
② 指文艺复兴时期的建筑。

塑艺术，彩绘成为绘画艺术，卡农①成为音乐。就好像一个帝国在亚历山大死后，便四分五裂，各省成了独立的王国②。

于是，就诞生了拉斐尔、米开朗琪罗、若望·古戎③、帕莱斯特里纳④，他们是光辉灿烂的16世纪的精英。

在各种艺术获取自由的同时，各种思想也纷纷冲破束缚，获得解放。中世纪的异教分子就已在天主教身上割下了一道道伤口。16世纪打破了宗教的统一。印刷术问世之前，宗教改革只是教会分立；印刷术问世之后，宗教改革便成了一场革命。如果把印刷机拿走，异教就会变得软弱无力。命中注定也罢，出于天意也罢，反正谷登堡是马丁·路德的先驱。

然而，当中世纪的太阳完全沉落，哥特的保护神在艺术的地平线上永远消失的时候，建筑艺术便渐渐黯然失色，越来越衰落。印刷的书是建筑物的蛀虫，吸其骨髓，吞其肉身。建筑艺术叶落花谢，形容枯槁。它变得萎萎缩缩，身无长物，毫无价值。它什么都不表现了，甚至也不表现对以往艺术的回忆。它为人类思想所抛弃，因而也为其他艺术所抛弃，于是，他又变成了孤家寡人，搬不动艺术家，就只好求助于工匠。普通玻璃窗代替了彩绘玻璃窗，石匠接替了雕刻家。永别了，活力、独创、生命和智慧！建筑艺术成了可怜的乞丐，从这个作坊讨到那个作坊，从这一家抄到那一家。米开朗琪罗在16世纪初可能就感觉到建筑艺术的衰亡，于是孤注一掷，做了最后的拼搏。这位艺术巨匠把万神祠堆砌在希腊的巴特农神庙上面，创造了罗马圣彼得教堂⑤。这是一部举世无双的伟大作品，是建筑艺术最后一部标新立异的巨著，是一位艺术大师在行将画句号的宏伟石头史书上签的最后一个名字。米开朗琪罗死后，沦为幽灵和影子而苟延残喘的悲惨可怜的建筑艺术又干了些什么呢？它把罗马圣彼得教堂当作样板，鹦

---

①卡农，复调音乐写作技法之一，用卡农手法写成的乐曲称"卡农曲"，初期常用作宗教乐曲。

②这里暗示马其顿王国在亚历山大大帝（前356—前323）病死后，迅即瓦解，在帝国故地，相继产生了若干"希腊化"国家。

③若望·古戎（1515—1566?），法国著名雕塑家。

④帕莱斯特里纳（1524—1594），意大利著名作曲家。

⑤罗马圣彼得教堂的圆屋顶是米开朗琪罗在建筑上的代表作。在雨果看来，下半部是希腊巴特农神庙的风格，上半部是罗马万神祠的风格，因而是两者的堆砌。

鹉学舌，照搬照抄。这是一种疯狂的模仿，可悲的模仿！每个世纪都有自己的圣彼得教堂，17世纪是神恩谷修道院，18世纪是圣热内维埃芙修道院。每个国家都有自己的圣彼得教堂，伦敦有，彼得堡有，巴黎甚至有两三座。这是一个伟大而衰落的艺术临终前返老还童，最后写下的毫无意义的遗嘱，最后说出的颠三倒四的呓语。

撇开刚才提到的那几座有特色的建筑，而去深入研究16到18世纪建筑艺术的一般面貌，就会发现建筑艺术像是得了慢性病，越来越衰弱消瘦。从弗朗索瓦二世时代起，建筑物的艺术形式日益消失，几何形式占据显著的地位，建筑物像是患了重病，瘦得只剩下骨架子。艺术的优美线条让位于冷冰冰的几何线条。建筑物不再是建筑，而是一个多面体。然而，建筑艺术绞尽脑汁，竭力掩饰这种毫无装饰的外貌。于是，就有了希腊式门楣镶嵌在罗马式门楣中，或者相反，到处是罗马圣彼得教堂的翻版，罗马万神祠和希腊巴特农神庙的混合体。于是，就有了亨利四世时代石头砌墙脚的砖房，还有王宫广场、太子广场；就有了路易十三时代的圆顶教堂，像是背了个驼峰，显得又粗又矮，笨重不堪；就有了马扎兰①时代的四地区学院②，那是对意大利建筑风格的拙劣模仿；就有了路易十四时代的宫殿，就像是长长的兵营，充斥着许多套间，死气沉沉，令人生厌。还有路易十五时代的菊苣和细面条状的装饰花纹，以及疣状和蕈状的赘生物，使得老态龙钟、头童齿豁、卖弄风情的建筑艺术丑上加丑。从弗朗索瓦二世到路易十五，随着几何形建筑的发展，建筑艺术病得越来越重，瘦成了皮包骨头，已是日落西山，气息奄奄。

可是，印刷术的情况如何呢？离建筑艺术而去的生命力全部到印刷术身上安营扎寨。随着建筑艺术日益衰退，印刷术满园春色，蒸蒸日上。人类思想在建筑上投资的力量，从此转而投资在书上。因此，随着建筑艺术衰落而强大起来的印刷术，从16世纪起就和建筑艺术进行较量，渐渐把它摧毁。到了17世纪，印刷术已有了相当的权威，取得了足够的胜利，占据了巩固的地位，于是，就能把一个伟大的文学世纪奉献给全世界。18世

---

① 马扎兰（1602—1661），意大利人，路易十三的首相，红衣主教。

② 四地区学院，根据马扎兰遗嘱建造的学院，吸收刚加入法国的四个地区（荷兰、阿尔萨斯、鲁西荣、皮涅罗尔）的学生。

纪，印刷术在路易十四的宫廷里度过了很长一段时间的平静安逸的生活，接着，重新操起路德用过的宝剑，武装伏尔泰，杀气腾腾地冲向被它摧毁了建筑艺术的旧欧洲。18世纪末，印刷术已经摧毁了一切。到了19世纪，它将重建世界。

然而，我们要问，三个世纪以来，这两种艺术，究竟哪一个真正代表人的思想，反映人的思想呢？哪一个不仅表现出人类思想在文学和经院哲学上的种种怪异，而且还表现出广泛、深入、普遍的思想运动？是哪一个重重叠叠、此起彼伏、连续不断地盘踞在奋发前进的人类这个千足巨怪头上？是建筑艺术还是印刷术？

是印刷术。这一点，请大家不要搞错了。建筑艺术已经死亡，已被印刷的书扼杀，一去永不复返。它之所以会被杀死，那是因为它不如印刷的书持久，却比印刷的书昂贵。造一座教堂，要花费十个亿。大家想一想，需要多少投资，才能重新写出建筑的书，重新在地面上营造成千上万座建筑，返回昔日到处建造教堂的年代，在那些年代，如一个目击者所说的，"世界仿佛抖动着身子，脱去旧装，披上教堂的白衣裳"（格拉伯·拉杜尔菲斯[①]）。

书印得又快，成本又低，又能广为传播，人类思想都顺着这个斜坡往下流动，这当然就不足为怪了。但并不是说，今后这里或那里再也不会出现一座美丽的丰碑，一部独特的杰作。在印刷术的统治下，照样会有一根圆柱[②]出现（我想，那是用整个一支军队缴获的大炮熔铸而成的），正如在建筑艺术统治下，曾有过《伊利亚特》《罗曼司罗》《摩诃婆罗多》[③]和《尼伯龙根之歌》[④]，那是由整个民族用行吟诗堆积和融合而成的。20世纪，也许会出现一个天才的建筑师，正如13世纪出现了但丁。可是，建筑艺术就不再是社会的艺术、集体的艺术、支配的艺术了。伟大的诗篇，伟大的建

---

① 格拉伯·拉杜尔菲斯，11世纪上半叶的修士，著有900年以来的《编年史》。原文中有一段拉丁文引语，与上文内容重复，故略。

② 圆柱，指旺多姆铜柱，是拿破仑为颂扬军队，于1806年至1810年用从奥斯特里茨战场上缴获的大炮熔铸而成。

③《摩诃婆罗多》，古代印度的梵文史诗，世界文学中最长的史诗。"摩诃婆罗多"的意思是"伟大的婆罗多王后裔"。

④《尼伯龙根之歌》，德国著名民间史诗，共九千余行，约完成于13世纪初。

筑，伟大的作品不再是建造出来，而是印刷出来。

从今以后，即使建筑艺术还可能东山再起，也不会再占统治地位。建筑艺术将受到文学的统治，正如从前文学受到建筑艺术的统治一样。两种艺术的位置将要颠倒一下。事实上，在建筑艺术独领风骚的年代，诗歌虽然很少，但却都像是宏伟的建筑物。印度的毗耶婆①宛若一座宝塔，卷帙浩繁，奇妙非凡，神秘莫测；东方埃及的诗，和建筑物一样，有着宏伟而安静的线条；古希腊的诗优美，安详，恬静；基督教欧洲的诗具有天主教的庄严，人民的质朴，更新时代的繁荣昌盛。《圣经》宛若金字塔，《伊利亚特》好比巴特农神庙，荷马像希腊雕刻家菲迪亚斯。但丁是13世纪最后一座罗曼式教堂，莎士比亚是16世纪最后一座哥特式教堂。

因此，如果把以上不完整的叙述做一概括，人类有两部书，两本记事簿，两份遗作，那就是建筑艺术和印刷术，石头的《圣经》和纸头的《圣经》。诚然，当我们瞻仰这两部向悠悠岁月敞开的《圣经》，我们会怀念雄伟庄严的花岗岩书，怀念用柱廊、塔门、方柱表达的巨型字母，怀念遍布世界、覆盖过去岁月的从凯奥普斯②金字塔到斯特拉斯堡教堂③钟楼的人造山峦。应该重温刻写在这些大理石纸页上的历史。应该赞颂和翻阅由建筑艺术写就的这部书。但是，不应该否认，印刷术建造的大厦也是伟大的。

这座大厦硕大无朋。不记得哪位统计家计算过，把谷登堡以来出自印刷机的书一本本地摞起来，可以把地球到月球的间距填满。不过，我们讲的伟大不指这个。但是，当我们绞尽脑汁，想找一个形象的比喻来概括迄今所有的印刷品时，难道不会联想到一座占据整个世界的巨大建筑物吗？人类还在不停地营造，这座大厦的巨大脑袋隐藏在未来的茫茫雾海中。这座大厦是智慧的蚁穴，一切想象力的蜂房，金色的蜜蜂带着花蜜在这里麇集。这座大厦楼层重叠，数以千计。大厦内部，科学的暗窟纵横交错，一间间通向楼道。在建筑物的表层，阿拉伯装饰图案、圆花窗和齿叶装饰层出无穷，令人目不暇接。那里，每一部作品，看上去再随意，再孤立，都

---

① 毗耶婆，印度传说中的圣人，伟大的诗人。相传是他把《吠陀》整理成现在的形式，著名史诗《摩诃婆罗多》也是他的作品。

② 凯奥普斯，古埃及第四王朝的国王，建造了最大的金字塔。

③ 斯特拉斯堡教堂，建于11世纪到14世纪，只有一个尖塔，有闻名于世的哥特式雕刻和彩绘玻璃。

各得其所，各有特点。整座建筑和谐协调。从莎士比亚大教堂，到拜伦①清真寺，无数小尖塔杂乱无章地拥挤在人类思想的这个大都会里。在大厦的基础部分，重新写上了建筑艺术没有记录下来的某些人类创作的古老标题。在大门左侧，是用荷马白色大理石刻成的浅浮雕，大门右侧，多种语言写成的《圣经》竖起它的七颗脑袋。再过去，《罗曼司罗》七头蛇昂首而立，另外还有几个混合物，《吠陀》②和《尼伯龙根之歌》。此外，这座神奇的大厦永远也不会完成。印刷机这部巨大的机器，不断地抽取社会的智慧液浆，然后不停地吐出新的材料，用来营造这座大厦。整个人类都在脚手架上劳作。人人都是泥瓦匠。最卑微的人也在为大厦添砖加瓦。雷蒂夫·德·拉·布列塔尼③也背来了一筐石灰。每天都有一层砖石砌起来。除了每个作家个人独特的贡献，还有集体的创作。18世纪有《百科全书》，大革命时期有《箴言报》。当然，这座大厦也是一座不断加高和堆积的塔形建筑物，也有各种语言的混杂，整个人类都在不懈工作，不倦耕耘，通力合作；这是人类智慧用来躲避新的洪水，对付蛮人入侵的最理想的庇护所。这是人类的第二座巴别塔。

---

① 拜伦（1788—1824），英国诗人。
② 《吠陀》，印度最古老的宗教文献和文学作品的总称。
③ 雷蒂夫·德·拉·布列塔尼（1734—1806），法国作家，作品大都反映民众的习俗和举止行为，以及旧制度下农民的社会地位。

第六卷

一 对古代司法界的公正概述

1482年,贵人罗贝·代图特维尔是一个非常走运的人。他是骑士,贝纳领主,马尔什省的伊夫里和圣安德里男爵,国王的高参和侍从,御前大法官。早在十七年前,即1465年彗星①年的11月7日,他就从国王那里获得了御前大法官这个肥缺。这份差事与其说被视作官职,不如说被看成是领地。正如约翰内斯·勒姆纳斯所说,"**这一职位不仅享有很大的治安权,而且还兼有数不清的特权**②"。一个贵族不仅受到国王的册封,而且委任的日期要追溯到路易十一的私生女和德·波旁私生子先生结婚的年代,这在1482年是件了不起的事。罗贝·代图特维尔接替雅克·德·维利埃出任御前大法官的同一天,让·多韦取代埃利·德·托雷特任高等法院院长,让·儒夫内尔·德·于尔森取代皮埃尔·德·莫尔维利埃任法兰西掌玺大臣,勒尼奥·德·多尔芒挤走皮埃尔·皮伊任王宫查案官。然而,自从罗贝·代图特维尔任御前大法官以来,高等法院院长、掌玺大臣、王宫查案官像走马灯似的不知换了多少个,可他却一直没有被撤换,因为册封书上写明,他这个职位"赐其终身"。他紧紧抱住这个职位不放,同它合而为一,成为它的化身,纵然路易十一生性多疑,事必躬亲,爱戏弄人,执意通过频繁的任命和撤换以维持他政权的灵活性,但是,罗贝·代图特维尔

---

① 这颗彗星出现时,博吉亚的叔父卡里克斯特教皇曾下令公众都做祈祷。1835年,它又出现过一次。——作者原注

② 原文为拉丁语。

仍然逃脱了路易十一这种疯狂撤换的谋算。更有甚者，这位骑士还为自己的儿子谋得了御前大法官的继承权，两年前，雅克·代图特维尔贵人，作为骑士侍从，就已经和父亲的名字并列出现在御前大法官府的日常记事簿上了。这实属罕见！真是王恩浩荡！事实上，罗贝·代图特维尔是一个出色的士兵，曾为效忠国王高举枪旗①，同公众利益同盟②进行过斗争。14××年，王后来巴黎的那天，他送给她一只非常可爱的蜜饯鹿。此外，他同王宫骑警司令特里斯坦·莱尔米特是莫逆之交。因此，罗贝先生的日子过得很舒适，很快活。首先，他的俸禄非常可观。此外，还有御前大法官官府民事和刑事诉讼登记费的收入，这些额外进款就好比是他葡萄园的额外收获。还有大堡昂巴法庭的民事案和刑事案收入，还不算芒特和科贝依桥上的小笔过桥税收以及巴黎的柴商和盐商们缴纳的税收。此外，他还有一件乐事：当他骑马巡视巴黎街头时，可以炫耀他那套漂亮的战袍（今天，在诺曼底瓦尔蒙修道院他的坟墓雕刻上还可以欣赏到）和那顶在蒙莱里战役③中戴过的拷花高头盔，在一群身穿半红半褐色袍子的助理法官和警卫官中间，显得分外醒目。他还有至高无上的权力，统率和管理着十二个区的执达吏，大堡的门房和警卫，大堡的两名助理办案员，十六个区的十六位区长，大堡的狱吏，四名有封地的警卫，一百二十名骑兵，一百二十名笞杖手，还有各种夜间巡逻队，这不也是很了不起吗？他还行使着高级和初级司法权，执掌车轮刑、绞刑、拖刑，还不算在巴黎子爵领地及所属七个封邑的第一审判权，这难道不算什么吗？而且，罗贝·代图特维尔阁下每天在大堡菲利浦·奥古斯特式宽阔而扁平的尖拱下签发逮捕令和宣布判决书，你能想象出比这更快活的事吗？每天晚上，在把某个可怜鬼打发到埃斯科舍里街的那间小屋里过夜后，他便照例回到加利莱街王宫院内他妻子昂布鲁瓦兹·德·洛雷名下的那座漂亮住宅里过夜，消除一天公务的疲劳，难道还有比这更惬意的事吗？至于那间小屋，"历任御前大法官和法官都把它作为监狱，只有十一尺长，七尺四寸宽，十一尺高"④。

---

① 枪旗，骑士在长矛上插的三角旗，旗上标示自己的封号。
② 公众利益同盟，反对路易十一的贵族组织。
③ 蒙莱里战役，1465年路易十一和贵族组织公众利益同盟在蒙莱里进行的一场战役。
④ 见1383年地籍册。——作者原注

罗贝·代图特维尔阁下不仅行使御前大法官和巴黎子爵的特别裁判权，而且还插手国王的大审。没有一个身居高位的人不是先经过他的手再到剑子手那里报到的。是他亲自前往圣安托万门的巴士底狱，把德·内穆尔先生带到菜市场问斩，把圣波尔先生送往河滩广场处死。圣波尔恼羞成怒，破口大骂，这使总管先生非常开心，因为他不喜欢这名陆军元帅。

　　所有这一切，当然足以使他过舒适荣耀的生活，而且还使他有一天能在引人入胜的御前大法官列传中占据突出的一页。在这部列传中，我们可以看到，乌达尔·德·维尔纳夫在屠宰场街有一幢房子，纪尧姆·德·昂热斯特曾买下大小萨瓦宫，纪尧姆·蒂布把他在克洛班街的房产捐给了圣热内维埃芙修道院的修女们，于格·奥布里奥住在波尔皮克宫，等等。

　　按说，罗贝·代图特维尔先生完全有理由耐心而快乐地对待生活，可是，1482年1月7日清晨他醒来时，却心烦意乱，情绪恶劣。是什么原因呢？他自己也说不清楚。是因为天色阴沉，还是因为他当御前大法官后身体发福，那条蒙莱里战役中使用的旧腰带束在身上太紧，感到不舒服？或是因为看见一群乞丐公然嘲弄他，四人一帮地从他窗下经过，外套里面不穿衬衣，帽子破得没有盖顶，腰里挂着褡裢和酒瓶？或者他已隐隐预感到未来的国王查理八世明年要把御前大法官的官俸削减三百七十利弗十六索尔八德尼埃？读者自己去做选择吧。至于我们，看法很简单，因为他心情不好，所以他心情不好。

　　况且，那是节日的第二天，任何人都会心烦意乱，尤其是御前大法官，因为他要负责清扫由于过节巴黎街头堆积起来的所有垃圾，包括广义的社会垃圾。此外，他还要去大堡主持庭审。我们早就发现，法官们在开庭的日子，总要设法使自己的心情很不好，这样，他们就可以代表国王、法律和司法，把怒气痛快地发泄在某个倒霉鬼的身上。

　　然而，庭审没等他到场就开始了。照例由他的民事法庭、刑事法庭和特别法庭的助手们代他审理。早晨八点钟，几十个男女市民就已经扎堆在大堡昂巴审判室的一个黑暗角落里，夹在一道结实的橡木栅栏和墙壁之间，津津有味地观看民事法庭和刑事法庭的审判，真是丰富多彩、妙趣横生！这场庭审被御前大法官先生的助手，大堡助理办案员弗洛里昂·巴伯迪埃纳先生搞得乱七八糟，不可收拾。

　　审判厅是拱形的，又小又矮，里首有一张刻着百合花的桌子，一把雕花橡木大靠椅，那是总管的专座，现在空着，左边有一张板凳，坐着审判官弗洛里昂。下面是书记员，正在做记录。对面是民众。许多执达吏站在门口和桌子前，身穿饰有白十字的紫驼毛短袄。市民接待室的两名执达吏穿着半红半蓝的万圣节①短衫，在桌子后面一道紧闭着的矮门前站岗。厚厚的墙壁上只有一道尖拱式窗户，一月的惨淡阳光从窗口射进来，照着两张滑稽可笑的面孔，一个是拱穹中央作为悬饰的面目狰狞的石头魔鬼像，另一个是坐在厅堂里首那张百合花板凳上的法官。

请读者想象一下大堡助理办案员弗洛里昂·巴伯迪埃纳先生坐在公案前的那副尊容吧。他左右堆着两摞卷宗，双脚踩在棕色粗呢袍的下摆上，两只胳膊肘支着脑袋，脸缩在白羊羔皮袄里，两道白眉好像是从白皮袄上剪下来的，脸色通红，看上去很粗暴，眨着眼睛，两颊的肥肉庄重地下垂着，和双下巴连在一起。

但这名助理办案员是聋子。这对一个审判官来说是小小的缺陷。然而，弗洛里昂法官大人照样进行终审判决，而且审得像模像样。确实，审判官只要装出专心听的样子就可以了。这是公正执法唯一首要的条件，我们这位可敬的法官可谓得天独厚，因为他的注意力绝对不会受任何声音的干扰。

可是，今天听众席上，却有一个人在无情地监督着他的一举一动。他就是我们的朋友磨坊的约翰·弗罗洛，昨天我们谈到过的小个子大学生，这个在巴黎街头到处游荡、唯独不去听教授讲课的调皮鬼。

"瞧，"他悄声对身旁的同伴罗班·普斯潘说道，他的同伴在一旁冷嘲热讽，他自己则对眼前发生的事评头论足，"那是让娜冬·比伊松，新市②懒汉妓院的美人！——我的天！他要罚她的款，那老家伙！这说，他不仅没长耳朵，也没长眼睛。戴两串念珠，就罚十五索耳四德尼埃！太贵了吧。**法律条文真是无情**！③——那人是谁？噢，罗班·歇夫-德-维尔，锁子甲匠！——就因为当上了那个行当的师傅？——算是他的入会费吧！——嘿！这些贱民中还有两个贵族哪！埃格莱·德·苏安，于坦·德·马伊。

---

① 万圣节，每年的11月1日，第二天是死人节。
② 新市，中世纪巴黎的一条烟花巷。
③ 原文为拉丁语。

两个候补骑士，**基督的身子**！①啊！他们赌骰子了！我们的校长什么时候来呀？给国王一百利弗的罚款！那位巴伯迪埃纳先生就像聋子那样不听当事人申诉，——他本来就是聋子！——要是罚款能阻止我赌的话，我就愿意当我的哥哥副主教啦！我才不管哪，照样白天赌，夜里赌，活着赌，死了也赌，衣服赌光了，就赌我的灵魂！——圣母！那么多姑娘！一个接一个，我的羔羊们！昂布鲁瓦兹·雷居埃尔！伊莎博·佩伊内特！贝拉德·吉罗安！我的天！我全认识！罚款！罚款！这下你们可知道束镀金腰带的好处了！十索尔！骚娘们！——呵！丑八怪老法官，又聋又蠢！呵！笨蛋弗洛里昂！呵！蠢货巴伯迪埃纳！他倒是审起案来了！吃着诉讼人的饭，吃着诉讼案的饭，大吃大嚼，大填大塞，肚子撑得鼓鼓的。罚款，没收，征税，诉讼费，置产手续费，薪水，损害赔偿费，严刑费，牢房费，看守费，镣铐费，这些都是他圣诞节的粗点心，圣约翰节的杏仁饼！瞧他那头猪！——得！太好了！又是一个婊子！蒂博·蒂博德，一点不错！——因为她卖淫卖到格拉蒂尼街外面去了！——那小子是谁？吉埃弗鲁瓦·马博纳，弓弩手，因为亵渎上帝了。——罚款，蒂博德！罚款，吉埃弗鲁瓦！两个人都罚款！那个聋老头！他肯定把这两宗案子搞颠倒了！我敢打赌，他罚那婊子亵渎上帝的钱，罚那士兵卖淫的钱！——注意，罗班·普斯潘！下面他们要传讯谁了？那么多卫兵！朱庇特②！所有的猎犬倾巢出动了。一定是逮了个大家伙。是头野猪吧？——真是头野猪，罗班！真是头野猪。还挺漂亮哪！赫丘利！是我们昨天的王子呀，我们的丑八怪王，我们的敲钟人，我们的独眼龙，我们的驼背，我们的丑八怪！是卡西莫多！……"

一点不错。

正是卡西莫多。他被绳索捆绑，严密看守着。一队警士把他围在中间，夜巡骑士亲自挂帅，他胸前绣着法兰西纹章，背上绣着巴黎市纹章。可是，卡西莫多除了躯体畸形外一无所有，为什么要这样剑拔弩张，大动干戈？他脸色阴沉，默默无声，神情安详。他那只独眼偶尔瞅一瞅捆绑他的绳子，目光阴郁而愤怒。

---

① 原文为拉丁语，是一句骂人话。
② 朱庇特和下文的赫丘利在这里用作感叹语。

他也用目光环视四周，但那目光黯淡无神，没精打采，女人们指指点点，拿他取笑。

这时，书记员递给审判官一份指控卡西莫多的案卷，弗洛里昂大人专心翻阅，看完后，仿佛思考了一会儿。每次审讯他总是这样小心谨慎，先要做一番准备，记住被告的姓名、身份、所犯罪行，估计犯人会怎样回答，盘算好自己该如何接话，设法应付审讯中出现的各种意外，不致过多地暴露耳聋的残疾。对他来说，卷宗好比是给瞎子引路的狗。即使他偶尔会文不对题地斥责几句，或提一个莫名其妙的问题而暴露了他的残疾，那也无损大局，顶多被一些人看作高深莫测，被另一些人视为愚蠢罢了。无论怎样，法官大人的荣誉不会受到损害。一个法官宁可被看作高深或愚蠢，也不能让人家知道耳聋，因此，他特别留神在公众面前掩饰自己的残疾。通常，他做得天衣无缝，连自己都信以为真了。况且，这要比人们想象的容易一些。凡是驼背都喜欢昂着头走路，结巴都喜欢高谈阔论，聋子都喜欢低声说话。至于我们这位审判官，他顶多认为自己的耳朵不大听使唤罢了。这是他在开诚布公、扪心自问时，向公众舆论做的唯一让步。

于是，他在反复推敲卡西莫多的卷宗后，便向后仰起脑袋，眯起眼睛，摆出一副更加威严和公正的神态，这样，他此刻不仅是聋子，而且成了瞎子了。这是一个完美无缺的法官必须兼备的两个条件。他就以这种威严的姿态开始了审讯。

"姓名？"

然而，一个聋子审讯另一个聋子，这样的案例是没有被法律预料到的。

卡西莫多事先不知道会对自己提出什么问题，继续看着法官，不做回答。法官自己耳聋，但丝毫未料到被告也是个聋子，以为他和别的被告一样，已经做了回答，便照例装出一副愚蠢可笑的镇静样子，继续审问下去：

"很好。年龄？"

对这个问题，卡西莫多仍然没有回答。法官却以为回答了，接着又问：

"那么，你的职业？"

仍然没有回答。这时，听众开始窃窃私语，面面相觑。

"好，"镇静的法官以为被告已回答了第三个问题，又说，"你在本庭被指控：一、深夜扰乱治安；二、对一个轻薄女子行为不轨，伤害一个荡妇①；三、抗拒国王陛下的弓手队。你要对这几个问题做出交代。——书记员，被告刚才说的都记录在案了吗？"

这个不合时宜的问话，逗得书记员和听众哄堂大笑，笑得那样厉害，那样疯狂，那样有感染力，那样普遍，连两个聋子都感觉到了。卡西莫多耸了耸驼背，轻蔑地转过身去张望，弗洛里昂法官大人也吃了一惊，以为观众哄笑是被告不恭敬的回答引起的，又见被告耸了耸肩，更肯定自己的判断万无一失，便气愤地大声斥责：

"混蛋，凭你这个回答就可以判你绞刑！你知道你在同谁说话吗？"

这番斥责哪里能平息全场的哄笑，相反，大家觉得审判官的话牛头不对马嘴，实在荒诞不已，越发笑得厉害了，连市民接待室的卫兵们也都忍俊不禁，哈哈大笑，而这些人本是扑克牌中的黑桃J，迟钝是他们一致的脸部表情。只有卡西莫多仍然表情严肃，因为他根本不明白周围发生的事。法官却越来越恼怒，认为应该把刚才的斥责继续下去，借此慑服被告，也好影响听众，使他们恢复对他的敬畏。

"这么说，你这个作恶多端的强盗，胆敢冒犯大堡的查案官，巴黎地方治安的代理长官！他受命惩奸除恶，纠察不良行为，督导各行各业，禁止垄断行为，维护道路设施，禁止贩卖家禽和野禽，监测木柴和其他各种木材，清除城市污染和空气中的传染病，总之，整日忙于公务，却不领薪水，也不指望得到任何报酬。你难道不知道我叫弗洛里昂·巴伯迪安纳，御前大法官先生的助手，兼任专员、调查员、督导员、考查员，拥有司法、检察、管理、初审等权力……"

聋子对聋子说话，是没有办法让他停下来的。要不是他背后那扇小门突然打开，御前大法官先生亲自进来，上帝才知道弗洛里昂大人要说到什么时候、什么地方，才会停止滔滔不绝的演讲。

总管大人进来后，弗洛里昂也没有刹住话头，他半转过身去，接着刚才对卡西莫多倾盆而下的训斥，突然转向御前大法官先生。"大人，"他说，"被告严重蔑视法庭，在下请求予以严惩。"

说完，他重新坐下，呼哧呼哧喘着粗气，豆大的汗珠从额头上直往下流，弄湿了摊在他面前的羊皮纸。他不停地擦着汗水。罗贝·代图特维尔

---

① 原文为拉丁语。

大人皱了皱眉头，向卡西莫多做了个手势，叫他注意。对这个含义明确的命令式手势，聋子倒是看懂了一些。

总管向他严厉发问："你这无赖，你犯了什么罪行被送到这里来的？"

可怜的家伙以为总管问他叫什么名字，打破沉默，用嘶哑的喉音回答："卡西莫多。"

答话与问话风马牛不相及，又引起了一阵哄笑。罗贝先生气得脸红脖子粗，大声吼道：

"你这个大坏蛋，连我也敢戏弄！"

"圣母院敲钟人。"卡西莫多以为要他交代身份，回答道。

"敲钟人！"总管大人疾言厉色地说。前面我们已提到，他那天醒来就心情不好，因此，用不着这些文不对题的回答煽风点火："敲钟人！我叫人拉你去游街，用藤条敲钟那样敲你的脊梁骨。听见了吗，混蛋？"

"假如您问的是年龄，"卡西莫多说，"我想圣马丁节那天我将满二十岁。"

这一下实在过分，总管大人忍无可忍了。

"啊！你竟敢嘲弄本堂，混蛋！答杖手先生们，把这个无赖给我拉到河滩广场，绑到示众柱上，狠狠地揍一顿，再转他一个小时。以上帝的脑袋发誓，这笔账我是要跟他算的！我要派四个宣过誓的号手，把本判决晓谕巴黎子爵领地的七个附属采邑。"

书记员立刻开始草拟判决书。

"上帝的肚子！判得太棒了！"小个子大学生磨坊的约翰·弗罗洛在他的角落里喊道。

总管扭过头来，又一次把冒火的眼睛盯着卡西莫多。"我想，这家伙刚才骂'上帝的肚子'来着。书记员，再加上渎神的咒骂，罚款十二巴黎德尼埃，其中一半归入圣厄斯塔什教堂①的维修费。我对这个教堂特别虔敬。"

判决书几分钟就拟好了。行文简短明了。那时候，御前大法官和子爵的习惯法还没有被高等法院院长蒂博·巴伊埃和国王的律师罗杰·巴尔纳加工修改过，诉讼程序和行文都比较简单。那些烦琐的东西16世纪初才由这两位大法学家塞进习惯法中。因此，判决书写得简明扼要，直截了当，

---

①圣厄斯塔什教堂，位于巴黎旧莱市场附近，建于1532年到1637年。

没有荆丛，没有迂回，一眼就能看到小路尽头是轮盘、绞刑架还是刑柱，至少可以知道自己去哪里。

书记员把判决书呈给御前大法官。御前大法官盖上大印，带着恼怒的心情，出去继续巡视各个法庭。他这种心情，将会使巴黎各监狱当天塞满犯人。约翰·弗罗洛和罗班·普斯潘暗自高兴。卡西莫多用惊讶而冷漠的神态注视着这一切。

弗洛里昂·巴伯迪埃纳阅读判决书，准备签字，这时，书记员对可怜的犯人起了同情心，希望能给他减刑，便凑到审判官耳朵跟前，指着卡西莫多对他说："这个人是聋子。"

他原指望同病相怜会使弗洛里昂对犯人开恩。可是，我们指出过，弗洛里昂不想让人知道他耳朵听不见。再说，他也聋得实在彻底，书记员说的话，他一个字也没听见，可偏要装出听见的样子，回答说："啊！那就是另一回事了。我还不知道呢。这样的话，罚他在示众柱上多站一个小时。"

判决书修改后，他最后签了字。

"太好了，"罗班·普斯潘说，他对卡西莫多仍然耿耿于怀，"让他知道欺侮人的好处。"

二　老鼠洞

现在，请读者允许我们回到河滩广场。昨天，为了跟踪爱斯梅拉达，我们和格兰古瓦一起离开了这里。

上午十点钟。广场上，一片节日后的景象。地上到处是碎片、饰带、破布、羽毛、火炬滴下的烛油、公众夜宴的残渣。成群的市民**逛来逛去**，踢踢篝火的余烬，在柱子房前站站，回想起昨天张挂的美丽帷幔，看看今天剩下的钉子，不禁心荡神驰，回味无穷。卖苹果酒和啤酒的人，推着酒桶在人群中穿来穿去。有几个人行色匆匆。商人们在店门口互相打着招呼，说着闲话，个个都在谈论昨天的节日、弗兰德尔使臣、科佩诺尔、丑八怪王，看谁说得最离谱，笑得最起劲。然而，来了四个骑马的警士，站到刑柱的四个角上，把广场上闲逛的**民众**大部分吸引过来了。他们强迫自己站着不动，甘愿忍受无聊，满怀着希望，能看到一次小小的行刑。

广场各处的喧闹场面，读者已经观赏过了。现在把视线移到堤岸西角，看一看那座古老的半哥特式半罗曼式的罗朗塔楼。在正面拐角上，你会看到一部公用精装祈祷书，上面有披檐可以挡雨，前面有栅栏能防小偷，但不影响伸手去翻阅。祈祷书旁边有一个狭小的尖拱式窗洞，两根铁条交叉拦着。窗洞朝着广场，里面是一间没有门的小屋，全靠这个窗洞透进一点儿空气和阳光。小屋位于古老建筑物的底层，嵌在厚墙中间，显得宁静冷清，尤其外面是巴黎最拥挤、最喧闹的广场，人群熙攘，人声嘈杂，就更显得小屋死气沉沉。

这间陋室在巴黎非常有名。三百年前，罗朗塔楼的女主人罗朗德夫人，为悼念在十字军远征中阵亡的父亲，让人在她家的厚墙壁上开凿出这间斗室，从此幽居其中，门被堵死，窗洞常年开着。她把整座宫堡献给了穷人和上帝，只留下这间斗室藏身。悲痛欲绝的罗朗德夫人在这提前修凿的坟墓中等待死亡等了二十年，她日夜为亡父的灵魂祈祷，睡在香灰里，连块可以当枕头的石头都没有，身上套一件黑粗布衣，全靠过往行人在窗台上放些面包和水维持生命。这样，她把全部财产施舍完之后，接受起别人的施舍来了。临终前，就要转入另一个坟墓时，她把这个坟墓永远遗赠给那些悲痛的女人，那些要为别人或自己祈祷，愿意终身活埋在无限痛苦或忏悔之中的母亲、寡妇和女儿。她死后，穷人们用眼泪和祝福为她举行了美好的葬礼，但他们非常遗憾，这位孝女因为没有靠山，没能被封为圣人。有些不太信教的人希望这件事在天堂办起来比在罗马容易一些，既然教皇没有封死者为圣人，就虔诚地祈祷上帝吧。大多数人只把怀念罗朗德夫人奉为神圣，把她留下的破衣烂衫当作圣物。为悼念这位贵族小姐，巴黎城市特意设置了一本公用祈祷书，固定在小屋的窗洞旁边，让行人能为了祈祷而随时停下脚步，并在他们祈祷时能够想到施舍，这样，罗朗德夫人的继承人，那些隐居在这间小屋的可怜女人，不至于被人遗忘而饿死。

在中世纪的城市里，这一类坟墓并不罕见。在最繁华的街道，最热闹的市场，在马路中央、马蹄之下、车轮底下，你常常会遇到一个地窖、一口井、一个没有门只有铁栅栏气窗的小屋，你会看见有个人在里面日夜祈祷，自愿献身于无穷的哀叹和深深的赎罪。这一奇景，这个介乎房屋和坟墓，墓地和城市之间的可怕小屋，这个与世隔绝、被列入死人的肉体，这个在黑暗中熬尽最后一滴油的灯盏，这个在墓穴里颤动的残余生命，这个气息，这个声音，这个在石头匣子里永不停止的祈祷，这张永远朝向另一个世界的面孔,这双已被另一个太阳照亮的眼睛,这对紧贴着墓壁的耳朵,这个禁锢在肉体中的灵魂,这个幽囚在牢房中的肉体,以及在肉体和花岗岩石双重枷锁下备受煎熬的灵魂发出的呻吟,这一切,会使我们思潮起伏,浮想联翩,可那时候的人却不会这样。那时候的人思想不复杂,不爱做推理,对一个宗教行为,可能会表示悲悯,但不会看得面面俱到。他们笼而统之地看待事物,崇尚牺牲,必要时会把牺牲奉为神圣,但从不剖析内在的痛苦,也不太表示同情。经常有人给赎罪的人送点儿吃的,从洞口看一看他是不是还活着,却不知道他姓甚名谁,也不清楚他过死人的生活有多少年了。外地来的人问起在这个地窖里等死的活骷髅是谁,如果是男的,人们就回答:"这是隐居士。"要是个女的,人们就回答:"这是隐居婆。"

那时候的人看一切都这样,不空泛而论,不夸大其词,不用放大镜,只用肉眼,不论对物质的东西,还是对精神的东西。显微镜还没有发明。

这种遁世幽居的做法虽然不太令人赞叹,但正如我们刚才说的,这在中世纪的城市屡见不鲜。拿巴黎来说,就有许多这种向上帝祈祷和忏悔的小屋子,而且几乎都有人占据。当然,教士们不愿意让它们空着,那样就意味着善男信女们不虔诚,因此,如果没有忏悔者,就把麻风病人关在里面。除了河滩广场那个小屋外,在隼山、圣婴公墓各有一个,可能在克利雄公馆还有一个,我记不太清楚了。其他许多地方也还有一些,这都是传说的,已经没有建筑遗址了。大学城也有几个。中世纪,在圣热内维埃芙山上,有一个约伯①式的人物坐在井底的一堆粪土上,每天唱七首忏悔诗,唱完了就从头再来,夜里唱得更起劲,就这样一直唱了三十年。今天,考古学家走进那条有着"会说话的井"的街,仿佛还听得见他的声音。

这里,我们只谈罗朗塔楼的小屋,应该说,它从来没有断过隐居婆。罗朗德夫人死后,难得一两年空着。许多女人住进来,为父母或情人哀悼,为自己的错误忏悔,直到死去。狡狯的巴黎人对什么都感兴趣,甚至不相干的事也不放过,他们说那些隐居婆很少是寡妇。

按照当时的做法,墙上刻着一条拉丁文题词,向识字的过路人指明这

---

① 据《旧约全书·约伯记》,天降各种灾难给约伯,约伯坐在炉灰中,拿瓦片刮身子,苦行忏悔,求上帝赐福于他。

间小屋是用来做祈祷的。直到16世纪中叶，人们习惯在门楣上写一条铭文，表明建筑物的用途。例如，在法国图尔维尔城堡监狱的小门上边，仍可以看到"**沉默与希望**[①]"的字迹；在爱尔兰，福泰斯居城堡门楣的盾形纹章下面刻着"**强大的盾牌，领主的救星**[②]"；在英国，好客的科佩伯爵们在城堡的主门道上写着"**宾至如归**[③]"。因为那时候的任何建筑都表达一个思想。

罗朗塔楼的小屋没有门，只好在窗洞上方用粗大的罗曼字母刻了两个词：

TU，ORA.[④]

民众的头脑比较简单，领会不到事物的奥妙，宁愿把圣德尼门上的题词"**献给伟大的路易**[⑤]"译成"圣德尼门"，因此，他们把这潮湿、阴暗的洞穴称作"**老鼠洞**[⑥]"。这个名称也许不如那一个高雅，却形象而更加生动。

三　一块玉米饼的故事

本故事发生的时候，罗朗塔楼的小屋住着人。假如读者想知道是谁，只要听听三个长舌妇的谈话自会明白。就在我们向你介绍老鼠洞的时候，她们恰好沿着河岸，从大堡向河滩广场走去，和我们的方向相同。

这三个妇女中，有两个是巴黎富裕市民打扮。精细的白颈饰，红蓝条相间的粗呢裙，紧紧裹着小腿和脚踝处的彩绣白长筒袜，黑底方头的褐色皮鞋，尤其是她们的尖顶高帽子，缀满了饰带、花边和金属箔片，在香槟省如今还有人戴，可与俄国近卫军榴弹手的帽子相媲美——这些穿戴，表明她们属于富裕商妇阶层，如果按照当今仆役们的称呼来分类，她们介于"民妇"和"夫人"之间。她们没有戴金戒指和金十字架，显然不是因为

---

①②③ 原文为拉丁语。

④ 拉丁语，意为"你祈祷"。

⑤ 伟大的路易，指法兰西国王路易十四（1638—1715）。

⑥ 法语中，trou aux rats（老鼠洞）与 tu, ora（你祈祷）音相近。

穷，而是怕罚款。第三个妇女和她们的打扮差不多，可是装束和气质让人一看就觉得她是外省公证人的妻子。就从她把腰带束得很高，便能看出她来巴黎没有多久。何况，她的颈饰皱皱褶褶，鞋子饰着缎带结，裙子的条纹不是竖的，而是横的，还有其他许多怪异之处，使趣味高雅的人不敢恭维。

两个富商太太迈着巴黎妇女带外省妇女见识巴黎的那种特有的步子向前走着。那个外省妇女牵着一个胖墩墩的小男孩，小男孩手中拿着一大块玉米饼。

很抱歉，明知不雅仍要提一笔，由于天气太冷，小男孩用舌头当手帕擦鼻涕。

孩子要母亲拽着才走，拿维吉尔的话说，**步伐大小不匀**①，而且老是跌跤，他母亲就不停地叫嚷。其实，他的眼睛老盯着玉米饼，而不是看路面。大概有什么重要原因，他才不敢在饼上咬一口，只是含情脉脉地看个不停。这块饼本该由母亲拿着的，现在让胖男孩当坦塔罗斯②未免太残忍。

三个太太（那时候，"夫人"用来称呼贵妇人）边走边说着话儿。

"得走快点，马伊埃特太太，"最年轻的，也是最胖的一个对外省来的说，"我担心会赶不上。刚才在大堡那里，人家不是说马上就押他去示众柱吗？"

"得了！您在说什么呀，乌达德·米斯尼埃太太！"另一个巴黎女人接口道，"他要在示众柱上待两个钟头呢！我们有的是时间。您见过刑柱示众吗，亲爱的马伊埃特？"

"见过，"外省女人说，"在兰斯。"

"得了！你们兰斯的示众柱算什么？一个破笼子，只转些农民！有什么意思！"

"只转农民！"马伊埃特说，"在呢布市场！在兰斯！才不呢！我们见过货真价实的罪犯，是杀父母的。只转农民！您把我们当什么了，热韦丝？"

外省女人差点要发火了，因为她要维护家乡示众柱的荣誉。幸亏稳重

---

① 原文为拉丁语。

② 坦塔罗斯，希腊神话中的一位国王，因惹怒宙斯主神，被罚永受饥渴之苦：口渴想喝水，水就减退；腹饥想吃果子，树枝便升高。此处比喻可望而不可即。

的乌达德·米斯尼埃太太及时转了话题。

"对了，马伊埃特太太，您觉得我们弗兰德尔使臣怎么样？你们兰斯有这么漂亮的吗？"

"那倒是，"马伊埃特回答说，"只有在巴黎才能见到像这样的弗兰德尔人。"

"特使团里那位卖袜子的彪形大汉，您看见了吗？"乌达德问道。

"看见了，"马伊埃特说，"活像萨图恩①。"

"那个面孔长得很像肚子的胖汉呢？"热韦丝说，"还有那个小眼睛，眼皮上长着绒草般红毛的矮个子呢？"

"他们的马才好看呢，"乌达德说，"鞍辔是弗兰德尔眼下流行的。"

"啊，亲爱的，"外省的马伊埃特这下可有了扬眉吐气的机会，得意地插话说，"要是你们十八年前，也就是1461年，参加路易十一在兰斯的加冕典礼，看见亲王和国王的随从们骑的马，还不知道要说什么呢！各种各样的鞍辔，有金线锦缎的，黑貂皮的里子；有丝绒的，白貂皮的里子；还有的缀满了金银饰物。这要花多少钱哪！坐在马背上的小侍从个个很漂亮！"

"就算这样，"乌达德冷冷地反驳道，"也不能否认弗兰德尔人有很漂亮的马，昨晚市长先生照样在市政大厦盛宴招待他们，有美酒、杏仁糖、蜜饯和许多的美味佳肴。"

"您说什么呀，我的邻居？"热韦丝叫了起来，"弗兰德尔人是在小波旁宫红衣主教大人家吃的饭。"

"才不呢。是在市政大厦！"

"不对，是在小波旁宫！"

"当然是在市政大厦，"乌达德尖刻地反驳，"斯库拉布尔博士还用拉丁文向他们致辞呢。他们对这个致辞很满意。这是我丈夫告诉我的，他是宣过誓的书店老板。"

"当然是在小波旁宫，"热韦丝也尖刻地反驳道，"给红衣主教理财的教士为他们准备了许多好东西：一打半升的肉桂滋补酒，有白的、淡红的、鲜红的；二十四箱夹心杏仁饼；二十四把火炬，每个两斤重；六小桶博纳

---

① 萨图恩，希腊神话中的农神。

葡萄酒，白的和淡红的，这可是最好的酒了。我希望我没有说错。是我丈夫告诉我的，他是大堡市民接待室的队长，管着五十个人呢。今天早晨，他还把弗兰德尔使臣同先王在世时从美索不达米亚来的使臣做了比较，他们是普雷特·让①国王和特雷比松德②皇帝派来的，都戴着金耳环。"

"肯定是在市政大厦吃的晚饭，"乌达德对她邻居的陈词无动于衷，反驳道，"从来没见过那样丰盛的酒席和糖果。"

"我跟您说，是在小波旁宫的大厦里！勒·塞克警察伺候上饭菜的。你正是把两个大厦搞混了。"

"就是在市政大厦！"

"在小波旁宫，亲爱的！写在正门上的'希望'二字还被魔术玻璃照得发亮呢！"

"在市政大厦！市政大厦！于宋·勒·瓦尔甚至还吹了笛子呢！"

"不是的！"

"是的！"

"不是的！"

胖大姐乌达德还准备反驳，眼看口角要变成打架了，幸好马伊埃特这时喊了起来："瞧，桥的那头挤着好多人，在看什么呀！"

"真的，"热韦丝说，"我听见手鼓声了。我想，是小爱斯梅拉达跟她的小山羊在跳舞哩。喂，快点，马伊埃特！拉着孩子，快走。您来是为了看看巴黎新鲜事的。昨天您看见了弗兰德尔人，今天应该看看那位埃及姑娘。"

"埃及姑娘！"马伊埃特一听，赶快拽着孩子往回走，"上帝保佑！她会把我的孩子拐走的！——来，厄斯塔什！"

她就撒腿沿着河岸向河滩广场跑去，直到把那座桥甩在后面老远。可是被她拽着的孩子摔了一跤，她这才气喘吁吁地停住脚步。乌达德和热韦丝赶了上来。

"那位埃及姑娘会拐走您的孩子？"热韦丝问，"您这想法太离谱了。"

马伊埃特沉思着摇摇头。

---

① 普雷特·让，鞑靼族的一个国王。
② 特雷比松德，土耳其濒临黑海的港口，1204年到1462年，这里曾建立特雷比松德帝国。

"奇怪的是，"乌达德说，"赎罪婆对埃及女人也是这样看的。"

"赎罪婆是怎么回事？"马伊埃特问。

"嘿！"乌达德说，"就是居迪尔修女！"

"居迪尔修女是怎么回事？"马伊埃特又问。

"您真是兰斯的土包子，连这个都不知道！"乌达德回答，"就是老鼠洞的隐居婆。"

"什么？"马伊埃特问道，"就是我们要给她送这块饼的那个可怜女人？"

乌达德点点头，说道：

"正是。待会儿到了河滩广场，在那个窗洞里，您就能看见她了。对于那些打手鼓、给人算命的埃及流浪汉，她的看法和您一样。不知道她为什么那样厌恶茨冈人和埃及人。那么您呢，马伊埃特，您为什么一见他们就跑呢？"

"啊！"马伊埃特说道，两只手紧紧搂住孩子的圆脑袋，"我不愿意帕凯特·尚特弗勒里遭遇的不幸在我身上重演。"

"啊！那您给我们讲讲，我的好马伊埃特。"热韦丝拉住她的胳膊说道。

"行，"马伊埃特回答，"不过，你们连这个都不知道，真是巴黎的土包子！我来讲给你们听——可也用不着停下来呀——十八年前，帕凯特·尚特弗勒里和我一样，是一个十八岁的漂亮姑娘，如今我是一个三十六岁的充满活力、丰满的母亲，有一个男人和一个儿子，她却一无所有，这当然怪她自己。其实，她在十四岁就开始把自己毁了。——她父亲叫吉伯托，是兰斯河上的行吟诗人。那年，查理七世①加冕时，从西勒里乘船去米伊松，沿着我们的威尔河顺流而下，就是帕凯特的父亲为他吟诗助兴的，奥尔良女郎②也在船上。老父亲去世的时候，帕凯特还是个孩子。从此，她只有母亲了。她母亲的哥哥是马蒂厄·普拉东先生，住在巴黎的帕兰-加兰街，做铜器具生意，去年过世了。你们看，她的家境还是挺不错的。可惜，母亲是个老实人，只教会帕凯特做做饰带、流苏和一些小玩意儿。尽管这样，小姑娘仍然长得又高又大，仍旧一贫如洗。母女俩就住在兰斯挨

---

① 查理七世，路易十一的父亲，1422年当国王，但到1429年才在兰斯大教堂加冕。

② 奥尔良女郎，指法国抗英民族英雄贞德（1412—1431），支持查理七世加冕，对法国的胜利有重要贡献。

着威尔河边的'苦刑'街上。请注意,我认为这就是帕凯特倒霉的原因。1461年,也就是路易十一——上帝保佑我们的国王!——加冕的那一年,帕凯特整天又唱又笑,长得又很漂亮,大家都叫她尚特弗勒里①。可怜的姑娘!她的牙齿非常漂亮,她总是咧着嘴笑,好让大家看见她的牙齿。可是,爱笑的姑娘往往乐极生悲,漂亮的牙齿会让美丽的眼睛迷失方向。尚特弗勒里就是这样。她和母亲日子过得很艰难。她父亲死后,家境很快就衰落了。母女俩给人家做做针线,一个星期最多能挣六个德尼埃,还顶不上现在的两个鹰币呢。吉伯托老爹在先王②加冕时唱一支歌就挣十二巴黎索尔,这种日子再也不会有了!1461年冬天——就是路易十一加冕的那一年——母女俩穷得没有木柴生火,天气又很冷,尚特弗勒里的脸色格外红润,男人们平时都喊她帕凯特,可那年冬天,有些人开始叫她'帕克雷特③',她就这样堕落了。——厄斯塔什,我看你敢咬饼!——我们很快就发现她堕落了,因为一个星期天,她戴了个金十字架,到教堂里来。才十四岁!你们看看!——第一个情人是小科蒙特勒伊子爵,他在离兰斯不到四分之三里④路的地方有一座钟楼;然后是亨利·德·特里昂库尔老爷,御前饲马官;然后是希亚尔·德·博利翁,地位低一些,是骑兵;往后的地位越来越低,有盖里·奥贝戒,为国王切肉的仆役,马塞·德·弗雷皮,王太子的剃须匠,泰弗南·勒·穆瓦内,御厨师;越往后岁数越大,地位越低,降到老行吟诗人纪尧姆·拉辛,还有掌管路灯的蒂埃里·德·梅尔。于是,可怜的尚特弗勒里,她成了妓女,变得一钱不值。有什么法子呢,两位太太?在当今王上加冕的那一年,在1461年,就是她给王宫民兵之王⑤铺床的!——就是在那一年!"

马伊埃特叹了口气,擦了擦在眼睛里滚动的一颗泪珠。

"这故事有什么特别?"热韦丝说,"看不出跟埃及人和孩子有关系嘛!"

"别着急嘛!"马伊埃特接着说,"就要讲到孩子了——1466年的圣保罗

---

① 法语中,"尚特"的意思是"歌唱","弗勒里"的意思是"像鲜花般美丽的"。

② 先王,指查理七世。

③ 帕克雷特,意思是"雏菊",是"帕凯特"的爱称。

④ 里,指法国古里,一古里相当于今天的四公里。下文出现的"里"均为法国古里。

⑤ 国王旅行时,王宫民兵之王行使监督妓女和骰子赌博的权力。

节①,离今年的圣保罗节整整十六年,帕凯特生了一个小女孩。可怜的女人!她高兴得不得了。她早就盼着有个孩子。她的母亲,那个对女儿的事不闻不问的善良女人已经去世。在这个世界上,已没有帕凯特可以爱的了,也没有任何人爱她。从五年前堕落开始,尚特弗勒里就成了可怜人。她孤苦伶仃、无依无靠,被人指指点点、大声叫骂,警察用皮鞭揍她,破衣烂衫的小男孩嘲笑她。接着,她到了二十岁。对于靠卖身度日的女人,二十岁就老了。于是,卖淫不比从前做针线活挣得多了。多长一条皱纹,便少挣一个埃居②。冬天她又难熬了,火炉里又开始没有木柴,碗橱里又开始没有面包。她已经不能再干别的活儿了,因为她过惯了放荡生活,人变得很懒惰了。她越来越痛苦,因为她越懒惰,就越想放荡。至少,圣雷米的本堂神父先生在解释这类女人老了以后为什么比其他穷苦女人更挨饿受冻时是这样说的。"

"是这样,"热韦丝说,"可是,埃及人呢?"

"别急嘛,热韦丝!"乌达德说,她比她的女伴有耐心,"要是开头都说完了,那结尾还有什么呢?继续讲吧,马伊埃特。可怜的尚特弗勒里!"

马伊埃特继续往下讲。

"因此,她很伤心,很悲惨,常常哭泣,哭得脸颊都瘪下去了。但是,在这种可耻、放荡和被遗弃的生活中,她觉得要是有个东西或有个人能被她爱,也能给她爱,她就可以少一些耻辱,少一些放荡,也可以有个依靠。她必须有个孩子,因为孩子纯洁无邪,能够接受她的爱,也能够给她爱——她认识这一点,是在尝试爱一个小偷之后,这是唯一可能爱她的人。可是没多久,她就发现小偷瞧不起她——这些风情女子,应该有一个情人或一个孩子来充实她们的心灵,否则,她们是很不幸的。既然不可能有情人,她就渴望有一个孩子。她对上帝从来都虔诚,于是,她天天祈祷仁慈的上帝赐给她一个孩子。仁慈的上帝可怜她,果真赐给她一个小女孩。她那份高兴呀,就不用说了,又是眼泪,又是爱抚,又是亲吻。她亲自给孩子喂奶,把仅有的一床被子撕了给她做襁褓,再也不觉得寒冷和饥饿了。她又变得漂亮了。老姑娘当母亲总还是年轻。于是风流再现,人们

---

① 圣保罗节,每年的6月23日。
② 埃居,中世纪的金币。

又来光顾尚特弗勒里,她又找到了顾客,她用出卖肉体挣的钱,买婴儿的小衫小帽、花边内衣和缎子睡帽,就是没想到给自己重买一床被子。——厄斯塔什先生,我给您讲过不要吃饼的。——毫无疑问,小阿涅斯——这是孩子的名字,是教名,因为尚特弗勒里早就没有姓了——可以肯定,这个孩子包裹的饰带和绣品,胜过一个公主的穿戴!特别是,她有一双小鞋。国王路易十一也肯定没有穿过这样的一双鞋。是她母亲亲手缝、亲手绣的。尚特弗勒里把做女红的全副本领都使出来了,给鞋饰上流苏、丝带。这双粉红色的小鞋可爱极了,世上绝无仅有。顶多有我大拇指长,要是没有亲眼看见孩子的小脚丫子从鞋里脱出来,谁也不会相信它们能穿进去。这双脚那样小巧,那样好看,那样红润,比缎子鞋的颜色还要红得可爱!——乌达德,等您有了孩子,就会知道什么也比不上孩子的小脚小手可爱。"

"我求之不得呢,"乌达德叹了口气说,"可要安德里·米斯尼埃先生愿意才行呀。"

"而且,"马伊埃特接着又说道,"帕凯特的孩子不只是脚漂亮。她四个月时我见过。真是个漂亮的小家伙!她的眼睛比嘴巴还要大,头发乌黑,光润纤秀,已开始打卷了。要是长到十六岁,肯定是一个骄傲的褐发小美人。她母亲一天比一天爱她,简直到了癫狂的程度,抚摸她,亲吻她,胳肢她,为她洗澡,给她穿滑稽可笑的衣裳,恨不得一口把她吃掉!她高兴得不知所措,感谢上帝给了她这样可爱的女儿。尤其是孩子那双粉红色的漂亮小脚丫,更令她惊叹不已,心醉神迷。她抱着亲个没完,怎么也不相信会有这样小的脚。她一会儿给她穿鞋,一会儿又脱掉,翻来覆去地欣赏和赞叹,透过小脚丫看看太阳光,爱怜地让那双小脚在床上学走步,把它们当作圣婴耶稣的小脚,情愿一辈子跪着给它们穿鞋和脱鞋。"

"这故事真动人,真好听,"热韦丝低声说,"可是这跟埃及人又有什么关系呢?"

"就要讲了嘛。"马伊埃特辩驳说,"一天,兰斯来了一伙古怪的骑士。那是一群乞丐和流浪汉,在他们的公爵和伯爵们的带领下闯荡江湖。个个皮肤黝黑,头发卷曲,耳朵上挂着银环。女的比男的还要难看。她们的脸更黑,从来不戴面罩,身上裹一件破短外衣,肩上系一条旧披巾,头发扎成马尾巴。孩子们在她们腿上打滚,连猴子见了也会望而生畏。这是一伙被逐出教门的人。他们从下埃及经过波兰直接到了兰斯。据说，教皇让他们做了忏悔，作为赎罪，罚他们在世界各地流浪七年，不准他们在床上睡觉。因此，他们自称'赎罪者'，浑身散发着臭气。据说，他们的祖宗是萨拉森人①，因此信仰朱庇特，他们可以向任何一个执权杖和戴法冠的大主教、主教和修道院院长索取十个图尔利弗。教皇的一道谕旨给了他们这个权利。他们以阿尔及尔国王和德国皇帝的名义来兰斯给人看手相。你们可以想象，就凭这个，也不能让他们进城。于是，整队人马高高兴兴地在布雷纳附近的一个山冈上安顿下来。那山冈上至今还有个磨坊，就在古老的石灰窑旁。兰斯城里的人争先恐后地去找他们。他们给你看手相算命，说得天花乱坠，神乎其神。要是犹大去找他们，他们也会说他将来要当教皇。可是，也有一些流言蜚语，说他们拐孩子，偷钱包，吃人肉。聪明人对傻瓜说：'别到那儿去。'可他们自己却偷偷跑去。简直都疯了。其实，他们说的事情，红衣主教听了会大吃一惊。埃及女人给母亲们解释刻在孩子手掌上的异教语和土耳其语，做出各种奇妙的预言，母亲们都非常得意。这一个的孩子要当皇帝，那一个的要当教皇，另一个的要当将领。可怜的尚特弗勒里也产生了好奇心。她想知道她孩子的命运如何，漂亮的小阿涅斯会不会当亚美尼亚皇后或其他什么。她把孩子抱到埃及人那里，埃及女人直夸孩子，抚摸她，用黑乎乎的嘴唇亲她，看了她的手相赞不绝口。唉！那母亲呀真高兴坏了。埃及女人尤其对那双漂亮的小脚和漂亮的小鞋爱不释手。孩子不满一岁，已经牙牙学语，会向母亲咯咯地傻笑，长得又胖又圆，还会像天使那样，做出各种有趣的动作。她看见埃及女人吓得直哭。母亲拼命地亲她，心满意足地离开了，因为埃及女人预言她的阿涅斯将来肯定是美人，是圣女，会当王后。她回到苦刑街的破房子里，自以为抱回了一个王后，得意忘形。第二天，她趁孩子睡觉的工夫，轻轻推开门，让门虚掩着，溜到晒衣场街，找一个女邻居，告诉她阿涅斯日后吃饭会有英国国王和埃塞俄比亚大公侍候，还讲了其他许多令人难以相信的事。回家上楼的时候，没听到孩子的喊声，她想："太好了，孩子还没有醒。"她发现房门比她出去时的缝隙大得多，她还是进去了，可怜的母亲！赶紧跑到床前……孩子不见了，床空着。什么也没留下，只有一只漂亮的

---

① 萨拉森人，中世纪欧洲人对阿拉伯或西班牙等地的穆斯林人的称呼。

小鞋。她冲出房间,奔下楼梯,把头往墙上乱撞,大声哭喊:'我的孩子!在谁那里呀?谁抱走了我的孩子呀?'那条街很冷清,她家的房子也很偏僻,谁也不能告诉她什么。她找遍了整个城市,走遍了大街小巷,挨门挨户,东寻西找,整整一天没有停脚,就像丧失理智的可怕疯子,就像丢失崽子的凶恶野兽。她气喘吁吁,披头散发,那般模样真叫人害怕。她眼睛冒着火焰,把泪水都烤干了。她拦住行人,喊道:'我的女儿!我的女儿!我漂亮的小女儿!谁把女儿还给我,我就给他当用人,给他的狗当用人。他想吃我的心,我也愿意呀。'——她遇到圣勒米本堂神父,对他说:'神父先生,我可以用手指头挖地,只要您把孩子还给我!'真让人心碎哪,乌达德!我都看见一个铁石心肠的男人哭了,是检察官蓬斯·拉卡布尔先生,他说:'啊!可怜的母亲!'晚上,她回到家里,一个女邻居说,她不在家的时候,有两个埃及女人抱着一包东西,偷偷摸摸地上了楼,然后又关好门下楼,慌里慌张地逃跑了。她们走后,帕凯特屋里就传出像是孩子的哭声。母亲高兴地笑起来,长了翅膀似的飞奔上楼,冲开房门,进去一看——真是太可怕了,乌达德,她没有看见可爱的阿涅斯,红润鲜艳的小女儿,仁慈上帝的礼物,而是一个非常难看的小怪物,瘸腿,独眼,驼背,四肢扭曲,吱吱叫着,一瘸一拐地在地板上乱走。她害怕地用手捂住眼睛。'啊!'她说,'难道是巫婆把我的女儿变成这个可怕的动物了吗?'大家赶紧把小瘸子抱走,否则,她会发疯的。也不知是哪个埃及女人给魔鬼生的可怕怪物,看上去大约有四岁,说的话哪里是人的语言,根本听不懂——尚特弗勒里扑到那只小红鞋上,那是她心爱的女儿唯一剩下的东西。她半天没有动弹,不说话也不呼吸,大家以为她死了。突然,她全身颤动起来,拼命吻这个圣物。她号啕大哭,仿佛她的心已经撕裂。我向你们保证,我们大家都掉泪了。她说:'啊!我的小女儿!我漂亮的小宝贝!你在哪里呀?'真叫人肝肠寸断哪!我一想起来就要哭。你们看,孩子是我们的心头肉啊!——我可怜的厄斯塔什!你长得多俊!你们知道他有多乖啊!昨天,他对我说:'我要当精骑兵。'啊!我的厄斯塔什!要是我失去了你!——尚特弗勒里忽地站起来跑了。她在兰斯城里边跑边喊:'快去埃及人营地呀!快去埃及人营地呀!治安警察快去把那些巫婆烧死呀!'可是,埃及人早溜走了。——天已经很黑了,不可能去追赶他们。第二天,在离兰斯两里①路的地方，在格安和蒂约瓦之间的一片灌木地里，发现了一堆篝火的灰烬，帕凯特女儿的几根缎带，还有一些血迹和羊粪。头天夜里刚好又是星期六。这下子全都清楚了，埃及人在那片灌木地里举行了巫魔夜会，同魔鬼头子别西卜一起把孩子吃了，现在伊斯兰教徒还有这个习俗。尚特弗勒里得知这些可怕的事后，没有哭，动了动嘴唇，像是想说话，却又说不出来。第二天，她的头发白了许多。第三天，她就失踪了。"

"这故事的确让人毛骨悚然，"乌达德说，"勃艮第人听了都会掉眼泪的！"

热韦丝说："难怪您那么害怕埃及人！"

乌达德又说："刚才，您带着厄斯塔什跑开，做得很对，那些埃及人也是从波兰来的。"

"不对，"热韦丝说，"听说是从西班牙和卡塔卢尼亚②来的。"

"卡塔卢尼亚？有可能。"乌达德回答，"我总把波兰、卡塔卢尼亚、瓦洛涅这三个地方搞混。不过，有一点可以肯定，他们是埃及人。"

"还有，"热韦丝补充说，"他们的牙齿很长，可以吃小孩子。要是斯梅拉达③一面撇嘴表示厌恶，一面也跟着吃一点儿，我是不会惊讶的。她那只白山羊会做那么多鬼把戏，很难说这里头没有巫术。"

马伊埃特默默地走着。她陷入沉思，这是那段悲痛故事的延续，要等心灵的震颤消失后才会停止。可是，热韦丝却和她说话："没有人能知道尚特弗勒里的下落吗？"马伊埃特没有回答。热韦丝摇摇她的胳膊，喊着她的名字，又问了一遍。马伊埃特这才仿佛从梦中惊醒。

"尚特弗勒里后来怎样？"她好像刚刚听见热韦丝的问话，机械地重复了一遍。然后，她努力把思想拉回来，弄清楚意思后，赶忙回答："啊！一直不知道。"

她稍微停了一下，又说：

"有人说看见她傍晚时分从弗莱尚博门出兰斯城了，也有人说她天亮时从旧巴塞门出城的。有个穷人发现她的金十字架挂在一块庄稼地的石头十

---

①两里，相当于八公里。

②卡塔卢尼亚，现在是西班牙的一个地区，历史上曾是独立的国家。

③斯梅拉达，即爱斯梅拉达。这个名字古怪，人们常说错。

字架上,那块地现在做集市了。就是那个金十字架1461年把她毁了。那是她的第一个情人,漂亮的科蒙特勒伊子爵送给她的礼物。帕凯特一直戴着,再贫困潦倒也舍不得卖掉,把它看得像生命一样宝贵。因此,当我们看见十字架扔在那里时,都以为她死了。可是,旺特酒店的人说,看见她朝巴黎方向走了,赤着脚走在石子路上。要是这样,她应该是从韦斯勒门出城的。反正说法不一。依我看,她确实是从韦斯勒门离开的,但那是离开这个世界。"

"我不明白您的意思。"热韦丝说。

"韦斯勒是条河呀。"马伊埃特惨然地笑着说。

"可怜的尚特弗勒里!"乌达德一阵战栗,说道,"她淹死了!"

"淹死了!"马伊埃特说,"当年,吉伯托老爹坐着小船顺流而下,唱着歌,从坦葛桥下经过时,谁会对他说,他亲爱的小帕凯特有朝一日也会从这桥下经过,但没有船,也不唱歌呢?"

"那只小红鞋呢?"热韦丝问。

"和母亲一样消失了!"马伊埃特回答。

"可怜的小红鞋!"乌达德说。

多愁善感的胖乌达德觉得陪着马伊埃特哀叹几句,就心满意足了。可是热韦丝比她好奇,非要打破砂锅问到底。

"那个怪物呢?"她突然问马伊埃特。

"哪个怪物?"马伊埃特问。

"巫婆抱走小女孩后,留在尚特弗勒里家的那个埃及小怪物呀!你们把它怎样了?我希望也把它淹死了。"

"没有。"马伊埃特回答。

"什么!那么烧死了?说真的,这样更公正。巫婆的崽子嘛!"

"既没淹死,也没烧死,热韦丝。大主教先生对这个埃及孩子很感兴趣,给他驱邪,为他祝福,小心翼翼地把他身上的魔鬼赶走后,送到巴黎,放到圣母院门前的弃婴床上了。"

"这些主教!"热韦丝低声抱怨,"就因为有学问,做事总是与众不同。我问您,乌达德,怎么能把魔鬼放在弃婴床上呢!这个小怪物确实是魔鬼嘛!——唉!马伊埃特,那怪物到了巴黎,又怎样了呢?我希望没有人发善心愿意收养他。"

"不知道，"兰斯女人答道，"那时候，正好我丈夫买了贝吕公证所，离兰斯两里地，就再也没有过问这件事。再说，在我们公证所前面，有两座小山冈，挡住了兰斯教堂钟楼的视线。"

说着说着，三位可敬的太太就到了河滩广场，她们忙着说话，经过罗朗塔楼的祈祷书前，竟没有停步，下意识地朝示众柱走去。示众柱周围的人正在不断增加。那里的景象把所有的视线都吸引过去，很可能也使她们完全忘记了老鼠洞，把原来想在那里停一停的打算抛到了九霄云外。幸亏马伊埃特手里牵着的六岁胖男孩厄斯塔什突然提醒她们。"母亲，"他说道，仿佛一种本能使他意识到老鼠洞已经走过了，"现在我可以吃饼了吧？"

要是厄斯塔什多一些心眼，少一些馋劲，他就该再等一会儿，等回到大学城瓦朗斯夫人街安德里·米斯尼埃律师的公寓后，才怯生生地提这个问题，到那时候，老鼠洞和玉米饼之间就要相隔塞纳河的两道河弯和旧城的五座大桥了。

这个问题现在提不合时宜，这使马伊埃特想起了老鼠洞。

"哎呀，"她喊道，"我们把隐居婆给忘了！老鼠洞在哪里？指给我看看，我把饼给她送去。"

"马上就去，"乌达德说，"这是行善嘛。"

这可不符合厄斯塔什的心愿。

"咳！我的饼哪！"他说道，脑袋左右摇晃，两只耳朵来往碰着肩膀，说明他极不满意。

三个女人转身往回走。快到罗朗塔楼时，乌达德对另外两个说："我们三个不要同时往洞里瞧，会把赎罪婆吓坏的。我先贴在窗洞上看看，你们假装读祈祷书。赎罪婆有点儿认识我。什么时候来，我会叫你们的。"

她一人走到窗洞口。她朝里面探望，脸部的每根线条都露出深切的同情，快活开朗的面容，也骤然改变了表情和颜色，仿佛由阳光换成了月色。她的眼睛湿润了，嘴巴抽搐着，就像要哭似的。过了一会儿，她用一个手指头放在嘴上，示意马伊埃特过去。

马伊埃特踮起脚尖走过去，异常激动，默默无语，仿佛是在走向垂危病人的床前。

两个女人站在装有铁栅栏的窗洞口，屏气凝神，一动不动，往老鼠洞里张望，眼前的景象的确惨不忍睹。

小屋非常狭窄，宽度大于深度，顶是尖拱的，看上去很像主教帽的内里子。地面上铺着石板，上面光秃秃的。在一个角落里，坐着或者不如说蹲着一个女人，下巴压着膝头，双臂抱住双腿，缩成一团，身穿一件大皱褶的棕色粗布袍，花白的长发披在脸上，沿着两条腿一直垂到脚下，一眼望去，就像是怪影，一个黑黝黝的三角形，展现在小屋黑暗的背景上。窗洞里射进来的光线，把她明显地分割成两种色调，一半阴暗，一半明亮，就像在梦中或在戈雅不寻常的作品①中可以看到的那种半明半暗的幽灵，面色苍白，阴森可怖，一动不动地蹲在坟墓上或靠在黑牢的铁栅栏上。这既非女人，也非男人，既非生物，也非一个明确的形体，而是一个形象，一个幻影，真实和虚幻犹如光明和黑暗交织在一起。在她垂到地面的长发下，依稀可辨瘦削而冷峻的面孔；粗布袍下，稍稍露出一只光脚，在坚硬冰冷的石板地上抽搐；丧衣裹卷之下隐约可见的这一点儿人形使人不寒而栗。

这个形体，仿佛嵌在石板地上，没有动作，没有思想，没有气息。时值一月，只穿一件单薄的粗布衫，光着脚，蜷缩在冰冷的花岗岩石上，待在囚室的阴影中，没有火，斜斜的窗洞只吹进寒风，却透不进阳光。她好像没有痛苦，甚至也没有感觉。她仿佛变成了囚室的石头，冬天的冰块。她双手合抱，眼神发呆，第一眼看去，感到像是幽灵，第二眼看去像一尊石像。

她那发紫的嘴唇时而微微张开，颤动一下，透一口气，但如随风飘动的树叶那样死板、机械。

然而，从她呆滞的眼睛里，闪射出一种目光，一种难以形容的目光，一种悲伤、深邃、坚定的目光，锲而不舍地投向从外边看不到的一个角落里，仿佛把这悲伤灵魂的所有阴郁的思想牢牢地系在了一个神秘的物体上。

这就是那个因住处而被称为"隐居婆"，因衣着而被称为"赎罪婆"的女人。

三个女人——因为热韦丝也过来了——一齐从窗洞往里张望。她们的脑袋遮住了微弱的光线，可是可怜的女人似乎毫无察觉，对她们看也不看。乌达德低声说："不要打扰她，她现在精神恍惚，正在祈祷。"

---

① 戈雅的画风奇异多变，擅长运用强烈的明暗对比。

可是，马伊埃特看着这苍白、枯萎、头发蓬乱的脑袋，越来越焦虑不安，眼睛充满泪水，喃喃地说："这就奇怪了。"

她把头从窗洞的栅栏里伸进去，目光终于够着了可怜女人死死盯住的那个角落。

当她把脑袋从窗洞里抽出来时，已是泪流满面。

"这个女人，你们叫她什么？"她问乌达德。

乌达德回答：

"我们叫她居迪尔嬷嬷。"

"可我叫她帕凯特·尚特弗勒里。"马伊埃特接着说。

说着，她把一个手指头放在嘴上，示意目瞪口呆的乌达德也把头伸进窗洞去看看。

乌达德照办了。她看见隐居婆神思恍惚地凝视着的那个角落里，有一只缀满金银薄片的红缎小鞋。

乌达德看完，热韦丝也伸进脑袋，然后，三个女人望着这不幸的母亲，哭了起来。

可是，她们的目光和眼泪，都没能引起隐居婆的注意。她依然合着双手，闭着嘴唇，眼睛仍旧盯着那个角落。知道她悲惨遭遇的人，看见她那样凝视着小红鞋，怎能不心痛欲裂！

三个女人一直没有说话；她们不敢出声，哪怕是低声说话也不敢。面对隐居婆深深的沉默和痛苦，面对她除了一样东西之外，其余一切全部从记忆中消失的彻头彻尾的遗忘，她们感到仿佛置身于复活节或圣诞节的主祭坛前。她们静默着，沉思着，准备跪下祈祷，仿佛在耶稣受难日①走进了一个教堂。

热韦丝最好奇，因此也最没有同情心，她试图让隐居婆开口说话，喊道："嬷嬷！居迪尔嬷嬷！"

她喊了三次，声音一次比一次高。隐居婆一动不动，没有说一句话，没有吐一口气，没有朝窗洞看一眼，也没有显露出一点儿生命的迹象。

乌达德也跟着喊起来，声音更温柔，更亲切：

"嬷嬷！圣居迪尔嬷嬷！"

---

① 耶稣受难日，天主教圣周（复活节前一周）的星期三、四和五，这几天要念诵赞经。

仍然没有声音，宛如泥塑木雕。

"真是个怪女人！"热韦丝喊了起来，"大炮也惊不动她！"

"可能是聋了。"乌达德叹了口气说。

"可能是瞎了。"热韦丝补充说。

"可能是死了。"马伊埃特接话说。

可以肯定，即使灵魂还没有离开这个麻木不仁、死气沉沉的躯体，也已退缩和隐藏到外部器官感觉不到的无底深渊之中了。

"只好把这块饼放在窗口了。"乌达德说，"可那样小孩子们会拿走的。怎样把她弄醒呢？"

厄斯塔什一直在专心观看大狗拉小车，忽然发现带他来的三个大人在窗洞里张望什么，也产生了好奇心，就踩上一根石桩，踮起脚尖，把红红的脸蛋儿贴在窗洞上，喊道："母亲，让我也看看嘛！"

听到这清脆、响亮、纯真的童音，隐居婆浑身一激灵。她像弹簧似的扭过头来，两只瘦骨嶙峋的长手把前额上的头发撩开，看了看孩子，目光充满了惊讶、痛苦和绝望，但那目光只是一闪而过。

"啊！我的天哪！"突然，她把头埋进两膝之间，大声喊道，那嘶哑的声音仿佛把她胸腔撕裂了，"为什么要让我看别人的孩子呀！"

"您好，太太。"孩子郑重地说。

然而，刚才的激动似乎把隐居婆惊醒了。她浑身哆嗦，牙齿打战，微微抬起头，胳膊肘夹紧大腿，两只手握住脚，像是要把它们焐暖，嘴里说着："啊！好冷呀！"

"真可怜！"乌达德非常同情地说，"您想烤烤火吗？"

她摇摇头拒绝了。

"那么，"乌达德伸手递给她一小瓶酒，说，"给您酒，喝两口暖暖身子。"

她又摇摇头，看看乌达德，说道："水！"

乌达德仍然坚持："不，嬷嬷，一月里不能再喝冷水啦。应该喝点酒，把这块玉米饼吃了吧，我们特地为您做的。"

她把马伊埃特递给她的饼推开，说："黑面包！"

"喏，"热韦丝也动了恻隐之心，脱下羊皮短大衣，"这件大衣比您身上那件暖和，把它披在肩上吧。"

她像拒绝酒和饼那样也拒绝了衣服，回答说："粗布衣。"

"可昨天是过节呀，您想必也看到了吧。"善良的乌达德说。

"看到了。"隐居婆说，"我的水罐里两天没有水了。"

静默了一会儿，她又说："是过节，大家把我忘了。这没有错。我不关心世界，世界为什么要关心我呢？炭火一熄，灰也就冷了。"

说完，她又低下头，撑在膝盖上，仿佛讲话讲累了似的。单纯善良的乌达德以为她最后几句话仍在抱怨冷，就天真地说："您是想要火吧？"

"火！"赎罪婆用一种奇怪的语调说，"您也能给在地底下躺了十五年的可怜孩子生火吗？"

她四肢哆嗦，声音发颤，双眸闪光。她已经跪在地上了。突然，她伸出苍白枯瘦的手，指着一直惊讶地看着她的孩子，喊道："快把这孩子带走！那个埃及女人要来了！"

然后，她扑倒在地上，额头敲击石板地面，发出两石撞击般的声音。那三个女人以为她死了。可是，过了一会儿，她又动了，她们看见她用膝盖和胳膊肘在地上爬，一直爬到放小红鞋的那个角落里。她们不敢看了，也看不见她，但听得见一下又一下的亲吻，一声又一声的叹息，同时夹杂着揪心彻骨的哭喊，还有像是头撞墙发出的沉闷响声。然后，又听到一下格外沉重的撞击声，三个人吓得差点儿摔倒。接下来，什么也听不见了。

"不会是自杀了吧！"热韦丝说。她大着胆子把脑袋探进窗洞，喊道："嬷嬷！居迪尔嬷嬷！"

"居迪尔嬷嬷！"乌达德也跟着喊道。

"啊！天哪！她动也不动了！"热韦丝说，"是不是死了？居迪尔！居迪尔！"

马伊埃特难过得一直说不出话来，这时，她强制自己，对同伴说："等一等！"然后，凑近窗洞，喊道："帕凯特！帕凯特·尚特弗勒里！"

即使一个孩子傻乎乎地去吹没有点燃的爆竹，以致炸痛了眼睛时受到的惊吓，也远不如马伊埃特对着小屋喊完隐居婆的名字后，看到隐居婆的反应时受到的惊吓大。

隐居婆浑身颤抖，光着脚突然一跃而起，跳到窗口，眼睛冒着火焰，吓得马伊埃特、乌达德、热韦丝和孩子赶快往后退，一直退到了河堤的栏杆旁。

隐居婆阴森可怖的面孔出现在窗口，紧贴窗栏上。只听见她狞笑着喊道："哈哈！是埃及女人在叫我哪！"

这时，示众柱周围的场面把她惊恐的目光吸引了过去。她吓得皱起额头，把两只骨瘦如柴的胳膊伸出窗外，嘶哑着声音叫道："又是你呀，埃及婊子！是你在喊我，偷孩子的女人！喂！你这该死的东西！该死！该死！该死！"

四　一滴水，一颗泪

隐居婆的这几句话，可以说是在各自的舞台上同时展开的两幕戏的汇合点。一幕是我们刚才看到的老鼠洞，另一幕发生在示众台上，我们马上就要叙述。第一幕只有三个女人做见证，刚才我们已看到了。第二幕的观众，是前面提到的聚集在河滩广场示众柱和绞刑架周围的群众。

上午九时起，四名卫兵就站到了示众柱的四个角上。因为估计有希望看到货真价实的刑罚，虽然不会是绞刑，但至少也会有鞭刑或刵刑①，或其他什么。观众纷至沓来，把四个卫兵团团围住，迫使卫士不止一次地用警棍或马屁股，像那时候的人说的那样，把他们**往外压**。

观众等候观看公开行刑是训练有素的，并不显得特别不耐烦。为了消磨时间，他们就观赏示众柱。这示众柱可以说是一种结构非常简单的建筑物，立方形的砖石砌体，十来尺高，中间是空的，一道优雅地叫作"梯子"的非常陡峭的毛石台阶，通往示众柱顶端的平台，台上平放着橡木转盘。犯人双膝跪着，双臂反剪，绑在转盘上。绞盘藏在这个小建筑体的内部，绞盘带动木轴，转盘也就跟着旋转起来，但始终保持水平。旋转中，犯人的脸就连续不断地显示给广场各个部位的观众。这就是所谓的"转"犯人。

正如大家看到的，河滩广场的示众柱远不如菜市场的示众柱美观。谈不上建筑艺术，也说不上气派宏伟。没有带铁十字的屋顶，没有八角灯，没有耸立在屋顶边缘带有饰花和叶板的细圆柱，没有奇兽怪物丛生的檐槽，没有镂花的木构架，没有精雕细刻的浅浮雕。

---

① 刵刑，割耳朵的刑罚。

只有四面毛石墙和两个沙石内壁,两边矗立着面目狰狞、瘦骨伶仃、光秃秃的石头绞刑架。

对于爱好哥特式建筑的人来说,河滩广场的示众柱可能不是美味佳肴。好在中世纪爱看热闹的人对建筑艺术不感兴趣,一根示众柱美不美观,他们不大在乎。

犯人终于绑在囚车后部被押送过来了。当他被抬上示众柱的平台,绳绑索捆在转盘上,从广场各个角落都能看见的时候,全场爆发出一阵震耳的嘘声、笑声和喝彩声,因为大家认出是卡西莫多。

的确是他。昨天,他还是众丑之王,就在这个广场上,在埃及公爵、乞丐大王和加利莱皇帝的簇拥下,受到了众人的致敬、欢呼和喝彩,今天,他又回到河滩广场,却被绑在示众柱上,这真是太离奇了。但可以肯定,在这群看热闹的人中,没有一个人会明确地想到做这个比较,即使是昨日荣耀今日受辱的卡西莫多自己,也未必会这样做。这个场面就少格兰古瓦和他的哲学。

不久,向国王陛下宣过誓的号手米歇尔·努瓦莱喝令观众肃静,根据御前大法官大人的命令,大声宣读判决书。读毕,便和穿号衣的帮手们退到囚车后面去了。

卡西莫多神色镇定,连眉头都不耸一下。他根本无法反抗,因为,拿当时刑事用语来说,他被**绳索又紧又牢地捆绑着**,就是说,绳索和铁链很可能陷进肉里去了。此外,这是监狱和苦刑的传统做法,直到今天还没有丢弃,使用脚镣手铐,这一传统在我们这个文明、温和、人道的国家里,还珍贵地保存着(还有苦役犯监狱和断头台)。

他任人摆布,被人又拉又推,抬上平台,捆了又捆,绑了又绑。从他的脸上只能看到野人或白痴受惊后的表情。人们知道他是聋子,可他却像个瞎子。

他们把他按下去跪在转轮上,他没有反抗。他们剥掉他的衬衣、外衣,直到露出胸脯,他也毫无反应。他们又给他绑上另一套皮索和扣环,他仍然任人摆布。只不过他不时地喘着粗气,就像缚在屠夫车上的牛犊,脑袋耷拉在车沿上,一摇一晃,不时地喘息一样。

"这傻瓜!"磨坊的约翰·弗罗洛对他的朋友罗班·普斯潘说(这两个学生理所当然地跟着犯人来了),"他就像金龟子关在匣子里,懵懵懂懂的。"

观众看见卡西莫多赤裸的驼背、鸡胸以及长满硬皮和汗毛的肩膀，忍不住哈哈大笑。大家正在哄笑的时候，一个身穿大堡号衣、矮小健壮的汉子走上平台，站在犯人身旁。他的名字很快传遍在场的观众。他是大堡的施刑吏皮埃拉·托特吕老爷。

他先把一个黑色计时沙漏放到示众柱的一个角上，沙漏的上层装满红沙，红沙不停地流向下层。接着，他脱掉双色披风，大家就看见他右手上吊着一根皮鞭，由几股细长闪光的白皮索编成辫子，疙疙瘩瘩，一头装有金属刺。他漫不经心地用左手把右胳膊的衬衣袖子挽到腋下。

约翰·弗罗洛把金发卷曲的脑袋拼命往上伸，在众人的头顶上喊道（为此，他撑到了罗班·普斯潘的肩膀上）："先生们！女士们！快来看哪！他们就要狠狠鞭打我哥哥若扎副主教的敲钟人卡西莫多先生啦！那是一座古怪的东方建筑，脊背像个圆屋顶，两条腿像扭曲的柱子。"

群众哄然大笑，孩子和姑娘们笑得更起劲。

最后，施刑吏用脚一踢，轮盘开始转动。五花大绑的卡西莫多东歪西倒。这时，那张脸上突然露出惊愕的表情，使周围的笑声有增无减。

转盘把卡西莫多可怕的脊背转到施刑吏皮埃拉老爷跟前，皮埃拉突然举起右手，细皮鞭像几条扭结的游蛇，在空中咝咝作响，狠狠地落在可怜人的肩膀上。

卡西莫多仿佛从梦中惊醒，身子跳了一下。他这才开始明白。他在五花大绑中扭动着身子。惊讶和痛苦使他面部肌肉猛烈抽搐，但他没有哼一声，只是前后左右摇晃着脑袋，有如腰部被牛虻叮了一口的公牛。

第一鞭抽完，又抽第二鞭，一鞭接一鞭，没完没了，无休无止。轮盘不停地旋转，皮鞭雨点般地落下，很快就打出血来了。只见一条条血水顺着驼背黑乎乎的肩膀往下流淌，细长的皮鞭在空中旋转，血珠飞溅到观众身上。

卡西莫多至少表面上又恢复了无动于衷的神情。他先是暗暗使劲，试图挣断绳索，身子却没有明显的扭动。只见他眼睛发亮，肌肉鼓胀，四肢蜷缩，而那些皮索和链条被绷得紧紧的。这是绝望的挣扎，力大无比，不可思议。无奈古老的绳索顽强抵抗，轧轧地响了几声，仅此而已。卡西莫多精疲力竭，只好偃旗息鼓。脸部表情由惊呆换成了痛苦和沮丧。他闭上那只独眼，头垂到胸前，装起死来。

此后，他不再动弹，对一切都毫无反应，尽管鲜血不停地往下流，鞭答越来越疯狂，施刑吏越打越兴奋，越打越气愤，皮鞭比一群虫豸的蜇针更厉害，发出的声音更尖厉，更可怕。

最后，一个穿黑衣骑黑马，从行刑开始就站在梯子旁的大堡执达吏，把手中的乌木细棒向计时沙漏指了指，施刑吏就停止了鞭答，轮盘也就停止了转动。卡西莫多慢慢地睁开了眼睛。

鞭答结束了。施刑吏的两个助手给犯人洗净肩上的血迹，给他擦了一种不知什么药膏，伤口随即愈合。接着，他们又把一件黄色无袖衫扔到他的背上。皮埃拉·托特吕则甩动吸满鲜血的皮鞭，红红的血滴在地面上。

可是，对卡西莫多来说，事情还没有结束。他还要在示众柱上待一个时辰。这是审判官弗洛里昂·巴伯迪埃纳先生在罗贝·代斯图特维尔阁下的判决书上公正地添上的处罚。这真是对让·德·居梅纳①那句表现生理学和心理学关系的古老文字游戏**聋子即荒唐**②的最大颂赞。

于是，计时沙漏又翻过来了。驼背卡西莫多仍然绑在转盘上，直到刑罚结束。

人民，特别是中世纪的人民，他们同社会的关系，犹如孩子同家庭的关系。只要他们没有摆脱愚昧无知，道德上和智力上仍处于未成年阶段，就可以把他们比作孩子。

这个年龄没有同情心。

前面已经说过，卡西莫多遭到普遍的仇恨，事实上，这也不是没有理由的。在人群中，几乎每个人都有理由或自认为有理由抱怨圣母院的可恶驼背。看到他出现在示众柱上，大家都很高兴；他刚才蒙受的酷刑以及酷刑留给他的遍体鳞伤，非但没有使他们的心肠变软，反而被他们看作一件赏心乐事，从而使他们的仇恨变得更加恶毒。

因此，公诉（借用法官们至今沿用的行话）完毕之后，形形色色的私人报仇就开始了。和在司法宫大厅里一样，女人们骂得最凶。她们对他都有怨恨，有的恨他太坏，有的恨他太丑，后者比前者火气更甚。

---

① 让·德·居梅纳（1592—1670），捷克作家，人文主义者，现代教育的创始人。
② 原文为拉丁语。surdus（聋子）加上前缀ab-就成absurdus（荒唐，愚蠢）。

"喂！反基督的丑八怪！"一个骂道。

"骑扫帚的巫师！"另一个喊道。

"瞧那鬼脸多漂亮，多悲惨，"还有一个吼道，"要是在昨天，你就能当丑八怪王啦！"

"好哇，"一个老妇人接口说，"那是示众柱上的鬼脸。什么时候能看到绞刑架上的鬼脸呀？"

"该死的敲钟人，什么时候顶着你的大钟进坟墓呀？"

"就是这个魔鬼每天给我们敲祈祷钟的呀！"

"喂！聋子！独眼！驼背！妖怪！"

"你这张丑脸，孕妇一见就会流产，比任何堕胎药都管用。"

至于磨坊的约翰和罗班·普斯潘，这两个大学生使劲唱着古老的歌谣：

　　一根绞索，
　　　对付无赖汉！
　　一捆木柴，
　　　对付丑八怪！

其他人也都竭尽侮辱之能事，嘘声、笑声、骂声此起彼伏，不断有石头扔向示众柱。

卡西莫多听不见，但看得出，观众的狂怒不仅表现在言辞上，也充分展示在脸上。何况，观众向他扔石头，这也说明他们咧着嘴笑是出于恶意。

开始他还忍着。在施刑吏的皮鞭下，他一直顽强地挺住，可是，面对虫豸般群众的乱蜇乱咬，他渐渐失去了耐心，就像西班牙阿斯图里亚斯地区的公牛，对斗牛士的进攻倒无所谓，却会被狗和标枪激怒。

他先是慢慢地用恫吓的目光环视人群。因为他仍被五花大绑着，目光也就显示不出力量，赶不走咬他伤口的苍蝇。于是，他用力挣扎，想摆脱绳索，狂怒地扭来扭去，把那陈旧的轮盘弄得轧轧响。这样，群众的讥笑和嘲骂就更加疯狂了。

那可怜人看到无法挣脱束缚野兽的枷锁，就又平静下来。只是不时地鼓起胸膛，愤怒地哼一声。他的脸上毫无羞赧之色。他远没有被社会同化，而是更接近自然，不知道什么叫羞耻。再说，他丑到那种程度，对耻辱还会敏感吗？然而，愤怒、仇恨和绝望使他的丑脸上渐渐笼罩起一层阴云，越来越浓，逐渐蓄满了电流，化作千万道电光，在独眼巨人那只眼睛里闪闪发亮。

可是，当一头骡子驮着一个神父从人群中走过时，他那乌云密布的脸豁然开朗了。可怜的犯人远远地看见骡子和神父，脸色就变得温和，狂怒和抽搐顿时烟消云散，露出了充满无尽温柔、宽厚和亲切的奇异微笑。神父愈走愈近，卡西莫多的笑容就愈明显，愈清晰，愈是光辉灿烂，就像在欢迎一位救星到来。可是，当骡子快走近示众柱，骑骡子的人能够认出犯人是谁的时候，神父却把头一低，猛然打了个回转，策骡疾奔而去，仿佛要赶紧躲开什么耻辱的要求，不想被一个处于这种境地的可怜人认出来，当众受到他的致敬。

这神父就是堂·克洛德·弗罗洛副主教。

一层更浓更密的乌云又降落到卡西莫多的额头上，微笑还在阴云中滞留了一会儿，但那是苦涩、沮丧、无限忧伤的笑容。

时间一点点过去。他在那里至少待了一个半小时，受尽侮辱、讥笑和折磨，差点儿没被石头砸死。

突然，他又在锁链下扭动起来，那是更加绝望的挣扎，连他身下的整个木板都抖动起来，他打破了一直顽强保持的沉默，发出嘶哑和狂怒的喊声："水！"这声音与其说是人的喊声，毋宁说是野兽的吼叫，盖过了群众的喧闹。

这绝望的呼喊，非但没有唤起同情，反而使示众柱周围善良的巴黎市民更加开心。应该说，从整体上看，这群人跟我们前面认识的那群可怕的流浪乞丐一样残酷，一样愚蠢，只是那些乞丐处于民众的最底层罢了。周围除了对犯人口渴表示嘲笑外，没有一个人吭气。当然，那时他脸色涨得发紫，汗流满面，目光迷乱，由于痛苦和愤怒，嘴里流着白沫，舌头伸在外边，模样委实滑稽可笑，不仅让人可怜，更让人讨厌。还要指出的是，纵然这群人中，有哪位好善乐施的男女，想给这受苦受难的可怜人送一杯水去，这个好心的撒玛利亚人[①]也不敢冲破偏见，冒着受耻辱的危险，登上

[①] 好心的撒玛利亚人，《圣经》中的人物，救了一个被强盗打得半死弃在路边的人。见《路加福音》第十章。

示众柱不光彩的台阶。

几分钟之后,卡西莫多用绝望的目光扫视人群,又用更加凄楚的声音喊了一次:"水!"

又一阵哄笑。

"喝这个吧!"罗班·普斯潘劈脸给他扔去一块在阴沟里浸过的毛巾,喊道:"拿着,可恶的聋子!我欠着你的情哪!"

一个妇女朝他脑袋扔去一块石头:"看你半夜三更还敲不敲该死的钟吵醒我们!"

"喂,小子!"一个瘸子想用拐杖去打他,吼叫道,"你还敢从圣母院钟楼上向我们施魔法吗?"

"给你个碗,叫你喝!"一个男的说着,把一只破水罐恶狠狠地朝他胸口扔去,"我老婆就因为你从她面前经过,就生了有两个脑袋的孩子!"

"我的猫下了个六只爪的小猫!"一个老妇人尖声嚷道,顺手把一块瓦片向他扔过去。

"水!"卡西莫多呼吸困难地喊了第三次。

这时,他看见民众闪开一条路,走出一个奇装异服的姑娘。她手里拿着一面巴斯克手鼓,身边跟着一只金犄角的白山羊。

卡西莫多的眼睛闪烁了一下。那正是他昨夜试图绑架的埃及姑娘。他隐约意识到,就因为这件事,他此刻才在这里受罚的。其实,他受惩罚是因为他不幸耳朵听不见,凑巧审判他的法官也是个聋子。他肯定她也是来报复的,和别人一样来打击他。

他果然见她快步登上梯子。愤怒和怨恨使他透不过气来。他恨不得能把示众柱震塌;假如他眼睛里冒出的电光能把人劈死,埃及姑娘走不到平台就会变成灰烬。

她默默地走近犯人,卡西莫多扭身想躲开她,但白费力气。她从腰带上解下水壶,轻轻地送到卡西莫多干裂的唇边。

这时,他那只干枯而炽热的眼睛里,滚动着一颗泪花,沿着那张因绝望而久久抽搐的丑脸慢慢地往下淌。这也许是他第一次落泪。

可是,他忘了喝水。埃及姑娘不耐烦地噘了噘嘴,微笑着把壶口贴近卡西莫多缺齿少牙的嘴巴上。他大口大口地喝着。他渴极了。

可怜人喝完水,伸出黑黑的嘴巴,显然是想吻一吻那只救助他的美丽小手。但姑娘可能心存戒心，想起昨天夜里的那场暴行，就像害怕野兽咬似的，吓得赶紧缩回手。

于是，可怜的聋子凝视她，目光里充满责备和难以表达的忧伤。

这样一位美丽、鲜艳、纯洁、妩媚，同时又那样娇弱的姑娘，却如此虔诚地跑去救助一个这般落魄、丑陋和凶恶的怪物，此情此景到哪里也是感人肺腑的。而这个场面发生在示众柱上，就更显得壮丽感人了。

连观众也深受感动，开始鼓掌欢呼："好！好！"

就在这时候，隐居婆从洞穴的窗口，远远地看见埃及姑娘站在示众柱旁，就向她发出了那句凶狠的诅咒："该死的埃及婊子！该死！该死！"

五　玉米饼故事的结尾

爱斯梅拉达脸色唰地变白了，跟跟跄跄走下示众柱。隐居婆的声音追逐不放："下吧！下吧！埃及女贼！你还会再上去的！"

"赎罪女又在胡说八道了。"观众悄声嘀咕。他们也就敢嘟囔几句。因为这种女人总是叫人望而生畏，也就神圣不可侵犯。那时候，对于日夜祈祷的人，谁也不愿攻击的。

时间已到，卡西莫多该被带回去了。他被松了绑，人群就散开了。

马伊埃特和她的两个同伴一起回去，走到大桥附近，她突然停下来："对了，厄斯塔什，你那块饼呢？"

"母亲，"孩子说，"您和洞里那位太太说话时，一只大狗在我饼上咬了一口，我就把它吃了。"

"怎么，先生，"她又说，"您全都吃完啦？"

"母亲，是那条狗。我让它别咬，它不听。于是我也咬了。就这样！"

"这孩子真可怕。"母亲嘴里在责怪，脸上却笑眯眯的，"您看，乌达德，他这么小，就能一个人把我们夏勒朗热果园里的一棵樱桃树上的樱桃全部吃光。所以，他祖父说，他将来要当统帅。——厄斯塔什先生，看你以后还敢！——走吧，小胖狮！"

第七卷

一 把秘密告诉山羊的危险

几个星期过去了。

三月初的一天。太阳虽还没有被迁回修辞法的祖师爷巴塔[①]先生喻为"擎蜡烛的大公",却同样明媚灿烂,光彩夺目。那天,春光融融,风和日丽,巴黎人倾城而出,广场上、街道上,人来人往,熙熙攘攘,就像过节一样。在这明媚、温暖和宁静的日子里,有一个时刻去欣赏巴黎圣母院的大门最合适。那就是太阳快要落山,几乎面对面地照着这座主教堂的时候。落日余晖越来越西斜,缓缓撤离广场,沿着圣母院陡直的正面冉冉上升,成千上万的圆浮雕凸现在夕阳的阴影上面,而中央巨大的圆花窗却宛若库克罗普斯[②]的独眼,在熔铁炉的照射下火光闪烁。

现在正是这样的时刻。

夕阳染红了巍峨的大教堂。对面,在广场和前庭街的交角处,坐落着一幢富丽堂皇的哥特式住宅,几个如花似玉的姑娘正在门厅上方的石头阳台上说说笑笑,万般娇媚和轻狂。她们长长的头巾从珠围翠绕的尖帽顶上一直垂到脚后跟;质地精细的绣花胸衣,按照当时诱人的风尚,遮住她们的玉肩,却微微露出少女美丽的胸脯;她们个个花团锦簇,外衣考究得令人惊叹,衬裙比外衣更华丽,更珍贵。所有这些服饰,不是绫罗绸缎,就是天鹅绒。尤其是,她们的手又白又嫩,说明她们过着饭来张口、茶来伸

[①] 巴塔(1544—1590),法国诗人。

[②] 库克罗普斯,希腊神话中的独眼巨人。库克罗普斯有好几类,这里是指铁匠库克罗普斯。

手的悠闲生活：从这一切，不难看出她们是富贵人家的千金小姐。确实，百合花·德·贡德洛里埃小姐和她的女伴狄安娜·德·克里斯特伊、阿姆洛特·德·蒙米谢尔、科隆贝·德·加伊丰泰纳，还有小女孩德·尚舍弗里埃，都是大家闺秀，正聚集在德·贡德洛里埃遗孀家里，因为博热大人偕同夫人四月间将来巴黎，给玛格丽特太子妃挑选女傧相，然后前往皮卡迪，从弗兰德尔使臣那里迎接玛格丽特公主。方圆三十里内的乡绅们都渴望为女儿获得这份殊荣，许多人已经亲自或托人把女儿送到巴黎，交给可敬可靠的阿洛伊丝·德·贡德洛里埃夫人照管。她是前王室弓手队教头的遗孀，带着独养女儿隐居在巴黎，府邸就在圣母院前庭广场上。

姑娘们所在的阳台，与一间卧室相通，卧室的墙壁上挂着浅褐色的弗兰德尔皮幔，印有金叶旋涡，华丽至极。平顶搁栅有着千奇百怪的雕刻，描金涂彩，赏心悦目。四周放着几个雕镂衣橱，涂着珐琅，光彩照人。华丽的餐具橱上，陈放着一个陶瓷的野猪头，餐具橱分为两层，表明女主人是方旗骑士的妻子或遗孀。房间里面有一个上下刻满纹章的大壁炉，旁边有一张红艳艳的天鹅绒安乐椅，德·贡德洛里埃夫人就坐在安乐椅上，五十五岁左右，从她的服饰和相貌上都可以看出来。她身旁站着一个青年男子，从外表看，有点爱虚荣、爱逞勇，但仍不失高贵自尊。对于这样的英俊青年，女人们肯定一见钟情，但严肃的或善于看相的男士却不屑一顾。这个青年骑士，穿着金光闪闪的王室弓手队长的制服，同朱庇特的戏装十分相像，我们在本书第一卷中已欣赏过了，这里不再赘述，免得读者厌烦。

小姐们有的坐在房间里，还有的坐在阳台上，房间里的坐在镶金角的乌德勒支①天鹅绒方垫子上，外面的坐在雕有花卉人物的橡木矮凳上。她们正在绣一块巨幅壁幔，壁幔摊在她们的膝盖上，还有一大段拖在覆盖地板的席子上。

她们轻声细语，欲笑而止，有小伙子在场，姑娘们交谈总是这个样子。至于我们的小伙子，只要他在场，姑娘们就表现得如此自尊，可他自己却似乎不大在意。那几个漂亮姑娘都争着吸引他的注意力，他却似乎忙着用麂皮手套擦拭他皮带上的扣针。

老夫人不时地同他低声说话，他尽量装得彬彬有礼，一一作答。阿洛

---

① 乌德勒支，荷兰城市，以织造业著称。

伊丝夫人同弓手队长低声交谈时，笑容可掬，做着默契的手势，还向女儿百合花使使眼色，因此，不难看出那青年同百合花已经订婚，不久将要完婚。但从军官冷漠和尴尬的样子，也可以猜到，他已不再爱那个姑娘了。他的整个神情都表明他心里已经厌倦。要是让今天城防部队的下级军官来形容这种心情，就会绝妙地说："真是他妈的苦差事！"

这个善良的夫人，作为可怜的母亲，心里只想着女儿，哪里会看出军官缺少热忱，只顾低声向他叨叨说，百合花引针走线，多么灵巧利落。

"您瞧，侄儿，"她拉拉他的袖管，招呼他弯下腰，对他耳语道，"您瞧呀！她俯下身子了！"

"是的。"年轻人回答道，随后，又像先前那样沉默冷淡，心不在焉。

过了一会儿，他又不得不弯下腰，听阿洛伊丝夫人说话：

"您见过像您未婚妻那样活泼可爱讨人喜欢的脸蛋吗？有比她更白净的皮肤、更好看的金发吗？有这样完美无缺的手吗？她的脖子仪态万方，妙不可言，可与天鹅的脖子相媲美。连我有时都羡慕您呢！做男人是您的福气，您这个浪荡鬼！我的百合花美得令人崇拜，是不是？您被她迷住了，是不是？"

"可不。"他答道，心里却在想别的事。

"那您去跟她说说话呀。"阿洛伊丝夫人突然说道，并用手推他过去，"去和她说点什么，您怎么变得胆小了？"

我们可以告诉读者，胆小既不是这位队长的优点，也不是他的缺点。不过，他还是照夫人的要求做了。

他走到百合花身边，说："亲爱的表妹，您绣的这幅壁幔是什么花样呀？"

"亲爱的表哥，"百合花用抱怨的口吻回答，"我都告诉过您三遍了，是海王尼普顿①的洞府。"

显然，对于弓手队长的冷淡和心不在焉，百合花比她的母亲看得清楚。他感到有必要找些话说了。

"这海王什么的，是给谁绣的呀？"

"圣安托万-德尚修道院。"百合花回答，眼皮都不抬一抬。

---

① 尼普顿，罗马神话中的海王，即希腊神话中的波塞冬。

弓手队长拿起壁幔的一个角：

"亲爱的表妹，这位鼓着大腮帮子吹海螺的胖士兵是谁呀？"

"特里同①。"她回答。

百合花的回答总是简单生硬，有点赌气的味道。年轻人明白，必须凑到她的身边说几句话，无聊的，恭维的，什么都行。于是他俯下身去，可是绞尽脑汁，也找不出更温柔体贴的话来，只好问道："您母亲为什么总穿绣着纹章的紧身衣，就像查理七世时代我们的祖母们穿的那样？您告诉她，亲爱的表妹，现在已不时兴了。衣袍上绣着铰链、月桂树之类的纹章②，使她看起来就像会走路的壁炉。事实上，现在谁也不坐在自家的旌旗上了，我向您发誓。"

百合花抬头看看他，漂亮的眼睛饱含着责备。她低声对他说："您要对我发誓的就这些吗？"

好心的阿洛伊丝夫人见他们交头接耳，唧唧私语，高兴极了，她摆弄着扣祈祷书的襻儿，说："多么动人的爱情画面呀！"

弓手队长越来越不自在，只好又回到壁幔的话题上："绣得太棒了！"他叫道。

听到这话，另一个身穿蓝缎裙，衬得皮肤格外白皙的金发美人科隆贝·德·加伊丰泰纳，怯生生地说了一句试探性的话，表面上是对百合花，内心却希望英俊的弓手队长回答："亲爱的贡德洛里埃小姐，您见过罗施-居荣府的挂毯吗？"

"就是卢浮宫洗衣女工花园所在的府邸吧？"狄安娜·德·克里斯特伊笑着回答。她的牙齿很漂亮，因此动辄就笑。

"那里还有巴黎古城墙的一座大箭楼呢。"阿姆洛特·德·蒙米谢尔补充说。这姑娘有一头卷曲的棕发，娇艳漂亮，喜欢莫名其妙地叹气，正如狄安娜喜欢咧着嘴笑一样。

"亲爱的科隆贝，"阿洛伊丝夫人说，"您是不是指查理六世时代德·巴

---

① 特里同，海王波塞冬的儿子，下半身像鱼，他用海螺吹出的声音既可兴风作浪，又可平息风浪。

② 贡德洛里埃（Gondelaurier）这个姓氏拆开来便是gond（铰链）和laurier（月桂树），这是这一家族的纹章。古代法国，壁炉、旌旗和衣袍上常有代表家族的纹章。

"他这样瞅她,太遗憾了!"阿姆洛特·蒙米谢尔说,"她舞跳得让人着迷!"

"亲爱的弗比斯表哥,"百合花忽然说道,"既然您认识这个吉卜赛女孩子,为什么不招呼她上来呢?这会让我们很开心的。"

"太好了!"姑娘们拍手称道。

"这是胡闹!"弗比斯回答,"她可能不记得我了,我连她的名字都不知道。不过,小姐们,既然你们愿意,我就试试。"于是,他从阳台栏杆上探出身子,喊道:"小姑娘!"

那个舞者此刻恰好没有打鼓。她朝喊声的方向转过头来,晶亮的目光落到弗比斯身上,骤然,她停下来,不跳了。

"小姑娘!"弓手队长又喊一声,招招手让她过来。

姑娘又看了看他,蓦地,双颊涨得绯红,像是升起了一团火。她把手鼓夹在腋下,穿过惊愕不已的观众,朝弗比斯喊她的那栋房子走去,她走得很慢,跟跟跄跄,她目光迷乱,就像被蛇诱惑的小鸟。

过了一会儿,门帘掀开,吉卜赛姑娘出现在房门口。她满脸通红,气喘吁吁,手足无措,大眼睛低垂着,两只脚不敢再向前迈一步。

贝朗热尔拍手欢迎。

然而,那跳舞的姑娘站在门口没有动弹。她的出现对这群姑娘产生了奇特的作用。毫无疑问,想取悦漂亮军官的朦胧欲望撩拨着每一个姑娘的心,他那身华丽的军服是她们卖弄风情的目标,从他到场之时起,她们就开始了一场秘密而无声的竞争,虽然心里不太敢承认,但言行举止时刻暴露着这场争斗。然而,她们的姿色不相上下,难分高低,因此在这场争斗中,她们势均力敌,旗鼓相当,谁都可望获胜。吉卜赛姑娘一来,就打破了这个均势。她美艳夺目,人间少有,当她出现在房门口时,就仿佛散发出独有的光辉。在这狭小的房间里,在这帷幔和护壁环绕的阴暗空间,她比广场上显得更美丽,更灿烂,就像是一个火炬,刚从阳光下拿到阴暗的地方。那几个贵族小姐不由得目眩神迷,惊讶不已,人人感到自己的美貌受到了伤害。因此,她们的阵线——请原谅我用这样的措辞——顿时改变了,虽然彼此没有交换一句话。她们是息息相通的。女人之间的理解和呼应要比男人来得快,因为女人凭直觉,男人却凭大脑。刚才来了一个敌人,这一点,她们全都感觉到了,就结成了联合阵线。一滴红葡萄酒足以染红一杯水；要让一群美丽的姑娘都染上某种情绪，只需要来一个更美丽的姑娘——尤其是只有一个男士在场的时候。

因此，吉卜赛姑娘受到的接待出奇地冷淡。她们从头到脚把她打量一遍，然后，互相看了看，便心中有数了。她们的心思已互相了解。而那个姑娘却在等着人家同她说话，激动得连眼皮都不敢抬一下。

弓手队长第一个打破沉默："说真的，这是一个迷人的姑娘！"他说话的语气还是那样自命不凡，盛气凌人，"您觉得怎样，亲爱的表妹？"

这样一句赞语，说话人如果多长一分心眼，至少不会那样大声；姑娘们正在默默观察吉卜赛姑娘，听到这句赞语，嫉妒情绪当然有增无减。

百合花装出不屑一顾的样子，酸溜溜地对弓手队长说："不错呀！"

其他几个在窃窃私语。

阿洛伊丝夫人因为女儿的缘故，也很嫉妒，她对姑娘说："过来，小姑娘。"

"过来，小姑娘。"贝朗热尔学说了一遍，语气庄重得令人发笑。其实，她的个头儿还不到吉卜赛姑娘的腰部哩。

埃及姑娘向高贵的夫人走去。

"漂亮的小姑娘，"弗比斯朝姑娘走了几步，不无夸张地说，"我不知道我是不是极为荣幸地被您认出来了……"

她抬起笑脸，无限温柔地看着他，打断他的话说：

"啊！是的。"

"她记性很好。"百合花说。

"噢！"弗比斯又说，"那天夜里，您很快就溜了。我让您害怕了吗？"

"啊！不。"吉卜赛姑娘说。

先是一声"啊！是的"，现在又一声"啊！不"，语调里面有一种难以名状的东西，使百合花快快不乐。

"我的美人，"弓手队长又说道，当他和一个街头女郎讲话时，话就多了，"您走了，却给我留下一个又是独眼又是驼背的讨厌家伙，我想是主教的敲钟人。据说他是一个副主教的私生子，生下来就是魔鬼。他的名字很有趣，叫四季大斋日，还是圣枝主日，封斋前的星期二，我记不清了。反正是要敲钟的节日名称！他竟敢绑架您，好像您是供教堂差役取乐似的！岂有此理！那猫头鹰为什么要抢您？嗯，告诉我！"

"不知道。"她回答。

"太放肆了！一个敲钟人抢一个姑娘，倒像是子爵似的！一个贱民竟敢侵犯贵族的猎物！真是少见！不过，他付出的代价也够大的。皮埃拉·托特吕法官是最粗暴的人，揍起贱民来从不手软。如果您愿意听的话，我告诉您，您那个敲钟人的皮已被他那双灵活的手扒掉了。"

"真是个可怜人！"吉卜赛姑娘说道，这番话使她又想起了示众柱上的那幕景象。

弓手队长纵声大笑："牛的角！您的怜悯就像是一根羽毛插在猪屁股上。我愿像教皇那样有个大肚子，如果……"

他猛地刹住话头："对不起，女士们！我想我差点要说蠢话了。"

"呸，先生！"加伊丰泰纳小姐说。

"他竟用她的语言同她说话！"百合花低声说。她越来越气恼，当她看到弓手队长对埃及姑娘着了迷，尤其看到他如此得意忘形时，竟然单脚在原地转了个圈，以大兵式的粗野和天真，献媚地说："真是个漂亮姑娘，我以灵魂发誓！"当她看到这些时，她的气恼更是有增无减。

"瞧她不伦不类的衣服！"狄安娜·德·克里斯托伊说。她说着一笑，露出了漂亮的牙齿。

狄安娜的话使其他几个姑娘茅塞顿开，看到了埃及姑娘身上的弱点。既然她的容貌无懈可击，那就转而攻其服饰。

"可不是，小姑娘，"蒙米谢尔小姐说，"你这样不穿胸衣，不戴颈饰，满街乱跑，是从哪里学来的?"

"瞧她的衬裙，短得吓人。"加伊丰泰纳小姐说。

"亲爱的，"百合花尖酸刻薄地说，"您戴着镀金腰带，不怕警卒把您抓走?"

"小姑娘，"克里斯托伊说，她仍没忘记笑而露齿，"你要是老实一点，用衣袖遮住你的胳膊，就可以少挨太阳烤了。"

这些如花似玉的姑娘，却恶言恶语，出口伤人，就像毒蛇，围着街头舞者盘旋、滑行、扭动，这个场面，非要比弗比斯智商更高的观众，才能招架得住。她们残酷无情，却又妩媚动人。她们冷言冷语，把埃及姑娘寒碜的奇装异服上下里外鞭挞了一遍。又是哄笑，又是讽刺，又是凌辱，无休无止，没完没了。嘲笑的话似倾盆大雨，泼到埃及姑娘身上，还有那倨傲的垂怜，充满恶意的目光，好似一群古罗马贵族小姐，在把一根根金针扎进一个美丽女奴的胸脯上取乐；又似一群优雅的猎犬，翕动着鼻翼，瞪大着灼热的眼睛，围着一只可怜的母鹿转来转去，因为主人用目光制止它们吞食。

在这些贵族小姐面前，一个卑微的街头舞者算得了什么！她们似乎无视她的存在，当着她的面，对她大声地评头论足，就好像在议论一件肮脏、卑贱但又美丽的东西。

对这些冷嘲热讽，吉卜赛姑娘不是毫无察觉。她的双眸不时闪出怒火，双颊不时羞得通红。她似乎想说句话损损她们，但话到嘴边停住了。她只做了一个读者早已熟悉的动作，轻蔑地噘了噘嘴，始终沉默不语。她呆呆地站着，用顺从、忧悒和温和的目光望着弗比斯。这目光里也洋溢着幸福和柔情。她好像在竭力克制自己，因为害怕被人赶走。

弗比斯却笑呵呵地、半真半假地袒护着吉卜赛姑娘。

"小姑娘，让她们说去吧！"他翻来覆去地说，并故意把金马刺碰得当当响，"当然，您这身打扮是有点古怪粗野，不过，像您这样迷人的姑娘，这又有什么关系呢？"

"我的上帝！"金头发的加伊丰泰纳小姐伸长天鹅般的细脖子，做出酸溜溜的微笑，喊道，"我看国王近卫队的弓手先生们一碰到埃及姑娘的漂亮眼睛就会着火。"

"为什么不呢？"弗比斯说。

弓手队长的回答本是无的放矢，就像随意扔出的石子，连落到哪里都不看一眼。可是说者无心，听者有意，科隆贝哈哈大笑，狄安娜、阿姆洛特、百合花也笑出了声。百合花笑的时候，眼眶里滚动着一颗泪花。

刚才，吉卜赛姑娘听到科隆贝·德·加伊丰泰纳说那句话时，就低下眼睛了，现在，她又抬起来，重新凝视弗比斯，目光中闪烁着兴奋和骄傲。这时候，她真是美极了。

老夫人始终在一旁观看，目睹此番情景，非常生气，同时又大惑不解。

忽然，她大叫起来："圣母！什么东西在碰我的腿呀！哎呀！讨厌的畜生！"

原来是山羊来找女主人了。它急匆匆地朝埃及姑娘奔去，可是那贵妇人坐着，衣裙的下摆堆在脚边，山羊的犄角缠在里面了。

大家的注意力都转移到山羊身上。吉卜赛姑娘一声不响,帮山羊摆脱了衣裙。

"呀!瞧这小山羊,蹄子是金的哪!"贝朗热尔欢呼雀跃,叫了起来。

吉卜赛姑娘跪在地上,脸颊贴到山羊温柔的脑袋上,仿佛在求它原谅,刚才不该撇下了它。

狄安娜低头在科隆贝耳边嘀嘀咕咕:

"嗨!我的上帝!我怎么早没想到呢?她就是带山羊的吉卜赛姑娘。有人说她是巫婆,她的山羊会变好多神奇的戏法呢。"

"那好,"科隆贝说,"叫山羊也让我们开开心,给我们变个戏法。"

狄安娜和科隆贝赶快对埃及姑娘说:"小姑娘,让你的山羊变个戏法吧。"

"我不知道你们说什么。"跳舞姑娘回答。

"一个戏法,一种魔术,一种巫术呗。"

"我不会。"她又开始抚摸美丽的山羊,反复喊着,"加利!加利!"

这时,百合花发现山羊脖子上挂着一个皮制的绣花荷包。"这是什么?"她问埃及姑娘。

埃及姑娘抬起大眼睛望着她,庄严地回答:"这是我的秘密。"

"我很想知道你的秘密是什么。"百合花心里想道。

老夫人早已生气地站起来了:"喂,吉卜赛姑娘,你和你的山羊要是不跳什么舞给我们看,那还在这里干什么?"

吉卜赛姑娘没有言语,慢慢地向房门口走去。可是,离房门越近,脚步就越慢,仿佛有一块不可抗拒的磁石在吸引她。蓦然,她回眸看看弗比斯,眼睛里饱含着泪水。她停住了脚步。

"上帝!"弓手队长喊道,"不能就这样走了。回来,给我们跳个什么。对了,美人,您叫什么名字?"

"爱斯梅拉达。"街头舞者仍然目不转睛地看着他。

听到这个古怪的名字,姑娘们放声大笑。

"一个姑娘叫这样可怕的名字!"狄安娜说。

"你们看见了吧,"阿姆洛特说,"她是个巫婆!"

"亲爱的,"阿洛伊丝夫人一本正经地说,"您这个名字,肯定不是您父母在给您洗礼时起的。"

然而，几分钟前，趁大家没有注意的时候，贝朗热尔用一块杏仁饼，把山羊引到了房间的一个角落里。她俩很快就成了好朋友。好奇的小姑娘从山羊脖子上解下荷包，打开来，把里面的东西抖落到地板上。原来是一块块黄杨木，每块木头上刻着字母表的一个字母。这些玩具木块刚摊到地板上，小女孩就惊讶地看到山羊伸出金脚爪，拨拉出几个字母，轻轻推着，按照一定的次序排列起来。这大概就是山羊的一种戏法。转眼工夫，就排成了一个词，看来山羊训练有素，因为不假思索就拼好了这个词。突然，贝朗热尔惊叹地合上手掌，惊叫起来：

"百合花教母，您看山羊刚才干什么了！"

百合花跑过去一看，浑身打了个战。排在地板上的字母组成了一个词：

PHŒBUS[①]

"是山羊写的？"她的嗓门都变了。

"是呀，教母。"贝朗热尔回答。

这是不容怀疑的，贝朗热尔不会写字。

"这就是秘密。"百合花想。

这时，听到孩子的喊声，大家全都跑来了：母亲、姑娘们、吉卜赛少女，还有那位军官。

吉卜赛姑娘看见山羊做了傻事，脸上红一阵，白一阵，像罪人似的在队长面前发抖。而那队长又惊又喜，微笑地看着她。

"弗比斯！"姑娘们惊讶不已，窃窃私语，"这是队长的名字呀！"

"您的记性真好！"百合花对吓呆了的吉卜赛姑娘说道，随后啜泣起来。她用两只美丽的手捂住眼睛，万分痛苦，结结巴巴地说："啊！她是一个女巫！"可是，她听见心底里有一个更痛苦的声音对她说："她是一个情敌！"

她晕倒了。

"我的女儿！我的女儿！"母亲惊恐地喊道，"滚出去，地狱里的吉卜赛女人！"

一眨眼工夫，爱斯梅拉达收拾好那些倒霉的字母，向加利招招手，从

[①] 弓手队长的名字，本意是太阳神。山羊拼写时将两个字母叠在了一起。

一个门出去了，百合花则从另一个门被抬走了。

弗比斯队长独自待在屋里，在两道门之间犹豫不决，最后，跟着吉卜赛姑娘走了。

二　神父和哲学家是两回事

贵族小姐们看见站在圣母院北钟楼顶上凝视吉卜赛姑娘跳舞的神父，正是克洛德·弗罗洛副主教。

读者一定还记得，副主教在这座钟楼里为自己设置了一间神秘的密室。（顺便说一下，今天，在两座钟楼间的平台上，朝东有一个方形小窗洞，离地一人高，从窗洞里可以看见一个小屋，但是不是副主教的那间密室，我就不知道了。那间陋室，如今空空洞洞，一无所有，破烂不堪，墙壁上灰泥乱抹，还零乱地"装饰"着几幅发黄的拙劣版画，画面上是几座教堂的正面。我猜想，这个陋室同时穴居着蝙蝠和蜘蛛，因此，苍蝇受到两面夹攻，濒临灭绝。）

每天，日落前一小时，副主教总要从楼梯爬上钟楼，躲进那间密室，有时彻夜待在里面。那天，他来到密室的小门前，从腰包里掏出总随身带着的结构复杂的小钥匙，插进锁孔，忽然，他听见手鼓和响板的声音。声音来自前庭广场。前面说过，那间密室只有一个小窗洞，朝向教堂的圆屋顶。克洛德·弗罗洛连忙抽出钥匙，不一会儿，他就爬到了钟楼顶上，阴郁而沉思地伏在栏杆上，正是那几个贵族小姐看见的样子。

他站在那里，庄严肃穆，宛若泥塑，出神地看着广场，全神贯注地想着心事。巴黎在他脚下铺展开来，钟楼尖塔数不胜数，天边山丘环抱，平缓柔和，塞纳河弯弯曲曲，从一座座大桥下面流过，市民在街上波动，炊烟在空中缭绕，屋顶鳞次栉比，犹如一串串链环，挤压着圣母院的屋脊。可是，在整个城市中，副主教只看着一块地面，那就是前庭广场；在整个人群中，他只看着一个人，那就是吉卜赛姑娘。

要说清楚那是什么样的目光，为什么那目光中射出火焰，这是极其困难的。那是发呆的目光，然而充满着迷惘和不安。他全身凝然不动，只是偶然不由自主地颤抖一下，就像树木在风中摇曳一样；他双肘伏在栏杆上，但比栏杆更像石头；他脸上僵着微笑，连肌肉也在抽搐：看到这一切，你会以为克洛德·弗罗洛身上只有两只眼睛还有生命。

吉卜赛姑娘正在跳舞。那是普鲁旺斯的萨拉邦德舞。她边舞边用手指尖转动着手鼓，不断抛向空中，轻灵、敏捷、欢快，丝毫没有感到有个可怕的目光沉甸甸地落在她头顶上。

观众密密层层，一个可笑的男子穿着半红半黄大袖口外衣，不时地站起来让观众围好圈子，然后又回到离姑娘几步远的一张椅子上坐下，把山羊的脑袋放到膝盖上。这个人像是吉卜赛姑娘的伙伴。克洛德·弗罗洛站得太高，看不清楚他的模样。

副主教看见这个陌生男子后，注意力似乎就分成了两半，脸色越来越阴沉。突然，他直起腰，一阵战栗掠过全身："这男人是谁？"他咬牙切齿地说，"我一直看见她是一个人。"

于是，他又钻到螺旋楼梯的弯弯曲曲的拱顶下面，下楼去了。当他经过钟笼门口时，从半掩半开的小门里，看到了一件怪事，大吃一惊：他看见卡西莫多伏在板岩挡雨披檐的一个窗口上，也在凝视广场。他那样聚精会神，都没有发现养父经过。他那粗野的眼睛里有一种异样的表情，那是陶醉的含情脉脉的眼神。"这就怪了，"克洛德喃喃自语，"难道他在看埃及姑娘？"他继续下楼去。几分钟后，心事重重的副主教走出钟楼底层的侧门，来到了广场上。

"吉卜赛姑娘干什么去了？"他混进被鼓声吸引来的观众中问道。

"不清楚，"他身旁的一个人回答，"刚才还在。我想，是到对面那幢房子里去跳凡丹戈舞①了，是他们喊她去的。"

刚才埃及姑娘翩翩起舞，变幻莫测的舞步遮没了地毯上的阿拉伯图案。现在，就在姑娘待过的地方，副主教只看见穿红黄两色外套的男子，为了也能挣几个小钱，绕着观众走圈子，双肘夹在腰上，头向后仰着，脸涨得红红的，脖子绷得紧紧的，嘴里咬着一把椅子，椅子上绑着一只猫，是向邻居借来的。那猫吓得"喵喵"直叫。

"我的圣母！"当街头艺人咬着椅子和猫筑成的金字塔，汗流满面地经过时，副主教叫了起来，"皮埃尔·格兰古瓦先生在这里干什么？"

副主教严厉的喊声，使可怜的江湖艺人心头一震，一下子失去了平

---

① 凡丹戈舞，源于西班牙，一种伴以响板的三拍子民间舞蹈。

衡，金字塔摇晃起来，椅子和猫乱七八糟地砸在观众头上，观众嘘声四起。

幸亏皮埃尔·格兰古瓦（因为确实是他）趁着混乱躲进了教堂（是克洛德·弗罗洛示意他跟去的），否则，他肯定要遇到麻烦，猫的主人以及周围脸部被擦破和碰伤的观众都会找他算账。

教堂里一片昏暗，冷冷清清。正殿两旁的走廊里黑咕隆咚，那几个小教堂已开始点灯，因为拱顶越来越黑了。只有正面墙上五颜六色的大圆花窗，沐浴在一抹落日余晖中，宛若一堆钻石，在黑暗中闪闪烁烁，把令人眼花缭乱的七色光谱反射到正殿的尽头。

他们没走几步，堂·克洛德便靠在一根柱子上，眼睛紧盯着格兰古瓦，但这不是格兰古瓦所惧怕的目光。他穿着这身小丑服装，被这样严肃而博学的人撞见，羞得无地自容，但神父的目光毫无嘲笑和讽刺的意味，而是严肃平静，炯炯有神。副主教首先打破沉默：

"过来，皮埃尔先生。有许多事您得给我说说清楚。首先，差不多有两个月没看见您了，怎么回事？您怎么会在大街上卖艺？穿着这身漂亮的服装，确实漂亮！半黄半红的，就跟科德贝克的苹果似的！"

"阁下，"格兰古瓦可怜兮兮地说，"这套服装确实太古怪，您看见了，我就像猫顶着一个葫芦，狼狈极了。我这样做会逼得巡警先生们鞭打穿着这套奇装异服的毕达哥拉斯学派信徒的肩胛骨，我自己也觉得很不好。可是，我尊敬的师长，我有什么办法呢？这全是我那件旧大衣的错。冬天一开始，它就卑鄙地抛弃了我，借口说它已破成布条，需要到捡破烂的背筐里去休息了。怎么办呢？现代文明还没达到像古人第欧根尼①主张的那样可以光着身子上街的地步。再说那时候寒风凛冽，要让人类成功地迈出这新的一步，也不是在一月这样寒冷的天气。凑巧有这么一件短衫，我就穿上了，把原来那件又破又旧的黑大衣扔了。那件破衣服，不像炼丹炉那样密不透风，对我这个炼丹术信徒不太合适。因此，我就穿小丑的服装，和圣热内斯特②一样。有什么办法？这是暂时的黯淡无光。阿波罗不也曾为阿德

---

① 第欧根尼（约前404—约前323），古希腊犬儒学派哲学家。第欧根尼认为，除了自然的需要必须满足外，其他任何东西，包括社会生活和文化生活都可以抛弃。

② 圣热内斯特，古罗马的殉道者，曾是滑稽剧演员，为古罗马皇帝狄奥克雷蒂安演出。

墨托斯①放过猪吗?"

"您这个职业不错嘛!"副主教说。

"老师,我也认为搞搞哲学,写写诗,对着炉膛吹吹火,或从天上收收火②,要比顶着椅子耍猫强。所以,刚才您呵斥我时,我就像毛驴见了烤肉叉③,顿时心慌意乱,手足无措。可是,有什么办法呢,阁下?人每天总得生活呀。最优美的亚历山大诗,嚼起来还不如一块布里奶酪有味哩!我给弗兰德尔的玛格丽特公主写了那部有名的婚礼赞歌,这您是知道的,可是,市里借口写得不好,分文不付,好像索福克勒斯的一部悲剧,四个埃居就可以打发似的。我眼看就要饿死了。幸亏我发现我的颔骨比较结实,我对它说:'你可以卖卖力气,耍耍杂技,自己养活自己。Ale te ipsam④。'许多乞丐成了我的好朋友,教会了我二十来种大力士的把戏,现在,我白天额头流着大汗,用我的牙齿赚些面包钱,晚上就把挣来的面包给我的牙齿咀嚼。当然,我承认,这样使用我的智能是很可悲的,人生下来不是为敲手鼓、顶椅子过日子的。不过,尊敬的老师,光过日子还不行,还得挣钱糊口呀。"

堂·克洛德默默听着。忽然,他深陷的双眸射出敏锐而犀利的目光,格兰古瓦感到心灵深处都被这目光探究遍了。

"很好,皮埃尔先生,可您现在怎么跟那个跳舞的埃及姑娘在一起呢?"

"怎么!"格兰古瓦说,"她是我的妻子,我是她的丈夫呀!"

神父阴郁的眼睛燃烧起来。

"你竟做出这样的事来,无赖?"他气愤地抓住格兰古瓦的胳膊,叫道,"你竟被上帝遗弃到这般地步,去碰这种姑娘?"

"大人,我以进天堂的分儿发誓,"格兰古瓦浑身发抖,回答道,"如果您担心的是这个,那我可以向您保证,我从来没有碰过她。"

"那您怎么说丈夫和妻子?"神父说。

格兰古瓦赶紧把读者已经知道的事,他在乞丐王国的奇遇和摔罐成

---

① 阿德墨托斯,希腊神话中的弗赖国王。

② "对着炉膛吹吹火"和"从天上收收火"都是炼金术语。

③ 烤肉叉,一种能够转动的机械装置,一般由人或狗转动。

④ 拉丁语,即"自己养活自己"。

亲,简明扼要地向他叙说了一遍。看来,这场婚姻仍然毫无结果,就跟第一夜那样,吉卜赛姑娘一直都没让他过新婚之夜。"我真是苦不堪言哪,"他最后说,"只怪我倒霉,娶了个圣女。"

"此话怎讲?"副主教问道。这番叙说,使他渐渐平静了。

"这很难说清楚。"诗人回答,"是因为迷信。据一个老盗贼——我们那里都叫他埃及公爵——据他讲,我妻子是捡来的孩子,或者说丢失的孩子,这都是一回事。她脖子上挂着护身符,据说,能确保她日后与父母重逢,可是,如果姑娘失去童贞,护身符也就失灵了。因此,我们俩都守身如玉。"

克洛德的额头越来越舒展。"那么,"他又说,"皮埃尔先生,您认为这个女人没有被任何男人亲近过?"

"堂·克洛德,对于这种迷信,男人有什么办法?她的脑子里只有这个。我认为,在一群极易驯服的流浪女中顽固保持修女的贞节,这是很难得的。但她有三样东西保护自己:一是埃及公爵,他把她放到自己的卵翼下,可能盘算着要将她卖给哪个修士老爷吧;其次是她的部族,他们都非常尊敬她,把她当作圣母;她还有一把可爱的匕首,这个泼妇无视御前大法官的禁令,总是随身携带,藏在什么地方;谁要是想搂抱她的细腰,那匕首就会赫然出现在她手中。真是一只骄傲的马蜂!"

副主教向格兰古瓦提了一连串问题。

据格兰古瓦看来,爱斯梅拉达是一个迷人的姑娘,长得很漂亮,从不伤害人,唯一的缺陷就是喜欢噘嘴;她天真热情,涉世不深,但古道热肠;她还不知道男女之间有什么差别,甚至连梦都没做过。她天生就这样!她酷爱跳舞,喜欢热闹和自由自在的生活。她就像一只蜜蜂,脚上长着看不见的翅膀,生活在旋转之中。她的这种性格是在长期的流浪生活中养成的。格兰古瓦终于打听到,她很小的时候,就跑遍了西班牙和卡塔卢尼亚,最后到了西西里。他甚至认为,她随着她的吉卜赛部落到过位于阿卡亚的阿尔及尔王国。阿卡亚一边与小小的阿尔巴尼亚和希腊接壤,另一边濒临西西里海。西西里海是通往君士坦丁堡的必由之路。格兰古瓦说,吉卜赛人是阿尔及尔国王的臣民,因为阿尔及尔国王是白摩尔民族的首领。有一点可以肯定:爱斯梅拉达从匈牙利来到法国时还很小。姑娘从这些国家带回了一些古怪的方言、歌曲和思想,这使她的语言比较混杂,和她的服装一样，一半是巴黎式，一半是非洲式。还有，她活泼可爱，生气勃勃，爱唱爱跳，因此，她常去的那几个街区的居民都很喜欢她。她认为全城只有两个人恨她，她谈起来常常胆战心惊。一个是罗朗塔楼的赎罪婆，这个丑恶的隐修女不知为什么如此仇恨埃及女人，每次看见在街头跳舞的可怜姑娘从她窗前经过，总要恶言恶语咒骂她；还有一个是神父，每次遇见她，总向她投射可怕的目光和话语，弄得她心惊肉跳、魂飞魄散。副主教听到这后一种情况，神色变得很尴尬，可是格兰古瓦没太注意，因为只消两个月，就足以使这个无忧无虑的诗人把那天晚上遇见埃及姑娘的奇怪情节，以及副主教在其间扮演的角色，忘得一干二净了。不过，姑娘没什么好怕的，她不给人算命，就不会有人控告她搞巫术，尽管那时候吉卜赛妇女遭受这类起诉的事屡见不鲜。再说，格兰古瓦即使算不上丈夫，他也像兄长那样保护她。不管怎么说，这位哲学家非常耐心地忍受了这种柏拉图式的婚姻。他总算有了个窝，也不会再挨饿了！每天早晨，他离开乞丐王国，一般总是和埃及姑娘结伴而行，在街头演出时，帮她收收钱；每天晚上，和她一起回到同一个屋檐下，任她躲进她的小屋里，把门倒插上，他则心无内疚地进入梦乡。总之，据他说，这是一种宁静的非常适合遐想的生活。再说，这位哲学家在灵魂深处也未必真正迷恋吉卜赛姑娘。他对山羊的爱和对她的爱几乎平分秋色。那是一个温驯、聪明、有灵性的可爱动物，是一只受过训练的山羊。这种驯服的动物在中世纪是很常见的，它们使观众惊叹声不迭，却也常常导致驯养人遭受火刑。然而，这只金蹄山羊耍的妖术，却完全是无辜的伎俩。格兰古瓦把细节向副主教做了解释，副主教似乎颇感兴趣。一般只要把手鼓的某个部位转向山羊，它就会做出预期的动作。这都是吉卜赛姑娘把它训练出来的。她在这方面有罕见的才华，只用了两个月，就教会山羊用活字母拼写PHŒBUS。

"PHŒBUS！"神父说，"为什么是PHŒBUS？"

"我不清楚，"格兰古瓦回答，"也许是一个她认为具有某种神秘魔力的咒语吧。她一个人待着时，常常低声念诵。"

"您肯定是咒语，不是名字？"克洛德又问，锐利的目光直逼格兰古瓦。

"谁的名字？"诗人问。

"我怎么知道？"神父说。

"我是这么想的，阁下，这些流浪汉有点信奉袄教，崇拜太阳，因此是

PHŒBUS。"

"我还没有像您那样清楚地看到这点。"

"反正这同我没关系。她爱怎么念诵她的PHŒBUS，就随她怎么念吧。但可以肯定，加利爱我同爱她几乎是一样深。"

"加利是什么？"

"是山羊。"

副主教手托下巴，仿佛沉思了一会。忽然，他猛地转过身去，问格兰古瓦：

"您跟我发誓，您没碰过她？"

"谁？"格兰古瓦说，"山羊？"

"不是，那女人。"

"我的妻子！我向您发誓，没有碰过。"

"您经常单独和她在一起？"

"每天晚上，足足一个小时。"

堂·克洛德皱了皱眉。

"哦！哦！一个男人和一个女人单独在一起是不会念主祷文的。"①

"凭我的灵魂发誓，即使我念《我的主》《圣母颂》和《信仰上帝，万能的主》②，她也不会注意我，就像一只母鸡不会注意教堂一样。"

"以您母亲的肚子向我发誓，"副主教粗暴地重复刚才的话，"您连手指尖都没碰过这个女人。"

"我还可以用我父亲的脑袋发誓，因为这两者之间关系密切。可是，尊敬的老师，请允许我也提一个问题。"

"提吧，先生。"

"这事跟您有什么关系？"

副主教苍白的脸孔唰地变得像姑娘的脸颊一样绯红。他一时无言以对，过了一会儿，才神色尴尬地说：

"听着，皮埃尔·格兰古瓦先生，据我所知，您还没有被罚入地狱。我关心您，希望您好。您只要碰一碰这个从魔鬼那里来的埃及姑娘，您就会沦为撒旦的奴仆。您知道，总是肉体毁灭灵魂。您要是接近这个女人，就

---

①② 原文为拉丁语。

会遭难！这就是我的解释。"

"我试过一次，"格兰古瓦挠着耳朵说，"是新婚那夜，可我碰了一鼻子灰。"

"您竟然这样放肆，皮埃尔先生？"

神父的额头又布满了阴云。

"还有一次，"诗人微笑着继续说，"睡觉前，我从她房门的锁孔往里瞧了一眼，我看见她穿着内衣光着脚丫把床踩得咯吱响，真是妙不可言。"

"快滚到魔鬼那里去吧！"神父大声吼道，目光可怕极了。他推开心醉神迷的格兰古瓦，大步钻进教堂最黑暗的拱廊下面去了。

三　钟

自从那天早晨卡西莫多在示众柱受刑以来，圣母院附近的居民发现敲钟人的敲钟热情似乎大大减退了。从前，动不动就敲钟，早祷和晚祷时，钟声经久不息。做大弥撒时，排钟齐鸣不断；举行婚礼和洗礼时，小钟奏出丰富的音阶，各种各样的钟声交织在空中，组成一幅光彩夺目的织锦。古老的教堂颤动着，轰鸣着，仿佛笼罩在永恒的欢乐里面。人们感到有一个任性而喧闹的精灵在那些铜嘴里不停歌唱。而现在，这个精灵仿佛已销声匿迹，圣母院教堂似乎死气沉沉，甘愿保持沉默。每逢节日和葬礼，只是按照礼仪敲几下钟，索然寡味，平淡无奇。大凡教堂都有二重奏，里面是管风琴，外面是钟，而现在只剩下风琴声了，仿佛乐师已经离开了钟楼。可是卡西莫多始终在里面。他有什么心事？莫非示众柱上蒙受的耻辱和绝望，他至今耿耿于怀？难道行刑吏残酷的鞭笞仍在他心底里不停回荡？难道凄惨的刑罚已使他心灰意懒，连对钟的热情也熄灭了？要不就是玛丽[①]在圣母院敲钟人的心目中遇到了情敌，有了更漂亮更可爱的对手，以致敲钟人冷落了那口大钟和她的十四个姐妹？

在这令人愉快的1482年，圣母领报瞻礼日[②]是3月25日星期二。这天空气清新透明，卡西莫多感到对钟的爱恋有点儿恢复了。于是，当堂役打

---

① 玛丽，巴黎圣母院大钟的名字。
② 圣母领报瞻礼日，基督教堂纪念天使加布里埃尔报告圣母怀孕，将生一子名叫耶稣的日子。

开教堂的一道道大门时，卡西莫多爬上了北钟楼。那时候，那些大门都是由结实的木头做的，外包皮革面，四周是镀金铁钉和"极其精美的"雕刻。

爬到楼顶的钟笼后，卡西莫多把里面的六口钟端详了一会儿，不无忧伤地摇摇头，仿佛在为他和它们之间出现的隔阂悲叹。可是，当他摆动起钟来，感觉到它们像一串葡萄在他手下摇晃的时候，当他看见（因为他听不见）颤动的八度音程在声音的阶梯上忽升忽降，犹如鸟儿在树枝间跳来跳去的时候，当音乐这个魔鬼摇着一串闪光的密集和音、颤音、琶音，附着在他身上的时候，他又感到无限幸福了，他忘掉了一切，心情舒展了，脸上露出了笑容。

他走来走去，拍着手，从这根绳子跑到那根绳子，用声音和手势激励这六名歌手，就像乐队指挥激励聪明的演奏家一样。

"干吧，"他说，"干吧！加布里埃尔。把你的声音全都倾注到广场上去。今天是节日。蒂博，别偷懒。你怎么慢了？快，快点儿！你生锈了吗，懒鬼？很好！快！快！不要让人看见钟锤。让他们都像我一样给震聋！就这样，蒂博，干得好！纪尧姆！纪尧姆！你是最胖的，帕基埃最小，可帕基埃干得最好。我敢打赌，听得见的人都能听出他比你干得好。好！好！我的加布里埃尔，响点！再响点！喂，你们这两只麻雀，你们在上面搞什么名堂？我怎么看不见你们发出一点声音？你们的铜嘴是白长的吗？要你们唱歌的时候，你们却打哈欠！嗨！快干活！今天是圣母领报瞻礼日呀，太阳又那么好。应该有美妙的钟乐呀！可怜的纪尧姆！瞧你都喘不过气来了，我的胖子！"

他忙着鼓励他的宝贝钟。那六口钟一个比一个跳得欢，它们摇摆着亮锃锃的腰肢，就像拉套的西班牙骡子，在车夫不停地吆喝下，跑得很欢。

钟楼笔直的墙壁在某一高度上覆盖着挡雨披檐，卡西莫多的目光越过铺着鳞片状的宽石板挡雨披檐，朝广场望去，忽然，他看见一个装束古怪的姑娘在广场上停了下来，把一块地毯铺在地上，一只小山羊走了上去，一群观众围成了圈。看到这个姑娘，他的思绪顿然改了道，他对音乐的热情猛然冻结，就像熔化的树脂遇到寒冷马上凝固一样。他骤然停下来，转身背对着钟，蹲在石板挡雨披檐后面，用那曾使副主教惊讶过一次的沉思、温柔而亲切的目光，凝视那跳舞的姑娘。这时，被遗弃的铜钟突然同时沉寂下来，使得钟乐的爱好者们大失所望。他们真诚地在换钱桥上倾听这和谐的音乐，钟声突然戛然停止，只好怏怏离去，好似一条狗，先看到一块肉骨头，可扔过来的却是一块石头，心中万分沮丧。

四 'ΑΝΑΓΚΗ

就在同一个三月里，一个春光明媚的早晨，我想是二十九日星期六吧，那天是圣厄斯塔什纪念日，我们的年轻朋友，大学生，磨坊的约翰·弗罗洛起床穿衣服的时候，突然发现裤兜里的钱包空空如也，听不到一个钱币的响声。"可怜的钱包！"他从裤腰的口袋里掏出钱包说道，"怎么搞的！一个子儿也没有了！骰子、啤酒和爱神把你残酷地掏光啦！瞧你干瘪瘪、皱巴巴的样子，就像泼妇的胸脯似的！西塞罗阁下和塞涅卡①阁下，我看见你们那些发硬的书籍撒得满地板都是，可我要问你们，我甚至比铸币总督和换钱桥上的犹太人更清楚一枚王冠埃居等于多少巴黎币，一枚新月埃居等于多少图尔币，可这有什么用？我现在身上连去压一次双六的子儿都没有！啊！西塞罗总督！这样的灾难，可不是凭一些**怎样但是的确是事实**②之类的迂回说法摆脱得了的呀！"

他愁眉苦脸地穿着衣服。他在扣鞋带时，脑子里闪过一个念头，但被他赶跑了。可那念头又回来了。他思想斗争很激烈，以致把背心都穿反了。最后，他把帽子往地上一扔，喊道："算了！管它怎么样。我这就去找我哥哥。可能会挨一顿训斥，但也可能得到一个埃居。"

于是，他急忙穿上金线锦缎皮里宽袖大衣，拾起帽子，孤注一掷地走出了屋子。

他从竖琴街朝老城的方向走去。经过小号角街，阵阵香味扑鼻而来，那些奇妙的烤肉叉不停地转动。他含情脉脉地看了看那家大烤肉店，就是这家烤肉店，曾使方济各会修士卡拉塔吉罗纳发出过哀婉的感叹："**这些烤肉店真是非同寻常！**③"可是，约翰没有钱吃饭，只好长叹一声。他进入小堡的门洞。那是排列成巨大双梅花形的一组大塔楼，守护着老城的入口。

---

① 塞涅卡（约前4—65），古罗马哲学家、戏剧家，新斯多葛主义的主要代表之一。
②③ 原文为拉丁语。

经过佩里内·勒克莱克的石像时,他甚至都顾不上按照习俗朝它扔一块石子。把查理六世的巴黎拱手出卖给英国人的就是这个人。为此罪行,他的人头石像在竖琴街和比西街的交角处受刑已达三个世纪了,就像被钉在永恒的示众柱上,他的脸被石头砸得伤痕累累,被污泥涂得肮里肮脏。

穿过小桥,走过新圣热内维埃芙街,磨坊的约翰来到了圣母院门前。这时,他又踌躇起来,围绕灰衣先生的雕像①徘徊了一阵,惴惴不安地念叨:"挨一顿训是肯定的,能不能拿到埃居却很难说!"

一个仆役从教堂内院出来,约翰拦住便问:"若扎的副主教先生在哪里?"

"我想他在钟楼那间密室吧,"仆役回答,"不过,我劝你别去打搅他,除非你是教皇或国王先生派来的。"

约翰拍起手来:"喔唷!真是千载难逢!我可以去看看那间遐迩闻名的施妖术的密室了。"

这个想法促使他下了决心。他毫不犹豫地跨进黑洞洞的小门,开始攀登通向钟楼高层的圣吉尔螺旋梯。"我倒要去看看!"他边上楼边思忖,"以圣母的乌鸦发誓!我那位老哥捂捂盖盖的那间密室,一定有什么见不得人的稀奇东西!听说他在里面烹调地狱的菜肴,生起大火烧点金石。见鬼!我才不管什么点金石呢,就像一块石头与我无关一样!我宁愿在他的炉子上看到一盘复活节的猪油炒鸡蛋,即使是世界上最大的点金石,也没有一盘炒鸡蛋令我感兴趣!"

爬到柱廊那一层,他稍微喘了喘气,对那爬不完的楼梯骂了不知其数的"见鬼",然后,继续向上爬,通过一个小门,进入现今谢绝参观的北钟楼。刚过钟笼不久,他就看见侧面角落有一个小平台,穹隆下有个低矮的尖拱小门,对面楼梯拐弯的墙壁上有一个枪眼,透过枪眼,他看到那门上面有一把大锁,外加结实的铁护板。今天谁要是好奇,想参观这个小门,会看到黑乎乎的墙壁上,刻着几个白花花的字:"我爱科拉丽,1829年。雨仁题。""题"字原文里就有。

"嘿!"大学生说,"一定是这里。"

钥匙就在锁上。门虚掩着。他轻轻地把门推开一点儿,探头朝里面

---

① 灰衣先生的雕像,指圣克里斯托夫的巨像。

张望。

读者一定翻阅过赏心悦目的伦勃朗画集,他是绘画界的莎士比亚。在他众多奇妙的版画中,有一幅腐蚀铜版画尤其杰出,据说画的是浮士德博士,谁见了都会发出赞叹。画面上是一间阴暗的小屋。中间有一张桌子,上面堆满了可怕的物品:死人头、地球仪、蒸馏瓶、圆规、写有象形文字的羊皮书。博士站在桌子前,身穿一件肥大的宽袖长外套,头戴一顶压到眉毛的皮帽子。只看到他半个身子,正从那张大安乐椅上站起来,痉挛的双手按在桌子上,诧异而又恐惧地凝视着一轮大光圈,这光圈由神奇的字母组成,犹如一轮太阳的光谱,在对面的墙上闪闪发光,照亮了黑洞洞的房间。这个充满魔力的太阳看上去在颤抖,用它神秘的光芒照耀着灰暗的小屋,多么恐怖,又多么壮丽。

当约翰冒险地从门缝中探进脑袋的时候,呈现在他眼前的景象和浮士德那间小屋颇有些相似。也是一间阴森森、黑乎乎的陋室,也有一张大安乐椅和一张大桌子,还有圆规和蒸馏器,天花板上挂着动物的骨骼,地板上滚着一个地球仪,几个马头骨和短颈大口瓶混杂在一起,金色树叶在瓶子里闪动,印着图形和文字的五颜六色的犊皮纸书上陈放着死人的头骨,几本巨卷手稿都摊开着,互相堆叠在一起,全然不顾易断裂的羊皮纸边角会不会破损裂开。总之,那是形形色色的科学垃圾,在这堆破烂上,布满了灰尘和蜘蛛网;但是,没有亮闪闪的字母构成的光圈,也没有心醉神迷的博士像兀鹰凝视太阳那样,凝视这闪闪发光的幻景。

不过,小屋里不是没有人。一个男人坐在椅子上,头俯在桌子上。他背朝着约翰,因此约翰只能看见他的肩膀和后脑勺。但从那光秃秃的头顶不难认出他是谁:大自然赋予他永恒的圆秃顶,似乎想以一个外部特征,表明这位副主教天生就是块当教士的料。

因此,约翰认出这是他的哥哥。他刚才推门的声音很轻,堂·克洛德丝毫没有发觉他的弟弟来了。好奇的大学生便趁机从容不迫地把密室仔细地观察一番。椅子左边,窗洞下方,有一个大炉子,他开始时没有注意到。阳光从窗洞里射进来,通过一个圆圆的蜘蛛网照亮屋子。那蜘蛛网就像一个精美的圆花窗,趣味盎然地镶嵌在窗洞的尖拱上,那个昆虫建筑家安安静静地待在网中央,如果把这花边状的网比作车轮,那蜘蛛就像是轮毂。炉子上乱七八糟地堆放着各种瓶瓶罐罐,有粗陶细颈瓶、玻璃蒸馏瓶、黑色长颈瓶。约翰发现炉子上没有锅子,叹了口气。"这套炊具倒是挺新鲜的!"他想道。

而且,炉子里没有火,看上去已有好久没生火了。在一堆炼金器具中间,约翰发现有一个玻璃面罩,想必是副主教在做什么危险实验时,用来保护面孔的,现在被扔在一个角落里,满是灰尘,像被遗忘了似的。旁边有一只风箱,也尽是灰尘,盖板上有铜刻的铭文:**吹风吧,希望吧**。①

墙上还有其他许多铭文,这是炼金术士们的习惯;有用墨水写的,也有用金属尖端刻的。有哥特字母、希伯来字母、希腊字母、罗马字母,杂乱无章,重重叠叠,新字迹掩盖了老字迹,就像荆棘的丛枝或混战中的长矛梭镖,互相扭结,彼此交错。这的确是一切哲学、一切梦幻、一切人类智慧的大混战。你间或会发现一条铭文比其他的更明亮,就像在长矛丛中闪烁的一面旗帜。正如中世纪人所擅长的那样,这些大多是拉丁语或希腊语的格言:**从哪里?从那里**②——**人对于人是妖魔**。③——**星辰,营地,名字,神明**。④——**伟大的书,巨大的祸**⑤——**敢于求知**。⑥——**想往哪吹就往哪吹**。⑦等等。有时候只是一个词,没有明显的意思,如 Avavxoφχνla⑧,可能痛苦地隐射修道院的生活;有时是用规范的六音步诗句写成的圣职训规,如:**天上的君主称天主,地上的君主称国王**⑨。还有一些零零星星的希伯来语铭文,和天书一样难懂,约翰连希腊语都几乎不会,对希伯来语当然更一窍不通了。在这些铭文中,还夹杂着许多星号、人或动物的图像和三角符号,使这些涂满字迹的墙壁看起来像是被猴子用蘸满墨水的笔胡乱涂过的纸张。

此外,整个密室是一派破败和无人照管的景象。炼金器具随处乱放,积满了灰尘,这使人想到屋主人可能已经好久不思工作,心里在想着别的事情。

这时,屋主人正在读一本有着古怪插图的手抄作品,似乎被一个念头所纠缠,不能静下心来思索。这至少是约翰的判断。他听见他的哥哥像个

---

① 原文为拉丁语。这是炼金术士的座右铭。
②③④⑥⑦⑨ 原文为拉丁语。
⑤ 原文为希腊语。
⑧ 希腊语,意为"强制的饮食制度,正如竞技者所遵循的"。

耽于梦想的人，在断断续续的沉思中，大声地说出心中所想的事：

"是的，马努说过，佐罗阿斯特尔教导过，太阳生于火，月亮生于太阳。火是宇宙的灵魂。火的基本原子通过无尽的川流，不停地向世界倾注、扩散。这些川流在空中相遇而生光，在地上交叉而生金——光和金是一回事，都是由火凝结而成的。——它们之间的差别是同一种物质的可见和可触、流体和固体的差别，是蒸汽和冰的差别，仅此而已。——这根本不是梦幻。——这是大自然的普遍规律。——可是，怎样用科学把这个普遍规律的秘密探寻出来呢？什么？照在我手上的光是金！这些按照某一规律扩散的原子，按照另一条规律就可以凝结成金！——怎么做呢？——有些人想把一道阳光埋藏起来。——阿维罗埃斯①——对，是阿维罗埃斯——阿维罗埃斯把一道阳光埋在科尔杜大清真寺古兰经圣殿左边的第一根柱子下面了，可是，要等八千年才能打开地穴，弄清楚实验是不是成功。"

"见鬼！"约翰思忖道，"要等那么久才能有一个金埃居！"

"……还有人认为，用天狼星的光做实验可能效果更好。"副主教遐思道，"可是，要得到这纯洁的光谈何容易，因为其他星星同时存在，星光会产生干扰。弗拉梅尔认为，用地上的火做起来比较简单。——弗拉梅尔！真是个不平凡的名字！弗拉梅尔就是 Flamma②呀！——对，用火就行了。——钻石存在于煤，金存在于火。——可是，怎样从火提炼出金呢？——马吉斯特里③说，有些女人的名字具有美妙而神秘的魔力，实验时只要念诵她们的名字……——我们来读一读马努说的话：'哪里女人受尊敬，神祇就高兴；哪里女人受轻视，祈祷上帝也无用。——女人的嘴永远是纯洁的，就像一股清泉，一道阳光。——女人名字应该是甜美的、动听的、虚幻的，以长元音结尾，同祝福的词很相像……'——对，先哲言之有理。真是这样，马利亚、索菲亚、爱斯梅拉达④……——该死！怎么老是这个念头！"

他猛地合上了书。

---

① 阿维罗埃斯（1126—1198），阿拉伯哲学家。

② 拉丁语，意为"火焰"。

③ 马吉斯特里，9世纪拜占庭哲学家。

④ 马利亚是圣母，索菲亚是智慧的化身，爱斯梅拉达则是副主教梦中的情人。这里，副主教从宗教联想到炼金术，又从炼金术联想到肉体的引诱。

他把手按到额头上,仿佛想驱逐那个纠缠他不放的念头。然后,他从桌子上拿起一颗钉子和一把小锤子。锤柄上稀奇地画着符箓一样的文字。

"好久以来,"他苦笑着说,"我的实验一次次失败。这个念头无休止地纠缠我,我的大脑像红三叶草那样枯萎了。我连卡西奥多尔斯[1]的秘密都没能发现,他那盏灯不用芯,不用油就能燃烧。这本来是很简单的事!"

"见鬼!"约翰暗暗说道。

"……所以,"神父继续说,"稍有一点邪念,就能使人斗志衰退,丧失理智!啊!叫克洛德·佩内尔[2]笑话我吧!她一刻也没能让尼科拉·弗拉梅尔离开他从事的伟大事业。什么!我手中不是拿着泽希埃莱[3]的魔锤吗!这个可怕的犹太教教士,他在密室里,用这把锤子敲一下这颗钉子,他想要惩罚的敌人哪怕离他两千里,也会深深地沉入地下,被大地吞噬。连法国国王都被他惩罚过:一天夜里,国王冒失地去敲这个魔术师的大门,站在巴黎的街面上,他的双腿一直下陷到膝盖。这事距今还不到三百年。——瞧!锤子和钉子不是归我了吗?可是,它们在我手中还不如铁匠手中的锤子管用。——关键是要找到泽希埃莱敲钉子时念的咒语。"

"无聊!"约翰想道。

"我们来试一试,"副主教急切地说,"假如成功,我会看到铁钉头上冒出蓝色的火花。——埃芒——埃唐!埃芒——埃唐!——不是这个!——西热阿尼!西热阿尼!——但愿这颗钉子给名叫弗比斯的人掘墓!……——见鬼!怎么老是这个念头!"

他气恼地扔掉铁锤,瘫倒在椅子上,被高大的椅背挡着,看不见了。好几分钟,约翰只看见他哥哥的拳头在一本书上抽搐。蓦地,堂·克洛德站起来,拿起一把圆规,用希腊语大写字母在墙上默默地刻下:

’ΑΝΑΓΚΗ

---

[1] 卡西奥多尔斯(约490—580),古罗马政治家、作家。
[2] 克洛德·佩内尔,尼科拉·弗拉梅尔的妻子。
[3] 泽希埃莱,13世纪的犹太教教士。

"我哥哥疯了，"约翰心里说，"写FATUM①不是更简单吗？不一定人人都必须懂希腊文的。"

副主教回来又坐到椅子上，脑袋埋在两只手里，就像发烧的病人把滚烫沉重的额头放在手上一样。

大学生惊讶地观察着哥哥。他从来自由自在，毫无约束，除了自然法则以外，不知道世上还有其他法则；他想爱就爱，听凭情欲自然发泄，他内心激情的湖泊从来都是干涸的，因为每天早晨他都要广泛开辟新的渠道。他当然不会知道，人的情欲一旦找不到出路，就会像大海那样汹涌澎湃，沸腾翻滚，就会堆积膨胀，满溢漫流，就会撕心裂肺，爆发为内心的呶泣和无言的抽搐，直到冲垮海堤，泛滥成灾。克洛德·弗罗洛表面上看严峻冷漠，脾气暴躁，难以接近，约翰错以为他是冷血动物。快活的大学生哪里想到，在这个像埃特纳火山②那样常年积雪的额头下，隐藏着沸腾、汹涌、深沉的熔岩。

我们不知道他此刻是不是已经意识到这些了，不过，他再没有头脑，也会明白他看见了不该看见的事，他无意中窥视到哥哥最隐秘的灵魂，因而不应该被克洛德发现。于是，当他看到副主教恢复一动不动的姿势时，便悄然缩回脑袋，在门后走动几步，装作有人来的样子，让里面的人知道他来了。

"进来！"副主教在屋里喊道，"我一直在等您。我故意把钥匙留在门上了。进来，雅克先生。"

大学生壮胆走进屋里。在这样的地点，接待这样一个来访者，副主教当然非常尴尬。他坐在椅子上，打了个哆嗦："怎么！是您，约翰？"

"反正都是J开头③。"约翰嬉皮笑脸地说。

这时，堂·克洛德已经恢复平素的严厉面孔。

"您来这里干什么？"

"哥哥，"大学生回答，竭力装出可怜、谦恭、得体的样子，以天真无邪的神态，转动着手中的帽子，"我来求您……"

---

① 拉丁语，意为"命运"。

② 埃特纳火山，欧洲最高的活火山，在意大利的西西里岛东岸，常年积雪。

③ 法语中，雅克和约翰都是字母J开头的。

"求什么？"

"给我一点儿我很需要的教诲……"他想接着说"和一点儿我更需要的钱"，但他不敢，句子的后一部分没有说出来。

"先生，"副主教冷冷地说，"我对您很不满意。"

"唉！"大学生叹了口气。

堂·克洛德把椅子转过来一点，眼睛盯着约翰："看到您，我很高兴。"

这是一句可怕的开场白。约翰准备挨一顿臭骂。

"约翰，每天都有人来告您的状。您殴打阿尔贝·德·拉蒙尚小子爵，把他打得鼻青脸肿，怎么回事？……"

"噢！"约翰说，"什么大事！是那个坏小子，仗着自己是侍童，故意策马在烂泥里狂奔乱跑，溅得学生们一身污泥。"

副主教又问："那您把马伊埃·法热尔的袍子撕破又是怎么回事？诉状上说，Tunicam dechiraverunt①。"

"嗨！那不过是一件蒙泰居式样的劣等小斗篷罢了！"

"诉状讲的是袍子，不是小斗篷。您会拉丁语吗？"

约翰不吭声。

"当然！"神父摇摇头继续说，"现在学校的学习和文科教学就是这个样子。拉丁语难得听到，古叙利亚语无人问津，希腊语也没有人喜欢，甚至最博学的人，遇到一个希腊词就跳过去不念出来，也不以为无知，还说：**这是希腊语，不会念**②。"

大学生这下果断地抬起头来，说："兄长大人，请您允许我用地道的法语给您解释一下那墙上写着的一个希腊词。"

"什么词？"

"'ΑΝΑΓΚΗ。"

副主教蜡黄的脸颊上泛起红晕，好似火山上空袅袅升起了一片烟雾，表明火山内部隐藏着激烈的震动。大学生没怎么注意。

"那好，约翰，"哥哥竭力回答，期期艾艾地说，"您说是什么意思？"

"**命运**。"

---

① 拉丁语，意为"他们撕破了袍子"。

② 原文为拉丁语。

堂·克洛德脸色唰地变白。大学生却并不在意，继续往下说：

"下面还有一个希腊词，是同一只手刻写的，意思是**堕落**。您看，我会希腊语吧。"

副主教默然无语。这一堂希腊语课使他陷入了沉思。被宠坏的孩子的各种狡诈本领，小约翰一应俱全，他认为现在是向哥哥提出要求的最好时机，便装出极其温柔的声音，试着说：

"我的好哥哥，您难道真的这样恨我？就因为我和别人打架吵嘴时，给了不知谁几个小小的耳光，您就对我这样厉害？不就是几个毛头小伙子，quibusdam mormosetis①吗？——您看，克洛德好哥哥，我会拉丁语。"

然而，这种虚情假意的温柔，对严厉的哥哥丝毫没有产生往常的效果。刻耳伯洛斯没有来咬蜜饼②。副主教的额头丝毫不见舒展。

"您到底要什么？"副主教生硬地说。

"好吧，这就谈正题！是这样，"约翰鼓足勇气说，"我需要钱。"

听到这个厚颜无耻的要求，副主教脸上换了一副父亲教训儿子的表情。

"您知道，约翰先生，我们蒂尔夏普采邑的年贡和二十一幢房屋的租金全部加起来，也只有三十九巴黎利弗十一苏六德尼埃。比起帕克莱兄弟时代增加了一半，但仍然是不多的。"

"我需要钱。"约翰毫不退让。

"您知道，宗教裁判所已做出决定，我们的二十一幢房屋归属主教采邑，要付给尊敬的主教大人价值六巴黎利弗的两个镀金银马克，到现在我还没能凑齐。这您是知道的。"

"我只知道我需要钱。"约翰第三次重复。

"要钱干什么？"

这个问题，使约翰的眼睛闪出一道希望之光。他又装出乖猫般的温柔。

"瞧，亲爱的克洛德哥哥，我找您要钱不是去干坏事，我不会拿您的钱到酒店去摆威风，也不会骑着华鞍彩镫的骏马，带着我的仆人，cum meo

---

① 拉丁语，意为"毛头小伙子"。

② 刻耳伯洛斯，希腊神话中三个头的恶狗，负责看守地狱大门。古希腊人在死者下葬时要把蜜饼放在棺材里，作为投给恶狗的食物。

laquasio①,在巴黎街头游荡。不,我的哥哥,我是要做一件好事。"

"什么好事?"克洛德有点感到意外。

"我的两个朋友想给圣母升天会的一个贫苦寡妇的初生儿买一套衣服。这是件善事。大概要三个弗罗林,我也想凑个份子。"

"您那两个朋友叫什么名字?"

"皮埃尔屠夫和巴蒂斯特赌徒。"

"哼!"副主教说,"叫这样名字的人做善事,就好比把射石炮放在主神坛上。"

确实,约翰选择这两个名字很不恰当,但他发觉得太晚了。

"再说,"克洛德洞烛其奸,继续说,"什么产儿衣服,要三个弗罗林?您说是买给一个圣母升天会修女的孩子?从什么时候起,圣母升天会的寡母开始有襁褓中的婴儿了?"

约翰再次打破僵局:"那好,算您说得对!我需要钱,今天晚上我要到爱情谷去看伊莎博·蒂埃里!"

"下流!"神父叫道。

"**堕落**②!"约翰说。

大学生也许是别有用心的,他从密室墙壁上搬来的这个词,对神父产生了奇特的作用。他咬着嘴唇,脸唰地变红,愤怒随之消失了。

"走吧,"他对约翰说,"一会儿有客人要来。"

大学生还想再试一试:"克洛德哥哥,至少给我点饭钱嘛。"

"格拉蒂安教规学得怎样了?"堂·克洛德问道。

"我把手册给丢了。"

"拉丁人文科学进展如何?"

"我那本贺拉斯给人偷走了。"

"亚里士多德学了多少?"

"说真的,哥哥,哪位神父说过,任何时代的异端邪说,都是以亚里士多德的形而上学的荆棘丛为巢穴的。去他的亚里士多德!我不想让他的形而上学把我的宗教毁了。"

---

① 拉丁语,意为"带着我的仆人"。
② 这是副主教刻在墙壁上"命运"下面的另一个希腊词。

"年轻人，"副主教又说，"上次国王来巴黎时，有一个名叫菲利浦·德·科米纳的侍从，他的马鞍上绣着他的座右铭：**不劳动者不得食**①。我劝您好好想一想。"

大学生沉默片刻，手搔着耳朵，眼睛看着地面，满脸不高兴。突然，他像摇尾鸟那样敏捷地向克洛德转过身来。

"这么说，好哥哥，您拒绝给我一个苏到面包店买一块面包啰？"

"**不劳动者不得食**。"

听到副主教这样回答，态度如此坚决，约翰就跟女人哭泣似的用手捂住脸孔，绝望地喊道："啊呵呵呵呵呵咿！"

克洛德被约翰咿咿呀呀的话语搞得莫名其妙，问道："您在说什么，先生？"

"您问我在说什么？"大学生说。他抬起厚颜无耻的眼睛看着克洛德，为使眼睛变红，像哭过似的，他刚刚用拳头使劲揉过："是希腊语呀！这是埃斯库罗斯的一句抑抑扬格②诗，用来表达痛苦恰如其分。"

说完，他纵声大笑，笑得那样滑稽，那样狂野，副主教也忍俊不禁了。其实，这是克洛德的错。谁让他那样娇惯这孩子的！

约翰见哥哥笑了，胆子更大，便又说："克洛德好哥哥，您看我的鞋子，都张嘴了。世界上有比鞋底伸出舌头更可悲的靴子吗？"

副主教立即恢复严厉的神态："我会给您送新靴子去的。但钱一分也不给。"

"只要一个巴黎币，哥哥，"约翰央求道。"我一定熟读格拉蒂安教规，我要信仰上帝，我保证在科学和品德方面成为真正的毕达哥拉斯。但您得给我一个巴黎币，求求您！您难道愿意我饿死吗？饥饿已向我张开大嘴，比鞑靼人或修道士的鼻孔更黑，更臭，更深不见底。"

堂·克洛德摇了摇布满皱纹的脑袋："不劳动者……"

约翰没让他说完。

"哼！见鬼去吧！"他叫道，"快乐万岁！我去喝酒！我去打架！我把酒店的瓶瓶罐罐砸烂！我去逛妓院！"

---

① 原文为拉丁语。

② 抑抑扬格，指古希腊诗和拉丁诗中轻轻重的格律。

说完，他把帽子向墙上扔去，手指捏得像敲响板似的。

副主教脸色阴沉地看着他。

"约翰，您一点也没有灵魂。"

"要是这样，按照伊壁鸠鲁的说法，我是缺少一种由不知其名的东西组成的东西。"

"约翰，您应该认真考虑改改您的毛病。"

"啊！"大学生看了看哥哥，又看了看炉子上的蒸馏器，嚷道："这里的一切都是稀奇古怪的，无论是思想，还是瓶子！"

"约翰，您现在正沿着一个危险的斜坡下滑哪。您知道会滑到哪里吗？"

"酒店呗。"约翰说。

"酒店通向示众柱。"

"那是一盏灯罢了，和别的灯没什么两样，也许用这盏灯，第欧根尼可能找到他要找的人呢。"

"示众柱通向绞刑架。"

"绞刑架是一个天平，这一头是一个人，另一头是整个大地。做那个人很不错。"

"绞刑架通向地狱。"

"那是一堆大火。"

"约翰，约翰，那样下场是很惨的。"

"开场好就行了。"

这时，楼梯上传来了脚步声。

"别说话！"副主教把一个指头按在嘴上说道。"雅克先生来了。听着，约翰，"他又小声说，"千万不要把在这里将要看到和听到的讲出去。赶快躲到这个炉子下面，不要出声。"

大学生爬到炉子底下蹲着。突然，他灵机一动，想出来一个妙主意。

"说真的，克洛德兄弟，给我一个弗罗林，我就不出声。"

"别说话。我答应您。"

"现在就给。"

"给你！"副主教气愤地把钱包扔给了他。约翰重新钻到炉子底下，这时，正好门打开了。

五　两个黑衣人

来人身穿黑袍，脸色阴沉。我们的朋友约翰（正如我们预料到的，他在那个角落里已调整好姿势，以便能随心所欲地看见和听见外面的一切），第一眼就注意到来人的衣服和脸色都很忧郁，然而，他的面孔上却散布着几分温和，那是猫和法官所特有的，是一种虚情假意的温和。他六十来岁，头发灰白，眉毛雪白，满脸皱纹，眯缝着眼睛，耷拉着嘴唇，手又肥又大。约翰看见来人不过如此，就是说，不是医生，便是法官，见他鼻子和嘴巴相距很远，说明他非常愚蠢，于是，就往洞里靠了靠，想到要在这样难受的姿势下，陪着这样乏味的人，度过漫长的时间，感到十分沮丧。

副主教甚至没有起身迎接客人。他指着门边的一张小板凳示意他坐下，没有出声，似乎还在想着刚才的事，过了一会儿，他才以一种屈尊俯就的口吻对他说："您好，雅克先生。"

"您好，先生！"黑衣人回答。

一个喊"雅克先生"，另一个却绝妙地称"先生"，这两者之间的差异，不啻"老爷"和"先生"，"天主"和"国王"之间的差异。显然，这是博士和弟子在互相寒暄。

副主教又不言语了，雅克先生不敢打扰。过了一会儿，副主教问："呃，您成功了吗？"

"唉，先生，"另一个苦笑着说，"我一直在拉风箱，灰要多少，就有多少，可就是没有半点金。"

堂·克洛德不耐烦地挥了挥手："我跟您说的不是这个，雅克·夏莫吕先生，而是那个巫术师的案子。您不是叫他马克·瑟内纳吗？审计院的膳食总管吧？他供认搞巫术了吗？刑讯成功了吗？"

"唉！没有！"雅克先生回答，脸上仍然堆着苦笑，"我们一无所获。这人是块石头。不等他开口，我们就会把他送到猪市去煮死的。不过，我们正不惜一切使真相大白。他现在已完全散架了。我们用尽了办法，正如老喜剧作家普拉图斯①说的：**面对着刺棒、铁板、十字架和桎梏，面对着皮**

---

① 普拉图斯（约前254—前184），古罗马喜剧家。

条、锁链、牢房、颈枷和套索，①但都于事无补。这个人可怕极了。我简直是白费力气。"

"您在他家里没有发现什么新东西？"

"发现了，"雅克先生掏着腰包说，"这张羊皮纸。上面有字，我们看不懂。刑事律师菲利浦·勒利埃倒懂一些希伯来语，他是在布鲁塞尔的坎特斯坦街犹太人案件中学的，他也看不懂。"

雅克先生边说边展开一张羊皮纸。"给我。"副主教说。他看了看文件，惊叫起来："完全是巫术，雅克先生！**埃芒—赫唐！**这是半狗半女人的吸血鬼到达巫魔夜会地点时喊的咒语。**通过他，同他在一起，在他身上！**②这是把魔鬼重新锁到地狱去的命令。**阿克斯，帕克斯，马克斯！**这是医学上的咒语，疯狗咬伤后避免伤口恶化用的。雅克先生！您是国王派到教会法庭的诉讼代理人，这张羊皮纸十恶不赦。"

"我们再提审那家伙。还有一样东西，"雅克先生又一次掏了掏腰包，"也是在马克·瑟内纳家里找到的。"

是一只罐子，和堂·克洛德炉子上的那些罐子属于同一类。"啊！"副主教说，"炼金的坩埚。"

"我同您说实话，"雅克先生胆怯而不自然地笑着说，"我在炉子上试过，但是，不比我的更成功。"

副主教开始仔细研究那个罐子。"他在这坩埚上刻了什么？**呵歇！呵歇！**这是赶跳蚤的咒语呀！这个马克·瑟内纳真是愚昧无知！我可以肯定，您用这玩意儿是炼不出金的！夏天把它放到您的凹室③里倒还可以，别的用场就派不上了。"

"既然我们弄错了，就谈别的吧，"国王的代诉人说，"刚才上来之前，我研究了底下的大门。阁下您能肯定，打开炼金术这部书的钥匙，在挨近主宫医院那一边的大门上吗？刻在圣母院大门上的七个裸体雕像，脚上长翅膀的那个是墨丘利吗？"

"是的。"神父回答，"是奥古斯坦·尼福在书里写的。这位意大利博士有一个大胡子魔鬼，他所知道的都是这魔鬼教给的。尽管如此，我们还是

---

①② 原文为拉丁语。

③ 凹室，卧室中凹进去放床的地方。

下去看看,我给您讲讲那部作品。"

"谢谢,先生。"夏莫吕把腰弯到了地上,"哎呀,我倒忘了!您要我什么时候抓小巫婆?"

"哪个小巫婆?"

"就是您知道的那个吉卜赛姑娘呀!她不顾教会禁令,每天到圣母院门前跳舞。她有一只魔鬼附体的山羊,长着魔鬼般的两只角,会认字写字,和皮卡特里克斯一样,会做算术。单凭这只羊,就可以把所有的吉卜赛人绞死。诉讼已准备好了,马上就可以办,您说吧!凭良心讲,这个街头舞者长得很漂亮!有一双最美丽的黑眼睛!就像两颗埃及宝石!什么时候动手?"

副主教脸色惨白。

"我会告诉您的。"他说话结结巴巴,声音低得几乎听不见。接着,他费力地补充了一句:"忙您的马克·瑟内纳吧!"

"您放心,"夏莫吕笑笑说,"我回去就叫人把他绑到皮床上。不过,这是个怪人。皮埃拉·托特吕都精疲力竭了,他的手比我的还大哩。正如普拉图斯说的:**当你光着身子,脚朝上绑着时,你有一百斤重。**①要让他过一过绞盘。这是我们最好的刑具。让他吃吃苦头。"

堂·克洛德好像在想别的愁事。他向夏莫吕转过脸:

"皮埃拉先生……我是想说雅克先生,您忙马克·瑟内纳的事吧!"

"当然,当然,堂·克洛德。可怜的家伙!他就要像米穆尔那样吃苦头啦。亏他想得出来,去参加巫魔夜会!一个审计院的膳食总管,他应该了解查理大帝有关**吸血鬼或称假面人**②的法令!——至于那个姑娘——他们叫她爱斯梅拉达——我等待您的命令。——对了,待会儿经过大门时,您顺便也给我讲讲,进教堂能看见的那个平涂画③里的园丁是什么意思。是不是播种者④?——喂,先生,您在想什么呀?"

堂·克洛德只顾想心事,根本不听他说话。夏莫吕顺着克洛德的视线

---

① 原文为拉丁语。
② 原文为拉丁语。
③ 平涂画,当时的一种画法,另一种画法是凸现的。
④ 播种者,指上帝。基督教认为上帝创造一切生命,犹如播种者。

看过去，原来他的目光正茫然地盯着窗洞上的那个大蜘蛛网。此刻，一只冒失的苍蝇正在寻觅三月的阳光，一头撞到了蜘蛛网上，粘住了。大蜘蛛感到它的网在颤动，猛然爬出中央的居室，一下扑到苍蝇身上，用前触角把苍蝇屈成两半，又把丑恶的吻管刺入它的脑袋。"可怜的苍蝇！"国王代诉人说，他伸手要去救苍蝇。副主教骤然惊醒，使劲抓住他的胳膊，喊道：

"雅克先生，不要违抗命运！"

国王代诉人惊愕地转过身来。他感到一把铁钳夹住了胳膊。神父两眼发呆，惶惑不安，闪着火光，直瞪瞪看着苍蝇和蜘蛛这可怕的一对。

"啊！是的，"神父说道，声音非常激动，像是发自五脏六腑，"这是一切的象征。它飞舞着，它很快乐，它刚刚出生；它寻找春天、空气和自由。啊！是这样，可它撞上了命运给它安排的圆窗户，蜘蛛从里面出来了，丑恶的蜘蛛！可怜的跳舞女！可怜的命该倒霉的苍蝇！雅克先生，让它去吧！这是命运！——咳！克洛德，你是蜘蛛。克洛德，你也是苍蝇！——你飞向科学，飞向光明，飞向太阳，你是一心一意奔向永恒真理的新鲜空气和明媚阳光，可是，当你扑向通往另一个世界，通往光明、智慧、科学世界的灿烂窗口时，盲目的苍蝇，疯狂的博士，你没有看见在你和光明之间，命运已展开了一张微妙的蜘蛛网，你却不顾一切地扑上去，可怜的疯子，现在你头破血流，翅膀折断，在命运布下的铁环中间苦苦挣扎！——雅克先生！雅克先生！让蜘蛛干吧！"

夏莫吕莫名其妙地望着他说："我向您保证，我不碰它了。可您松开我的胳膊吧，先生，求您了！您的手就像一把铁钳。"

副主教没有听见。"啊！疯子！"他眼睛仍盯着窗口，继续说，"你以为用你的小翅膀把这张可怕的网冲破后，就能够到达光明了吗？才不呢？前面还有玻璃窗，这个透明的障碍物，这个横在一切哲学和真理之间的、比青铜还要坚硬的水晶墙，你怎能跨过呢？啊！科学是多么虚无啊！多少哲人远远地飞来，在上面碰得头破血流！多少纷乱繁杂的哲学体系，吵吵闹闹，碰到玻璃窗上，被这个永远无法跨越的障碍挡住了去路！"

他不说话了。最后这些思考不知不觉地把他拉回到科学，仿佛使他平静下来了。这时，雅克·夏莫吕问他："那么，先生，您什么时候来帮我炼金？我真想赶快炼出来。"这个问题使副主教完全回到了现实中。

副主教苦笑着摇摇头："雅克先生，请您读一读《关于魔鬼的力量和作用的对话》，那是米歇尔·普塞吕斯写的。我们所做的并不完全是无罪的。"

"低声点，先生！我也想到了。"夏莫吕先生说，"可是，一个在教会法庭的国王代诉人，每年只有三十图尔埃居收入，总得炼点金吧！只是我们小声说说。"

这时，炉子底下传来嘴巴咀嚼的声音，引起了夏莫吕的警觉。

"什么声音？"他问。

那是约翰发出的响声。他躲在炉子下面，既难受，又无聊，好不容易发现了一块陈面包和一小块发了霉的奶酪，无所顾忌地大嚼起来，聊作自慰和午餐。他实在饿极了，便嚼得很响，每嚼一下都发出很大的声音，这就引起了国王代诉人的警觉和不安。

"是我的一只猫，"副主教连忙说，"在那下面吃老鼠哪。"

对这个解释，夏莫吕深感满意。

"历来如此，先生，"他尊敬地笑着说，"所有大哲学家都有自己心爱的动物。您知道，塞尔维乌斯①就说过：**因为哪里都有守护神。**②"

可是，堂·克洛德担心约翰还会搞什么名堂，便提醒他这位可敬的弟子，还得一起去研究大门上的几个雕像，于是两人便走出了小屋。大学生长长地舒了口气，他真有些担心，这样下去，他的下巴会在膝盖上留下一个痕迹。

六　大街上骂人后患无穷

"**我们赞美你，上帝！**③"约翰先生从炉底下爬出来时，喊道，"两只猫头鹰终于走了。呵歇！呵歇！阿克斯！帕克斯！马克斯！跳蚤！疯狗！魔鬼！真是腻烦透了！我的脑袋嗡嗡响，就像钟楼一样。还得啃发了霉的奶酪！快！下楼去！拿上大哥的钱包，用这些钱统统用来换酒喝！"

他以温柔和赞美的目光看了看宝贝钱包，又整了整衣服，擦了擦皮靴，掸去衣袖上的炉灰，吹起一曲口哨，踮起一只脚转了一圈，仔细搜查密室，看看有没有东西可以拿走，顺手牵羊，从炉子上拿了几个彩色玻璃

---

① 塞尔维乌斯（前578—前534），传说中的罗马第六世国王。
②③ 原文为拉丁语。

护身符，准备送给伊莎博·蒂埃里当首饰，最后拉开门，他哥哥出于最后的宽容，没有锁门，而他为了开最后一次玩笑，仍让门开着，然后鸟儿般一蹦一跳地跑下螺旋梯。

在黑咕隆咚的楼梯上，他碰到了一个什么东西，听见它咕哝着让他过去，猜想那是卡西莫多，他感到这件事非常滑稽，大笑着奔下楼梯，笑得直不起腰来，到了广场上还在笑。

他回到地面上，就蹦了几下，喊道："啊！巴黎的石板路呀，多么可爱，多么可敬！那该死的楼梯，即便雅各梯子上的天使①从那上面下来，也会喘不过气来！我当时怎么想的，竟然钻到这座高耸入云的石头螺旋梯中去！就为了吃点长胡子的奶酪，从一个窗洞里看看巴黎的钟楼！"

他走了几步，瞥见那两只猫头鹰，就是堂·克洛德和雅克·夏莫吕先生，正在聚精会神地研究大门上的一个雕刻。他蹑手蹑脚走了过去，听见副主教悄声对夏莫吕说："是纪尧姆·德·帕里叫人在这块四边涂金的天青石上雕刻约伯②像的。约伯出现在这块点金石上，意味着点金石也要经受考验和折磨方能成正果，正如雷蒙·吕勒说的：**灵魂以特定形式保存起来，才能平安无事**。③"

"这个我不在乎，"约翰说，"我有钱包就够了。"

这时，他听到身后有人扯着嗓门破口大骂："上帝的血！上帝的肚子！上帝的鬼！上帝的身子！别西卜的肚脐！教皇的名字！角和雷！"

"我以灵魂发誓，"约翰叫道，"这只能是我的朋友弗比斯队长！"

副主教正在给国王的代诉人讲解那条大龙，龙尾巴藏在浴池里，从浴水中冒出一股青烟和国王的脑袋。忽然，弗比斯的名字传到他的耳朵里。堂·克洛德打了个战，停止讲解，夏莫吕愕然不已。副主教回过头，看见弟弟约翰在贡德洛里埃府大门口，正在同一个高个子军官说话。

一点不错，正是弗比斯·德·夏多佩队长。他靠在未婚妻家的墙角上，像一个异教徒那样破口大骂。

---

① 《旧约·创世记》第二十八章说，雅各在去哈兰的路上，在某地过夜，他把一块石头枕在头下，梦见一个梯子顶天立地，天使在梯子上下来上去。

② 约伯，《圣经》中的人物。他为人无可指摘，却屡遭折磨，因为他是耶和华与撒旦打赌的赌注。

③ 原文为拉丁语。

"弗比斯队长，"约翰握住他的手说，"您骂人的劲头儿真叫人佩服！"

"角和雷！"队长回答。

"您才是角和雷呢！"约翰回敬了一句。"喂，高贵的队长，您为什么像这样妙语连珠呀？"

"对不起，好伙伴约翰，"弗比斯摇着他的手大声说，"马奔跑起来，一下子是刹不住的。刚才我骂人，就像飞奔的马。我刚从那些假正经的女人家里出来，每次从她们那里出来，喉咙里总是塞满了骂人的话，非吐出来不可，否则要给憋死，肚皮和雷！"

"想不想喝两杯？"大学生问。

约翰的建议使队长平静下来了。

"想呀，可我没有钱。"

"我有呀！"

"哦，拿给我看看！"

约翰庄重而又爽快地向队长显示钱包。但这时候，副主教早已撇下目瞪口呆的夏莫吕，径自朝他们走来，在离他们几步远的地方停下来，默默地注视着他们，而他们正全神贯注地在看钱包，没有留意。

弗比斯嚷道："约翰，您口袋里的钱包，就好比是水中的月亮，看得见，摸不着。不过是影子罢了。见鬼！我敢打赌，里面装的是石子！"

约翰冷冷地回答："这就是我用来垫口袋的石子。"

说完，他便把钱包往身旁的一块路碑上一抖，那神气俨然像拯救祖国的罗马人。

"上帝！"弗比斯咕哝道，"小盾牌，大银币，小银币，图尔铜币，巴黎银币，货真价实的里亚银币！真叫人眼花缭乱！"

约翰镇定自若，不动声色。有几枚里亚银币滚到了烂泥里，队长正在兴头上，便俯身去捡。约翰不让："算了，弗比斯·德·夏多佩队长！"

弗比斯数了数钱，郑重其事地转身对约翰说："约翰，知道吗？有二十三枚巴黎苏！昨天夜里您在割嘴街上摸谁的钱包了？"

约翰把他金发卷曲的脑袋往后一仰，倨傲地眯缝起眼睛："人家有一个做副主教的傻瓜哥哥。"

"上帝的角！"弗比斯惊叫道，"可敬的人！"

"去喝酒吧。"约翰说。

"去哪里?"弗比斯问。"去'夏娃的苹果'?"

"不,队长。我们去'老科学'吧,拆开来就是'老太婆锯把柄',正好是一个字谜。①我喜欢这个。"

"去他的字谜,约翰!去'夏娃的苹果',那里的酒最美。再说,大门旁边还有一个沐浴着阳光的葡萄架,一边喝酒,一边观赏葡萄架,其乐无穷。"

"好吧!就去看夏娃和她的苹果,"大学生说,并且挽起弗比斯的胳膊,"对了,亲爱的队长,刚才您提到割嘴街,您说得不对。现在说话不像从前那样粗野了,应该叫割喉街。"

两个朋友动身前往"夏娃的苹果"酒店。当然,走之前把钱币都捡回了口袋,而副主教也尾随他们去了。

副主教跟在他们后面,神色阴沉,惶惑不安。难道他就是那个弗比斯?上次同格兰古瓦谈话之后,这个该死的名字总在他脑海中盘旋,扰得他心绪不宁。难道就是他?副主教不敢肯定,但不管怎么说,这是一个弗比斯,而这个充满魔力的名字,足以使他决定悄悄跟在这对无忧无愁的年轻人后面,忧心忡忡地偷听他们的谈话,观察他们的一举一动。再说,没有比偷听他们谈话更容易的事了,因为他们说话的声音很大,毫不顾忌过往行人知道他们的秘密。他们谈论格斗、姑娘、美酒和荒唐行为。

走到一条街的拐角处,他们听到巴斯克手鼓的声音,是从附近的一个十字路口传来的。堂·克洛德听见军官对学生说:

"见鬼!快走!"

"怎么啦,弗比斯?"

"我怕被那个吉卜赛姑娘看见。"

"哪个吉卜赛姑娘?"

"有一只山羊的女孩子。"

"爱斯梅拉达?"

"就是她,约翰。我总记不住她的鬼名字。走快一点!否则,她会认出我来。我不想让这个姑娘在大街上同我说话。"

---

① 法语中"La Vieille Science(老科学)"拆开来就成了"La Vieille scie une anse(老太婆锯把柄)"。

"您认识她,弗比斯?"

这时,副主教看见弗比斯嬉皮笑脸地凑到约翰耳边,窃窃私语了几句,接着,弗比斯纵声大笑,得意地摇头晃脑。

"真的?"约翰问。

"我以灵魂担保。"弗比斯说。

"今天晚上?"

"今天晚上。"

"您肯定她会来吗?"

"您疯了,约翰?这种事还能怀疑吗?"

"弗比斯队长,您这个当兵的交上桃花运了!"

他们说的话,副主教全听见了。他牙齿咬得咯咯响,一阵战栗掠遍全身。他停下来,像喝醉酒似的靠在一块路碑上,过了一会儿,又继续跟踪两个快活的年轻人了。

等到他追上时,他们已改变话题。他听见他们扯着喉咙,高唱一首古老的歌谣:

"小方格"的孩子们,

叫人当牛犊一样吊死。

七 夜游修士

闻名遐迩的"夏娃的苹果"酒店位于大学城圆盾街和首席律师街的拐角处。那是底层的一间大厅,相当宽敞,但很低矮,一根漆成黄色的粗木柱支撑着拱底石。厅内摆满桌子,墙上挂着光亮的锡酒壶,宾客盈门,妓女成群。临街是一排玻璃门窗。门旁边有一架葡萄。门上方有一块铁皮,画着一只苹果和一个女人,装在一根铁轴上,迎风转动,不停地发出哐当的响声。风吹雨淋,铁皮已经生锈。这个面朝大街的风信旗般的铁皮,就是这家酒店的招牌。

夜幕已降临,街口黑沉沉的。酒店烛火通明,远远看去,犹如一个铁铺子在黑暗中发出熊熊火光。从玻璃窗的破洞里传出碰杯、吃喝、咒骂和吵架的声音。大厅里热气腾腾,给门窗玻璃蒙上一层薄雾,透过薄雾,可以看见百来张模模糊糊的面孔，不时发出一阵阵笑声。行人赶着办自己的事，从这喧闹的窗口经过，望都不望一眼。间或有一个衣衫褴褛的小男孩，踮起脚尖，直到够着窗台，向酒店里发出当时流行的追赶酒鬼的嘲骂声："酒鬼，酒鬼，去见鬼！"

然而，却有一个人在这家喧闹的酒店门口踅来踅去，不停地朝里面张望，就像哨兵寸步不离岗位。他披着斗篷，鼻子也遮住了。这件斗篷是他在酒店附近的一家旧货铺里现买的，大概是为了遮挡三月夜晚的寒冷，也可能是为了掩盖他那身教士服。他不时地在装有铁丝网的蒙着水汽的玻璃窗前停下来，往里面看看，伸长耳朵听听，跺跺脚驱散寒冷。

酒店的大门终于打开了。他等的似乎就是这个。从里面走出两个酒客。门里射出的亮光，映红了他们快活的脸孔。披斗篷的人走到街对面的一个门廊下进行观察。

"角和雷！"其中一个酒徒说，"快七点了，我要去赴约了。"

他的同伴大着舌头说："我告诉您，我不住在坏话街，**住在坏话中间是不光彩的**①。我住在约翰白面包街。——您要是说错了，就叫您头上长角。——谁都知道，只要骑过一次狗熊，就不会再怕狗熊，可您的鼻子总是冲着甜食，就像主宫医院前的圣雅克像，总是看着狗熊街上的烤鹅。"

"约翰，我的朋友，您喝醉了。"另一个说。

约翰踉踉跄跄，回答道："随您怎么说，弗比斯，但是，柏拉图的侧面很像猎狗，这已经得到了证实。"

读者想必已认出这两个人是我们的朋友，一个是弓手队长，另一个是大学生。躲在黑暗中窥视的那个人似乎也已认出他们，因为他缓步跟在他们后面，大学生脚步趔趄，跌跌撞撞；队长久经沙场，饮酒海量，因此头脑仍很清醒，但也只好陪着同伴走曲线。穿斗篷的人竖直耳朵，把他们饶有趣味的谈话一字不漏地听了下来：

"见鬼！您不能走直线吗，大学生先生。您知道我得离开您了。都七点啦。我同一个女人有约会。"

"别管我嘛，您哪！我看见星星和火龙头了。您就像唐马丁城堡，乐得开了花。"

---

① 原文为拉丁语。

"以我奶奶的疣子发誓,约翰,您太胡说八道了。——说真的,约翰,还剩钱吗?"

"校长先生,没错,小屠宰场,parva boucheria①。"

"约翰,老朋友约翰!您知道,我和那个女孩子约好在圣米歇尔桥头相会,我只能带她去法鲁代尔客栈,要付房钱呢。那个长白胡子的老娼妇不肯让我欠账的。约翰!求求您!我们把神父的钱喝光了吗?有没有剩下一个巴黎币?"

"意识到时光没有白白度过,就好比餐桌上有了美味可口的佐料。"

"肚皮和肠子!别再胡说八道了!告诉我,魔鬼的约翰,您还剩下一点钱吗?给我,见鬼!要不,我要搜啦,哪怕您和约伯一样有麻风病,或和恺撒一样浑身长疥疮!"

"先生,加利亚施街一头通向玻璃厂街,另一头是织布厂街。"

"好吧,老朋友,约翰,可怜的伙伴,加利亚施街,好,很好。可是,看在上天的分上,醒醒吧!我只要一个巴黎索尔,应付七点的约会。"

"轮舞曲停止,注意听副歌:

> 当老鼠吃猫的时候,
> 国王将当阿拉斯王;
> 当浩瀚的大海
> 在夏至那天封冻,
> 将会看见阿拉斯人
> 从冰上背井离乡。

"喂,反基督的学生,但愿你妈的肠子把你勒死!"弗比斯嚷道。他猛地一推,把酩酊大醉的约翰推到墙上,约翰顺着墙软绵绵地瘫倒在菲利浦-奥古斯特街的石板地上。酒徒对酒徒总有几分兄弟之情,弗比斯出于仅有的一点同情心,用脚把约翰推到一只"枕头"上。在巴黎所有的墙角石旁边,都有这种上天为穷人准备的,但被富人轻蔑地称作"垃圾堆"的枕头。弓手队长刚让约翰的脑袋枕到一堆白菜梗的斜面上,约翰就以美妙的

---

①拉丁语,意为"小屠宰场"。

男低音打起鼾来了。可是,队长心头的怨气还没有全消,他对熟睡的神学生说:"要是魔鬼的车子经过,把你拉走才好呢!"说完便扬长而去。

穿斗篷的人一直没有停止跟踪。这时,他走到躺在地上的大学生身旁,停了一会儿,仿佛拿不定主意,然后长叹一声,也抛下约翰,去追弓手队长了。

我们也要离开约翰,让他在美丽的星星亲切照料下睡个好觉;如果读者愿意,我们不妨也来跟踪那两个人。

走到拱门圣安德烈街口,弗比斯队长发现有人跟踪。他偶尔回头,看见一个黑影沿着墙根在他后面。他停,它也停;他走,它也走。他却不以为然。他对自己说:"我又没钱,怕什么!"

走到奥坦学院门口,他停住了脚步。他是在这所学校开始他所谓的学习的。大门右侧有皮埃尔·贝特朗红衣主教的雕像,他每次经过这里,总要让这座雕像受一受贺拉斯在他的讽刺诗《我从前是无花果树树干》中,普里阿普斯[①]痛苦地抱怨的那种侮辱。他每次都干得很来劲,连雕像上的铭文也被他搞得几乎看不出来了。这次,他照例在雕像前停下来,街上空无人影。当他抬起头,漫不经心地重新扣上衣服时,他看见那黑影慢慢地朝他走来,走得那样慢,弗比斯有充分的时间看清楚那黑影披着斗篷,戴着帽子。走到他身旁,黑影停下来,纹丝不动,连贝特朗红衣主教的雕像也自叹弗如。然而,他那双眼睛却死死地盯着弗比斯,眸子里射出朦胧的光,就像黑夜中猫的瞳孔射出的光一样。

队长并不是胆小鬼,再说,手里握着长剑,本不该怕一个强盗。但是,这个会走路的雕像,这个变成石头的活人,却使他毛骨悚然。当时正盛传着一个忧郁的修士夜间在巴黎街头游荡的许多故事,此刻,弗比斯模模糊糊地都想起来了。

他呆若木鸡地站了几分钟,最后终于打破沉默,强露笑容地说:

"先生,如果您像我希望的那样,是个小偷,那您就是苍鹭啄核桃壳了。我是破落户子弟,亲爱的先生。您另打主意吧。在这所学院的小教堂里,十字架的木头货真价实,而且是包银的。"

黑影从斗篷里伸出手来,像鹰爪似的沉沉钩住弗比斯的胳膊。同时,

[①] 普里阿普斯,希腊和罗马神话中男性生殖力和阳具之神。

他说道:"弗比斯·德·夏多佩队长!"

"见鬼!"弗比斯说,"您知道我的名字!"

"我不仅知道您的名字,"穿斗篷的人继续说道,声音像是从墓穴里出来的,"我还知道今天晚上您有约会。"

"是呀。"弗比斯惊呆了。

"七点钟。"

"再过一刻钟。"

"在法鲁代尔客栈。"

"正是。"

"圣米歇尔桥的老淫婆。"

"照经文上的说法,是圣米歇尔大天使。"

"大逆不道!"幽灵咕哝了一句,又说,"同一个女人?"

"**我承认!**"①

"那女人叫……"

"爱斯梅拉达。"弗比斯轻浮地说,他那股满不在乎的劲头又逐渐恢复了。

听到这个名字,黑影的铁爪狂热地摇晃弗比斯的胳膊。

"弗比斯·德·夏多佩队长,你撒谎!"

队长气得脸红脖子粗。他猛地往后一跳,挣脱了紧紧夹住他的铁钳,傲慢地伸手按住剑柄;面对弗比斯的愤怒,披斗篷的人依然神情阴沉,一动不动。谁要是当时在场,看到此情此景,肯定会吓得魂不附体。这简直是唐璜和石像在搏斗。②

"基督和撒旦!"队长喊道,"这样的指责,姓夏多佩的人可是很少听到过!你敢再说一遍!"

"你撒谎!"黑影冷静地说。

队长气得牙齿咯咯响。这时候,什么夜游修士,什么幽灵、迷信,他

---

① 原文为拉丁语。

② 唐璜,中世纪西班牙传说中喜欢勾引女人的贵族青年。他勾引一名骑士的女儿,后又把骑士杀死。修道士为替骑士报仇,把他引到修道院后杀死,并散布说是唐璜到骑士坟上侮辱骑士,被他的雕像拘入地狱。

都忘得一干二净。他只看见一个男人,只想到自己受了侮辱。

"啊!好极了!"狂怒使他说话有些结巴,连声音都像闷住了似的。他拔出剑,用发颤——因为人一愤怒,也会像害怕时那样浑身哆嗦——的声音说:"就在这里!快呀!快呀!比剑呀!比呀!比它个血染街道!"

然而,另一个却丝毫不动弹。他看见对手已摆开架势,准备冲刺了,便说:"弗比斯队长,您忘记约会了。"那声音痛苦得发颤。

弗比斯这样的人,一旦发怒,就像沸腾的牛奶,加进一滴凉水,就可以平息下来。黑影简单的一句话,就使队长手中闪闪发光的宝剑垂下了。

"队长,"那人又说,"明天,后天,一个月后,十年后,您会看到我准备割断您的喉咙,但是现在您先去赴约吧。"

"倒也是,"弗比斯说,仿佛想找个理由说服自己似的,"跟一个男人决斗,和同一个姑娘幽会,这是两件绝妙的事。不过,既然我可以两者兼得,为什么我要顾此而失彼呢?"

他把剑插回鞘中。

"去赴您的约会吧。"陌生人又说。

"先生,"弗比斯有点尴尬地说,"对您的周到深表感谢。确实,等明天再来把亚当老爹的这身皮衣戳几个窟窿,割几道口子也为时不晚。我非常感谢您还让我再过一个快活的一刻钟。我本想把您打翻在阴沟里,然后按时去和美人约会,即使晚一些也无妨,因为让幽会的女人稍等一会是一种风度。但我看得出您是个男子汉,把我们的决斗推到明天更稳妥。我这就去赴约会。正如您知道的,是在七点钟。"说到这里,弗比斯搔搔耳朵,"啊!上帝的角!我倒忘了!我身无分文,没钱付破阁楼的租金呀,那个拉皮条的老鬼婆要我先付钱。她不相信我。"

"喏,拿去付吧。"

弗比斯感觉到陌生人冰冷的手塞给他一枚大钱币。他情不自禁地接过钱,并且握住那人的手。

"真正的上帝!"他惊叫道,"您是个好人!"

"但有一个条件,"那人说,"您得向我证明我刚才说错了,而您说的是实话。您把我藏在哪个角落里,好让我看见那个女人是不是您说的那一个。"

"噢!"弗比斯回答,"我无所谓。我们要租圣玛特房间。旁边有个'狗窝'，您可以躲在里边随便看。"

"那就走吧。"黑影说。

"为您效劳，"队长说，"我不知道您是不是魔鬼老爷本人。不过，今晚上我们做个好朋友。明天，我把欠您的钱债和剑债一齐还清。"

他们又开始匆匆往前走。几分钟之后，便听到脚下河水潺潺，说明他们已走到圣米歇尔桥上了。那时候，桥上有很多房子。弗比斯对他同伴说："我先把您领去，然后我再去找美人，她应该在小堡附近等我。"

那人没有回答。从两人同行开始，那人一直沉默不语。弗比斯在一扇矮门前停下，拼命敲门。这时，门缝里透出一线亮光，一个牙齿漏风的声音喊了一声："谁呀？""上帝的身子！上帝的脑袋！上帝的肚子！"队长回答。门立即打开了，来客看见一个哆哆嗦嗦的老婆子，拿着一盏颤颤悠悠的老油灯。老婆子弯腰曲背，衣衫褴褛，头上裹着一块破布，不停地摇晃，露出两只小眼睛，手、脸和脖子上爬满了皱纹，由于缺牙少齿，嘴唇瘪了进去，嘴巴周围有一撮撮白毛，这使她看起来像一只受了甜言蜜语诱惑的老猫。屋内也和她一样破破烂烂。墙上涂着白垩，天花板的椽子黑不溜秋，壁炉残缺不全，上面结满了蜘蛛网，屋子中央有几张摇摇欲坠的破桌椅，一个龌里龌龊的小男孩正在灰堆里玩耍。屋子里头有一道楼梯，其实是一架木头梯子，通到天花板上的翻板活口。钻进这贼窝似的陋屋时，弗比斯那个神秘的同伴就把斗篷一直拉到眼睛上。而队长一面像撒拉逊人那样骂骂咧咧，一面赶紧亮出一枚金埃居，像我们尊敬的雷尼埃①所说的，让这枚金币"像太阳那样闪闪发光"。"圣玛特房间。"他说。

老婆子连声称他为老爷，然后她把埃居藏进一只抽屉里。这就是穿黑斗篷的人刚才给弗比斯的那枚金币。她刚一转身，那个破衣烂衫、披头散发、在灰堆里玩耍的小男孩，敏捷地跑到抽屉跟前，拿走金埃居，换上他从柴火上扯下来的一片枯叶。

老婆子向两位老爷做了个手势，要他们跟她上楼，她在前面引路。到了楼上，她把油灯放在一只箱子上。弗比斯是这里的常客，熟门熟路，他打开一扇门，里面是一间黑洞洞的破屋。"进去吧，亲爱的。"他对同伴说。穿斗篷的人一句话也没说就走了进去，门又关上了。他听见弗比斯在

---

① 马蒂兰·雷尼埃（1573—1613），法国诗人，擅写讽刺诗。

外面插上门闩，然后同老婆子一起下了楼。灯光也消失了。

八　临河窗子的妙用

克洛德·弗罗洛（读者比弗比斯聪明，想必已经看出，在这场奇遇中，要说有什么夜游修士，那就是副主教了）被队长反锁起来后，在黑洞洞的小屋里摸索了一阵。这是阁楼的一角。建筑师们常常在屋顶和支撑墙交会处辟出一间这样的小屋。弗比斯恰当地称它为"狗窝"，纵剖面像个三角形。此外，没有窗户，也没有天窗。屋子非常倾斜，人在里面不能直腰。因此，克洛德只好蹲在厚厚的尘土和灰泥残片里，压得这些垃圾沙沙直响。他的头滚烫。他用手在地上搜索，摸到一片碎玻璃，把它贴在额头上，凉凉的，他感到舒服了些。

副主教阴暗的心灵中此刻在想什么，只有他自己和上帝才知道。

爱斯梅拉达、弗比斯、雅克·夏莫吕、被他抛弃在烂泥里的心爱的小弟弟、副主教的道袍，也许还有他的名声（因为他来法鲁代尔家而受到了连累），所有这些形象，所有这些奇遇，在他的头脑中，是按照怎样一个命中注定的顺序排列的，我无法告诉大家。但有一点可以肯定，这种种念头在他的思想里像一团乱麻。

才等了一刻钟，他就觉得老了一百岁。突然，他听见木头楼梯咯吱咯吱的响声。有人上楼来了。翻板活门打开，屋内又有了灯光。他的房门已被虫蛀坏，有一条相当大的缝隙。他把脸贴在上面。这样，隔壁房间发生的事，他就一目了然了。长着一副猫脸的老婆子第一个从活门中钻出来，手里拿着一盏灯，随后是弗比斯，他捻着小胡子，第三个是爱斯梅拉达，美丽而优雅。神父看见她像一个光彩炫目的幻影从地下升起。克洛德浑身哆嗦，眼前浮现一片云雾，脉搏剧烈跳动，只觉得天旋地转，一片轰鸣。他什么也看不见，什么也听不见了。

当他清醒过来后，就只剩下弗比斯和爱斯梅拉达两个人了。他们坐在木箱上，那盏灯放在一旁。灯光把两张年轻的面孔和小屋尽头的一张陋床呈现在副主教的眼中。

陋床旁边，有一扇窗子，窗玻璃千疮百孔，犹如遭了雨打的蜘蛛网，透过那些窟窿，可以望见一角天空和远远地卧在柔软云被上的一轮月亮。

那姑娘面红耳赤,手足无措,心突突直跳,长睫毛低垂,遮着绯红的脸颊。军官容光焕发,可她却不敢抬头看一眼。她下意识地用手指尖在充当凳子用的木箱上乱画着线条,动作笨拙而可爱,眼睛望着手指头。小山羊蹲在她脚边,因此看不见她的脚。

队长装束优雅,衣领和袖口上都饰有穗子,这是时髦的服饰。

堂·克洛德血液沸腾,太阳穴嗡嗡作响,费了好大劲才听得见他们的谈话。

(其实,情人之间的谈话是相当平庸的。无非是没完没了的"我爱你"。这个乐句如果不加点"装饰音",在不相干的人听来,其实非常枯燥乏味。可是,克洛德却不是不相干的人。)

"啊!"姑娘说道,眼睛仍不敢抬起,"不要瞧不起我,弗比斯老爷。我觉得我这样做不好。"

"瞧不起您,美丽的姑娘!"军官一副殷勤高傲、纡尊降贵的神态,"瞧不起您,上帝的脑袋!为什么?"

"因为我跟您来了。"

"关于这个,我的美人,我们的看法就不一致了。我不应该瞧不起您,而是应该恨您。"

姑娘惊恐地抬起头:"恨我?为什么?"

"因为您要我苦苦哀求。"

"唉!"她说,"……因为我会违背我许的愿……我会找不到我的父母亲……护身符会失灵。——可是那又算得了什么?现在我还需要父亲和母亲吗?"

她在说这些话的时候,又大又黑的眼睛闪烁着喜悦和温柔的泪花,凝视着队长。

"见鬼!您把我搞糊涂了!"弗比斯叫道。

爱斯梅拉达沉默片刻,随后,一滴眼泪夺眶而出,她叹了口气说:"啊!老爷!我爱您!"

姑娘浑身散发出纯洁的芳香和贞洁的魅力,弗比斯在她身边有点不自在。但是,姑娘那句话给他壮了胆。"您爱我!"他喜不自胜地说,并用胳膊搂住埃及姑娘的细腰。他一直在等待这个机会。

神父看得一清二楚,他用手指头在藏于胸口的匕首上试了试锋刃。

"弗比斯，"吉卜赛姑娘轻轻地把队长紧搂她腰肢的手扳开，说道，"您善良，慷慨，英俊。您救了我的命，可我不过是一个流落在波希米亚的可怜孩子。我早就梦想有一个军官救我的性命。在认识您之前，我的弗比斯，我就梦见您了。我梦中的军官像您一样身穿漂亮的制服，相貌堂堂，佩带一把长剑。您叫弗比斯，这是个好名字。我喜欢您的名字，喜欢您的剑。把您的剑拔出来让我瞧瞧，弗比斯。"

"真是个孩子！"队长说，一面笑吟吟地拔出长剑。埃及姑娘看看剑柄，又看看剑身，接着好奇而仔细地看了看剑柄上的缩写姓名，然后吻了吻剑，对它说："您是一位勇士的宝剑。我爱我的队长。"

弗比斯再次趁机在姑娘低垂的美丽脖子上吻了一下，姑娘赶紧抬起头，脸红得像樱桃。神父在黑暗中咬牙切齿。

"弗比斯，"埃及姑娘又说，"听我对您说。走几步，让我看一看您高大的身躯，听一听您马刺的响声。您多么漂亮啊！"

为了讨好她，队长站起来，带着扬扬得意的微笑埋怨道："您真是个孩子。——对了，美人，您没见过我的礼服吗？"

"唉！没有。"她回答。

"那才叫漂亮呢！"

弗比斯又坐到她身边，而且比先前挨得更近：

"听我说，亲爱的……"

埃及姑娘用美丽的手在他嘴上轻轻拍了几下，那种疯癫、可爱和高兴的样子，完全像个孩子："不，不，我不要听。您爱我吗？我要您告诉我，您是不是爱我。"

"您问我爱不爱您，我的天使！"队长半跪着喊道。"我的肉体，我的血液，我的灵魂，一切都属于你，一切都为了你。我爱您，我从来都没爱过别人。"

这些话，队长在许多相同的场合不知重复过多少遍，所以背得滚瓜烂熟，一口气说完，没有说错一个字。听到这番热烈的表白，埃及姑娘抬头望望肮脏的顶棚，仿佛那就是天空，目光中洋溢着天使般的幸福，嘴里喃喃地说："啊！人要是在这一刻死去，该多好！"弗比斯觉得"这一刻"正是个好机会，又趁机吻了她一下，使得躲在暗室里的可怜的副主教又一次受到折磨。

"死去！"多情的队长叫道，"您在说什么呀，美丽的天使？这正是应该活着的时候，要不，朱庇特准是个混蛋！如此美好的事刚刚开始，就要去死！牛的角，开什么玩笑！——这样不对。——听我说，亲爱的西米拉……爱斯梅娜达……对不起，可您的名字也太像撒拉逊人的名字了，我怎么也记不住，就好像是荆棘丛，一下子就把我缠晕了。"

"我的上帝，"可怜的姑娘说，"我还一直以为这个名字怪中见美呢！既然您不喜欢，那我就叫戈通吧。"

"啊！不要为这点小事伤心，我的美人！这只是需要习惯一下，如此而已。一旦我记住了，也就顺口了。——听我说，我亲爱的西米拉，我非常崇拜您。我多么爱您，这真是不可思议。我知道有个女孩子会气得发疯……"

姑娘有点儿嫉妒，打断他的话说："是谁？"

"这跟我们有什么关系？"弗比斯说，"您爱我吗？"

"啊！……"她说。

"这就够了。您会看到，我也多么爱您。要是我不能使您成为世界上最幸福的女人，我愿大魔鬼尼普顿用三叉戟把我叉死。我们在什么地方找一个漂亮的小屋子，我让我的弓手列队从您窗下经过。他们都骑着马，根本不把米尼翁队长的弓手放在眼里。有钩矛手、长矛手、长铳手。我要带您去看吕里谷仓的阅兵，去看巴黎人的怪物。那是很好看的。八万名披盔甲的士兵，三万名穿白甲胄、紧身短大衣或锁子胸甲的士兵，六十七面各个行业的旌旗，有高等法院的、审计院的、将帅金库的、铸币厂的；总之，是魔鬼的随行车马！我要带您去看王宫大厦里的狮子，那是凶猛的野兽。女人们都喜欢。"

姑娘沉浸在美妙的遐想中，已有好一会儿不听他说话，而是随着他的声音在美梦中神游。

"呵！您一定会幸福的！"队长继续说，同时，轻轻地解开埃及姑娘的腰带。

"您要干什么？"她生气地说。这种**非礼行为**使她从梦中骤然惊醒。

"不干什么。"弗比斯回答，"我只是说，您将来和我在一起时，应该脱掉这身荒诞的街头装束。"

"我将来和您在一起，我的弗比斯！"姑娘温情脉脉地说。

她又恢复了遐想的神态。

队长见她这般温柔，胆子更大了，就一把搂住她的细腰，她没有反抗，于是弗比斯开始解开可怜姑娘的胸衣，弄出轻微的响声，颈饰被弄乱了。神父看见吉卜赛姑娘褐色而浑圆的美丽肩膀从薄纱中裸露出来，犹如月亮在天边的薄雾中升起，激动得喘不过气来了。

姑娘听凭弗比斯动手动脚，好像没有察觉似的，放肆的弓手队长眼睛里闪着欲火。

蓦然，姑娘把脸转向队长，情意绸缪地说："弗比斯，您给我讲讲您的宗教，好吗？"

"我的宗教！"队长纵声大笑，"给您讲讲我的宗教，我！角和雷！您想拿我的宗教干什么？"

"为了我们结婚呀。"她回答。

队长脸上露出了惊讶、轻蔑、漫不经心和轻薄狎昵相混杂的表情。"什么？"他说，"我们要结婚？"

吉卜赛姑娘脸色唰地变白，悲伤地又把头埋到胸前。

"我心上的美人，"弗比斯温柔地说，"您怎么会想到这些傻事的？结婚才没意思呢！没有到神父的铺子里去喷几句拉丁语，难道就不相爱了吗？"

他一面用最甜蜜的声音说着，一面紧紧地贴到埃及姑娘身上，爱抚的手重又搂住姑娘柔软的细腰，眼睛里的欲火越燃越旺，这表明弗比斯先生显然已到了朱庇特自己多次做傻事的关键时刻，每当这种时刻，好心的荷马不得不求助于一朵云彩。

然而，堂·克洛德全都看见了。房门是用腐烂的桶板做成的，木板之间有很大的缝隙，克洛德猛禽般的目光可以从里面穿过去。这个皮肤黝黑、肩膀宽阔的神父，一直过着修道院的禁欲生活，看到夜间这种缠绵的情爱场面，不由得浑身战栗，热血沸腾。那个年轻美貌的姑娘袒胸露怀，委身于欲火中烧的青年，这好比是熔化的铅水注入他的血管里。他身上异乎寻常地冲动着，嫉妒而淫荡的目光伸到姑娘松开的别针下面。谁要在这时候看见这个不幸的人把面孔贴在蛀得像栅栏似的门板上，会以为是一只老虎正从囚笼里注视着豺狼吞吃羚羊。他的眸子犹如点燃的蜡烛，从门缝里射出光来。

突然，弗比斯猛地扯掉埃及姑娘的颈饰。姑娘一直脸色苍白，沉浸在梦幻中，这下子惊醒了。她猛地从胆大妄为的军官怀里挣脱出来，看了看自己裸露的胸脯和双肩，羞得面红耳赤，乱了方寸，说不出话来。她把两只漂亮的胳膊交叉在胸前，遮住乳房。若不是她的双颊像火一样燃烧，看到她静穆不动的样子，会以为是一尊贞洁女神的塑像。她的眼低垂着。

然而，队长刚才的举动把她藏在脖子上的神秘护身符露了出来。"这是什么？"他说道，并抓住机会，又向被他吓跑了的美丽姑娘靠过去。

"别碰！"她急忙说，"这是我的守护神。它将保佑我找到亲人，如果我还有资格的话。啊！放开我吧，队长先生！母亲！我可怜的母亲！您在哪里？快来救救我吧！求求您，弗比斯先生！把我的颈饰还给我！"

弗比斯向后退了退，冷冷地说："啊！小姐！我看您根本不爱我。"

"我不爱你？！"可怜而不幸的姑娘喊道，同时搂住队长的脖子，让他坐到自己身旁，"我不爱你，我的弗比斯！你说这话多伤我的心呀，你这个坏蛋！啊！好吧！把我拿去吧！把我的一切都拿去吧！你要怎样就怎样吧！我是你的！护身符算什么！母亲算什么！你就是我的母亲，因为我爱你！弗比斯，我亲爱的弗比斯，你看见我吗？是我呀，看看我吧。这就是你不想嫌弃的女孩子呀，她来了，她自己来找你了。我的灵魂、我的生命、我的肉体、我整个的人，我的一切全都属于你，我的队长。不！我们不结婚，你讨厌结婚。再说，我算什么，我？一个流落街头的微不足道的女孩子，可你，我的弗比斯，你是贵族。真是异想天开！一个在街头跳舞的女孩子嫁给一个军官！我想那是疯了。不，弗比斯，不，我要做你的情妇，给你消遣，给你玩乐，只要你愿意。我将是你的。我生来就配这样！被人糟蹋，被人轻视，被人侮辱！可这又算得了什么？只要爱我就行。我会是最自豪、最快乐的女人。当我变老变丑的时候，弗比斯，当我不配再爱您的时候，老爷，希望您还能容忍我来侍候您。让别的女人给您绣腰带，我给您做仆人，我来料理这一切。让我给您擦马刺，刷衣服，掸马靴。您会有这个怜悯心的，是不是，弗比斯？现在，你把我拿去吧！你瞧，弗比斯，这一切都属于你，只是你得爱我！我们这些埃及女人，我们需要的就是这个，空气和爱情。"

说着，她用胳膊搂住军官的脖子，含着眼泪，露着微笑，用哀求的目光把他从上到下打量了一遍，美妙的胸脯摩擦着军官的呢上衣和粗硬的绣花饰带。她坐在他腿上，扭动着半裸露的美丽身子。队长如醉如痴，不能自己，火辣辣的嘴唇狂吻着姑娘黝黑而美丽的肩膀。姑娘仰着头，眼睛望着天花板，在军官的亲吻下，她心荡神迷，身子微微颤动。

突然，她看见弗比斯头顶上出现了另一个脑袋，一张青得发绿的抽搐痉挛的面孔，一副痛苦不堪的眼神。在这张面孔旁边，有一只手，拿着一把匕首。这是神父的面孔和手。他破门而入，来到他们身边。弗比斯看不见他。姑娘看见这可怕的幽灵，吓得一下僵住了，身体变得冰冷，一句话也说不出来，就像一只鸽子抬起头来，看见老鹰睁大了眼睛在窥视它的窝巢一样。

她甚至喊也喊不出来。她看见匕首一下戳进弗比斯身上，拔出来时，血往外直冒。"该死！"队长惨叫一声，倒了下去。

她晕了过去。

当她闭上眼睛，快要失去知觉时，觉得好像有一样火辣辣的东西贴在她的嘴唇上。这是火一般的吻，比刽子手的烙铁还灼热。

当她恢复知觉时，看见周围站满了巡夜的士兵。他们正在把满身是血的队长抬走，神父已消失得无影无踪，房间里临河的窗户敞开着，人们捡到一件斗篷，以为是军官的。她听见周围有人在说："这是巫婆，用匕首捅了一个队长。"

第八卷

一 金币变成了枯叶

格兰古瓦和圣迹区的人全都心神不定,坐卧不宁。足足有一个月不知道爱斯梅拉达的下落了,埃及公爵和那群流浪乞丐朋友忧心如焚。那只山羊也销声匿迹,这更增添了格兰古瓦的痛苦。一天晚上,埃及姑娘突然失踪,从此杳无音讯。到处寻找,也都是徒劳,有几个爱戏弄人的癫痫乞丐对格兰古瓦说,那天晚上在圣米歇尔桥上,看见她跟一个军官跑了。可是,这个按照吉卜赛方式成婚的丈夫是一个从不轻信的哲学家,再说,他比谁都清楚,他的妻子是个冰清玉洁的贞女。他有过亲身体会,知道护身符的魔力和埃及姑娘的道德观结合起来,会使她保持贞洁,一尘不染。他用数学方式计算过贞洁的二次方会产生多大的阻力,因此,他在这方面一百个放心。

不过,他也无法解释埃及姑娘的失踪。他忧心忡忡,要是可能的话,他会因忧虑而消瘦的,无奈他已瘦得不能再瘦了。他愁得对一切都漫不经心,连他的文学爱好,连他那本大作《论规则和非规则修辞》,统统被抛至脑后。他原计划一有钱,就把那本书送去印刷的。(自从见过雨格·德·圣维克多①用凡德兰·德·斯皮尔的活字印成的《论学问》后,他总是念叨着他那本书也要用活字印刷。)

一天,他愁眉不展地从图尔内尔刑事法庭前经过,看见司法宫的一道门前挤满了人。

---

① 雨格·德·圣维克多(?—1141),法国神学家和哲学家。

"怎么回事？"他见一个年轻人从里面出来，问道。

"我不知道，先生，"年轻人回答，"听说是在审判一个巫婆。她杀了一个近卫骑兵。因为这案子似乎涉及巫术，巴黎主教和教会法庭都出面了，我哥哥是若扎的副主教，他的精力也都泡在里面了。可是，刚才我去找他，人太多，挤不过去。真叫人扫兴，因为我需要钱。"

"唉！先生，"格兰古瓦说，"我真愿意借些钱给您，可是，虽说我的裤子破了，却不是被钱币戳破的。"

他不敢告诉年轻人，他认识他的副主教哥哥。那次在圣母院的中殿谈话以后，他一直没有再去找他，这一疏忽使他局促不安。

大学生径自走了，格兰古瓦随着人群走上通往刑事法庭的楼梯。他认为观看审讯刑事案，是排忧解闷的最好办法，因为法官一般都愚蠢可笑，会让你开心得忘却烦恼。他夹在人群中，人们不声不响、摩肩擦背地往前走。司法宫的走廊蜿蜒曲折，又长又暗，仿佛是古老建筑物的肚肠。格兰古瓦在长廊里走走停停，十分乏味，走了许久才走到一道矮门前，里面是一间厅堂，格兰古瓦身材高大，可以越过人群波动的头顶，向里面张望。

大厅宽敞而阴暗，因为阴暗就显得更宽敞。正是傍晚时分，狭长的尖拱窗户只能透进微弱的光线，还没照到大厅的拱顶就消失了。拱顶巨大的桁架上有数以千计的雕像，仿佛在昏暗中隐隐跳动。有几张桌子已经点起蜡烛，烛光照着埋头文牍的书记员的脑袋。大厅的前部被观众占据，左右两侧，在几张桌子前，坐着穿长袍的人，最里面的一张台子上，坐着好几排法官，最后两排隐没在黑暗中。一张张脸呆然不动，阴沉可怖。墙壁上饰有数不清的百合花图案。一个巨大的耶稣塑像在法官们头顶上若隐若现；到处竖着长矛枪戟，烛火照得矛头闪闪发光。

"先生，"格兰古瓦问身边的一个人，"那边坐着那么多人，像是在开宗教评议会似的，是什么人？"

"先生，"那人回答，"右边的是刑事法庭的顾问，左边的是诉状审理庭参事；穿黑袍的是教士，穿红袍的是法官。"

"上首那个满头冒汗、满脸通红的胖子是谁？"格兰古瓦又问。

"那是庭长先生。"

"他后面的那几只绵羊呢？"格兰古瓦继续问道。前面我们已说过，他不喜欢法官。可能是因为那次演出失败后，他对司法宫一直耿耿于怀。

"那是御前审查官。"

"他前面那头野猪呢?"

"高等法院刑事庭录事先生。"

"他右边那条鳄鱼呢?"

"那是菲利浦·勒利埃先生,国王的特别律师。"

"左边那头黑肥猫呢?"

"雅克·夏莫吕先生,国王在宗教法庭的代诉人,旁边是宗教法庭的先生们。"

"喂,先生,"格兰古瓦说,"这些蠢货在那里干什么?"

"他们正在审判。"

"审谁?我看不见被告。"

"是个女人,先生。您不可能看见。她背朝着我们,而且,前面的人群挡住了我们的视线。您看见那儿有一堆长矛吧,她就在中间。"

"那女人是谁?"格兰古瓦问,"您知道她的名字吗?"

"不知道,先生。我刚来。不过我想与巫术有关,因为宗教法庭也参与审问了。"

"好啊!"我们的哲学家说,"我们就要看到这些穿袍子的吃人肉了,场面总是老一套。"

"先生,"那人说,"您不觉得雅克·夏莫吕先生看上去很温和吗?"

"嗯!"格兰古瓦说,"我对尖鼻子、薄嘴唇人的温和向来不信。"

这时,周围有人制止他们讲话。一个重要证人正在做证。

大厅中央,有一个老婆子在说话,她的脸被她的衣服遮住,看上去就像一堆会走路的破布。她说:"各位大人,事情完全是真的,就跟我是法鲁代尔一样确实。我在圣米歇尔桥上开客栈已经四十年了,我非常守信用,如期缴租金,缴税,缴年贡,我家大门对着上游方向的塔森卡伊亚洗染店。——我现在成了可怜的老太婆,从前可是个漂亮姑娘,各位大人!——近来常有人对我说:'法鲁代尔,你晚上纺纱不要纺得太晚了,魔鬼喜欢用它的角,梳老太太的纺锤。夜游修士去年出没于圣殿骑士寺院,现在肯定在老城游荡。法鲁代尔,当心他敲你家的大门呵。'——一天晚上,我正在纺纱,听到有人敲门。我问是谁,外面就骂开了。我打开门,走进来两个男人,一个穿黑衣,另一个是英俊的军官。穿黑衣的只露出两只眼睛,就像两盆炭火。除此之外,只看见斗篷和帽子。他们对我说:'要圣玛特房间。'——是我楼上的那间,各位大人,是最干净的。他们给了我一枚金埃居。我把它藏进抽屉里,我说:'明天拿这钱到格洛里埃特屠宰场去买些牛下水。'——我们上楼了。到了楼上那个房间,我刚转身,黑衣人就不见了。我有点纳闷。那个像大老爷的漂亮军官,和我一起下楼,然后出去了。我才纺了四分之一支线的工夫,他又回来了,带着一个漂亮的姑娘,一个布娃娃,要是她头上有点装饰,一定会像太阳那样发光。她有一只公羊,一只大公羊,黑的还是白的,我记不清了。我当时心里就嘀咕,带个姑娘来,我管不着,可是公山羊!……我不喜欢这种牲畜,长着胡子和角,看上去像个男人。再说,有点星期六的味道。①不过,我什么也没说。人家付我那枚埃居了嘛。我这样做没有错吧,审判官先生。我领那姑娘和队长上了楼,然后,我就走了,让他们单独待在房里,也就是说,同那山羊在一起。下了楼,我又继续纺线。——有一点要向你们说明,我的房子有两层,和其他房子一样,后面是河,楼下和楼上的窗子都是临水而开。——我又开始纺线,纺着纺着,也不知为什么,我想起了夜游修士,看见那头公山羊时,我就想到了那个修士,再说,那个漂亮姑娘的打扮也着实有点古怪。——突然,我听见楼上有人惨叫一声,紧接着,什么东西摔在地板上,后来又听见开窗子的声音。我跑到楼下的窗口,就看见一个黑乎乎的东西从我眼前一晃而过,掉进了水中。这是一个穿教士服的幽灵。那天晚上有月亮,我看得清清楚楚。他朝老城方向游去了。我吓得浑身哆嗦,于是,我叫来了夜巡队,夜巡队的先生们进来了。起初,因为他们不知道发生了什么事,而且正在兴头上,把我揍了一顿。我给他们做了番解释。我们一起上楼,我们看见的是什么呀?我那可怜的房间满地是血,队长躺在血泊里,脖子上插着把匕首,姑娘在装死,公羊吓呆了。'这下好了,'我说,'我得用半个月时间才能把地板洗刷干净。得一点一点刮,太可怕了。'——军官被抬走了,可怜的年轻人!那姑娘身上的衣服全都给扒开了。——等一等。最糟糕的是,第二天,当我想拿那枚金埃居去买牛下水时,我在放金币的地方只看见一片枯叶。"老婆子住口了。听众恐惧万分,低声议论。"那个幽灵和那头公山羊,真有点巫术的味道。"格兰

---

① 按照西方中世纪传说,星期六夜里,在魔鬼的主持下,巫师和巫婆集合,带着公山羊。

古瓦身旁有人说。"还有那片枯叶！"另一个说。"毫无疑问，"还有一个说，"那姑娘是巫婆，同夜游修士串通起来，抢军官们的钱包。"连格兰古瓦也差点认为这件事挺吓人，挺逼真。

"法鲁代尔老婆子，"庭长威严地说，"您还有别的什么要向本法庭陈述吗？"

"没有了，大人，"老婆子回答，"不过，起诉书里说我的房子歪歪斜斜，臭气熏天，这样讲太过分了。桥上的房屋看上去都不怎样，因为人太多，可是，卖肉的都住在那里，他们都很有钱，妻子也都是漂漂亮亮、干干净净的。"

那个被格兰古瓦称作鳄鱼的法官站了起来。"安静！"他说，"我请诸位注意，被告身上发现了一把匕首。——法鲁代尔老婆子，魔鬼给您的那枚金币变成的枯叶带来了吗？"

"带来了，大人，"她回答，"我又找到了，这就是。"

一名执达吏把枯叶递给鳄鱼，鳄鱼阴沉地点点头，而后，传给庭长，庭长又传给国王在宗教法庭的代诉人，这样，一个传一个，那片枯叶在大厅里转了一圈。雅克·夏莫吕先生说："这是一片桦树叶。巫术的又一个证据。"

一名推事发言说："证人，有两个男人同时上您家的楼上，一个是穿黑衣服的，先是突然消失，后来您又见他穿着教士服在塞纳河上泅水，还有一个是军官。——这两个人中，谁给您那枚金币的？"

老婆子想了一会儿，说："是军官。"群众哗然了。

"啊！"格兰古瓦想，"这下我可要怀疑了。"

这时，国王的特别律师菲利浦·勒利埃先生又一次发言："我请诸位注意，被害军官在病床上写的证词中声明，当穿黑衣服的人上前和他攀谈时，他若明若暗地想到这可能是夜游修士。他还说，那幽灵竭力催促他去同被告勾搭，当他说自己没有钱时，幽灵给了他一枚埃居，也就是军官用来付法鲁代尔的那一枚。因此，那金币是一枚冥钱。"

这个结论性看法，似乎把格兰古瓦和其他听众的疑窦驱散了。

国王的律师坐下时又说："诸位手头都有案卷，可以查一查弗比斯·德·夏多佩的证词。"

听到这个名字，被告站了起来。她的脑袋高出人群。格兰古瓦认出是爱斯梅拉达，惊骇万分。

她显得面容苍白。从前她梳着非常漂亮的发辫，饰着亮晶晶的金属片，可现在却披头散发。她的嘴唇发青，眼睛深陷，看了叫人害怕。可怜呀！

"弗比斯！"她迷迷瞪瞪地说，"他在哪里？啊！大人，求求你们！在杀死我之前，告诉我他是不是还活着！"

"住嘴，老婆子！"庭长回答，"这不是我们的事。"

"啊！行行好吧！告诉我他是不是还活着！"她又说道，一面把美丽消瘦的双手合到一起，只听见铁链沿着她的衣裙锒铛作响。

"那好，我告诉您！"国王的律师说，"他就要死了。您该满意了吧？"

不幸的姑娘跌倒在被告席的小木凳上，不说一句话，也没有眼泪，脸色惨白得像蜡纸。

庭长朝脚下一个头戴金色帽子、身穿黑色袍子、脖子上挂着一条铁链、手中执着一根皮鞭的人俯下身来：

"执达吏，去把第二个被告带上来。"

所有的眼睛都转向一道小门。门开了，原来是一只金角金蹄的美丽母山羊走了进来，格兰古瓦的心都要蹦出来了。那山羊优雅地在门槛上停留片刻，伸长脖子，仿佛站在悬崖顶上，向无垠的天际瞭望。忽然，它看见了吉卜赛女郎，纵身跃过一名书记员的桌子和脑袋，三跳两跳，就跳到了姑娘身边，头搁在她的膝盖上。然后，姿态优美地蹲在女主人的脚边，乞求一句话或一阵爱抚；可是被告却无动于衷，连眼睛都没朝可怜的加利瞥一瞥。

"唉！……就是这只讨厌的畜生，"法鲁代尔老婆子说，"她们两个我是不会认错的。"

雅克·夏莫吕发言了，"如果诸位乐意，我们现在来审讯山羊。"

这确实是第二个被告。在那个年代，把动物牵涉进一桩巫术案中是非常平常的事。人们发现，在御前大法官府1466年的账目上，记载着一项奇怪的开支，那是关于吉莱-苏拉尔和他的母猪兽奸的巫术案，人和猪"因此罪而在科贝尔处了死刑"。每一笔费用都记在上面了：埋葬母猪的刨坑费，从莫桑码头取来的五百捆柴火费，三品脱①酒和面包，那是和刽子手友好分

---

① 品脱，法国旧时容量单位，合0.93升。

享的最后一餐，甚至还有猪的看守费和喂养费，共计十一天，每天八个巴黎德尼埃。有时，涉嫌巫术案的还不止牲口。查理曼和宽厚者路易①就曾颁布过敕令，要求对空中出现的发光幽灵②处以重刑。

国王在宗教法庭的代诉人已在叫嚷了："如果附在这只母山羊身上的魔鬼无视各种驱魔咒，继续兴风作浪，在法庭上制造恐怖，那么我们要郑重地警告它，我们将不得不对它施用绞刑或火刑。"

格兰古瓦直冒冷汗。夏莫吕从桌子上拿起吉卜赛姑娘的巴斯克手鼓，以特定的方式递到山羊面前，问它："现在几点？"

山羊用聪慧的眼睛看看他，然后举起金脚连敲七下。正好是七点钟。听众席上一片恐惧的骚动。

格兰古瓦再也忍不住了，大声喊起来：

"它要给毁了！你们看见了嘛，它根本不懂自己干的是什么。"

"大厅那头的市民不准说话！"执达吏尖声喊道。

雅克·夏莫吕又以其他特定的方式摆弄着手鼓，让山羊做出好几个技巧性动作，比如日期、月份，等等，读者在前面已看见过了。这些观众以前在街头也许为加利的把戏鼓过掌，喝过彩，可是现在身处司法宫的穹隆下，庭审会让人产生一种幻觉，因此，他们都惊骇不已，那只山羊肯定是魔鬼无疑了。

更糟糕的是，当国王代诉人把山羊脖子上皮口袋里的活字母统统倒在地上时，只见加利用它的爪子把散乱的字母排成了那个不祥的名字：弗比斯。这样，弓手队长是巫术的受害者，这一点似乎已经铁证如山，而那个漂亮的吉卜赛姑娘，过去曾以优美的舞姿多少次使过往行人为之倾倒，现在她在众人眼里，却成了可怕的妖女。

她看上去像死了似的。无论是加利的出色表演，还是检察官的恫吓威胁，或是听众的低声诅咒，她都漠然置之，毫无反应。

为使她清醒过来，一名卫兵拼命摇她身子，庭长也不得不庄严地提高嗓门：

"姑娘，你是吉卜赛人，惯行巫术。你勾结魔鬼，借助魔法和巫术，与

---

① 宽厚者路易，即路易一世（778—840），查理曼之子。
② 发光幽灵，实际上是北极光。

本案有牵连的妖羊共谋，于3月29日夜间，用匕首谋害国王陛下的一位弓手队长弗比斯。你还拒不承认吗？

"可怕呀！"姑娘两手捂着脸喊道，"我的弗比斯！啊！这真是地狱呀！"

"你还拒不承认吗？"庭长冷静地问。

"当然不承认！"她站起来，用可怕的声调说，眼睛闪闪发光。

庭长又直截了当地问道："那么，你怎样解释控告你的那些罪状呢？"

她断断续续地说：

"我已经说过了。我不知道。是一个神父，一个我不认识的神父。一个经常跟踪我的像恶魔一样的神父！"

"就是这个，"法官又说，"夜游修士。"

"啊！老爷们！发发慈悲吧！我只是一个可怜的姑娘……"

"……埃及姑娘。"法官说。

雅克·夏莫吕先生发言了，语调十分和气。他说："鉴于被告拒不认罪，我请求用刑。"

"同意。"庭长说。

不幸的姑娘吓得浑身哆嗦。然而，她还是服从卫兵的命令站了起来，迈着相当坚定的步伐，跟在夏莫吕和宗教法庭神父们的后头，朝着一道便门走去。那道门突然打开，等她走进去后又关上了。格兰古瓦非常悲伤，感到刚才一张可怕的血盆大口把她吞掉了。

她刚消失，只听见一声凄然的咩叫。那是小山羊在哭泣。

暂时休庭。一名推事提醒说，诸位大人都很累了，等候刑讯结束可能还要很长时间。庭长回答，一个法官应该懂得尽职尽责，鞠躬尽瘁。

一个年迈的法官说："都怪那个可恶可恨的小贱人，大家都还没吃晚饭，可她偏偏逼得人家给她动刑。"

二　金币变成了枯叶（续）

走廊里黑咕隆咚的，大白天也要掌灯。爱斯梅拉达在面目狰狞的押送人员的簇拥下，在走廊里拐了几道弯，上下了几道阶梯，最后被司法官的卫兵们推进了一个阴森可怖的房间。这个圆形房间，占据着一座大塔楼的整个底层。在今天的巴黎，现代建筑星罗棋布，但旧巴黎的几座巨型塔楼仍高耸于这些现代建筑之上。在这间墓穴里,没有窗户,只有一个入口,那是一道低矮而又笨重的铁门。然而,里面倒是不黑。一个火炉开在厚厚的墙壁上,炉内火光熊熊,红彤彤的反光照亮了整个屋子,角落里的一支蜡烛就显得黯然无光了。关闭炉子的狼牙门此刻拉了上去,炉口在黑暗的墙壁上吐出火苗,狼牙门的铁条只露出下端,犹如一排稀疏而尖利的黑牙,因此,火炉仿佛是传说中的喷火巨龙。借着炉口射出的火光,女囚看见沿墙放着许多可怕的器具,她不知道是做什么用的。屋子中央,有一张皮床垫,几乎挨着地面,床垫上方悬着一根带扣的皮带,系在一个铜环上,而铜环又被拱顶石上的一个塌鼻子妖怪咬在嘴里。炉膛里乱七八糟地塞满了钳子、夹子和犁铧,被火烧得通红。在整个房间里,血红色的火光照亮的只是一堆令人毛骨悚然的东西。

这个魔窟就叫刑讯室。

施刑吏皮埃拉·托特吕懒洋洋地坐在皮床上。他的两个打手,方脸侏儒,系着皮围裙,穿着布长裤,正在拨弄炭火上的铁刑具。

可怜的姑娘虽然鼓足了勇气,但一走进这间刑讯室,就吓得魂飞魄散了。

司法宫大法官的卫士们排在一边,宗教法庭的教士们排在另一边,角落里放着一张桌子,桌上有纸笔墨水,桌前坐着一名书记员。雅克·夏莫吕先生和颜悦色,笑容可掬。他走到埃及姑娘身边,说:"亲爱的姑娘,您现在还拒不承认吗?"

"是的!"声音低得几乎听不见。

"既然如此,"夏莫吕又说,"我们只好违心地对您进行拷问了,这对我们是很痛苦的。——请您坐到床上去。——皮埃拉先生,给这个小姐让位,去把门关上。"

皮埃拉嘟囔着站起来:"要是我把门关上,我的火不就要灭了吗?"

"好吧,亲爱的,"夏莫吕说,"就让它开着吧。"

可是,爱斯梅拉达却站着不动。那张皮床曾使多少个不幸的人惨遭折磨,她感到万分恐惧。她吓得仿佛骨头都结冰了。她惊慌失措,丧魂落魄。夏莫吕做了个手势,那两个打手便把她架到床边,让她坐下。他们并没有弄痛她,可是,他们的手刚刚碰到她的胳膊,皮床刚接触她的身子,她就感到血液倒流,涌回心脏。她惊惶不安地看了看四周,张牙舞爪的刑具仿佛从四面八方向她拥来，要爬到她身上来咬她、钳她。这些丑恶的刑具，在她所见过的各种器具中，可以说是昆虫和鸟类之中的蝙蝠、蜈蚣和蜘蛛。

"医生在哪里？"夏莫吕问。

"在这里。"一个穿黑袍的人说，她一直没有发现他。

她浑身战栗。

"小姐，"国王代诉人柔声柔气地说，"我这是第三次问您，您仍拒不承认被指控的罪行吗？"

这一次，她只能摇摇头，已经说不出话来了。

"您还不承认？"雅克·夏莫吕说，"我感到很失望，但我必须履行职责。"

"国王代诉人先生，"皮埃拉突然说，"我们从哪里开始？"

夏莫吕迟疑片刻，那故作沉思的怪模样，就像诗人在推敲一个韵律一样。

"先用夹棍。"他最后说道。

不幸的姑娘感到自己已被上帝、被人类彻底抛弃，脑袋颓然耷拉下来，就像一个没有自动力的物体。

施刑吏和医生一齐走到她身边。而那两个打手则在他们恐怖的刑具中乱翻乱寻。

听到刑具叮当作响，可怜的姑娘浑身打战，就像一只通了电的死青蛙。"啊！"她喃喃自语，声音低得谁也听不见，"啊！我的弗比斯！"接着，她又像石头那样一动不动，无声无息了。这个悲惨场面，谁见了都会心里发酸，可是法官们却无动于衷。她就像一个罪孽深重的灵魂，在地狱血红的门洞里，被撒旦严刑拷问。这个柔嫩、洁白、脆弱的生灵，就要遭受锯、轮和拷问架等酷刑的折磨，就要被刽子手和老虎钳的魔掌蹂躏！她好似一粒可怜的谷子，被人间司法交由酷刑的磨盘碾成粉末。

然而，皮埃拉·托特吕的打手们已用长满老茧的大手粗暴地扒下了姑娘的鞋袜，裸露出她的腿和脚。那是多么迷人的腿，多么可爱的脚呀！从前，她在巴黎街头跳舞时，多少人曾对之啧啧称赞！

"真可惜！"施刑吏看见如此优美娇嫩的肢体，嘀咕了一句。要是副主教在场，他肯定会回想起他的所谓蜘蛛和苍蝇的象征。

不幸的姑娘透过笼罩在眼前的云雾，模模糊糊地看见夹棍向她逼来，她的脚顿时被铁板夹住，消失在可怕的刑具下面。恐惧使她恢复了力气，她狂怒地叫喊："给我解开！"接着，她披头散发地坐起来，高呼："饶命！"

她扑向床外，想跪在国王代诉人面前求饶，无奈她的腿被橡木和铁片紧紧夹住，她瘫倒在刑具上，疲软无力，就像翅膀上压着铅块的蜜蜂。

夏莫吕摆了摆手，她又被抬到床上，两只大手用悬在拱顶石上的皮带捆住她的细腰。

"再问您一次，您招不招供？"夏莫吕依然和颜悦色，轻声轻气。

"冤枉啊！"

"那么，小姐，指控您的那些罪状，您如何解释？"

"唉，大人！我不知道。"

"您不招？"

"绝不！"

"上刑！"夏莫吕对皮埃拉说。

皮埃拉转动起重杆，夹棍立刻上紧了。姑娘惨叫一声，恐怖之状，任何人类语言都难以描绘。

"停！"夏莫吕对皮埃拉说，"招不招？"他问埃及姑娘。

"招！"可怜的姑娘喊道，"我招！我全招！饶命！"

拷问开始时，她没有正确估计自己的力量。可怜的孩子！她从前一直过着快乐、甜美、平和的生活，稍一动刑就顶不住了。

"出于人道，我不得不告诉您，"国王代诉人说，"您要是招了，等待您的是死亡。"

"我希望这样。"说完，她又倒在皮床上，奄奄一息，缩成一团，那根吊着的皮带仍然扣在她身上。

"喂，我的美人，坚持一会儿，"皮埃拉先生把她扶起来，说道，"您就像是吊在德·勃艮第先生脖子上的金绵羊。"

雅克·夏莫吕提高嗓门说：

"书记员，请记录。——吉卜赛姑娘，您承认同妖魔鬼怪一起，参与过地狱的宴会、聚会和一切妖法吗？回答。"

"是的。"她说，声音小得难以听见她说什么。

"您承认看见过魔王别西卜召集群魔会时，显示在云端，只有巫师才看得见的公山羊吗?"

"是的。"

"您承认崇拜过圣殿骑士的偶像博福梅①的脑袋吗?"

"是的。"

"您承认经常与本案有关的披着山羊外衣的魔鬼来往吗?"

"是的。"

"最后一点,您承认借助魔鬼,借助那个通常叫夜游修士的鬼魂,于3月29日夜间,谋杀一个名叫弗比斯·德·夏多佩的弓手队长吗?"

她用呆滞的大眼睛望着法官,机械地回答:"是的。"没有痛苦的抽搐,也没有激动的战栗。显然,在她身上,一切都已经崩溃。

"记下来,书记员。"夏莫吕说,然后,又命令打手:"给犯人松刑,带回大厅。"

犯人脱掉"铁靴"后,国王代诉人仔细看了看她那双痛得麻木了的脚,说:"可以!关系不大。您认罪还算及时。您还可以继续跳舞,美人!"

接着,他转身对宗教法庭的那些同伙说:"案情终于审清楚了!先生们可以松口气了!小姐可以做证,我们对她可是和风细雨的呵!"

三　金币变成了枯叶(续完)

当她脸色苍白、一瘸一拐地回到大厅时,迎接她的是一片欢快的低语声。听众高兴,是因为焦急的等待终于熬到了头,这好比剧院的观众终于盼到幕间休息已告结束,帷幕重新拉开,尾声就要开始。法官高兴,是因为马上可以回去吃晚饭了。小山羊也高兴得咩咩叫。它想跑到女主人那里去,可是被拴在凳子上动弹不了。

天完全黑了。大厅里还是那几根蜡烛,光线幽暗,连墙壁都看不清楚。黑暗给一切都蒙上一层薄雾。只能影影绰绰地看见法官们几张冷漠无情的面孔。在他们对面,在长方形大厅的另一端,一个模模糊糊的白影子正在黑暗的背景上显露出来。那是被告的身影。

---

① 博福梅,中世纪十字军中最狂热的武装僧侣——圣殿骑士所崇拜的偶像,用来进行宗教迫害的魔鬼。

她步履艰难地走到被告席上。夏莫吕威风凛凛地坐到他的位子上,然后又站起来,竭力不露出得意的样子,宣布说:"被告已全部招供。"

"吉卜赛姑娘,"庭长接话说,"您对兴妖作怪,勾引和谋杀弗比斯·德·夏多佩的各条罪状全都供认了?"

姑娘心里极其痛苦。人们听到她在黑暗中哭泣。"要我供认什么,我就供认什么,"她无力地回答,"可是,快点杀死我吧!"

"国王在宗教法庭的代诉人先生,"庭长说,"本庭准备听取您的公诉状。"

夏莫吕先生打开一个吓人的大本本,开始宣读拉丁文的公诉状,手舞足蹈,语气夸张。在这篇演说中,所有的证据都是用西塞罗式的迂回说法拼凑而成,还穿插着他心爱的喜剧作家普拉图斯的引语。遗憾的是,我们不可能把这篇绝妙的演说词全文奉献给读者。演讲人边念边做着绝妙的动作,还没有念完开场白,额头就直冒汗水,眼珠都要跳出眼眶了。念到某一段中间,他忽然停住了,平时非常温和,甚至有点愚蠢的眼睛射出了令人震骇的凶光。"先生们,"他喊道(这次是用法语,因为稿子上没有),"撒旦与本案关系极其密切,甚至来参加我们的庭审,做出可笑的模仿动作,嘲弄威严的法庭。大家请看!"

说着,他用手指着小山羊。果然,那山羊看见夏莫吕指手画脚,认为应该学他的样子,于是坐在两条后腿上,用前腿和长着胡须的脑袋,竭力模仿国王代诉人优美的动作。读者大概还记得,模仿是小山羊最杰出的才能之一。可是,这一插曲成了新的证据,反应极其强烈。山羊的蹄子被捆绑起来。国王代诉人继续进行动听的演说。

演说冗长不堪,但结尾非常精彩。我们记下最后几句,再请读者配上夏莫吕先生干燥嘶哑的嗓门和有气无力的手势,好好欣赏一下:

> 因此,诸位大人,罪行既已确凿无疑,犯罪动机既已昭然若揭,面对铁证如山的吃人女妖,我们以在这个白璧无瑕的城岛上拥有绝对司法权的巴黎圣母院的名义,请求依法判处:一、课以一定数量的罚款;二、在圣母院主教堂大门前当众谢罪;三、判处女妖及其山羊死刑,或在俗称河滩的广场上,或在伸向塞纳河、毗邻御花园一角的城

岛尖岬上执行。①

说完，他戴上帽子，又坐下了。

"唉！"格兰古瓦痛心疾首，喟然长叹，"**拙劣的拉丁语！**②"

另一个穿黑袍的人在被告身旁站了起来。这是她的辩护律师。审判官们早已饥肠辘辘，都嘀咕起来。

"律师，请讲简单些。"庭长说。

"庭长先生，"律师回答，"既然被告已供认不讳，我只有一句话要对诸位大人说。这里有撒利克法典③的一个文本：'如果一个女妖吃了一个男人，并且供认不讳，课以八千德尼埃，即二百金苏的罚款。'请法庭判处我的委托人罚款。"

"那已经作废了。"国王的特别律师说：

"**没有作废**。④"被告的律师辩解说。

"快表决吧，"一个推事说，"罪状很清楚了嘛，再说，天也晚了。"

于是就在大厅里开始表决。法官们急着要回家，全都举帽以示赞成。黑暗中，庭长凄凉的话音刚落，他们就一个个脱下帽子，露出了脑袋。可怜的被告似乎在看着他们，但她视觉模糊，什么也看不见。

接着，书记员开始记录，然后，他把一长卷羊皮纸呈交给庭长。

随后，可怜的姑娘听见人群走动，枪戟碰击，一个冷酷的声音说：

"吉卜赛姑娘，在圣上指定的日子，正午时分，你只穿内衣，光着脚，脖子上套着一根绳索，由一辆敞车押送到圣母院大门前，手举两斤重的大蜡烛当众谢罪，然后再押送河滩广场，在新城的绞刑架上处死；你的山羊处以同样的刑罚。你还必须付给教会法庭三个金狮币，补偿你所犯下的并且供认不讳的兴妖作怪、卖淫和谋杀弗比斯·德·夏多佩先生的罪行。愿上帝收留你的灵魂。"

"啊！真像一场梦！"她喃喃自语。她感觉到几只粗硬的手把她拖走了。

---

①② 原文为拉丁语。

③ 撒利克法典，法兰克人撒利克部族习惯法的汇编。

④ 原文为拉丁语。

四　抛却一切希望[1]

在中世纪，一座完整的建筑，它的地下工程几乎和地面的相等。除非像圣母院那样用桩基，其他的大建筑物，如宫殿、城堡、教堂，都有双重基础。在各座大教堂下面，可以说还有一座低矮、黑暗、神秘、又瞎又聋、寂然无声的地下教堂，就在昼夜通明、琴声钟声不绝的中殿下面；有时，是一座墓穴；在宫殿和城堡下面，一般是监狱，也会是墓穴，有时候两者兼有。这些坚固的建筑，我们已描绘过它们多岔的结构形式，不只是有基础，而且可以说还有根须分布在地下，和地面建筑一样，也有一个个房间，一条条走廊，一道道楼梯。因此，教堂、宫殿、城堡有半截身子埋在地下。一座建筑的地下室，是另一座建筑，你想去那里，必须下楼，而不是上楼，地下的各个楼层，就设在地面建筑的各个楼层下面，宛如森林和山峦在脚下透明如镜的湖面投下的倒影。

在圣安托万城堡、司法宫和卢浮宫，地下建筑是监狱。地牢一层一层地深入地下，越往下越狭小，也就越黑暗越恐怖。但丁笔下的地狱也不过如此。这些漏斗状向下伸展的地牢，最下面的一层通常是一个盆底状的地穴，但丁在这里放上撒旦，社会则在这里幽禁死囚。一个可怜的生命一旦埋葬在这里，也就永远失去阳光、空气和生活，**抛却一切希望**[2]。离开这里，也只是为了走向绞刑架或柴火堆。有的死囚甚至就死在里面。人间司法把这叫作**忘记**。死囚感到，在他和活人之间，隔着一堆石头和一群狱卒，他们沉重地压在他的头上。整个地牢，这巨大的监狱，不过是一把复杂的巨锁，把他锁起来，让他与活人的世界隔绝。

被判处绞刑的爱斯梅拉达就囚禁在这样一个盆底状的地穴里，在圣路易挖的地牢里，在图尔内尔监狱的囚室里。大概是怕她逃跑吧。头顶上就是庞大的司法宫。可她不过是一只可怜的苍蝇，连地穴的一块砾石都掀不动！

---

①　原文为拉丁语。意大利诗人但丁在《神曲·地狱》中写道，地狱门上有一条铭文："入内者请把希望留在门外。"

②　原文为拉丁语。

当然，苍天和人间社会都是极不公道的，这样一个柔弱女子很容易被摧毁，哪里用得着动大刑，蒙受这么多苦难！

她被埋葬、被禁锢在地牢里，黑暗把她团团包围。谁要是曾见过她在阳光下欢笑和舞蹈，如今又见她这般悲惨的处境，一定会怵然战栗。她的心似黑夜般寒冷，像死人般冰冷，头发不再有微风拂过，耳际不再有人声喧哗，眼前不再有一丝亮光。她戴着沉重的枷锁，蜷缩着身子，蹲在几片麦秸上，身底下是墙头的渗水形成的小水潭，身旁放着一只水罐和一块面包。她毫不动弹，几乎也不呼吸，甚至不再感到痛苦。弗比斯、太阳、中午、天空、巴黎街道、舞蹈、掌声、同军官的绵绵情话，还有神父、老鬼婆、匕首、鲜血、酷刑、绞刑架，这一切常在她脑海中闪过，有时像是歌声缭绕的金色幻景，有时像一场丑恶不堪的噩梦。但那一切不过是可怕而虚缈的挣扎，消失在茫茫黑暗之中；人世间遥远的音乐，在苦命姑娘坠落的深渊里再也听不到了。

自从来到这地牢里，她一直似睡非睡，似醒非醒。在这苦难中，在这牢房里，她已分不清是睡眠还是清醒，梦幻还是现实，白天还是黑夜。在她的脑海中，一切都搅混在一起，支离破碎，飘忽不定，模糊不清。她不再有感觉，不再有意识，不再有思想，充其量像是在做梦。从没有一个活人会陷入像她那样深沉的虚幻中。

就这样，她变得麻木、冷淡、呆滞，头顶上某一地方的一块盖板曾经打开过两三次，几乎没有漏进一点亮光，一只手扔进一块黑面包，可她几乎连声音都没听见。然而，狱卒这种定时送饭的方式，是她与外界仅存的唯一联系。

她的耳朵只是机械地听见一种声音：从拱顶长满青苔的石头中渗出来的水珠，以均匀的间隔落下来，滴入她身边的小水潭里，她就傻呆呆地听着水珠滴入水潭的声音。

这个滴水运动，是她周围唯一的动静，是标志时间的唯一钟表，是地面上一切声音中能够到达她耳朵里的唯一声响。

此外，在这个充满泥浆和黑暗的脏地方，她还常常感到有什么冰凉的东西爬到她的脚上和手臂上，吓得她直打哆嗦。

她不知道自己待在里面已经多久了。她只记得在什么地方对一个什么人宣布了死亡判决书，然后她就被带到这里，醒来时，周围一团漆黑，寂寂无声，她浑身冰冷。她用手在地上乱爬，于是，脚镣陷进她的踝骨，铁链锒铛作响。她弄明白四周都是墙壁，地下是积水的石板和一捆麦秸。没有灯，也没有出气孔。于是，她坐到麦秸上，有时候，为了换一个姿势，就去坐到地牢里的最后一级石阶上。她曾试着数水滴来计算黑暗中度过的时光，但刚数不久，病弱的脑子就不听使唤了，这凄惨的工作便自行停止，她又陷入麻木的状态中。

终于有一天，或者说有一夜（因为在这墓穴里，子夜和中午都是一个颜色），她听见头顶上有声音，比平时狱卒送饭送水时的声音要响一些。她抬起头，看见一道淡红色的光线从地牢拱顶上的门缝里，或者说从盖板缝隙中射进来。就在此时，沉重的铁门发出响声，盖板在生锈的铰链上咯吱咯吱响了一阵后便掀开了，她看见了一盏灯、一只手和两个人的下半身，因为门太低，看不见他们的脑袋。灯光刺得她闭上了眼睛。

当她睁开眼睛时，门已经又合上了。一盏手提灯放在楼梯的一级台阶上。只剩下一个人站在她面前，穿着一件拖到脚面的黑袍子，面孔也裹在黑色的风帽里。他身体没有一处露在外面，连他的脸和手都看不见。这是一块立着的又细又长的裹尸布，黑布下面好像有什么东西在抖动。她目不转睛地朝这个幽灵般的东西看了几分钟。然而，她和他都不说话，就像两座塑像，互相对视。在这地穴里，似乎只有两样东西还有生命，一个是手提灯的芯子，由于空气潮湿，发出噼啪的声音，另一个是拱顶上的水珠，它单调的滴答声，打破了灯芯不规则的噼啪声。水滴落到水潭里，灯光照到油腻腻的水面上，形成一个个颤动的同心圆。

女囚终于打破沉默："您是谁？"

"一个神父。"

这个回答，这个口音，这个声音，使她打了个冷战。

神父用低沉的声音继续说："您准备好了吗？"

"什么？"

"死。"

"啊！"她说，"快了吗？"

"明天。"

她的头本来已高兴地抬了起来，听到这个回答又垂下了。"还要等那么久！"她喃喃自语，"他们为什么不在今天呢？"

"您很痛苦是吗?"神父沉默了一会儿,问道。

"我很冷。"她回答。

她用手握住脚,这是感到寒冷的人习惯做的动作,我们曾见过罗朗塔楼里的隐居婆做过这动作。她的牙齿冷得直打战。

神父似乎从他的风帽下将地牢扫视了一遍。

"没有光!没有火!泡在水里!太可怕了!"

"是的,"她神色惊慌地说,不幸的遭遇使她成了惊弓之鸟,"白天是属于大家的。为什么只给我黑夜?"

教士又沉默了一会儿,然后说:"您知道您为什么会在这里吗?"

"我想我是知道的,"她用瘦削的手指摸摸眉头,像是在帮助回忆,"可我想不起来了。"

突然,她像孩子似的哭泣起来:"我想出去,先生。我冷,我害怕,还有虫子爬到我身上。"

"那好,跟我走。"

说着,神父抓住她的胳膊。不幸的姑娘已冻得五脏六腑都结冰了,可是,神父的手却使她感觉到更加冰冷。

"啊!"她低声说,"这么冷,像是死神的手。您究竟是谁?"

神父掀开风帽。她看着他。她看见了一张阴沉的脸,好久以来一直跟踪她的就是这张脸;她看见一个魔鬼的脑袋,在法鲁代尔客栈,出现在她心爱的弗比斯头顶上的就是这个脑袋;她看见一双火辣辣的眼睛,上次在匕首旁闪烁的就是这双眼睛。

这个幽灵一直纠缠着她不放,把她推向一个又一个灾难,直到把她推上了绞刑架,现在又出现在她的眼前,她一吓,就从麻木状态中醒过来了。她仿佛觉得蒙在她记忆上的那层浓雾消失了。一幕幕可怕的遭遇,从那天夜里在法鲁代尔家,一直到在图尔内尔法庭被判死刑,所有的细节纷纷浮现在她脑海里,不像往常那样朦朦胧胧,模糊不清,而是清晰可见,无遮无盖,触目惊心,令人恐惧。当她面前出现这张阴沉的面孔时,这些被极度的痛苦几乎抹掉的记忆,就顿时重现了,正如用密写墨水写在纸上的字迹,一靠近火就清楚地显现出来一样。她感到她心灵的一切创伤重又裂开了,流血了。

"啊!"她用手遮住眼睛,浑身抽搐,大声叫道,"是那个神父!"

接着,她沮丧地垂下胳膊,呆呆地坐着,耷拉着脑袋,眼睛盯着地面,一声不吭,不停地哆嗦。

神父直勾勾地看着她,就像一只久久盘旋于空中,死盯着麦地里的一只云雀不放的鹞鹰,不声不响地盘旋着,把可怕的圈子越缩越小,突然,箭一般地扑向可怜的猎物,用利爪把瑟瑟发抖的云雀紧紧抓住。

她低声说:"来吧!快来最后一下!快把我了结吧!"她惊恐万状,头缩到两个肩膀中间,就像一只绵羊,等待屠夫给她最后的一棒。

"您讨厌我?"他终于说话了。

她没有回答。

"您是不是讨厌我?"他又问。

她的嘴唇仿佛微笑似的抽搐了一下,说:"是的,刽子手在和犯人开玩笑。几个月来,他一直跟踪我,威胁我,使我受尽惊吓。没有他,我的上帝,我该多么幸福!是他把我推进了万丈深渊!啊!天哪!是他杀死了……是他杀死了他!我的弗比斯!"

说到这里,她抽抽噎噎,哭了起来,抬眼望着神父:"啊!卑鄙的家伙!您是谁?我做了什么对不起您的事?您要那样恨我?啊!您为什么要同我作对?"

"我爱你!"神父大声说道。

她的眼泪戛然止住了。她目光呆滞地凝视他。而他已经跪在地上,用火辣辣的目光死死盯着她。

"你听见了吗?我爱你!"他又一次大声说道。

"这是什么样的爱呀!"可怜的姑娘哆哆嗦嗦地说。

神父接口说:"一个下地狱的人的爱!"

双方都陷入沉默:一个精神失常,一个呆若木鸡,两个人都非常激动,几分钟也说不出话来。

"听着,"神父终于恢复了平静,说道,"你马上会知道一切的。我要把什么都告诉你。告诉你那些即使在夜阑人静,在上帝也看不见我们的黑暗中,我偷偷扪心自问时,也不太敢对自己说的话。听着,在遇到你之前,姑娘,我很幸福……"

"我也是呀!"她有气无力地叹息道。

"不要打断我。——是的,那时我很幸福,至少,我认为是这样。我非常纯洁，我的灵魂清澈得像一泓水。没有人像我那样精神抖擞，那样高傲地昂着头。教士们来向我询问如何做到一尘不染，博士们来向我讨教学术问题。是的，科学对于我就是一切。它是我的姐妹，我有一个姐妹就足够了。这不是说，随着年龄的增长，我没有产生过杂念。女人经过我身旁时，我的肉体不止一次冲动过。我原以为自己在疯狂的少年时代，就已把人的性欲、人的血气全部扼杀，用誓言的铁链把自己拴在神坛冰冷的石块上了，可它们也曾不止一次兴风作浪，掀开那条誓言的铁链。但是，修道院的斋戒、祈祷、学习和禁欲生活，使我的灵魂又成为我肉体的主宰。况且，我尽量避开女人。再说，我只要打开一本书，头脑中的一切杂念就会在科学的光辉面前烟消云散。不要几分钟，我就感到尘世浊物逃之夭夭，面对着永恒真理的柔和光辉，我目眩神迷，恢复了平静，变得泰然自若。只要魔鬼派来袭击我的女人始终是模糊的身影，分散在教堂里、大街上、草地上，像影子一样从我眼前掠过，难得回到我的梦幻中，那么，对于魔鬼的这种诱惑我是容易战胜的。唉！如果说我没有把握住胜利，那是上帝的错，他没让人和魔鬼具有同等的力量。——听着，有一天……"

说到这里，神父顿了一下，女囚听见他的胸腔发出几声叹息，就像垂死者痛苦的喘息。

他又说：

"……有一天，我靠在我密室的窗台上。——那天我读的是什么书？啊！我的脑子乱糟糟的，想不起来了。——我正在读书。窗子朝着一个广场。我听到了手鼓和音乐声。这声音扰乱了我宁静的沉思，我很生气，就朝广场望去。我看见的，正是其他许多人所看见的，但那不是人的眼睛可以观望的景象。在那边，在广场中间——我想是中午——阳光灿烂——一个姑娘正在跳舞。那姑娘美艳绝伦，举世无双，上帝都会喜欢她甚于喜欢圣母，会选择她做母亲，会愿意由她生养，如果在他化身为凡人时她已经存在的话！她的眼睛又黑又亮，阳光照在她乌黑的头发上，把一部分染成金发，犹如缕缕金丝。她飞快地旋转，看不见她的脚，就像飞旋中的车轮看不见辐条一样。乌黑的发辫盘绕在脑袋周围，缀满了金属饰片，阳光下闪闪烁烁，仿佛给她额头上戴了顶星冠。蓝色衣裙缀满金银箔片，晶莹发光，宛若夏日夜空中繁星闪烁。两只柔软的古铜色胳膊，犹如两条绸带，围绕腰肢飘舞，时而交叉，时而分离。她的身段美得叫人睁不开眼睛。

啊！那张漂亮的脸蛋璀璨夺目，就像一个发光体，连太阳也黯然失色了！……——唉！姑娘，那就是你呀！——我不禁惊讶万分，心醉神迷，目不转睛地看着你。我看得那样出神，突然，一阵恐惧掠遍全身，我战栗起来，我感到命运把我抓住了。"

神父激动不已，喘不过气来，再次停顿了一下，接着又说：

"我的灵魂一半已被勾走，但我试图抓住什么，免得继续往下坠落。我想起撒旦曾多次给我设置陷阱。我眼前的女人美妙绝伦，不是来自天上，就是来自地狱。她不是一个普通的女子，不是用我们的泥土捏成的，她的内心很少闪烁着凡女的灵魂之光。她是一个天使！不过，是黑暗的，火焰的，而不是光明的。我正这样思索着，蓦地发现你身边有一只山羊，群魔夜会上的牲畜，正笑嘻嘻地看着我。中午的太阳使它的两只犄角像火一般燃烧。于是，我隐隐约约看到了魔鬼的陷阱，我不再怀疑了，你是从地狱来的，是来毁掉我的。对此，我深信不疑。"

说到这里，神父盯着女囚的面孔，冷冷地说：

"现在我仍然深信不疑。——然而，魔法渐渐起了作用。你不停地在我头脑中旋转舞蹈，我感到神秘的魔法完全把我控制了，我灵魂中应该醒着的东西，全都沉睡，我就像倒在雪地里快要死去的人，眼见长眠来临，却感到很高兴。突然，你唱起歌来了。你这个魔鬼，真让我毫无办法！你的歌声比舞姿还要迷人。我欲逃而不能。我像是被钉子钉住，在地上生了根。我觉得大理石地板好像在上升，埋住了我的半条腿。我只有坚持到底。我的脚冷得像冰块，脑袋嗡嗡作响。后来，你大概可怜我，便停止唱歌，走开了。令人神魂颠倒的舞姿在我眼前渐渐消失，勾魂摄魄的歌声从我耳际渐渐散去。我直挺挺地倒在窗边的角落里，比倒下的塑像还要僵硬，还要无力。晚祷的钟声把我惊醒。我爬起来逃走了。可是，唉！我身上有些东西已经倒下，再也爬不起来，还有些东西突然来了，想躲避也躲避不了。"

他又停了停，然后继续说：

"是的，从那天起，我身上多了一个我不认识的人。我想采用我过去的一套治疗手段，幽居修院，侍奉圣坛，拼命工作，埋头书本。我真傻啊！当你在绝望中用欲火中烧的脑袋去撞击科学的大门时，科学变得多么空虚！姑娘，你知道从那天起，我在书本面前看到的是什么吗？是你，是你的影子,是那天从我面前的空间经过的光辉灿烂的幽灵。然而,这个形象已经改变颜色,它变得黯淡、昏黑、阴森,就像我们冒失地久久逼视太阳时眼前跳动的黑斑。

"我再也无法摆脱你了。头脑里总是回荡着你的歌声,祈祷书上总是看见你的脚在舞蹈,夜梦中总是感到你的形体在我身上滑动,我想再见到你,想触摸你,想知道你是谁,想看看你是不是与印在我心中的理想形象相符合,这样,现实也许可以粉碎我的幻梦。总之,我希望新的印象能帮我抹去旧的印象,起初的形象已使我无法忍受了。我到处寻找你。我又看见了你。真是灾难哪!我看见你两次,就渴望看见你一千次,希望永远能看见你。于是——在这地狱的斜坡上滑行,怎么刹得住呢?——于是,我不再属于我自己了。魔鬼把我拴在他的翅膀上,绳子的另一端系在你的脚上。我变得和你一样漂泊不定,游荡四方。我在大建筑物的门廊下等候你,在街角上监视你,在我的钟楼顶上窥视你。晚上,我反省自己,发现我比以前更着迷,更绝望,更神魂颠倒,更无力自拔。

"我终于打听到你是谁了。你是埃及人,波希米亚人,茨冈人,吉卜赛人,怎么会同巫术没有关系呢?听着,我曾希望通过对你起诉,让我摆脱你的魔力。从前,有一个女巫曾施法迷住布鲁诺·德·阿斯特①,他让人把她烧死了,他自己也就得救了。我知道这件事。我也想试一试。我首先设法禁止你到圣母院前庭广场上来,希望你不再来,我就可以忘掉你。可是,你不顾禁令,又来了。后来,我萌生了抢走你的念头。那天夜里,我就这样做了。我们有两个人,我们已经把你抓到手,不料那个讨厌的军官突然出现,他救了你。从此,就开始了你的灾难,还有我的灾难和他的灾难。我不知道该怎么办,也不知道自己会变成什么样子,于是,我终于向教会法庭告发了你。我原想会像布鲁诺·德·阿斯特那样痊愈的。我甚至模模糊糊地认为,如果起诉你,我就能接近你,只要把你投入监狱,我就能把你弄到手,得到你,你就不可能摆脱我,你占有我的时间已经太久,现在该轮到我占有你了。一个人干了坏事,就该破釜沉舟干到底。精神错乱才会半途而废!罪恶的尽头就是无限的快乐!一个神父和一个女巫在牢

---

① 布鲁诺·德·阿斯特(?—1123),意大利神学家,皮埃蒙特地区的圣人,12世纪初成为蒙卡森的主教。

房的麦秸上可以融为一体，共享极乐！

"于是，我告发了你。就是在那时候，每当我看见你时，总要让你恐惧不安。我对你策划的阴谋，在你头上聚集的风暴，都变成了威胁和闪电。不过，我还在犹豫。我的计划有些方面实在可怕，我自己也望而却步了。

"我也许会放弃这个计划，我的可怕想法也许还没有结果就已经在我头脑中枯萎。我以为你这件案子是继续还是撤销，永远取决于我。可是，任何邪恶的念头都是严酷无情的，一定要成为事实才善罢甘休；我自以为我有强大的威力，可是命运的威力比我更强大。唉！唉！是命运抓住你，把你扔进了我暗地里建造的可怕机器的齿轮中！——听下去。我快说完了。

"一天，——又是一个阳光灿烂的日子——我看见一个男人从我面前经过，他说着你的名字，笑着，眼睛里充满淫欲。他该下地狱！于是我跟他去了。下面的事你都知道了。"

他住口了。姑娘说不出一句话，只是喊道：

"啊！我的弗比斯！"

"不要说这个名字，"神父用力抓住她的胳膊，说，"不许说这个名字！啊！就是这个名字把我们两个可怜人毁掉的！不！更确切地说，是命运在暗中作祟，把我们大家毁了！——你受了许多苦，是不是？你冷，黑暗使你成了瞎子，牢房把你重重包围，可是，在你内心深处也许还有一线光明，就是你对那个玩弄你感情的没心没肺男人的爱情，虽然这仅仅是幼稚的爱情！而我，我的心是一座监狱，我的心里只有严冬、冰雪和绝望，我的灵魂是茫茫黑夜。你知道我受的折磨吗？那次庭审我也在场。我坐在教士席上。是的，在那些头戴尖顶风帽的教士中间，有一个被打入地狱的人在风帽下痛苦地抽搐。他们把你带上法庭的时候，我在场；审问时，我也在场。——那是豺狼的洞穴啊！——从你的额头上，我渐渐看清了我的罪孽，看到了我自己的绞刑架。每个证人出场，一次次出示证据，一次次辩护，我都在场，我算得出你在痛苦道路上的每一个脚步；当那只凶恶的野兽……我也在场呀！——天哪！我没料到会动刑呀！——听着。我跟你到了刑讯室。我看见施刑吏的脏手扒去你的鞋袜，露出你的半个身子。我看见了你的脚。我多么想在你的脚上吻一下，然后死去，哪怕以一个帝国做代价；要是我能在你这双脚下撞碎脑袋，我会感到无限快乐！可是，我却看见它们夹在可怕的铁板之间。那夹板能让活人的肢体变得血肉模糊的呀！啊！可怜的人！当我看见铁夹夹住你的脚时，我就用藏在我衣服下的一把匕首，在我胸口划出一道道伤痕。听到你那声惨叫，我就往我的肉里刺了一下；你第二次喊叫时，匕首刺进了我的心脏！你看吧，我想伤口还在流血呢。"

他掀开袍子。果然，他的胸口像是被老虎的利爪撕裂过似的，胸侧有一个相当大的伤口，尚未彻底愈合。

女囚吓得直往后缩。

"啊！"神父说，"姑娘，给我一点怜悯吧！你以为你很不幸，可是，唉！你并不知道什么叫不幸。啊！爱上一个女人！自己是神父！被人憎恨！爱她爱得发狂，为了换得她一个微笑，可以献出鲜血、肺腑、名誉、灵魂，舍弃永恒和不朽，舍弃今世和来生；恨自己不是国王、皇帝，不是神灵、天使、上帝，不能作为更大的奴隶匍匐在她的脚下；日夜在睡梦里，在想象中拥抱她；看见她爱慕戎装，自己却只能献给她一件她所害怕和厌恶的肮脏教袍！当她向一个卑鄙、愚蠢的牛皮大王慷慨奉献珍贵的爱情和容貌时，他就在一旁满怀着嫉妒和愤怒！看见这撩拨情欲的肉体，这柔软诱人的酥胸！看见她在别人的亲吻下浑身颤动，羞得满面通红！啊，天哪！爱她的脚、她的胳膊、她的肩膀，梦想抚摸她蓝色的血管、黝黑的皮肤，痛苦得常常彻夜蜷缩在那间密室的石板地上，没想到梦中对她的种种爱抚，竟导致她遭受酷刑，把她引到了那张皮床上！啊！那真是在用地狱之火烧红的铁钳烙我的心呀！就是被夹板锯死，被四马分尸，也比我好受呀！——你知道那种折磨是什么滋味吗？在漫漫长夜里，血管沸腾，心烦意乱，头脑涨裂，牙齿拼命咬自己的手，就像被残忍的刽子手放在烧红的叉子上辗转，在爱情、嫉妒和绝望中挣扎！姑娘，求求你！暂时停一停对我的折磨！在这盆炭火上撒上一把灰烬！求求你替我擦一擦在我额头上大滴流淌的汗珠！孩子，你一只手折磨我，求你用另一只手抚慰我！发发慈悲吧，姑娘！给我一点怜悯吧！"

神父在地上的水潭里打起滚来，脑袋在石阶上碰得嘣嘣响。姑娘一直听着，看着。当他累得不再说话，直喘粗气的时候，她却低声重复："啊，我的弗比斯！"

神父爬到她跟前。

"求求你，"他喊道，"你要是有心有肝，就不要拒绝我！呵！我爱你！

我是一个可怜的人！当你呼喊这个名字时，狠心的姑娘，就像在用牙齿撕裂我的心！求求你！如果你是从地狱里来的，我就跟你下地狱。我已付出了一切。你要去的地狱，就是我的天堂，凝视你比凝视上帝更有魅力！啊！你说呀？你不要我？一个女人拒绝这样的爱情，会山崩地裂的呀！呵！你要是愿意，该多好呀！……呵！我们会多么幸福！我们一起逃跑——我会设法让你逃跑——我们可以到别处去，在地球上寻找一个阳光最明媚、树木最茂盛、天空最晴朗的地方。我们将彼此相爱，倾诉衷肠，我们互相渴望，永不平息，共同畅饮永不干涸的爱情甘露，直到地老天荒！"

她突然狂笑起来，打断他说：

"瞧，神父！你的指甲上有血啦！"

神父一下愣住了，眼睛看着自己的手。过了一会儿，他才极其温和地继续说：

"不错！你侮辱我，嘲笑我，指责我吧！可是，快来，跟我走。我们得快点。告诉你，绞刑已定在明天。河滩广场的绞刑架，你知道吗？它时刻都准备好的。眼睁睁看着你走进这个坟墓，太可怕了！啊，求求你！——我从来也没有像现在这样感受到爱你爱到了什么程度。——啊！跟我走吧！等我把你救出去后，你可以再来学会爱我。你愿意恨我多久，就恨我多久。可是，跟我走吧。明天！明天！绞刑架！你的死日！啊！快逃跑吧！求求你了。"

他抓起她的胳膊就想拉她走，他已经丧失理智了。

她直愣愣地看着他。

"我的弗比斯怎样了？"

"唉！"神父松开她的胳膊，说，"您真冷酷无情！"

"弗比斯怎样了？"她又冷冷地问了一遍。

"他死了！"神父吼道。

"死了！"她说，依然冷若冰霜，呆若木鸡，"那你干吗还要叫我活下去？"

他根本不听她说话，像是自言自语地说："是的，他应该是死了。匕首刺进去很深。我相信刀尖刺到他的心脏了。啊！刀尖上灌注着我的生命哪！"

姑娘像狂怒的猛虎向他扑去，用超乎寻常的力气把他推到楼梯的石阶上："滚开，魔鬼！滚开，杀人凶手！让我去死！让我们两人的血在你额头上留下永不消失的印记！要我跟你，神父！痴心妄想！什么也不能把我们撮合在一起，哪怕是地狱！滚吧，该诅咒的！绝不！"

神父被推到楼梯上，踉跄了几下，他一声不响地把两只脚从袍子的羁绊中解脱出来，捡起提灯，沿着楼梯缓慢地拾级而上，爬到顶上，打开盖板，出去了。

忽然，姑娘看见洞口又露出了他的脑袋，表情异样吓人。他愤怒而绝望地用嘶哑的嗓门喊道："我跟你说，他死了！"

她脸孔朝下跌倒在地上。牢房里，再也听不到别的声音，只有黑暗中水珠滴入水潭，发出声声叹息。

五　母亲

我不相信世界上还有什么比一位母亲看见亲生孩子的小鞋时唤醒的回忆更温馨的了。尤其这是节日、星期日和受洗时穿的鞋，是孩子还不会走路时穿的鞋，连底儿也绣了花。这鞋是那样小巧精美，那样不可能地穿着它走路，母亲看见它，就仿佛看见了自己的孩子。她对鞋子微笑，同它说话，放在嘴上亲吻。她问自己，怎么会有这样小的脚，哪怕孩子不在身边，只要看见美丽的小鞋，就如同看见了柔弱可爱的小宝宝。她好像看见了孩子，她确实看见了，整个儿的，活生生的，欢蹦乱跳，她看见她嫩嫩的小手，圆圆的脑袋，纯纯的嘴唇，蓝莹莹、亮晶晶的眼睛。如果是冬天，她在家里，在地毯上爬行，一次又一次地往小凳子上爬，母亲提心吊胆，怕她爬到火炉跟前去。要是夏天，她在院子里、在花园里爬行，拔掉石板缝中的小草，天真无邪、毫不畏惧地瞅着大狗、大马、贝壳和鲜花玩耍，把沙子放进花坛里，把泥土撒到小径上，惹来园丁一阵训斥。周围的一切都像她那样欢笑着，闪亮着，嬉戏着，就连风儿和阳光也竞相在她细软的鬈发中蹦蹦跳跳。小鞋儿使母亲又看见了这一切，她的心就像蜡烛遇到火一般熔化了。

可是，当孩子丢失后，那拥挤在小鞋周围的无尽欢乐、可爱、温馨的形象，就变成了一件件可怕的回忆。美丽的绣花鞋也就成了刑具，日夜撕裂着母亲的心。仍旧是同一根心弦,那根最深、最敏感的心弦在颤动,然而,已不是天使在抚摸,而是恶魔在弹拨。

一天早上,五月的太阳在湛蓝的天空中冉冉升起,加罗法洛①喜欢把耶稣走下十字架的情景描绘在这样湛蓝的天空下。这天早晨,罗朗塔楼的隐居婆听到河滩广场上车轮铿铿,马蹄嘚嘚,铁器哐当。她没有十分在意,只是把头发扎起来捂住耳朵,让声音变得小一些,然后,继续跪着瞻望那件没有生命的东西,她像这样瞻望已有十五年了。前面我们说过,这只小鞋是她的全部世界。她的思想禁锢在里面,死后才能从中解脱。为了这个玩具般可爱的红缎绣花鞋,她对上天发出过多少痛苦的诅咒、感人的哀诉,有过多少祈祷和哭泣,只有罗朗塔楼这间阴暗的地窖才知道。比这只小鞋更美丽更可爱的东西,也从来没有经历过如此绝望的哀诉。

那天早上,她似乎比平时更痛苦,从外面就可以听到她单调的令人心酸的哀诉。

"啊,我的女儿!"她说,"我的女儿!我可怜的亲爱的孩子!我再也见不到你了吗?就这样完了吗?这就像是昨天的事呀!上帝,我的上帝,您那样快就把她收回去,还不如当初不要把她赐给我。您不知道孩子离不开我的怀抱,母亲失去孩子,就不再信上帝了吗?——啊!我真该死,那天为什么要出门!——主啊!主啊!您这样把她从我身边夺走,难道从来没有看见我和她在一起?没看见我把她放到炉边烤火时多么高兴,给她吃奶时她笑得多甜?没看见我怎样把她的脚丫子放到我的胸脯上,并一点一点地移到我的嘴唇上?呵!您要是看见了,上帝呀,您就会同情我的欢乐,不会把我心中唯一残存的爱夺走!主啊,难道我真这样坏吗?您竟然不看我一眼就惩罚我!——唉!唉!鞋还在,可脚在哪里?身子在哪里呢?孩子在哪里?我的女儿,我的女儿!他们把你怎么样了?主啊,把她还给我吧。我跪着向您祷告了十五年,膝盖磨破了几层皮,上帝啊,这还不够吗?把她还给我吧,哪怕是一天,一小时,一分钟。一分钟也行呀,主啊!然后就把我扔给魔鬼,永无出头之日!啊!要是我知道您在哪里,我会用双手紧紧抓住您的衣角,无论如何也得让您把孩子还给我!主啊,

---

① 加罗法洛(1481—1559),意大利画家,模仿拉斐尔,主要作品有《走下十字架》《基督之死》等。

她这只漂亮的小鞋,您就不怜惜吗?怎能让一个可怜的母亲遭受十五年的折磨?大慈大悲的圣母!天上慈悲的圣母!我的孩子就是我的耶稣呀,有人把她抢走了,把她偷走了,在灌木地里把她吃了,他们喝了她的血,嚼了她的骨头!大慈大悲的圣母,可怜可怜我吧!我的女儿!我要我的女儿!她在天堂,对我有什么用?我不要您的天使,我要我的孩子!我是一头母狮子,我要我的小狮子。——啊!我要在地上打滚,我要用额头撞碎石头,我情愿下地狱,我要诅咒您,主啊,如果您不把孩子还给我的话!您看见了吧,主!我的两只胳膊都咬烂了,慈悲的上帝难道没有恻隐之心?——啊!只要我能得到女儿,她能像太阳一样温暖我,就是让我吃盐和黑面包都没关系!唉!上帝,我的主啊,我是一个可耻的罪人,可是,我的女儿使我变得虔诚了。为了爱她,我心里笃信宗教,她的微笑就像通往天宫的门户,我从她的微笑里看见了您。——啊!只要我能再把这只鞋子穿在她粉红色的漂亮小脚丫上,哪怕是一次,就一次,大慈大悲的圣母,我就赞美您,然后死去!——十五年了!她现在长得很高了!——苦命的孩子!我是真的再也见不到她了!即使在天堂里!因为我去不了那里。啊!多么不幸!想不到只剩下她的鞋,别的什么也没有了!"

苦命的女人扑到鞋上,这是她多年来的慰藉和遗憾。她仍像丢失孩子的第一天那样,肝肠寸断,痛不欲生。对于丢失孩子的母亲来说,永远是第一天。这种痛苦是不会减轻的。丧服穿烂了,变白了,但心里依然是黑夜。

这时,孩子们天真欢快的声音从她的小屋前面经过。可怜的母亲,每次看见或听见有孩子经过,总是赶紧躲到墓穴最黑暗的角落里,仿佛要把脑袋钻进石头里,以免听到他们的声音。可这一次却相反,她像受了惊吓似的,倏地站起来,谛听他们的讲话。因为刚才有一个小男孩说:"今天要绞死一个埃及女人。"

她就像我们前面讲到过的那只蜘蛛,一感到网儿颤动,就猛地扑向苍蝇那样,一个箭步跳到窗口。我们知道,小窗朝着河滩广场。果然,在常备不懈的绞刑架旁边,已架好了一道梯子,干脏活的人正在整修受雨水腐蚀而生锈的铁链。周围聚集了一些观众。

那几个孩子说说笑笑已经走远。赎罪婆四下张望,想找个过路人问一问。她注意到小屋旁边有一个神父,装模作样地在读那本用铁丝网拦住的公用《圣经》，却更关心广场上的绞刑架，不时地向那边投去阴沉而凶狠的目光。她认出那是若扎的副主教，一位圣人。

"神父，"她问，"那里要绞死什么人呀？"

神父看看她，没有搭理。她又问了一遍，他才回答："不知道。"

"刚才有几个孩子说是一个埃及女人。"隐居婆说。

"我想是吧。"神父说。

于是，帕凯特·尚特弗勒里发出一阵怪笑。

"大姐，"副主教说，"您非常恨埃及女人？"

"问我恨不恨她们？"隐居婆嚷道，"她们是吸血女妖精，偷孩子的贼婆！她们吃了我的女儿，我的孩子，我唯一的孩子！我已经没有心了，被她们吃掉了！"

她的模样十分可怕，神父冷漠地看着她。

"她们中间有一个我最恨，我诅咒过她，"她接着又说，"是一个年轻的，年龄跟我的女儿差不多，假如她母亲没有把我女儿吃掉的话。这条小毒蛇每次从我窗前经过，我都火冒三丈！"

"那好，大姐，您就高兴吧，"神父说着，一副冷漠无情的样子，就像坟墓前的石像，"您就要看到她死了。"

说完，他耷拉着脑袋，慢慢地走开了。

隐居婆高兴得手舞足蹈。她喊道："我早就对她预言过她会上绞刑架的！谢谢，神父。"

她开始在装铁条的窗前大步来回走动，头发蓬乱，眼睛冒火，不时用肩膀往墙上碰撞，神色凶悍，犹如一头饿了很久但预感到即将有一顿美餐的笼中恶狼。

六　三个人，三颗心

其实，弗比斯并没有死。这种人的生命是很顽强的。国王的特别律师菲利浦·勒利埃先生对可怜的爱斯梅拉达说"他就要死了"，那是他搞错了，或者是开玩笑。副主教对女囚说"他死了"，那是他不知实情，而且也深信不疑，并且希望如此。要他把情敌的好消息告诉自己心爱的女人，那是难以忍受的。任何人处在他的地位，都会这样做的。

并不是说弗比斯的伤势不重，而是比副主教想象得要轻一些。巡逻兵立即把他抬到药师家里，药师担心他活不了一个星期，甚至用拉丁语告诉了他。然而，青春终于战胜了死神；这是常有的事，大自然不顾医生的诊断和预言，和医生开了个玩笑，让病人死里逃生。当菲利浦·勒利埃和宗教法庭预审法官对他进行审问时，他还躺在药师家的破榻上，他对审问感到非常厌烦。因此，一天早晨，他觉得身体好了些，便留下金马刺作为医疗费，偷偷溜走了。不过，这对案子的预审没有带来任何影响。那时的法庭对一件刑事案是不是已审理清楚是不大关心的。只要被告被绞死，就万事大吉。况且，对爱斯梅拉达，法官们已掌握了足够的证据。他们以为弗比斯已经死了，也就没有什么事可做了。

至于弗比斯，他倒并没有逃远，只是回他的部队去了。部队驻扎在法兰西岛一个名叫"布里的尾巴"的村庄，离巴黎只有几驿站远。

总之，这个案子要他亲自出庭，对他来说不是什么愉快的事情。他若明若暗地感觉到，要是他出庭，他会很尴尬。其实，对整个案子该怎样看待，他并不太清楚。他和所有当兵的一样，不信宗教，却很迷信，当他回顾这场遭遇的时候，他对那只山羊，对邂逅爱斯梅拉达的奇特场合，对她表达爱情的奇特方式，对她埃及人的身份，对夜游修士，都提出了许多疑问。他隐隐看到，在这场奇遇中，巫术多于爱情，她也许是巫婆，或者是魔鬼；无论如何，这是一场喜剧，或者，用那时候的话来说，是一出非常令人厌恶的圣迹剧，他扮演了一个非常愚蠢的角色，一个挨刀子、受嘲笑的角色。弓手队长为此感到无地自容。对于这种羞愧，我们的拉封丹有过淋漓尽致的描绘：**羞惭满面，宛如狐狸反被母鸡攫住。**①

此外，他希望这事不要传得满城风雨，如果他不出庭，他的名字就不一定会提到，至少不会在图尔内尔审判室以外的地方响起。这一点他倒是想对了。那时候还没有《法庭报》，况且，几乎每个星期都有铸造伪币的人被煮死，或有巫婆被绞死，或有异教徒被烧死，不是在这个街口，就是在那个街口，那个封建制度年迈的忒弥斯②卷起袖子，裸着胳膊，用绞刑架、

---

① 出自法国17世纪著名寓言诗作家拉封丹的《狐狸和仙鹤》。

② 忒弥斯，希腊神话中掌管法律和正义的女神，一手执天平，一手执剑，双眼用布蒙住，象征着公正无私和执法如山。

梯子和示众柱行使职权，巴黎人对此司空见惯，习以为常，所以也就不大留神了。那时候，上流社会很少知道在街口受刑的人叫什么名字，只有老百姓才对这种粗鄙的菜肴津津乐道。街头处决犯人是家常便饭，就像面包房的熄火罩和屠夫宰杀牲口那样屡见不鲜。刽子手实际上就是屠夫，只是色彩更浓一些罢了。

因此，弗比斯的情绪很快就安定了，爱斯梅拉达（或者照他的喊法，西米拉）是不是巫婆，那一刀究竟是吉卜赛姑娘还是夜游修士刺的（这对他无关紧要），案子会有什么结果，他统统抛至脑后。可是，这件事一放下，他的心灵马上空虚起来，百合花的形象就又回来了。弗比斯队长的心灵，像那时候的物理学一样，就是害怕真空。

此外，布里的尾巴村实在是枯燥乏味，村民不是马蹄匠，便是养牛女，他们手上满是裂口，一座座棚屋茅舍排在大路两旁，就像一条细带，有半里①路长，真像是一条尾巴。

百合花是他的倒数第二个情人，长得如花似玉，又有一笔诱人的嫁妆。因此，这个多情的骑士完全恢复健康后，认为吉卜赛姑娘的案子经过两个月的审理，想必已经了结，被人遗忘，于是，一天上午，他便迫不及待地骑马来叩贡德洛里埃公馆的大门了。

圣母院前庭广场上聚集了许多人，但他没有在意。他记得这是五月，可能有什么宗教游行，或者是圣灵降临节，或者别的什么节日，他把马拴在门廊的铁环上，高高兴兴地上楼去找他的未婚妻了。

屋里只有她和她的母亲。

百合花对吉卜赛女巫来她家的那一幕，对她的山羊和那该死的字母，还有对弗比斯的久不照面，一直耿耿于怀，想起来就不高兴。可是，当她看见她的队长走进来，发现他的气色那样好，军服那样新，绶带那样闪光，神态那样热情时，便高兴得满脸绯红。这位贵族小姐也比以往更加艳丽夺目，妩媚动人。她漂亮的金发梳成辫子，令人心醉神迷；她穿着天蓝色的衣裙，更显得皮肤白皙，这种俏丽的打扮，是她的闺友科隆贝面授的；她的眼睛情思恹恹，无精打采，这对她洁白的皮肤无疑是锦上添花。

自从到了布里的尾巴村，除了轻佻的村妇，弗比斯没见过一个漂亮的

---

① 半里，相当于两公里。

女人，顿时就被百合花的姿色迷住了。他变得格外热情殷勤，因此两人很快就和解了。贡德洛里埃夫人一直慈祥地坐在那张大安乐椅上，不忍心责备他。至于百合花小姐的责备之言，却化作了柔情似水的喁喁私语。

姑娘坐在窗边，仍在绣那幅海王的水帘洞。队长靠在她的椅背上，而她则低声嗔怪。

"两个月不照面，您都在干什么呀，坏东西。"

这个问题使弗比斯感到有点尴尬，只好避而不答："我发誓，您美极了，大主教见了都会想入非非。"

她忍不住笑了：

"好了，好了，先生。先别谈我美不美，回答我的问题。没错，可是个大美人！"

"好吧！亲爱的表妹，我被召回去驻防了。"

"请问在哪里呀？为什么不来同我告别？"

"在布里的尾巴村。"

弗比斯暗自庆幸第一个问题帮他回避了第二个问题。

"那里很近呀，先生。您怎么一次也没来看我？"

这下弗比斯慌了手脚："因为……公务……再说，可爱的表妹，我病了呀。"

"病了！"她吓了一跳，忙问。

"是的……受伤了。"

"受伤！"

可怜的姑娘惊惶不安了。

"嗨！别害怕，"弗比斯漫不经心地说，"这没什么。跟人吵了一架，挨了一剑。这跟您有什么关系呢？"

"跟我没什么关系！"百合花抬起泪汪汪的美丽眼睛，嚷道："啊！您心里总不会这样想吧。这一剑是怎么回事？我要知道一切。"

"好吧！亲爱的，我跟马埃·弗迪发生了口角，您知道吗？他是圣日耳曼-昂-莱的副官；双方动了手，每个人的皮肤上都拉了条口子。就这些。"

队长信口胡编。他清楚地知道，决斗可以提高一个男人在女人心目中的地位。果然，百合花非常激动地看着他，流露出害怕、高兴和赞赏的复杂感情。可是，她还没有完全放心。

"但愿您完全好了，我的弗比斯！"她说，"我不认识您的马埃·弗迪，不过，我知道他是个坏蛋。那么，你们怎么吵起来的？"

弗比斯原本不是个想象力丰富的人，这下真不知道该怎样自圆其说了。

"哈，我怎么知道？……为了一件小事，一匹马，一句话！——美丽的表妹，"为了换个话题，他突然叫了起来，"广场上闹哄哄的干什么呀？"

他走近窗口："哟！我的上帝，表妹您看，广场上的人真多！"

"我不知道。"百合花回答，"好像是有一个女巫今天上午要在教堂前面当众谢罪，然后上绞刑架。"

队长以为爱斯梅拉达的案子早已了结，因此，对百合花的话无动于衷。不过，他还是提了一两个问题。

"这女巫叫什么名字？"

"不知道。"她回答。

"听说她干了些什么吗？"

她这一次又耸了耸雪白的肩膀。

"不知道。"

"啊！耶稣上帝！"母亲说，"现在巫师太多了，我想，用火烧都来不及，谁还去管他们叫什么名字，就像想知道天上每朵云彩的名字一样毫无意义。不过，我们可以放心。有慈悲的上帝掌握着生死簿呢。"说完，这位可敬的夫人站起来，来到窗口。"主啊！"她说，"您说得对，弗比斯。真有很多人。上帝！连屋顶上都挤满了。——您知道吗，弗比斯？这使我想起了我年轻的时候，想起了查理七世进京的时候，也是有很多人哪。——我忘了是哪一年了。——我跟您谈这些往事，在您看来都是些陈芝麻烂谷子，是不是？可我还觉得是昨天的事。——啊！那会儿的人比今天还要多。连圣安托万门的凸堞上都挤满了。国王骑着马，王后坐在他身后，圣驾后面跟着宫廷命妇，她们坐在贵族老爷的马上。我记得，大家都拼命地笑，因为在五短身材的阿马尼翁·德·加朗德身边，是高大魁伟的骑士马特夫隆老爷，他杀死的英国人不计其数。那场面真是好看。法国所有的贵族都在行列中，举着王室小旗，红艳艳的照得你睁不开眼睛。还有三角形的矛头旗，各领主的军旗，等等。卡朗老爷是三角旗，让·德·夏多莫朗是军旗，库西老爷也是军旗，他的衣服比谁的都华丽，当然，波旁公爵除外……——唉！这些现在都没有了，想起来真叫人伤心。"

可那对情人根本不听可敬的老太太唠叨。弗比斯已经回到未婚妻身旁，胳膊肘撑在椅背上。这是个迷人的位置，他的目光可以肆无忌惮地伸到百合花颈饰的领口里面。她那颈饰撑开得恰到好处，使他看见许多赏心悦目的美景，还使他产生许多美妙的联想，他被百合花白缎般光洁的皮肤撩拨得心荡神迷，不禁思忖："怎么能不爱白雪公主，而爱别的女人呢？"两人默默无语。姑娘不时抬起喜滋滋情绵绵的眼睛看看他，两人的头发交融在一道春天的阳光中。

"弗比斯，"百合花突然低声说道，"我们三个月后就要结婚了，您能发誓，除了我，您没有爱过别的女人吗？"

"我向您发誓，美丽的天使！"弗比斯回答。为让百合花相信，他不仅声音情真意切，而且目光也情意绵绵。此刻，也许连他自己都信以为真了。

那位慈祥的母亲看见未婚夫妇情投意合，不由得喜上心头，便出去料理家务琐事了。弗比斯发现她走了，再没有旁人在场，这个爱冒险的队长顿时胆子更大，脑袋里产生了许多奇妙的念头。百合花爱他，他是她的未婚夫，他们两人单独在一起，况且，他对她的旧情已死灰复燃，虽然不如从前清新纯真，可是像火一般炽烈；反正她迟早是自己的媳妇，寅吃卯粮总不是什么大罪过。我不知道从他脑子里掠过的是不是这些想法，但有一点可以肯定，看见他的眼神，百合花吓得骤然花容失色。她环顾周围，发现母亲不在了。

她面红耳赤，忐忑不安，说："我的上帝！好热呀！"

"是热，"弗比斯回答，"我想快到中午了。太阳叫人好不舒服。把窗帘放下就好了。"

"不要，不要，"可怜的姑娘嚷道，"相反，我要透透空气。"

她像一头母鹿闻到了猎犬的气味，站起来，跑到窗口，打开落地窗，冲到了阳台上。

弗比斯心里有些不悦，跟着也上了阳台。

正如大家知道的，阳台面对着圣母院前庭广场。这时候，广场的景象既恐怖又奇特，百合花生性胆小，没想到一惊未消，又生一惊。

前庭广场上人山人海，被挤得水泄不通，广场容纳不下，只好退到毗连的那几条街上。幸亏在前庭广场的栏杆周围，守着许多警卫和火枪手，手持武器，组成了又一道厚厚的防线，否则，人群早就冲进前庭了。多亏有这刀山剑林挡着，前庭才免遭人群占领。入口处由一队佩戴大主教纹章的持戟步兵把守。教堂的大门紧闭着，相反，广场周围的无数窗户，甚至连山墙上的窗户却全都敞开，可以看到成千上万个脑袋拥挤在一起，犹如军火仓库里的一堆堆圆炮弹。

人海的浮面灰蒙蒙，脏兮兮，混浊不堪。他们翘首等待的场面，显然具有把最卑劣的民众吸引和召集起来的威力。没有比这群黄帽脏发的乌合之众发出的声音更令人厌恶的了。人群中，女人比男人还要多，欢笑声盖过了喊叫声。

不时地会有一声颤抖的尖叫，冲破这片喧闹。

……

"喂！马伊埃·巴利弗尔！是不是在这里绞死她？"

"真蠢！这里是穿着内衣当众谢罪！仁慈的上帝将把拉丁语啐到她的脸上！向来是中午时分在这里进行的。如果你想看绞刑，那就去河滩广场吧。"

"看完这个我会去的。"

……

"布康布里太太，那是真的吗？她真的拒绝忏悔了吗？"

"好像是吧，伯谢尼太太。"

"看见了吧，她是个异教徒！"

……

"先生，这是惯例。司法宫大法官必须先对罪犯进行审判，处决时，如果是俗教徒，就交给御前大法官；如果是神职人员，便交给巴黎主教的法庭。"

"谢谢，先生。"

……

"唉！我的上帝！"百合花说，"真是个可怜人！"

这个想法使她扫视人群时的目光充满了痛苦。弗比斯的注意力全在她的身上，哪有心思顾及那群衣衫褴褛的穷人。他站在她身后，柔情脉脉地抚摸她的细腰。她转过身，微笑着哀求：

"求求您，弗比斯，放开我！我母亲进来，会看见您的手的！"

就在这时候，圣母院的时钟敲响了十二点。人群中响起了一片满意的嗡嗡声。第十二下钟声余音未落，所有的脑袋骚动起来，就像刮起了一阵狂风，波浪起伏；广场上，窗口上，屋顶上，升起了一片喊叫声："她来啦！"

百合花用手捂住眼睛，不敢朝那边张望。

"可爱的表妹，"弗比斯对她说，"您想回屋里去吗？"

"不。"她回答。刚才，她因为害怕，闭上了眼睛，现在，她出于好奇，又睁开了眼睛。

一匹高大的诺曼底马拉着一辆囚车，在一群身穿紫红制服、佩戴白十字架的骑兵簇拥下，刚从圣彼得-奥伯街驶入广场。巡逻兵用力挥舞鞭子，在人群中开出一条通道。囚车旁还有几个法官和警官，从他们的黑制服和骑马的笨拙姿势，一看就知道他们的身份。雅克·夏莫吕先生耀武扬威，走在最前面。

在死囚车上，坐着一个姑娘，双手反绑在背后，身旁没有神父。她只穿内衣，长长的黑发披在半裸的胸前和肩膀上：按照当时的规矩，要到绞刑架下才剪头发。

透过这乌黑光洁、波浪起伏的秀发，可以看见她身上捆着一根灰乎乎的粗绳子，那根疙里疙瘩的绳子，像蚯蚓缠绕鲜花一般，缠绕在可怜姑娘迷人的脖子上，磨破了她锁骨上娇嫩的皮肤。绳子下面，一块镶着绿玻璃的小小护身符在闪闪发光。这个护身符她终于保留下来了，可能是因为对于将死之人，人们不再拒绝他们的要求。站在窗口的观众可以看到在囚车深处，她的两条腿露在外面，像是出于女性的本能，她竭力把腿往身子底下缩。她脚边有一只五花大绑的山羊。女囚用牙咬住没有扣好的衬衣。仿佛在如此惨境下，她还是为在众人面前这样赤身露体而深感痛苦。唉，可惜的是，面对这样的煎熬，羞耻心也无可奈何！

"耶稣！"百合花激动地对弗比斯说，"快看，亲爱的表哥！那是带山羊的吉卜赛坏女人呀！"

她一面说，一面转向弗比斯。他两眼紧盯囚车，脸色苍白。

"哪个带山羊的吉卜赛女人？"他结结巴巴地问道。

"怎么！"百合花又说，"您想不起来了？……"

弗比斯打断她说："我不知道您想说什么。"

他朝屋里走了一步。可是，不久前，百合花对吉卜赛姑娘产生过的强烈嫉妒情绪，此刻又死灰复燃了。她看了看弗比斯，满腹狐疑，目光敏锐。她模模糊糊地想起曾听人说过有一个弓手队长与这个女巫的案子有牵连。

"您怎么啦？"她问弗比斯，"这个女人好像让您不安了。"

弗比斯强作讪笑。

"我！没那回事儿！真的！"

"那您就待着，"她以命令的口吻说，"和我一起看到底。"

倒霉的队长只得留下。他看见女囚的眼睛一直盯着囚车的底板，他才稍稍放心了些。那女囚正是爱斯梅拉达。她受尽耻辱，屡遭摧残，却依然美丽非凡。她脸容消瘦，却使那双乌黑的大眼睛显得更大，苍白的面孔高洁纯净，超凡脱俗。她还是从前的样子，只是看上去更脆弱，更单薄，更消瘦，正如马扎奇奥①的圣母同拉斐尔的圣母十分相像一样。

此外，她身上的一切似乎都垮了，除了廉耻心，她对什么都无所谓，因为惊吓和绝望已使她精疲力竭，万念俱灰。她就像一件没有生命或支离破碎的东西那样，随着囚车颠簸。她的眼神忧郁而呆滞，眼眶中含着一颗泪珠，滞留不落，就像结了冰似的。

这时候，那队阴森可怖的车马行列已经穿过狂呼乱叫、姿态各异的人群。不过，为忠于史实起见，我们不得不指出，看见她美如天仙，却是槁木死灰，许多观众，也有心肠很硬的人，对她产生了怜悯。囚车已经驶入了前庭广场。

囚车停在教堂的正门前，押解人员分列两旁。人群鸦雀无声。在这庄严而令人焦虑的寂静中，大门的两扇门扉仿佛自动打开，铰链发出尖锐刺耳的声音。于是，教堂张开了大嘴，在阳光灿烂的广场中间仿佛出现了一个深不可测的岩洞，黑乎乎，阴沉沉，挂着黑色帷幔，远处主坛上有几支蜡烛在闪烁。尽头，在半圆形后殿的阴暗处，隐约可见一个巨大的银十字架，展现在从穹顶直垂地面的黑帷幕上。整个中殿不见一个人影。但是，远处唱诗班的祷告席上，好像有几个神父的脑袋在晃动，大门打开时，教堂里传出庄严、响亮、单调的歌声，不时地把一段段凄凉的圣诗抛到女囚的头上。

---

① 马扎奇奥（1401—1428?），佛罗伦萨画家。

……我周围有成千上万的人反对我，我不会害怕他们。主啊，起来吧；上帝啊，救救我吧。①

　　……救救我吧，上帝，因为大水已经没到了我的灵魂。②

　　……我已陷入深深的泥潭，没有立足之地。③

与此同时，另一个声音单独地在主坛台阶上唱着悲哀的葬礼献经：

　　谁听我的话并且相信派我来的人，就能得到永生；他不受判决的约束，而将从死亡走向永生。④

这是追思弥撒。几个隐没在黑暗中的老头在远处为这个洋溢着青春和生命的美丽生灵歌唱，融融的春风爱抚着她，灿烂的阳光照耀着她。

民众聚精会神地听着。

不幸的姑娘神色惶遽，她的视觉和思想似乎都被黑暗幽深的教堂吞没了。她苍白的嘴唇微微颤动，好像在做祈祷，刽子手的助手过来扶她下囚车时，听见她喃喃念叨："弗比斯。"

她被松了绑，扶下囚车。山羊也松了绑，跟在她身旁。它感到自由了，高兴地咩咩叫。她赤着脚，踏着坚硬的石板地，一直走到教堂正门的台阶下。脖子上的那根绳子，犹如一条长蛇，拖在她身后。

这时，教堂里的歌声停止了。一个巨大的金十字架和一长列蜡烛开始在黑暗中移动。接着，又听见穿着五颜六色衣服的教堂侍卫碰击铁戟的声音，过了一会儿，一长列身穿祭披的教士和副祭师唱着圣诗，庄严地向女囚走来，越来越清楚地出现在女囚和观众的眼前。可是，她的目光却停留在十字架后面那个走在最前头的教士身上。"啊！"她打了个寒战，说道，"又是他！又是那个神父！"

那人确实是副主教。他左边是副领唱员，右边是手执指挥棒的领唱员。他昂着头，瞪着眼，边走边大声唱着：

---

①②③ 原文均为拉丁语，出自《圣经》的诗篇。

④ 原文为拉丁语，出自《约翰福音》。

我从地狱深处呼唤你，你已经听到我的声音，你把我扔到茫茫大海中，海浪将我团团围住。①

　　他裹着一件银色大氅，胸前佩戴黑色十字架，当他出现在明亮的尖拱门廊下的时候，脸色惨白，不少观众以为他是跪在唱诗班墓石上的大理石教士，现在从墓石上站起来，守在坟墓旁，迎接这个行将死亡的女人。

　　而她也一样苍白，一样像雕像一般，有人把一支点燃的有相当分量的黄蜡烛放到她手中，她几乎没有察觉；书记员尖声尖气地朗读必不可少的忏悔文，她都没听；叫她回答"阿门"，她就回答"阿门"。只是当她看见副主教示意看守们离开，独自向她走来时，她才恢复了一点生命和力气。

　　她觉得血液在头脑中翻腾，残存的一点点怒火在她麻木而冰冷的心中重新燃烧起来。

　　副主教缓缓走到她身边。她已处在这样的绝境中，她见他居然还用闪着淫荡、嫉妒和欲火中烧的目光在她几乎赤裸的身上打转。接着，他大声对她说："姑娘，你求上帝宽恕你的错误和罪过了吗？"然后，他俯到她耳边，又说（观众还以为他在听她临终忏悔）："你要我吗？我还可以救你。"

　　她怒目而视："滚开，魔鬼！不然，我就告发你。"

　　他狞笑起来："谁也不会相信你。——这样只会使你罪加一等。——快回答！你要不要我？"

　　"你把我的弗比斯怎样了？"

　　"他死了。"副主教回答。

　　这时候，卑鄙的副主教无意识地抬起头，看见广场对面贡德洛里埃府的阳台上，弗比斯队长正站在百合花身旁。他踉跄了一下，揉揉眼睛，定神看了看，低声骂了一句，脸上的每根线条都剧烈地抽搐起来。

　　"那你就死吧！"他咬牙切齿地说，"谁也得不到你。"

　　然后，他把手放在埃及姑娘头上，用哀伤的声音喊道："去吧，伪装的灵魂！愿上帝宽恕你！②"

---

　　① 原文为拉丁语，引自《圣经》。
　　② 原文为拉丁语。

像这一类悲怆的仪式，结束时通常都用这句可怕的套语。这是神父给刽子手的信号。

民众都跪了下来。

"上帝，饶恕吧！①"待在尖拱门廊下的教士们说。

"上帝，饶恕吧！"群众嗡嗡附和，犹如拍击的海浪声，在人群头顶上越过。

"阿门。"副主教说。

他向犯人背过身，脑袋垂下，双手交叉，走回教士队伍中。不一会儿，就同那金十字架、蜡烛和祭披一齐消失在教堂黑沉沉的拱顶下面了。他唱着绝望的诗句：

你的漩涡和波涛全都从我身上经过！②

他那洪亮的声音渐渐淹没在合唱中。

与此同时，教堂侍卫铁戟相碰的声音，也渐渐消失在中殿的柱子中间。这声音犹如时钟的槌子，敲响了女囚的丧钟。

然而，圣母院的大门仍然开着，可以看见教堂里面空空荡荡，阴阴森森，披着黑纱，没有烛光，也没有声音。

女囚仍然待在原地不动，等候处置。一个卫士不得不跑去叫夏莫吕先生。在整个仪式过程中，夏莫吕先生一直在聚精会神地研究大门上的浅浮雕，有人说，那浮雕表现的是亚伯拉罕的献祭③，也有人说是点金法术，天使代表太阳，柴束代表火，亚伯拉罕代表炼金术士。

他看得专心致志，那卫士好不容易才把他唤醒，他终于转过身来，向两个穿黄衣服的人挥了挥手，于是，刽子手的这两名助手走到埃及姑娘身边，把她的手重新绑上。

不幸的姑娘在登上死囚车，走向终点站的那一刻，也许对生命产生了

---

①② 原文为拉丁语。

③《旧约·创世记》第二十二章说，上帝为考验亚伯拉罕，指令他把爱子以撒献为燔祭。亚伯拉罕准备照办，但在最后一刻，一位天使救下以撒，叫他用在附近灌木丛中逮住的一只公羊代作燔祭。

痛苦的留恋，她抬起干涸的充满血丝的眼睛，望望天空，望望太阳，望望被一块块蔚蓝色的四边形或三角形晴空隔开的银灰色云彩，然后垂下眼睛，看看周围，看看大地、人群、房屋……忽然，当穿黄衣服的人捆她胳膊的时候，她发出一声可怕的呼喊，一声快乐的呼喊。在那边，在广场拐角的那个阳台上，她看见了他，她的朋友，她的主人，她的弗比斯，她生命中的另一个幻影！法官撒了谎！神父撒了谎！那确实是他，她深信无疑，他就在那里，仍然活着，还是那样英俊漂亮，穿着那身光彩夺目的制服，头插羽饰，腰佩宝剑！

"弗比斯！"她喊道，"我的弗比斯。"

她想向他伸出双臂，可它们被捆上了。由于爱情，由于喜悦，她的胳膊在瑟瑟发抖。

这时，她看见队长皱起眉头。一个漂亮的姑娘偎依在他身旁。那姑娘轻蔑地撇撇嘴，用愠怒的目光看着他。接着，弗比斯说了几句话，爱斯梅拉达离得太远，听不见。随后，他们匆匆离开阳台，进屋后，那扇玻璃窗门就关上了。

"弗比斯！"她发狂地喊着，"你也相信吗？"

一个可怕的念头突然出现在她脑海中，她想起自己是因谋杀弗比斯·德·夏多佩罪被判处死刑的。

直到那时，她忍受了一切，可是，这最后的打击实在太重，她栽倒在地，不省人事。

"快，"夏莫吕说，"把她抬到车上去，快了结吧！"

谁也没有注意到，在大门尖拱顶上历代国王雕像的走廊上，有一个奇怪的观众，他一直在那里观望，脖子伸得很长，面孔奇形怪状，表情不动声色，若不是他穿着半红半紫的奇装异服，真会以为他是那些六百年来口吐檐槽雨水的怪物之一。中午以来圣母院前发生的事，他一一看在眼里。从一开始趁大家不注意的时候，他就找来了一根打着许多结的粗绳子，一头牢牢拴在走廊的一根柱子上，另一头一直垂到底下的石阶上。而后，他就静静地在那里观看，还不时地朝飞过他面前的小鸟打一声口哨。正当刽子手的两个助手准备执行夏莫吕冷酷的命令时，他倏地一跃跨过栏杆，用手、膝和脚钩住绳子，像雨水顺玻璃流动一般，咻溜一声滑到了教堂正面底下，接着，像猫似的跳下屋顶，飞快地冲向刽子手，抡起两只大拳，把他们打倒在地,像孩子抱布娃娃那样一手抱起埃及姑娘,一个箭步跳进教堂,高高举起姑娘,用可怕的声音喊道:"避难!"

这一切发生在顷刻之间,要是在黑夜,就像是电光闪烁的瞬间能够看到的。

"避难!避难!"群众也喊了起来。千万双手在鼓掌,卡西莫多感到无比的高兴和自豪,他那只独眼也熠熠生辉。

震动使女犯苏醒过来,她睁开眼睛,看看卡西莫多,随即又闭上了,像是被救她的人吓坏了似的。

夏莫吕瞠目结舌,刽子手以及全体押解人员也都愣住了。因为女囚进了圣母院,就享有不可侵犯的权利。这座教堂是避难圣地。人间任何司法都不能越过教堂的门槛。

卡西莫多在大门道下停了一会。他那双巨脚,就像罗曼风格的大柱子,稳稳当当地立在教堂的地面上。披着长发的脑袋缩在两个肩膀中间,宛若一头只见鬃毛不见脖子的雄狮。他用结满老茧的双手托着心跳加剧的姑娘,恰似托着一条洁白的飘带。但他小心翼翼,生怕把她碰碎了,碰蔫了。仿佛他觉得这是一件娇弱、精美和珍贵的物品,生来是给别人的手,而不是给他的手搂抱的。有时候,他显得缩手缩脚,不敢碰她,甚至都不敢对着她出大气。突然,他又把她紧紧搂住,贴在他高低不平的胸脯上,好像这是他的财产,他的宝贝,就像母亲对自己的孩子那样。他那只地精般的眼睛低下头来看她时,充满了温柔、痛苦和怜悯。忽然,他又抬起头,目光炯炯,光芒四射。于是,女人们又哭又笑,群众欣喜若狂,拼命跺脚,因为此时此刻,卡西莫多的确有一种特殊的美。他很美,这个孤儿,这个捡来的孩子,这个被社会遗弃的人,他感到自己威严强大,他敢于直视把他逐出门外的社会,并进行了强有力的干预;他敢于直视人间的司法,抢走了他们手中的猎物,敢于蔑视一切豺狼虎豹,使他们失去了到嘴的猎物,空欢喜一场,这些警吏,这些法官,这些刽子手,国王的一切力量,统统被他这个微不足道的人凭借上帝的威力踩在了脚下。

一个极其丑陋的人保护了一个极其不幸的姑娘,卡西莫多搭救了一个判处死刑的女犯,这确实动人心弦,可歌可泣。自然界和人类社会的两个极端不幸的人在相互接触,相互帮助。

然而,等群众欢呼了几分钟后,卡西莫多就带着姑娘突然消失在教堂里了。民众向来钟爱英勇行为，他们的眼睛还在昏暗的中殿来回搜索卡西莫多，抱怨他不该这么快就从他们的欢呼声中溜走。蓦然，他又出现在法兰西国王长廊的一端，举着他的战利品，高喊着"避难"，像疯子似的狂跑着穿过走廊。群众再一次报以热烈的掌声。到了走廊的另一头，卡西莫多又钻进教堂里去了。过了一会儿，他出现在钟楼的平台上，仍然举着埃及姑娘，仍然狂奔着，仍然高喊着"避难"。群众又一次欢呼。最后，他第三次出现，是在钟楼顶上，仿佛在那里骄傲地向全城炫耀被他搭救的姑娘。他用别人很少听到而他自己从没有听到过的洪钟般的声音狂呼三遍："避难！避难！避难！"声音响彻云霄。

"好！好！"民众也呼喊起来。这巨大的欢呼声一直传到河对岸，聚集在河滩广场的群众大吃一惊，那个虎视眈眈盯着绞刑架，等候处死埃及姑娘的隐修婆也吃了一惊。

第九卷

一 高烧

当副主教克洛德·弗罗洛给埃及姑娘和他自己套上的命运之结，被他的养子卡西莫多猛然斩断的时候，他已经不在圣母院了。回到圣器室，他连忙扯下祭袍祭披，统统扔给教堂执事，弄得执事莫名其妙，然后，他从内院的暗门逃出去，跑到滩地，叫一个船夫渡他到塞纳河左岸，钻进大学城高低起伏的街道，漫无目的地乱跑，每走一步都遇到一群群男女兴高采烈、急急忙忙地奔向圣米歇尔桥，希望**还能赶上**观看绞死女巫的一幕。他脸色苍白，神态惊慌，比大白天被放出来却又被一群孩子穷追不舍的夜鸟还要盲目，还要惊慌不安。他不知道自己在哪里，在想什么，也不知道是不是在做梦。他走呀，跑呀，碰到哪条街，就走哪条街，不加选择，只是被河滩广场驱赶着，一股脑儿往前跑，他隐隐约约地感到那可怕的河滩就在他身后。

就这样，他顺着圣热内维埃芙山往前走，最后从圣维克托门出了城。他继续逃跑，只要回头还能看得见大学城箭楼耸立的城墙和郊区稀稀疏疏的房子，他就决不停步。他跑过一个山丘，终于看不见丑恶的巴黎了，自以为离巴黎已有一百里，到了野外，到了荒无人烟的地方，这时候，他才停下来，似乎才松了口气。

这时，种种可怕的念头一齐涌上他的心头。他清楚地看到了自己的灵魂，不禁一阵战栗。他想起了那个把他毁灭、同时也被他毁灭的不幸姑娘。他惶恐不安地扫视命运使他们两人各自经历的曲折不平的道路，一直望到这两条路的交叉点，在那里，命运无情地让他们互相碰撞，乃至粉身碎骨。他想到他对上帝许下的誓愿是何等荒唐，贞操、科学、宗教、德行是何等虚无，上帝又是何等无能。他亢奋地沉浸在这些邪恶的思想之中，沉得越深，就越清楚地听到撒旦在他灵魂深处狞笑。

他深挖着自己的灵魂，看到大自然在他的心灵中给予情欲如此之大的空间，就更凄惨地冷笑起来。他把内心深处的仇恨和邪恶全都挖出来，像医生检查病人那样冷静地审视自己，认识到他的这种仇恨，这种邪恶，其实是堕落的爱情；爱情在男人身上是一切美德的源泉，可在一个教士心中却会转化成可怕的东西，而像他这样气质的人做了教士，就会变成魔鬼。于是，他可怕地大笑起来，他的脸色骤然又变得十分苍白，接着他又审视这个命中注定的情欲，审视这个分泌毒液、腐蚀心灵、充满仇恨和难以平息爱情的最阴险可恶的一面，脸色又骤然变白，正是那种爱情，把一个人送上了绞刑架，把另一个人送进了地狱，她被判处死刑，他被罚入地狱。

然后，他想起弗比斯还活着，又笑了起来。那队长竟然还活着，而且轻松愉快，心满意足，穿着比以往更漂亮的军服，带着新情妇来看旧情妇被绞死。他又想起他欲置于死地的人当中，唯独埃及姑娘，这个唯一不为他憎恨的人，没有逃脱他的打击，想到这里，他笑得更疯狂了。

他从队长又想到了民众，心里产生了一种闻所未闻的嫉妒。他想到民众也一样，全都看见了他心爱的女人穿着内衣，半裸着身子，想到他一个人曾在黑暗中窥见过这个女人的肉体，这是他至高无上的幸福，可今天在大白天，在大中午，穿着像要去过淫乐之夜的极其单薄的衣衫，让一大群民众尽情欣赏，想到这些，他就拼命扭自己的胳膊。他狂怒地哭泣，因为看到他爱情的种种神秘——被亵渎，被玷污，被暴露，从此永远枯萎；他狂怒地哭泣，因为想到多少淫邪的眼睛从那件没有扣好的衬衣上得到了满足，想到那个美丽的姑娘，那朵玉洁冰清的百合花，那杯连他也只敢战栗着沾唇的纯洁美酒，刚才竟成了公用酒杯；巴黎最卑贱的民众，那些小偷、乞丐和仆役都来一同享受，满足他们可耻的、淫秽的和堕落的肉欲。

他想象着，假如她不是吉卜赛人，他自己不是教士，弗比斯不存在，而她能够爱他，他会多么幸福，也许他也可以享受一种宁静的爱情生活；他想到，就在这同一时刻，地球上到处有幸福的夫妇情话绵绵于柑橘树下，小溪旁，欣赏着落日的余晖，期待着灿烂的星空，假如上帝愿意，他和她本来也可以成为一对受到祝福的夫妻，想到这些，他的心就融化在柔情和绝望中了。

啊！她！就是她！这个念头不停地回到他的脑海里，纠缠着他，折磨着他，侵蚀他的脑髓，撕裂他的肺腑。他不懊恼，不后悔；他所做的一切，还准备再做；他宁可看到她死在刽子手的魔掌中，也不愿意她躺在弓手队长的怀抱里。但他非常痛苦，他痛苦得不时揪头发，看看是不是变白了。

有一阵儿，他蓦然想到上午看到的那根狰狞的铁链，此刻也许正在紧勒姑娘柔弱而美丽的脖子。顿时，他每个毛孔都冒汗了。

还有一阵儿，他一面恶毒地讥笑着自己，一面回忆他第一次看见的爱斯梅拉达，活泼快乐，无忧无愁，穿着漂亮的衣服，跳着轻盈优美的舞蹈，又想起最后一次见到的爱斯梅拉达，穿着衬衣，脖子上套着绳索，光着脚，慢慢走上绞刑架那疙疙瘩瘩的阶梯，想到这两幅截然相反的图景，他发出了一声可怕的惨叫。

就在这绝望的暴风雨把他心灵的一切彻底颠覆、扭曲、粉碎、拔除、根绝的时候，他环顾了周围的大自然。他脚下，有几只母鸡在荆棘丛中啄食，晶莹的金龟子在阳光下奔跑，头顶上，几堆灰色云朵在蓝天上飘过，天尽头，圣维克托修道院的石板尖塔刺破了山丘的曲线，科波山冈上的磨坊主吹着口哨，瞅着风磨转动翅翼。这生气勃勃、井然有序的宁静生活，以千姿百态在他身边再现，使他非常痛苦。他又开始往前逃跑了。

他就这样在田野里奔跑，直到黄昏降临。逃避大自然，逃避生活，逃避他自己，逃避别人，逃避上帝，逃避一切，就这样持续了一整天。有时候，他扑倒在地上，用指甲抠地里的麦苗；还有几次，他在乡村一条不见人影的街道上停下来，那些想法纠缠他不放，使他无法忍受，他用两只手抱住脑袋，想把它从肩膀上拔出来，扔到地上砸个稀巴烂。

太阳快要落山的时候，他又一次反省自己，发现自己几乎疯了。从挽救埃及姑娘的希望和愿望成为泡影那时起，他心里就涌起了风暴，他的意识中就不再有健康的念头和站得住脚的想法。他的理智丧失殆尽，已被埋葬。他头脑中只有两个清晰的形象：爱斯梅拉达和绞刑架，其余全都一团漆黑。这两个形象放在一起，构成了可怕的组合，他越是集中残余的注意力和思想凝视它们，就越看见它们迅速变大，一个变得更加优雅妩媚，美丽灿烂，另一个则更加令人厌恶，遭人唾弃，最后他觉得爱斯梅拉达成了一颗明亮的星星，而绞刑架成了一个瘦骨嶙峋的巨臂。

有意思的是，在这痛苦的煎熬中，他丝毫没有想到寻死。这个可怜的小人生来就贪生怕死。也许，他真的看到身后是地狱。

太阳继续西斜。他身上尚存的生命，使他朦朦胧胧想起该回家了。他以为已经远离巴黎，经过辨别方向，才发现只是绕大学城的围墙转了一圈。圣絮尔皮斯教堂的尖顶和圣日耳曼-德-普雷修道院的三座钟楼的塔尖，就耸立在他右边的地平线上。他朝这个方向走去。走到对圣日耳曼-德-普雷修道院附近，他听见院长的武装护院们在筑有雉堞的院墙周围喝问"谁"的喊声，便改道从修道院磨坊和麻风病院之间的一条小路过去，不久就走到了教士草场边上。草场以昼夜有人争吵而著称。**对于圣日耳曼-德-普雷修道院的僧侣来说，这是七头蛇妖，因为教士们总是不停地争吵，因而不断有新的头领产生。**①副主教担心会碰到什么人，他害怕看见人的面孔，他避开了大学城和圣日耳曼镇，想尽可能晚一些回到大街上。他沿着草场边缘走了一会儿，然后，从一条僻静的小路，走到了新上帝修道院，最后来到塞纳河边。堂·克洛德在那里找到一个船夫，给了他几个巴黎德尼埃，船夫就带着他溯河而上，把他送到城岛荒凉的尖角处，他在这里上了岸。这个尖角一直延伸到御花园，与牛渡岛平行，读者知道，格兰古瓦曾在这里沉思过。

小船一摇一晃，单调乏味，塞纳河流水潺潺，可以说这使可悲的克洛德变得头脑迟钝了。船夫已经远去，可他仍然傻头傻脑地站在沙滩上，呆呆地望着前方，一切物体都在摇晃膨胀，一切都变成了怪诞的幻影。一个极度痛苦以致精疲力竭的人，常常会产生这种幻觉。

夕阳已坠落到内斯尔塔楼背后。正是黄昏时分。天空白茫茫的，河水也是白茫茫的。这两片白色之间，是他凝眸呆望的塞纳河左岸。这时，塞纳河左岸投射出黑乎乎的阴影，向远方延伸，越来越细，就像一支黑箭伸入到天际白茫茫的云雾中。那边房屋鳞次栉比，但只能看见黑压压的轮廓，与明亮的水光天色形成鲜明的对照。有些窗子已经闪出灯光，星星点点，犹如一堆堆炭火。这个孤零零地从白蒙蒙的河水一直延伸到白茫茫天边的硕大无朋的黑色"方尖碑"，在这一边尤其宽大，使克洛德产生了一种

---

① 原文为拉丁语。

奇特的印象；当你躺在斯特拉斯堡教堂的钟楼脚下，仰望巨大的塔尖插入薄暮时分的半明半暗之中时，就能体会到克洛德那时的感觉。不同的是，这里克洛德站着，而那"方尖碑"却躺着；但是，因为河水映照天空，使克洛德脚下的深渊更深不可测，那巨大的"方尖碑"似乎也像大教堂的钟楼尖顶，大胆地插入空中，因此，给人的印象是一样的。然而，奇特而又更深刻的印象是，你甚至会感到这就是斯特拉斯堡的钟楼，不过这一座高达八公里长的斯特拉斯堡教堂钟楼，巨大无比，前所未有，是一座人类从未见过的建筑物，一座巴别塔。房屋的烟囱、围墙的雉堞、尖顶的山墙、奥古斯坦修道院的钟楼、内斯尔塔楼，所有这些突出的物体，把这巨型"方尖碑"的轮廓切割成许多缺口，犹如给一个密密层层、怪诞不已的雕刻物镶上了犬牙交错的边框，使人眼花缭乱，幻觉丛生。克洛德的眼睛也产生了幻觉，他相信自己看见了，亲眼看见了地狱的钟楼；这座可怕的钟楼层层叠叠，闪烁着无数灯光，在他看来，犹如地狱大火炉的一个个门廊，从里面传出的声音和喧闹，是亡灵的呼叫，垂死者的喘息。他害怕了，再也不想听见那些可怕的声音，再也不想看见那些可怕的幻景，于是，他用手捂住耳朵，转过身，快步离开了。

然而，他仍然幻觉丛生。

他回到街上，看见一家家店铺门口灯光幽幽，行人熙来攘往，便以为幽灵在他身旁游荡，纠缠他不放。他耳朵里总是听见奇怪的声音。稀奇古怪的幻觉扰得他精神都快失常了。他看不见房屋、街道、车辆，看不见来来往往的男男女女，眼前只是一片模糊不清的物体，互相纠缠在一起。在制桶街拐角处，有一爿杂货店，按照古老的习俗，披檐四周挂着许多白铁桶箍，桶箍上吊着一圈木制蜡烛，迎风发出呱嗒呱嗒的响声。他以为这是隼山的一堆堆骷髅在黑暗中互相撞击发出的声音。

"啊！"他喃喃自语，"晚风吹得它们撞来撞去，铁链的碰击声和骨头的相撞声交织在一起。她大概就在它们中间！"

他昏昏沉沉，不知道该去哪里。走了一阵之后，他发觉已到了圣米歇尔桥上。他看见一座房子的底层亮着灯光，便走了过去。通过玻璃窗的裂缝，他瞥见一个肮脏的堂屋。这个屋子唤醒了他脑子里的一个模糊的记忆。屋内点着一盏灯，微弱的灯光下，一个满脸快活、精神饱满的金发青年，搂着一个袒胸露肩的姑娘，发出一阵阵狂笑。那盏灯旁边，有一个上了年岁的女人在纺纱，一面还声音颤抖地唱着歌。那年轻人也有不笑的时候，老妇的歌声也就断断续续传进神父的耳朵里。歌词难以理解，令人毛骨悚然：

> 河滩，叫吧，吠吧！
> 我的纺锤，纺吧，纺吧，
> 刽子手在监狱的院子里吹口哨，
> 纺根麻绳送给他。
> 河滩，叫吧，吠吧！

> 那根麻绳，多么漂亮！
> 从易西到旺弗，
> 全都种大麻，不种小麦。
> 小偷没有偷走
> 那根漂亮的绳子。

> 河滩，叫吧，吠吧！
> 窗口好似一双双眼睛。
> 看着卖淫的娼妓，
> 吊死在流眼屎的绞刑架上。
> 河滩，叫吧，吠吧！

于是，年轻人纵声大笑，一边抚摸着年轻的姑娘。那个老妇人就是法鲁代尔，年轻姑娘是一个妓女，而那个青年，却是他的弟弟约翰。

他继续往里面张望。眼前的景象同另一幕景象一模一样。

他看见约翰走到里首的窗子跟前，打开窗。远处的沿河马路，闪烁着万家灯火。他朝那里看了一眼，关上窗说："我用灵魂担保，天已经黑了。市民开始点燃蜡烛，仁慈的上帝开始点燃星星。"

然后，约翰回到妓女身边，把桌上的一个酒瓶子砸碎，大声嚷道：

"已经空了，牛的角！可我身上没钱了！伊莎博，朱庇特什么时候把您的两只白奶子变成两个黑酒瓶，让我日夜畅饮博纳的美酒，我就对他满意了。"

这个精彩的玩笑逗得姑娘嘻嘻直笑，约翰说完就走了。

堂·克洛德赶紧扑在地上，他不想让弟弟面对面地撞上他，认出他来。幸亏街上很黑，再说，大学生已经喝醉。然而，他还是发现了躺在烂泥里的副主教。

"哈哈！"他说，"这里有个家伙，今天过得挺快活！"

他用脚摇了摇堂·克洛德，克洛德屏着气不敢呼吸。

"醉得像死人。"约翰又说，"真行，灌了一肚子酒。真像一条从酒桶上滚下来的蚂蟥。"他弯下腰看了看："还是个秃子，是个老头！**走运的老头**①！"

接着，堂·克洛德听见他走了，嘴里还在嘀咕："不管怎样，理智是个好东西，我哥哥副主教非常走运，既有理智，又有钱。"

副主教赶紧爬起来，看见圣母院的巨大钟楼黑暗中矗立在一片房屋之上，便一口气朝那里跑去。

当他气喘吁吁，跑到前庭广场时，不由得往后一退，不敢抬眼望一望那阴森可怕的教堂。"唉！"他低声说，"那样可怕的事，今天上午真的在这里发生了吗？"

然而，他还是壮胆望了望教堂。正面黑黝黝的，背后是繁星闪烁的天空。月牙儿刚从天边升起，这时正栖息在右钟楼的顶上，宛若一只发光鸟栖息在黑色三叶草图案的栏杆上。

内院的门已经关了。不过，副主教怀里总揣着钟楼的钥匙，那里有他的实验室。他用这把钥匙进了教堂。

教堂里就像墓穴一般黑暗寂静。到处都垂着大块的黑影，他辨得出那是为上午的仪式张挂的帷幔，还没有拆除。巨大的银十字架在黑暗深处闪烁着一个个光点，恰似银河在黑暗的夜空闪闪烁烁。唱诗室的长窗在黑色帷幔的上方露出它们尖拱形的顶端，彩绘玻璃在一道月光的照射下，现出黑夜的朦胧色调，那是一种只有在死人脸上才能看到的紫不紫、白不白、青不青的颜色。副主教看见唱诗室四周都是这种惨白的尖顶，以为看见了被打入地狱的主教们的法冠，他闭上眼睛，当他睁开时，又觉得那是一个

---

① 原文为拉丁语。

苍白的面孔，仿佛正在凝视他。

于是，他赶紧穿过教堂逃跑了。他仿佛觉得教堂也在摇晃，在移动，好像有了生命，活了起来，每根柱子都变成巨腿，又扁又宽的巨足拍打着地面，那硕大无朋的教堂仿佛成了一头怪异的巨象，喘息着，用石柱代脚走路，两座钟楼作它的鼻子，一大片黑色帷幔是它的衣裳。

就这样，他发着高烧，或者说精神极度失常。在这个可怜的人看来，外部世界仿佛已末日来临，看得见，摸得着，令人毛骨悚然。

有一会儿，他突然感到轻松了。进入教堂的侧道，他看到一排柱子后面，有一个淡红色的亮光。他像奔向一颗指路明星那样，奔向那里。这是一盏可怜的长明灯，日夜照耀着圣母院那本围着铁栅栏的公用祈祷书。他热切地扑向圣书，希望从那里汲取安慰或鼓舞。圣书恰好翻在关于约伯的一个段落上，他睁大眼睛浏览了一遍："一个幽灵从我面前经过，我听见微弱的气息，吓得毛发竖立。①"

读完这凄凉的词句，他就像瞎子那样感到被自己捡来的木棍打了一下。他双腿发软，跪倒在地上，想起了白天死去的姑娘。他感到头脑中冒出一股股可怕的浓烟，他的脑袋仿佛变成了地狱里的一根烟囱。

他就这样好像跪了很长时间，什么也不想，像是被魔鬼的巨掌击倒，动弹不得。他终于恢复了一点力气，想躲进钟楼，待在忠实的卡西莫多身旁。他爬起来，因为害怕，便端起那盏灯给自己照路。那是亵渎圣物的，但他已顾不得这样的小事了。

他从楼梯慢慢地拾级而上，心里充满了不可告人的恐惧；那盏灯跟着他缓缓上升，直到钟楼顶上，假若这时有人经过，看到三更半夜，有一个神秘的灯光向上移动，从一个个枪眼里射出来，会吓得魂不附体。

蓦然，他感到脸上一阵凉意，原来已走到了最高层过道的门口。寒风凛冽，天空飘游着几朵白云，宽大的云片边角互相挤压，互相撕裂，恰似冰河解冻。弯弯的月亮搁浅在云层中，犹如一叶天舟挤夹在这些冰块中间。

他从连接两座钟楼的栏杆，向远处俯视巴黎，透过薄纱般的烟雾，只见一望无际的屋顶静静地躺卧在那里，尖尖的，小小的，鳞次栉比，数不胜数，宛若夏夜平静的海面上升起的波浪。

---

① 出自《旧约·约伯》第四章。

月光朦胧,天空和大地一片灰蒙蒙。

正在这时候,教堂的时钟发出尖细嘶哑的声音。午夜到了。神父想起了中午。又是一个十二点。"啊!"他自言自语,"她现在大概全身都冰凉了!"

突然,一阵风吹灭了油灯,几乎同时,他看见走廊那一头的拐角处出现了一个影子,一个白乎乎的东西,一个女人。他吓了一跳。这个女人身旁,还有一只小山羊,咩咩地叫了一声,恰与时钟的最后声响掺和在一起。

他鼓足勇气,定神细看。就是她。

她脸色苍白,神情忧郁。头发仍像上午那样披在肩上。但脖子上已没有绳索,手也不再捆绑着。她自由了,她死了。

她身上穿着白裙,头上蒙着白纱。

她望着天空,款步朝他走来。那只超自然的山羊跟在她身旁。他感到自己变成了石头,欲逃而不能,她前进一步,他就后退一步。就这样一步一步地往后退着,退到了黑暗的楼梯门洞里。他想她一定会跟着进来,他吓得浑身冰凉;要是她真的进来,他非被吓死不可。

她果然走到了楼梯门口,停下来,朝黑暗中看了看,似乎没有看见神父,便过去了。他觉得她比生前更高大;他透过她的白裙,看到了月亮;他听到了她呼吸的声音。

等她走过之后,他开始下楼,就像刚才看见的幽灵那样,走得很慢很慢。他觉得自己仿佛也变成了幽灵,更是惊恐万状,汗毛直竖,手里仍拿着那盏已经熄灭的油灯。他脚踩着这螺旋形楼梯的台阶,耳朵清楚地听见有一个声音在大笑,在反复地说:

"一个幽灵从我面前经过,我听见微弱的气息,吓得毛发竖立。"

二 驼背、独眼、瘸子

中世纪的每一座城市都有避难所,法国也不例外,一直延续到路易十二[①]时代。那时候,惨绝人寰的刑法和司法,犹如洪水,淹没了城邦,而这些避难所好比是一个个孤岛,耸立在人间司法制度上面。罪犯一踏进去,

---

[①] 路易十二(1462—1515),路易十一的孙子,法国国王(1498—1515)。

便可以得救。在城市的郊区，避难所与绞刑架几乎一样多。一边是滥用极刑，另一边是滥用赦免，试图互相纠正，但都不是好事情。国王的宫殿，亲王的府邸，尤其是教堂，都有避难权。有时候，把一个需要增添人口的城市整个儿作为避难所。1467年，路易十一就把巴黎变成了这样的圣殿。

罪犯一踏进避难所，就神圣不可侵犯，但千万不能出去。一走出圣殿，就会重新落入法网之中。车轮、绞刑架、吊刑①虎视眈眈，守在避难所周围，一眼不眨地监视着猎物，就像鲨鱼监守着船只。常有一些犯人，像这样在某个隐修院内，在某个宫殿的楼梯上，在某个修道院的耕地里，或是在某个教堂的门廊下，一直避难到老死；因此，避难所也可以说是一座监狱。有时候，高等法院会下一道庄严的逮捕令，闯入圣地，将犯人重新交给刽子手，但这类事很少发生。高等法院害怕主教，法袍和道袍发生摩擦时，法袍斗不过道袍。但是，偶尔，法院会越过教会，立即执行判决，例如，暗杀巴黎刽子手小让的那几个凶手，还有谋杀让·瓦勒莱的凶手埃默里·鲁索，就没有经过教会，立即被处决了。然而，那要高等法院签发逮捕令，否则，谁要是携带武器闯入避难所，就会遭殃！大家都知道法兰西的元帅罗贝·德·克莱芒和香槟的元帅让·德·夏隆是怎样死的；其实，在圣梅教堂避难的人是个卑鄙的杀人凶手，一个货币兑换商的儿子，名叫佩兰·马克，但是，这两位元帅把教堂的大门砸烂了，当然就罪大恶极了。

避难所是那样令人敬畏，据传，连动物都不敢挨近。埃莫安②讲过一个故事：一只牡鹿被达戈贝一世③追捕，躲到圣德尼④的坟墓旁，猎犬突然停下，只是吠叫，不敢上前。

通常，教堂都备有一间小屋，用来收留要求避难的人。1407年，尼科拉·弗拉梅尔在圣雅克-德-布什里教堂的拱顶上，专门建造了这样一个房间，他花费了四巴黎利弗六索尔十六德尼埃。

圣母院的避难室设在扶壁拱架下，侧道的顶楼上，朝向修士们居住的

---

① 吊刑，古时一种刑罚，将罪犯双手背剪吊起，骤然松绳，使他砸在地上或落入水中。
② 埃莫安，11世纪的一个修士。
③ 达戈贝一世，法兰克国王（629—639），死后葬在圣德尼教堂。
④ 圣德尼，高卢的福音传教士，巴黎第一个主教。

内院，恰好是当今钟楼看门人的妻子养花的地方。这个空中花园与巴比伦的空中花园无法相比，正如一棵生菜与一株棕榈树、一个看门的老婆子与巴比伦的女王不可同日而语一样。

卡西莫多得意地在钟楼和走廊上狂奔一阵之后，把爱斯梅拉达安顿在这间小房间里。一路上，姑娘始终没有恢复知觉，蒙蒙眬眬，昏昏沉沉，只觉得自己好像被什么东西带着离开地面，升上天空，在空中飘浮、飞翔。她的耳边不时响起卡西莫多的狂笑声和喊叫声；她微微睁开眼睛，身下依稀看见巴黎成千上万的石板屋顶和瓦屋顶，犹如一幅红蓝两色的镶嵌画，头顶上是卡西莫多那张可怕的兴高采烈的面孔。于是，她连忙又合上眼皮。她以为一切都结束了，她在昏厥时已被处死，那个主宰她命运的丑恶鬼魂又一次把她抓住，正在把她带走。她不敢看他，只好任其摆布。

可是，当头发蓬乱、气喘吁吁的敲钟人把她放到避难室里，她感到一双巨手轻轻解开捆住她胳膊的绳子时，她身子一震便惊醒了，就像黑夜里，船靠岸的震动，惊醒了乘客一样。她的记忆也醒过来了，发生的事——浮现在她的脑海中。她发现自己在圣母院里，于是就想起了有人把她从刽子手的手中抢救出来，想起了弗比斯还活着，弗比斯不爱她了；这两个想法同时出现在这个可怜女犯的脑海中，后一个想法使她心中苦涩难言，这样，她的得救也带有苦味了。卡西莫多站在她面前，她觉得胆战心惊。她把脸转向卡西莫多，对他说："您为什么要救我？"

他惶惶不安地望着她，像是在猜测她说的是什么。她又说了一遍。他凄然地看了一眼就跑开了。

她非常惊愕。

过了一会，他又回来了，把一包东西扔在她脚下。里面有几件衣服，是几个妇女施舍给她的，放在教堂门口了。于是，她低头看看自己，几乎赤身裸体，羞得满面绯红。生命复苏了。

卡西莫多仿佛也有点害臊，赶紧用大手捂住眼睛，又一次走开了，只是走得很慢。

她赶紧穿衣服。那是一件白长袍，还有一条白纱巾。是主宫医院见习护士的工作服。

她刚穿好衣服，卡西莫多就回来了。他一边挽着一只篮子，另一边夹着一个床垫。篮子里有一瓶水，还有面包和其他食物。他把篮子放下，说："吃吧。"然后又把床垫铺在石板地上，说："睡吧。"敲钟人是把自己的晚餐和自己的床拿来了。

埃及姑娘抬起眼睛，想说句感谢话，但一个字也说不出来。卡西莫多的模样实在可怕，她吓得身子一颤，连忙垂下眼帘。

于是，他说："我吓着您了。我长得很难看，是不是？您不要看好了。听我说就行。白天，您待在这里；晚上，您可以在教堂里随处走走。但是，白天和夜里都不要走出教堂。一出去就完了，人家会杀死您，我也会死的。"

她很受感动，抬起头想回答他，可是他已消失得无影无踪，又只剩下她一个人了。她想着那个长得像怪物的人刚才说的那番古怪的话。他的声音那样嘶哑，却又那样温柔，她感到很惊讶。

然后，她仔细察看那间小屋。这房间大概有六尺见方，一扇小窗和一扇门，朝向微微倾斜的石板屋顶。几个装有怪兽脑袋的檐槽，似乎正俯下身子，伸长脖子，从窗洞里向她张望。在她的屋顶边上，她看见数以千计的烟囱正在把巴黎各家各户的炊烟送上天空。这个可怜的埃及姑娘，这个捡来的孩子，判处死刑的犯人，没有祖国、没有家园、没有亲人的可怜人，看见这个景象，不禁凄然伤怀。

正当她想到自己孤苦伶仃的身世，比以往更加伤心的时候，她感到一个长着胡须的毛茸茸的脑袋伸到她的手中和膝盖上，她吓了一跳（现在一切都使她害怕），低头一看，原来是可怜的山羊，机灵的加利。当卡西莫多驱散夏莫吕的卫队时，它也逃跑了，跟着她来到了这间小屋，在她的脚边爱抚她已有一个小时，却未得主人一顾。埃及姑娘拼命亲吻它。"啊！加利，"她说，"我都把你忘了！可你还想着我！啊！你倒是有情有义。"说着，她哭了起来，仿佛一只无形的手为她卸去了那块长久以来把她的泪水压在心里的石头，眼泪哗哗地往外涌，她感到她的辛酸和痛苦都被泪水冲走了。

夜幕降临，她发现夜色美丽，月光柔和，于是，她在围绕钟楼的走廊上走了一圈，她俯视地面，大地一片宁静，她感到心里稍稍舒服了些。

三　聋子

第二天早晨，她醒来时，发现自己夜里睡着了。她感到非常惊讶。她已经很久没有睡觉的习惯了。一道欢快的阳光从窗口射进来，照在她的脸上。她从窗口看见太阳的同时，还发现那里有一个可怕的东西，吓了她一跳。那是卡西莫多的丑脸。她不由自主地闭上了眼睛，但那是徒劳，她感到透过自己粉红色的眼睑，仍然看得到那张长着一只眼，缺牙少齿的地精般丑陋的面孔。她一直闭着眼睛，这时，她听见一个粗嗓门极其温柔地对她说：

"不要怕。我是您的朋友。我是来看您睡觉的。我来看您睡觉，不会伤害您，是吧？您闭着眼睛的时候，我在这里，有什么关系呢？现在我要走了。您瞧，我已经在墙后面了。您可以睁开眼睛了。"

这番话真像是痛苦的呻吟，但是说话的声调更显得悲哀，埃及姑娘深受感动，就睁开了眼睛。果然，他已不在窗口了。她走过去，看见可怜的驼背蹲在一个墙角里，一副痛苦而顺从的样子。她竭力克制住对他的厌恶，轻轻地对他说："过来！"卡西莫多根据埃及姑娘的口形，以为是要赶他走，就站起来，低着头，一瘸一拐地慢慢走开了，他甚至不敢抬起绝望的眼睛看一看年轻的姑娘。"您过来呀！"她嚷了起来。可他继续往前走。于是，她冲出小屋，向他跑过去，一把抓住他的胳膊。卡西莫多感觉到姑娘的接触，浑身打战。他抬起哀求的眼睛，明白她正在拉他过去，脸上顿时充满了喜悦和温存。她想拉他进屋，但他坚持待在门口不进去。"不，不，"他说，"猫头鹰是不能进百灵鸟的窝的。"

于是，她以优美的姿势蹲在床垫上，脚边睡着那只山羊。好一会儿，两人都静静地待着，默默地互相打量。一个是风韵绝伦，另一个是丑陋无比。她越看，卡西莫多身上的丑陋就越多，而且每时每刻都有新发现。她的目光从他的罗圈腿移到他的驼背，从驼背移到他的独眼。她不明白，怎么会有这样奇形怪状的人。可是，这丑陋的外形却流溢着巨大的忧伤和无限的温柔。她开始慢慢适应了。

卡西莫多首先打破沉默："您刚才是叫我回来？"

她点了点头，说："是呀。"

他明白了点头的意思。"唉！"他犹犹豫豫地说，"因为……我是聋子。"

"真是个可怜人！"吉卜赛姑娘叫了起来，脸上露出同情的神态。

他痛苦地笑了笑说："您觉得我就差这个了，对不对？是的，我是聋子。生来就是这样。这很可怕，不是吗？您却那样美丽，您！"

从这个可怜人的声调中，可以听出他对自身的不幸有极其深刻的意识，姑娘一句话也说不出来。再说，他也不可能听见。他又接着往下说：

"我从没有像现在这样意识到自己的丑陋。当我和您相比的时候，我很可怜自己，我是一个不幸的丑八怪！告诉我，您是不是觉得我像头野兽？您却是一道阳光，一颗露珠，是鸟儿的歌声！可我那样难看，不是人，也不是动物，是一种比石头还要坚硬，还要丑陋，还要被人践踏的东西！"

说到这里，他大笑起来，那是世界上最凄惨的笑声。他接着又说：

"是的，我是聋子。但您可以用手势，用示意动作和我说话。我有个主人，他就是用这种方法和我交谈的。再说，我从您的口形，从您的眼睛，能很快明白您的意思。"

"那好！"她微笑着说，"告诉我，您为什么救我？"

她讲话的时候，他专心地看着她。

"我明白了，"他回答说，"您是问我，我为什么救您。您忘了，一天夜里，有一个坏蛋试图把您抢走，第二天，您却登上可耻的示众柱救助他。一滴水，一点儿怜悯，我就是用我的生命也报答不了这个恩情，您不记得这个坏蛋了，可他没有忘记。"

她听着他说话，深受感动。敲钟人的那只眼睛里，有一颗泪珠在滚动，但没有落下来。他大概认为掉眼泪有失他的面子，就强忍住了。

当他确信那颗泪水不会掉下来时，才继续往下说："听我说，这里的钟楼非常高，从上面掉下去，还没落地人就死了。您什么时候要我从上面掉下去，您都不用说一句话，使个眼色就行。"

说完，他站了起来。吉卜赛姑娘自己够不幸的了，可是，那个怪人仍引起了她的同情。她做了个手势叫他不要走。

"不，不，"他说，"我不应该待得太久。您看我的时候，我很不自在。您是出于怜悯才不转过脸去的。我去找个地方待着。您看不见我，我却能看见您。这样更好些。"

他从口袋里掏出一把金属小哨子，说："拿着，当您需要我，想叫我来，不觉得我使您太厌恶时，您就吹这哨子，这声音我听得见。"

他把哨子放在地上，就跑掉了。

四　粗陶花瓶和水晶花瓶

日子一天天过去。

爱斯梅拉达的心灵渐渐恢复了平静。极度的痛苦也和极度的快乐一样，因为太强烈，就不会持续很久。人的心情不能长久处在一种极度的感情中，吉卜赛姑娘历尽痛苦，现在，除了惊讶，已不再有其他感觉了。

身处安全之地，她又重新产生了希望。她现在置身于社会之外、生活之外，但她模模糊糊地感到不是绝对没有可能重返社会，重返生活，她似乎已经死了，却还保留着一把打开自己坟墓的钥匙。

她感到，长久以来纠缠着她的可怕魔影正在渐渐离去。所有令人憎恶的幽灵，皮埃拉·托特吕、雅克·夏莫吕，还有那个神父，统统在她心中慢慢消失了。

况且，弗比斯还活着，她确信无疑，她看见他了。弗比斯活着，这就是一切。在经历了一连串命中注定的打击后，她身上的一切都垮了，唯有一样东西，一种感情还在她心灵深处巍然屹立，那就是她对弓手队长的爱情。因为爱情好比一棵树苗，靠自身的力量茁壮成长，把根须深深扎入我们的心田，常常在一棵枯竭的心灵上继续长出绿叶。

奇怪的是，这种情感越是盲目，就越是根深蒂固；越是没有道理，就越是坚不可摧。

诚然，爱斯梅拉达每每想起弓手队长，就心如刀绞，痛苦万分。连他也会弄错，竟然相信那根本不可能的事情，相信一个愿为他赴汤蹈火的女人会用匕首捅他一刀，他这样实在有点恶劣。但是，也不应该过多地责怪他：她自己不也承认"罪行"了吗？她，一个弱女子，在酷刑之下，不是屈打成招了吗？全都怪她自己。她本应该让他们拔掉脚指甲，也不认罪的。况且，她只要能见弗比斯一面，哪怕是一分钟，只要同他说一句话，对他看一眼，就能让他醒悟，让他回心转意。对此，她深信无疑。就是在许多奇怪的事上，她也能自我排解，例如，那天她当众谢罪，弗比斯怎么会碰巧在场，和他在一起的那个姑娘是谁，对这些问题她都有自己的解释。她想，那姑娘一定是他的姐妹。这个解释不合情理，但她自己却很满足，因为她需要相信弗比斯仍然爱她，而且只爱她一个人。他不是向她发过誓吗？像她这样天真、轻信的姑娘，难道还需要更多的保证吗？何况，在这件事上，一些表面现象对她不是比对他更不利吗？于是，她等待着，她希望着。

此外，那座教堂，那座从四面八方裹着她、守着她、保护着她生命的大教堂，本身就是镇静的灵丹妙药。这座建筑的线条是那样庄严，姑娘周围的一切事物是那样肃穆，这块巨石的每个毛孔都散发着虔诚安详的思想，这一切不知不觉地对她起了作用。建筑物也在发出庄严祝福的声音，抚慰着她伤痕斑斑的心灵。司祭单调的歌声，民众时而模糊不表、时而震耳欲聋的响应，彩绘玻璃窗和谐的颤动，管风琴那胜似上百只号角的轰鸣声，三座钟楼那如同几窝巨蜂的嗡嗡声，组成了一支管弦乐队，发出一系列雄伟壮丽的音阶，不停地上行下降，忽而从人群升到钟楼，忽而又从钟楼滑到人群，使她的记忆、想象和痛苦得到了平息。尤其是那几口大钟，这些庞大的器械，向她倾泻滚滚乐波，犹如一股磁力吸引着她，使她乐而忘忧。

因此，每天早晨起来，她心境更加恬静，呼吸更加畅通，皮肤更添了些红润。随着心灵创伤的愈合，优雅美丽的姿色重新在她脸上绽开，只是显得更深沉，更平静，她又恢复了从前的性格，恢复了她的欢乐，她那俏丽的噘嘴，她对山羊的爱，她唱歌的习惯，她的廉耻心。早晨，她总是小心翼翼，躲在屋子的角落里穿衣服，唯恐被附近顶楼上的人从窗口看见。

思念弗比斯之余，埃及姑娘有时也想起卡西莫多。这是她同外界，同活着的人所剩下的唯一的联系，唯一的接触，唯一的交往。不幸的姑娘！她比卡西莫多更加与世隔绝！对于机缘送给她的这个古怪的朋友，她百思不解。她常常责怪自己对他的感激没有达到盲目的程度，可是，她怎么也不能习惯敲钟人那张丑陋的脸孔，实在是太丑了。

卡西莫多给她的哨子仍在地上放着，她一次都没碰过，尽管如此，头几天，卡西莫多仍然经常出现。他送饭或送水来时，她竭力克制厌恶情绪，不把头背过去；可是，她稍微有一点表现，卡西莫多总能察觉，他便会忧伤地走开。

有一次，她正在爱抚加利，他突然来了。他凝视着山羊和埃及姑娘这可爱的一对，若有所思，过了一会儿，他摇着沉重而丑陋的脑袋说："我的不幸在于我还是太像人了。我倒情愿完全是一头牲畜，就像这只山羊一样。"

她抬起头，吃惊地看着他。

看到她的眼神，他说道："啊！我知道为什么。"于是，他走开了。

还有一次，他来到小屋门口（他从来不进去的），爱斯梅拉达正在唱一首古老的西班牙抒情歌，她并不懂意思，但却一直记得很清楚，因为小时候，埃及女人哄她睡觉时，总是唱这首歌。姑娘正唱得起劲，蓦然看见那张丑脸出现在门口，下意识地做了个受惊吓的动作，不再往下唱了。可怜的敲钟人噗地跪在门槛上，用哀求的神态合上两只畸形的大手，痛苦地说："哦！求求您，唱下去，不要赶我走。"她不想让他难过，就哆哆嗦嗦地继续往下唱了。但是，惊恐渐渐消失，她完全陶醉在那首忧伤而单调的歌曲中。卡西莫多一直跪在那里，双手合十，像是在祷告，全神贯注，屏气凝神，目不转睛地瞅着吉卜赛姑娘炯炯发光的眼珠，仿佛要从她的眼睛里听明白她所唱的歌词。

又有一次，他来找她，一副怯生生的样子，表情很不自然。他费力地说："听着，我有话要对您讲。"她点了点头。于是他叹了口气，张开嘴巴，好像准备要讲了，随后又看看她，摇了摇头，用手拊着额头，慢慢走开了，弄得埃及姑娘莫名其妙。

墙上雕刻着许多滑稽的人像，其中有一个他特别喜欢，似乎常同它交流友爱的目光。有一次，埃及姑娘听见他对那人像说："哦！为什么我不和你一样是石头人！"

一天早晨，爱斯梅拉达终于走到屋顶的边缘上，越过圣约翰圆形教堂的尖屋顶眺望广场。卡西莫多站在她身后。他选择这样的位置，是为了尽量不让她看见，免得她不愉快。突然，吉卜赛姑娘打了个战，眼睛里闪出一颗喜悦的泪花和一道快乐的光芒。她跪在屋顶边沿，焦虑地向广场伸出双臂，高喊道："弗比斯！来呀！快来呀！一句话，只要一句话，看在老天爷分上！弗比斯！弗比斯！"她的声音，她的面孔，她的手势，她整个人，都显现出让人肝肠欲断的惨状，就像海上遇难者向在天边阳光中欢快驶过的大船发出求救的信号。

卡西莫多俯身朝广场望去，发现她这样柔情、这样凄厉地召唤的，原来是一个年轻人，一个弓手队长，一个披盔挂甲、衣饰华丽的英俊骑士，正从广场那头经过，勒马回旋，举起羽冠，向在阳台上朝他微笑的一个漂亮小姐致敬。可是，那军官没有听见可怜的吉卜赛姑娘的喊声，他离得太远了。

可是，可怜的聋子听见了。他长长地叹了口气。他转过身去。他心中胀满了泪水；两只痉挛的手在头上乱抓，当他放下来时，每只手里都有一把红头发。

埃及姑娘根本没有注意他。他咬牙切齿，低声地说："该死！人似乎就应该长成这个样子！只要外表漂亮就行了！"

然而，埃及姑娘一直跪在地上，烦躁不安，大喊大叫："啊！他下马了。——他就要进那座房子了！——弗比斯！——他听不见！——弗比斯！——那女人真坏，和我同时跟他说话！——弗比斯！弗比斯！"

聋子看着她。他看懂了她的表情和手势。可怜的敲钟人两眼充满泪水，但他一滴也不让掉下来。突然，他轻轻拽了拽姑娘的衣袖。姑娘回过头。这时，卡西莫多已恢复平静，对她说："您要我去把他找来吗？"

姑娘高兴得叫了起来："啊！您快去！您快点跑去！快！那个军官！那个军官！您把他带来！我会喜欢你的！"她抱住他的双膝。他禁不住痛苦地摇了摇头。他用微弱的声音对她说："我去把他带来。"说完，他转身就走，大步冲下楼梯，一边暗自唏嘘。

当他赶到广场时，只看见那匹骏马拴在贡德洛里埃府的门口。弓手队长已经进屋去了。

他抬头向教堂的屋顶望去。爱斯梅拉达还在那个地方，还是那个姿势。他忧郁地向她摇摇头。然后，他就靠在贡德洛里埃府门口的一个石桩上，决心一直等到队长出来。

这几天，贡德洛里埃府正在举行婚礼前的盛大庆典。卡西莫多看见许多人进去，却不见一个人出来。他不时望望教堂屋顶，埃及姑娘像他一样，也没有挪动地方。一个马夫过来解马，把它牵到了府邸的马厩里。

白天就这样过去了，卡西莫多靠在石桩上，爱斯梅拉达站在屋顶上，弗比斯当然是待在百合花身旁。

黑夜终于降临；这是一个没有月光的夜，一个黑沉沉的夜。卡西莫多竭力想看见爱斯梅拉达，却是徒劳。在茫茫暮色中，她很快变成了一个小白点，然后就什么也没有了。一切俱已消失，一切都是黑色。

卡西莫多看见贡德洛里埃府上上下下的窗口全都点起了灯火。广场周围的窗户也一个一个地亮起了灯光；接着他又看见这些灯光一个一个地熄灭，因为他整个晚上都坚守在岗位上。军官总也不出来。街上最后的行人都已经回家。广场周围的其他窗口已不见灯光，卡西莫多独自待在黑暗中。那时候，圣母院前庭广场上还没有路灯。

可是，贡德洛里埃府的窗口却一直灯火通明，午夜过后，灯光还没有熄灭。卡西莫多静静地待着，专注地看着，五彩缤纷的玻璃窗上人影婆娑。要是他耳朵不聋，随着巴黎渐渐沉睡，嘈杂声渐渐停息，他会越来越清楚地听见贡德洛里埃府舞会上的欢笑声和音乐声。

将近凌晨一点钟，宾客们开始告退。躲在黑暗中的卡西莫多，看着他们一个个经过灯火明亮的门廊，就是不见那个弓手队长。

他忧心忡忡。有时候，他就像厌倦了似的，举目望望天空，一片片沉重、残破、龟裂的乌云，宛若一个个黑纱吊床，悬挂在穹隆状的星空，仿佛是苍穹上的蜘蛛网。

他正闲极无聊，突然看见阳台的落地长窗神秘地打开了。阳台的石头栏杆清晰地显露在他的头顶上。那不结实的玻璃门打开后，走出两个人来，随后，门又悄然无声地合上了。那是一男一女。卡西莫多好不容易才认出那男的就是英俊的弓手队长。女的就是上午从这个阳台上迎接军官的那个小姐。广场上伸手不见五指，而且，那扇玻璃门合上后，深红色的双层帷幔随即也拉上了，因此，屋内的灯光几乎照不到阳台上。

那对青年男女似乎正在喁喁低语，情话绵绵，我们的聋子虽然听不见，但能判断出来。姑娘似乎允许军官搂着她的腰肢，但却温和地躲开他的吻。

卡西莫多从下面观看这幕私情，而这情景本不是让人看的，所以看起来就越发让人心醉神迷。他出神地观看这幸福而美妙的场面，心中充满了辛酸。毕竟，在这个可怜的怪物身上，人的本性并没有泯灭，他的脊椎虽然可悲地扭曲着，但仍会像别人那样战栗。他想到了上天赋予他的悲惨命运，女人、爱情、肉体欢娱永远同他没有缘分，他只能眼睁睁地看着别人享受幸福。然而，最使他心碎、使他气恼和愤慨的，是他想到埃及姑娘要是看见阳台上的这一幕，会多么痛苦。好在夜色深沉，况且，即使爱斯梅拉达还待在原来的位置上（他深信不疑），也离得很远，连他自己都很难辨清楚阳台上的那对情侣。这使他心里得到了安慰。

可是，他们的谈话越来越激动了。那姑娘好像在恳求军官不要提出更多的要求。卡西莫多只看见姑娘合起美丽的小手，微笑中含着泪花，眼睛望着星空，而那个军官却用欲火燃烧的目光俯视她。

姑娘开始招架不住了，幸亏阳台上的门这时打开了，走出一个老夫人，姑娘羞惭不安，军官又气又恼，接着三个人一同回屋里去了。

过了一会儿，就听见有匹马在门廊下尥蹶子，那个迷人的军官裹着一件夜行斗篷，从卡西莫多身前飞驰而过。

敲钟人让他拐过街角，然后，拔腿就追，敏捷得像只猴子。他边跑边喊："喂！队长！"

队长停了下来。

"这家伙喊我干什么？"他边说边打量这黑暗中一瘸一拐地向他跑来的身影。

卡西莫多已经跑到他跟前，大胆地一把抓住马缰："跟我走，队长，有人要同您说话。"

"见鬼！"弗比斯咕哝道，"是一个蓬头垢面的丑鬼，好像在哪里见过。——喂，先生，请你松开缰绳。"

"队长，"聋子回答，"您不问问我，是谁找您？"

"我叫你放开我的马，"弗比斯不耐烦地说，"这家伙吊在我战马的鼻羁上要干什么？你把我的马当成绞刑架了吗？"

卡西莫多不仅没有放开缰绳，还打算让马掉转头往回走。他无法理解弓手队长为什么反抗，便赶紧对他说："跟我来，队长，是一个女人在等您。"接着又吃力地补充了一句："一个爱您的女人。"

"竟有这等无赖！"队长说，"好像所有爱我或自称爱我的女人家里，我都得去似的。——要是她也跟你似的，长着一张猫头鹰的嘴脸，怎么办？——去告诉派你来的人，我就要结婚了，叫她见鬼去吧！"

"听我说，"卡西莫多以为有一句话可以说服他，便喊道，"跟我来，老爷，是您认识的那个埃及姑娘！"

这句话对弗比斯果然起了作用，但不是聋子所期待的。读者一定还记得，我们这个风流倜傥的军官，在卡西莫多从夏莫吕手中救出女犯之前，就和百合花一起回屋里去了。从那天起，他每次来贡德洛里埃府上，总是避免谈起这个女人，因为她毕竟给他留下了痛苦的回忆；而百合花呢，她认为，告诉他埃及姑娘还活着，这是不策略的。因此，弗比斯以为可怜的西米拉①已经死了，而且，死了一两个月了。再说，队长心里早已开始发毛，因为夜黑得那样厉害，送口信的人又丑得像魔鬼，声音听起来仿佛是从坟墓里出来的，况且已过半夜，街上空无人迹，就跟遇见夜游修士那天晚上一样，而他的马在望着卡西莫多喘粗气。

"埃及姑娘！"他吓得魂飞魄散，喊道，"喂，你难道是从阴间来的吗？"

他一手按到匕首把上。

"快，快，"聋子说，他想把马拽走，"这边！"

弗比斯朝他胸部狠狠踢了一脚。

卡西莫多的独眼冒出怒火。他想朝队长扑过去，身子动了一下就又僵住了，说："啊！您多么幸福，有人爱您！"

他把"有人"二字说得特别重，然后放开缰绳："滚吧！"

弗比斯骂骂咧咧，策马而去。卡西莫多看着他钻进了夜雾之中。

"啊！"可怜的聋子低声说，"拒绝这样的好事！"

他回到圣母院，把灯点着，上了钟楼。如他所料，吉卜赛姑娘还待在原来的地方。

她一看见卡西莫多，就向他跑过去。

"怎么一个人！"她喊道，痛苦地合起美丽的双手。

"我没有找到他。"卡西莫多冷静地说。

"应该等他一整夜嘛！"她生气地说。

他看见她愤怒的手势，知道在责怪他，低下头说："下次我会做得更好的。"

"滚开！"她对他说。

他走了。她对他不满意。他宁愿被她呵斥也不愿让她伤心，他把全部痛苦留给了自己。

从那天起，埃及姑娘再也看不见他了。他再也不到她的小屋。顶多有时候，她隐隐看见敲钟人在一座钟楼顶上忧郁地注视她，但只要发觉被她

---

① 西米拉，指爱斯梅拉达。弗比斯记不住这个名字，随口说了一个。

看见，他就立刻消失了。

应该指出，对于可怜的驼背自动销声匿迹，她并不怎么伤心，而且心里还挺感激他的。卡西莫多自己也不抱什么幻想。

她看不见他，可却感到身边有一个善良的保护神。有一只看不见的手趁她睡觉时给她送来新的食物。一天早晨，她发现窗口有一只鸟笼。她的小屋外面的墙上方，有一个雕像使她害怕，她曾不止一次地在卡西莫多面前表示过。一天早晨（因为这些事都是在夜里做的），她发现雕像不见了。有人把它敲碎了。要爬到雕像那样高的地方，是要冒生命危险的。

有几个晚上，她听见有人躲在钟楼的遮檐下唱歌，歌声凄凉古怪，好像在给她催眠。这是几段没有韵律的诗，正如一个聋子可能做到的那样：

> 不要看脸，
> 姑娘呀，要看心。
> 英俊青年的心常常是丑恶的，
> 有些人的心里爱情不长久。

> 松柏不美，
> 姑娘，它不如杨柳好看，
> 但冬天仍然枝叶茂盛。

> 唉！说这些有什么用？
> 不美的东西根本不该存在。
> 美的只爱美的。
> 四月不理睬一月。

> 美至高无上，
> 美无所不能，
> 美是唯一完整存在的东西。

> 乌鸦只在白天飞，
> 猫头鹰只在黑夜飞，

天鹅白天黑夜都能飞。

一天早晨,她醒来时发现窗台上有两个花瓶,插满了花。一个是水晶花瓶,亮闪闪的,非常漂亮,可是已有裂缝,瓶里装满的水早已漏光,花已枯萎。另一个是陶壶,粗糙,平凡,但壶里的水仍然满满的,花也是红艳艳的,非常新鲜。

我不知道是有意还是无意的,反正,爱斯梅拉达拿起枯萎的花束,整整一天抱在胸前。

那天,她没有听见钟楼里有歌声。

她并不太在意。她的时间都用在抚摸加利,窥视贡德洛里埃公馆,轻声念叨弗比斯,用她的面包喂燕子。

她再也见不到卡西莫多的身影,听不到他的歌声了。可怜的敲钟人似乎已从教堂里消失。然而,一天夜里,爱斯梅拉达睡不着,思念她那个英俊的队长,她听见房间门口有叹息声。她很害怕,爬起来,借着月光,看见一团东西横在她房门口。原来是卡西莫多睡在一块石头上。

五 红门的钥匙

然而,埃及姑娘奇迹般获救的消息,终于传到了副主教的耳朵里。猛一听说这件事,他都不知道是什么滋味。本来,他对爱斯梅拉达的死,已设法适应了,他现在心里很平静,因为他经受了可能存在的最大痛苦。人的心(堂·克洛德深思过这些问题)可能承受的绝望是有限的。海绵吸足水之后。即使海水从它身上经过,也不能再使它吸进一滴水。

爱斯梅拉达死了,海绵就吸饱了水,对堂·克洛德来说,人世间的一切也就成了定局。可是,如果觉得她还活着,弗比斯也活着,折磨又会从头开始,他又要承受一次次打击,做出一次次取舍,又要开始生活。克洛德对这一切已经厌倦。

当他听到这个消息后,他把自己关在后院他那间寝室里,既不出席教务会,也不做弥撒。他闭门谢客,就是主教来了也不接待。他这样禁闭了好几个星期。大家以为他病了。他也确实是病了。

他这样关在小屋里干什么?这个倒霉鬼被什么念头苦苦纠缠?是不是

在同可怕的情欲进行最后一次搏斗？是不是在策划与她同归于尽的最后一次计谋？

有一次，他的约翰，他钟爱的弟弟，他娇生惯养的孩子来到他的房门口，不停地敲门、咒骂、哀求，反复报自己的名字，克洛德死活不开门。

他整天整天地把脸贴在窗玻璃上。从后院的这个窗口，可以看见爱斯梅拉达的小房间。他常常看见她同山羊在一起，有时候她和卡西莫多在一起。他注意到那可恶的聋子对爱斯梅拉达非常关心，非常顺从，毕恭毕敬，温柔体贴。他记得（他的记性很好，而爱嫉妒的人会因为有好记性而备受折磨），有一天晚上，敲钟人曾用十分奇怪的目光望着那在街头跳舞的女孩子。他琢磨着卡西莫多救她的动机。他目睹吉卜赛姑娘和聋子演出的一幕幕哑剧，从远处看去，再用自己的感情加以注释，他觉得那些哑剧无不显得情意绵绵。他对女人是不相信的，她们会做出荒诞不经的事来。于是，他朦朦胧胧觉得心里产生了妒意。他从来没有想到会嫉妒卡西莫多，因而感到羞愧和气愤。"嫉妒弓手队长倒还罢了，可是这一个！"这想法使他心烦意乱。

夜里他更是受尽折磨。自从他知道埃及姑娘还活着，纠缠了他一整天的关于幽灵和坟墓的可怕念头便烟消云散，心中又被情欲撩拨得不能安宁。他感觉到那个皮肤黝黑的姑娘近在咫尺，便在床上辗转反侧，不能入睡。

每天夜里，他发狂地想象着各种姿态的爱斯梅拉达，一幕幕最使他血液沸腾的镜头重现在他脑海里。他看见她躺在挨了一刀的弓手队长身上，双目紧闭，美丽的胸脯袒露着，溅满了弗比斯的鲜血，他在姑娘苍白的嘴唇上印了一个吻，那真是销魂，不幸的姑娘虽然昏迷不醒，仍感觉到这个吻灼热烫人。他看见执达吏粗暴地剥掉她的鞋袜，硬把她美丽可爱的小脚、圆圆细细的秀腿和柔软白净的膝盖，放进装有铁螺丝的夹棍中。他看见那光洁如玉的膝盖，露在托特吕的刑具外面。最后，他还想象姑娘穿着内衣，脖子上套着绳索，肩赤裸着，脚赤裸着，几乎全身赤裸着，就像在最后一天见到的那样。这一幅幅肉感的图像，挑逗得他捏紧拳头，全身哆嗦。

一天夜里，这个从未尝过情爱滋味的神父，被这些图像刺激得浑身热血沸腾，不能自制，只好拼命咬他的枕头，接着，他跳下床，衬衣外面披上一件教袍，拿起灯就冲出屋子，他几乎半裸着身体，神色惊慌，眼睛像着了火似的。

他知道在哪里可以找到从后院通往教堂那道红门的钥匙，而且，我们知道，钟楼楼梯的钥匙他总是随身携带的。

六 红门的钥匙（续）

那天夜里，爱斯梅拉达在自己的小屋里睡着了，她是带着忘却、希望和甜蜜的思念进入梦乡的。她入睡已有一会儿了，像往常一样，正在梦见弗比斯，忽然，她好像听见周围有响声。她睡觉向来很轻，很警觉，像鸟儿似的，稍有一点动静，就会惊醒。她睁开眼睛。夜黑沉沉的。可是，她看见窗口有一张脸正在望她，一盏灯照着那个人影。那人影发现已被爱斯梅拉达看见，就把灯吹灭了。然而，姑娘仍然看清了是谁，她恐惧极了，赶紧闭上眼睛。"啊！"她用极其微弱的声音说，"神父！"

种种不幸的往事重新在她眼前闪现，她浑身冰凉，一头栽倒在床上。

过了一会儿，她感觉身旁有什么东西，吓得一激灵，就完全清醒过来。她愤怒至极，猛地坐了起来。

是神父溜到了她的身边，正用两只胳膊搂住她。

她又愤怒，又恐惧。她想喊，却喊不出来，只能用微弱而颤抖的声音说：

"滚开，魔鬼！滚开，杀手！"

"开开恩吧！开开恩吧！"神父嗫嚅道，一面拼命吻她的肩膀。

她双手揪住他秃头上仅存的一撮毛发，使劲把他推开，就像躲开毒蛇那样躲开他的吻。

"开开恩吧！"那倒霉鬼又说，"你不知道我多么爱你！那是火，是熔化的铅，是无数尖刀在剜我的心哪！"

他用超人的力气，抓住她的胳膊，不让她推开自己。她急了，对他说："放开我，不然，我要向你脸上吐唾沫了。"

他放开她。"你糟蹋我吧，打我吧，对我凶狠吧！你想怎样就怎样！可是，开开恩，爱我吧！"

于是，她像孩子发脾气般地开始打他。她伸直两只美丽的手，拼命打他的脸:"滚开,魔鬼!"

"爱我吧!爱我吧!发发慈悲!"可怜的神父喊道,在她身上扭动着,用爱抚回答她的捶打。

突然,她感到招架不住了。"该结束了!"神父咬牙切齿地说。

她被抱得紧紧的,气喘吁吁,筋疲力尽,被他制服,任他摆布。她感到一只淫荡的手在她身上乱摸。她做最后一次挣扎,大喊大叫:"救命呀!救救我呀!有吸血鬼!快来抓吸血鬼!"

谁也没有来。只有加利惊醒了,焦虑地咩咩叫着。

"别喊!"神父喘着粗气,说道。

埃及姑娘挣扎着,在地上乱爬,忽然,她的手触到一样冰冷的金属物体。那是卡西莫多的哨子。她产生了希望,赶紧抓起哨子,放到唇边,用最后的一点力气吹了起来。哨子发出清脆、尖细、刺耳的声音。

"那是什么?"神父说。

几乎在同时,他感到一只有力的手臂把他举了起来。房间里黑洞洞的,他看不清抓他的人是谁,但他听见那人因愤怒而牙齿咬得咯咯响。黑暗中还有一丝亮光,他看见头顶上一把短剑在晃动,宽大的刀刃闪闪发亮。

神父好像看见是卡西莫多的身影。他猜想只能是他。他记起进屋时,在门口碰着一包东西,绊了一下。可是,来人一句话也不说,神父无法断定是不是卡西莫多。他拼足力气,扑向举着短刀的胳膊,喊道:"卡西莫多!"危急之中,他竟忘了卡西莫多是个聋子。

眨眼间,神父被击倒在地,感到一只死沉的膝盖压在他的胸口上。他觉得这膝盖疙里疙瘩,断定就是卡西莫多。可是,怎么办呢?怎样才能让他认出自己呢?黑夜使那聋子也成了瞎子。

这下他完了。那姑娘就像一只被激怒的母老虎,毫无怜悯之心,根本不想救他。那把短剑越来越接近他的脑袋。真是千钧一发。突然,对方似乎犹豫了。"不能让她看到血!"他低声说道。

确实是卡西莫多的声音。

接着,神父感到一只大手拉着他的脚,把他拖向门外,他应该死在那里。幸好月亮已经升起一会儿了。

他刚被拽出门外,苍白的月光就照到了他的脸上。卡西莫多看看他的脸,打了个寒战,赶紧松开神父,向后退了几步。

埃及姑娘这时也已走到门口，看见两个角色的地位一下子变了，感到非常惊讶。现在是神父在威胁，卡西莫多在哀求。

神父向聋子连连做着愤怒和呵斥的手势，狂暴地挥手命令他走开。

聋子低下头，然后，双膝跪在埃及姑娘的房门口。"老爷，"他用屈从而又严肃的声音说，"您先把我杀死吧，杀了我以后随您做什么。"

说完，他把刀递给神父。神父怒不可遏，向刀扑了过去，可是埃及姑娘比他更快，从卡西莫多手中一把夺过刀，狂笑起来："你过来呀！"她对神父说。

她举着刀。神父犹豫不决。她肯定会下手的。她对他喊道："你不敢过来了吧！胆小鬼！"接着，她又冷酷无情地加了一句："哈！我知道弗比斯没有死。"她十分清楚，这句话会像一千根烧红的烙铁刺透他的心。

神父一脚把卡西莫多踢翻在地，怒气冲冲地钻进了楼梯的穹隆下。

神父走后，卡西莫多捡起刚才救了埃及姑娘性命的哨子，递给她说："已经生锈了。"说完，他就走了。

这场激烈的搏斗，使埃及姑娘深感震惊。她精疲力竭地倒在床上，痛哭起来。她的前景又变得黯淡无光了。

神父摸黑回到自己的小室。

这下完了。堂·克洛德真的嫉妒卡西莫多了。

他沉思着，又一次重复他那致命的誓言："谁也别想得到她！"

第十卷

一 圣贝尔纳修士街上格兰古瓦大献妙计

皮埃尔·格兰古瓦自从看见埃及姑娘的案子急转直下，等待这出喜剧主角的肯定是绳索绞刑和其他不愉快的结局，就不再想介入了。不过，他仍然和流浪乞丐们生活在一起，因为他认为，他们毕竟是巴黎最好的一群人。流浪乞丐们却继续关心着埃及姑娘的命运。他感到这也很正常，因为他们和她一样，迟早逃不脱夏莫吕和托特吕的魔掌，不像他骑着珀伽索斯[①]双翼神马，在想象的王国里遨游。他从流浪乞丐们的谈话中得知，他那摔罐成婚的妻子已躲进圣母院，他感到很高兴。可是，他竟没有想到去看看她，只是有时候他挺想念小山羊。况且，白天他忙于生计，要到街头卖艺，夜里，他忙着写控告巴黎主教的诉状，因为他对那次被主教的水磨溅得满身是水，至今怨恨未消。他还要给努瓦翁和图尔索的主教博德里-勒-鲁日[②]的不朽著作《论石雕》做评注，他也由此对建筑艺术发生了浓厚的兴趣。这一爱好取代了他对炼金术的迷恋，况且，前者是后者的必然结果，因为炼金术和建筑艺术是紧密相连的。格兰古瓦不过是从爱好一种观念，转入爱好这种观念的形式罢了。

一天，他滞留在圣日耳曼-奥塞尔教堂附近的一幢房子的拐角处。那房子叫主教裁判所，对面是国王裁判所。在主教裁判所内，有一座可爱的小

[①] 珀伽索斯，希腊神话中的双翼神马，它的蹄子踏过的地方常有泉水涌出，诗人可以从中获得灵感。

[②] 博德里-勒-鲁日，卒于113年。

教堂，是14世纪的建筑，祭坛临街。格兰古瓦正在虔诚地研究小教堂的外部雕刻，陶醉于艺术家那种自私的、排他的、至高无上的快乐中，好像世界上只有艺术，只有从艺术中才能看到世界。这时，他突然感到一只沉甸甸的手放到了他的肩上。他回过头去，原来是他从前的朋友和老师副主教先生。

他一愣。他好久没有看见副主教了。堂·克洛德是一个正经而偏激的人，任何一个怀疑派哲学家碰见他，都会失去平衡。

副主教不言不语，格兰古瓦正好有机会观察他。他感到堂·克洛德变化很大，脸色苍白，就像冬天的早晨，眼睛深陷，头发几乎全白了。神父终于打破沉默，用平静而冷漠的口吻说："您身体怎样，皮埃尔先生？"

"我的身体？"格兰古瓦回答，"嘿！嘿！马马虎虎。不过，总的来说还不错。我干什么都不过分。您知道吗，老师？身体好的秘诀，照希波克拉底的说法，就是吃、喝、睡和爱都要有节制[①]。"

"您难道一点心事都没有，皮埃尔先生？"神父眼睛盯着格兰古瓦，又问。

"真的没有。"

"您在这里干什么？"

"您看见了吗？老师，我在研究这些石头上的雕刻，这些浅浮雕的刻法。"

神父牵了牵嘴角笑了笑。那是一种苦涩的笑。

"您觉得这很有意思？"

"这是天堂！"格兰古瓦大声说道。接着，他像示范讲解那样，低头细看雕像，露出赞叹不已的神色："您难道不觉得，比方说，这精雕细琢、鬼斧神工的浅浮雕代表着一个变化阶段吗？您再看这根小圆柱。您见过哪个柱头周围有刻得如此柔和精致的叶饰？这里是让·马伊文的三个圆浮雕。这还不是这位伟大天才最美的作品。可是，您看，这些面孔流露着天真和温情，人体姿态和衣饰显得轻松活泼，还有，即便是缺陷，也无不显示出一种不可解释的魅力，这一切使得这些造型非常明快，非常精美，甚至有些太明快，太精美了。您不觉得这很有意思吗？"

[①] 原文为拉丁语。

"当然!"神父说。

"您要是到小教堂里面去看看,那就更是趣味盎然了!"诗人喋喋不休地说,"到处是雕刻。像卷心菜那样密密层层!后殿的雕刻非常虔诚,非常奇特,我在别的地方从没有见过!"

堂·克洛德打断他说:"那么您过得幸福吗?"

格兰古瓦热烈地回答:

"当然幸福!我最初喜欢女人,后来又喜欢动物。现在我喜欢石头。它们和动物、女人一样有趣,而且不会背信弃义。"

神父把手放到额头上,这是他的习惯动作。"一点不错!"他说。

"您瞧!"格兰古瓦说,"这不是乐趣吗?"他挽起神父的胳膊,把他拉到主教裁判所的楼梯小塔下面,神父没有反抗。"这里是一道楼梯,我每次看见它,都感到心旷神怡。这是巴黎最质朴,也是最美观的楼梯。每一个石阶下端都雕琢成斜面,石阶之间相距一尺左右,互相交错,互相衔接,互相镶嵌,彼此吻合得既牢固又优雅。这道楼梯的美丽和质朴就在于此!"

"那您什么愿望也没有了?"

"没有了。"

"您什么遗憾也没有?"

"既无遗憾,也无愿望。我的生活都安排好了。"

"人安排好的,会被世事打乱,"克洛德说。

"我是皮浪①的信徒,"格兰古瓦回答说,"凡事我都保持平衡。"

"那您靠什么谋生?"

"有时候仍还写写史诗和悲剧,但是,挣钱最多的,是老师您曾看见我干过的那种手艺,也就是用牙齿咬住椅子搭成的金字塔。"

"这个职业对一个哲学家来说,有点不成体统。"

"这又是个平衡问题。"格兰古瓦说,"当您有了一种思想,可以用到任何事情上。"

"这我知道。"副主教回答。

神父沉默了一会,接着又说:"不过,您还是很穷吧?"

"穷是穷了一些,但挺快活。"

---

① 皮浪(约前365—前275),古希腊哲学家,怀疑论的创始人。

两人正谈得起劲,忽然听到嘚嘚的马蹄声,只见一队国王侍卫弓手骑着骏马、举着长矛朝这边开过来了,走在最前面的是一个军官。这支马队金光灿灿,耀武扬威,石板路上响起一片马蹄声。

"您怎么这样看着那军官!"格兰古瓦问副主教。

"因为我好像认识他。"

"他叫什么名字?"

"我想,"克洛德说,"他叫弗比斯·德·夏多佩。"

"弗比斯!好怪的名字!还有一个弗比斯,是福瓦克斯伯爵①。我记得认识一个女孩子,她发誓的时候,只用弗比斯的名字。"

"跟我来。"神父说,"我有话要同您说。"

那队人马经过后,副主教虽然外表仍很冷峻,但可以看出他内心有点烦躁不安。他往前走,格兰古瓦跟随其后。他早就养成了服从副主教的习惯,谁要是同这个具有慑服力的人接触过一次,都会这样。他们默默地一直走到圣贝尔纳修士街,那里几乎不见人影。堂·克洛德停了下来。

"您要对我说什么,老师?"格兰古瓦问。

副主教若有所思地回答:"您不觉得刚才过去的骑兵穿的衣服比你我的都漂亮吗?"

格兰古瓦摇摇头:"不瞒您说,与他们的铁盔钢甲相比,我更喜欢我这件红黄两色的衣裳。他们走路时,发出铁工场码头可以听到的响声,像地震似的,那才没劲呢!"

"这么说,格兰古瓦,您从没有羡慕过这些穿战袍的漂亮年轻人啰?"

"羡慕什么呀,副主教先生?是他们的力气,他们的盔甲,还是他们的纪律?依我看,做一个哲学家,一个独立自主的人,即使穿破衣烂衫,也比他们有意义。我宁愿做蝇头,也不愿当狮尾。"

"这倒很奇怪。"神父沉思地说,"一身漂亮的军服毕竟很漂亮呀。"

格兰古瓦看见他在想心事,就撇下他,径自去欣赏旁边一幢房子的门廊了。他拍着手回来了。

"要是您对那些漂亮的军装可以少费些心思的话,副主教先生,我就请

---

① 福瓦克斯伯爵(1331—1391),因一头金发,外号叫弗比斯。他把所有的领地遗赠给了法兰西王国。

您去看看那座门。我常说,奥布里老爷家的大门是世界上最壮观的。"

"皮埃尔·格兰古瓦,"副主教说,"那个跳舞的女孩子,您把她怎样了?"

"爱斯梅拉达吗?您话题转得真快。"

"她不是当过您的妻子吗?"

"是的,摔罐定的婚约。我们的婚期是四年。——对了,"格兰古瓦嘲弄般地看着副主教,"您还想着这件事哪?"

"您呢?难道您不再想了?"

"很少想。我有那么多事情……我的上帝,那只小山羊真美!"

"这个吉卜赛姑娘不是救过您的命吗?"

"这倒是真的。"

"这不就行了!她现在怎样了?您把她变成什么了?"

"我没法同您说清楚。我想他们把她绞死了。"

"您真的相信?"

"我不能肯定。当我看见他们想绞死人,我就躲开了。"

"您就知道这些?"

"等一等。我还听说她躲进圣母院了,她在里面很安全,我很高兴。可是,我不知道那只小山羊是不是和她一起逃走了。这就是我知道的全部情况。"

"我来告诉您更多的情况。"堂·克洛德大声说道。他说话的声音一直很低,很慢,有点发哑,现在突然变得像雷鸣一般:"她的确在圣母院避难。可是,三天后,法庭就要到里面去抓她,她就要在河滩广场被绞死。高等法院已下命令了。"

"真遗憾。"格兰古瓦说。

眨眼间,神父又恢复了冷漠和平静。

诗人接着又说:"哪个缺德鬼吃了饭没事干,去请求签发重新逮捕令?就不能让高等法院安静一会儿吗?一个可怜的女孩子躲到圣母院屋檐下,与燕子做伴,这有什么要紧!"

"世界上总会有一些撒旦的。"副主教说。

"糟就糟在这里。"格兰古瓦说。

副主教沉默片刻,又说:"她救过您的命,是吧?"

"在我的朋友流浪乞丐那里。我差一点被绞死。真要是那样，他们今天就会惋惜了。"

"您就不想为她做点事？"

"我正求之不得呢，堂·克洛德。可我这样会不会惹上麻烦呢？"

"那有什么关系！"

"什么？没关系？您真是个好人哪，老师！我手头有两本巨著刚开了头呀！"

神父拍拍额头。尽管他装出平静的样子，可不时会做出猛烈的动作，泄露他内心的不平静："怎么救她呢？"

格兰古瓦对他说："老师，我来回答您，il padelt①，这是一句土耳其话，说的是：**上帝是我们的希望**。"

"怎么救她呢？"克洛德沉思地重复了一遍。

格兰古瓦也拍了拍额头。

"听我说，老师。我很富有想象力。我来给您出点子。——能不能请求国王特赦？"

"请求路易十一特赦？"

"为什么不行？"

"那是与虎谋皮！"

格兰古瓦开始想其他办法。

"有了。您要不要我去找接生婆，就说姑娘怀孕了？"

神父深陷的眼睛里冒出了火光。

"怀孕了！你这家伙！你是不是知道些什么？"

格兰古瓦被他的神态吓坏了，连忙说：

"啊！不是我！我们的婚姻完全属**外婚**②，我一直是待在门外的。不过，说她怀孕毕竟能使她获得缓刑呀！"

"胡说八道！下流！给我住口！"

"您发脾气太没有道理了。"格兰古瓦咕哝道，"那样能获得缓刑，这对

---

① il padelt，不是土耳其语，而是被讹用的古叙利亚语。

② 原文为拉丁语。格兰古瓦在流浪乞丐那里成婚，而不是在教堂里，因此是门外婚姻，简称"外婚"。

谁都没有坏处，接生婆可以挣四十个巴黎德尼埃，她们都是穷人。"

神父根本不听他说话。"无论如何，得让她离开那里。"他喃喃自语，"高等法院的判决三天后就要执行。况且，即使没有判决，也还有卡西莫多！女人的趣味真堕落！"接着，他提高嗓门说："皮埃尔先生，我认真考虑过了，只有一个办法可以救她。"

"什么办法？我可再也想不出来了。"

"听我说，皮埃尔先生，您要记住，您这条命是她给的。我把我的想法坦率地告诉您。教堂日夜都有人监视，他们只让进去的人出来。因此您可以进去。您来找我，我把您领到她身边。您和她换穿衣服，她穿您的紧身上衣，您穿她的裙子。"

"到目前为止还行，"哲学家说，"然后呢？"

"然后？她穿着您的衣服出来，您穿着她的衣服待在里面。您也许会被绞死，可是，她就得救了。"

格兰古瓦神色严肃，挠挠耳朵，说：

"嗨！这个主意我自己倒真没有想到！"

听到堂·克洛德这个意想不到的建议，诗人开朗而温和的脸孔突然阴沉下来，就像灿烂的意大利景色，当一阵讨厌的狂风把一片乌云撞碎在太阳上的时候，就突然变得阴沉沉，黯然无光。

"喂，格兰古瓦！这个办法您说怎么样？"

"我说，老师，我不是也许会被绞死，而是毫无疑问要被绞死。"

"这就不是我们的事了。"

"该死的！"

"她救过您的命。您这是还债呀。"

"我还有其他许多债不能还呢！"

"皮埃尔先生，这笔债一定得还。"

副主教以命令的口气说话。

"听我说，堂·克洛德，"诗人颇为惊愕，回答说，"您坚持这个主意，可是您错了。我弄不清楚为什么我要代人受绞刑？"

"什么东西使您这样留恋生命？"

"哈！有一千条理由！"

"哪些？"

"哪些？空气，天空，早晨，夜晚，月光，我的流浪乞丐朋友们，同娼妓们调情，研究巴黎美丽的建筑，还要写三部书，其中一部是针对主教和他的水磨的。还有其他许多理由。阿那克萨哥拉①说他活在世上是为了欣赏太阳。况且，我有幸每天从早到晚和我自己这个天才生活在一起，那是非常愉快的事。"

"真是疯了！"副主教咕哝道，"嗨！您把您的生命说得那么可爱，那您说，您这生命是谁给您保全的？多亏了谁，您才能呼吸这空气，看见这天空，才能像这样用胡言乱语娱乐您那云雀般的心灵？没有她，您现在会在哪里？您靠了她才活下来，您却愿意她去死？让这样一个美丽温柔、可爱的、世界光明不可缺少的、比上帝还要神圣的姑娘去死！而像您这样半疯不疯、毫无用处、自以为会走路会思想却和植物没有两样的人，用从她那里偷来的生命继续活下去，就像中午点的蜡烛那样一无用处！行了，发发慈悲吧，格兰古瓦！该您慷慨一次了。是她开了头。"

神父言辞激烈。格兰古瓦开始还犹豫不决，但越听越受感动，最后做了一个悲壮的鬼脸，这使他的面孔看上去就像得了肠绞痛的新生儿那样苍白。

"您的话很感人。"他擦掉一滴眼泪说。"好吧！我考虑考虑。——您那个主意怪怪的。——不过，"他沉默片刻，又说，"谁知道呢？也许他们不会把我绞死。订了婚的不一定都结婚。当他们看见我在那间小屋里，穿着裙子，戴着女帽，那样滑稽可笑时，说不定会忍不住大笑呢。再说，即使他们绞死我，那又怎样！这种死法和别的死法是一样的，更确切地说，这种死法和别的死法不一样。这是一种动摇了一辈子的哲人应有的死法，一种和真正怀疑论者的思想相似的晃来晃去的死法，一种打上了皮浪的怀疑哲学和犹豫不定烙印的介乎天地之间的悬在空中的死法。这是哲学家的死法，也许是我命中注定的。死的时候和活着的时候方式完全相同，这很壮丽。"

神父打断他说："那么说定了？"

"总之，死是什么呢？"格兰古瓦激昂地说，"是艰难的一刹那，是一道

---

① 阿那克萨哥拉（前500—前428），古希腊唯物主义哲学家。

关卡，是从很少通向乌有。有人问梅加洛波利斯的刻尔吉达斯[①]愿不愿意死，他回答：'干吗不愿意？我死后可以看见那些伟人，哲学家有毕达哥拉斯，历史学家有赫克泰伊俄斯，诗人有荷马，音乐家有奥林普斯。'"

副主教向他伸出手说："那就说定了？明天您来找我。"

这个动作使格兰古瓦回到了现实中。

"啊！不！"他就像从睡梦中惊醒似的说道，"让人绞死！太荒唐了。我不愿意。"

"那就再见了！"副主教恶狠狠地说，"我会再找你的！"

"我可不愿意让这家伙再来找我。"格兰古瓦想道。他赶快跑去追堂·克洛德："喂，副主教先生，老朋友了，不要生气嘛。您对这个姑娘，我是说，对我的妻子感兴趣，这很好。您想出了一条计策要把她安全救出圣母院，可是您那个办法对我格兰古瓦来说太不愉快了。要是我有别的妙计就好了！——哈！我告诉您，刚才我突然有了灵感。——要是我想出一个办法，不用把我的脖子套进任何活结，就可以把她救出绝境，您会怎么说？您会不满足吗？是不是一定要我被绞死您才高兴？"

神父很不耐烦，扯着教袍的纽扣："你真是口若悬河！——你有什么办法？"

"就这么办。"格兰古瓦用食指摸着鼻子，像是在思考似的自言自语，"流浪乞丐们都是好样的。——埃及部落的人都爱她。——对他们一说，他们就会动起来的。——再没有比这更容易的了。——来一次突然袭击。——趁着混乱，很容易把她抢出来。——明天晚上……他们求之不得呢。"

"什么办法，说呀！"神父摇着他说道。

格兰古瓦威严地转向神父："放开我！您不是见我正在编嘛。"他又思考片刻，然后，自我欣赏地拍拍手，喊道："太妙了！一定会成功！"

"办法呢？"克洛德愤怒地又问了一遍。

格兰古瓦容光焕发。

"过来，我悄悄告诉您。这实在是一个大胆的对策，可以让我们大家都摆脱困境。老天爷！应该承认我不是笨蛋！"

他又打岔说："哎！那只小山羊和她在一起吗？"

[①] 刻尔吉达斯，古希腊犬儒主义哲学家。

"是的。让魔鬼把你抓去!"

"他们也要把它绞死,是不是?"

"这和我有什么关系?"

"是的,他们会绞死它的。上个月,就绞死过一头母猪。刽子手喜欢这差事,干完后就吃它的肉。要绞死我美丽的加利!可怜的小羊羔!"

"该死的家伙!"堂·克洛德喊道,"刽子手是你!你到底想出什么办法了,混蛋?难道要用产钳把你的办法钳出来吗?"

"克制些,老师!我这就说。"

格兰古瓦凑近副主教的耳朵,用很低的声音慢慢道来,一边用不安的目光扫视大街。其实大街上连个人影也没有。当他说完后,堂·克洛德抓住他的手,冷冷地对他说:"很好。明天见。"

"明天见。"格兰古瓦说。副主教朝一边走开,而他向另一边走去,边走边喃喃自语:"这可是一件值得自豪的事,皮埃尔·格兰古瓦先生。没关系的。谁也没规定小人物一定不能做大事情。庇通①就用双肩扛过一头大公牛,鹡鸰、黄莺、岩雀也能漂洋过海。"

二 "当你的流浪乞丐去吧!"

副主教回到圣母院后院,发现他的弟弟磨坊的约翰正在他房门口等他,等得无聊,便用一块木炭在墙上画他哥哥的侧面像,还给他添了个大鼻子。

堂·克洛德心事重重,几乎没有看弟弟一眼。这浑小子那张快乐的脸孔,曾多少次使神父阴沉的面孔露出笑容,可现在也难以驱散在这个腐烂发臭、死气沉沉的灵魂上与日俱增的乌云。

"哥哥,"约翰怯生生地说,"我来看您了。"

副主教甚至没有抬眼看他。

"然后呢?"

"哥哥,"约翰又虚情假意地说,"您对我那么好,给我那么多忠告,我当然要回到您身边的。"

---

① 庇通,希腊神话中的人物。

"然后呢?"

"唉!哥哥,您过去对我说的话,都很有道理。您说:'约翰,约翰,现在**先生的学说和弟子的纪律都松懈了**①。约翰,乖一点,约翰,要多学点东西。约翰,没有正当理由,不经老师许可,不要在校外过夜。约翰,不要打皮卡迪人。(Noli, Joannes, verberare Picardos.)不要像不识字的毛驴(quasi asinus illitteratus)那样,坐在学校的麦秸上②不思长进。约翰,老师要责罚你,你得服从。约翰,你每天晚上要去小教堂,给光荣的圣母马利亚唱赞美歌,向她祷告。'唉!这都是对我的谆谆教诲呀!"

"然后呢?"

"哥哥,站在您面前的是一个罪人,一个干蠢事的人,是一个坏蛋,浪荡鬼,一个十恶不赦的人!亲爱的哥哥,约翰过去把您的忠告当作麦秸和粪土踩在脚下了。我受到了惩罚,仁慈的上帝是极其公平的。我只要身上有钱,就大吃大喝,寻欢作乐。啊!酒色从正面看多么迷人,但从背面看却面目可憎!现在,我身无分文,卖掉了我的桌布、衬衫和毛巾,我不再有快活的日子了。美丽的蜡烛已经熄灭,只剩下恶劣的脂捻儿,往我鼻子里灌臭烟。姑娘们都笑话我。没钱买面包,只好喝冷水。悔恨和债主纠缠我不放。"

"还有吗?"副主教说。

"唉!最最亲爱的哥哥,我非常愿意改邪归正,重新做人。我带着悔恨的心情来找您。我是一个忏悔者。我来忏悔。我用拳头捶我的胸脯。您要我有一天成为学士,成为托尔希学院的副训导员,您是有道理的。我现在也感觉到我在这方面极有天赋。可是,我没有墨水了,要再买;我没有笔了,要再买;我没有纸,没有书了,要再买。因此,我非常需要一点钱。我来找您,我的哥哥,心里充满着悔恨。"

"完了吗?"

"完了。"大学生说,"给点钱吧。"

"我没钱。"

于是,大学生严肃而又坚决地说:"那好,哥哥,我遗憾地告诉您,有

---

① 原文为拉丁语。
② 指学生们坐着麦秸听讲课。

人在其他方面愿意帮助我，给我提出了一个诱人的建议。您真的不愿意给我钱？——不愿意？——那好，我就去当流浪乞丐。"

他在说这句极其残酷的话时，脸上装出埃阿斯[①]的神态，希望天雷劈在他头上。

副主教冷冷地对他说："那就当你的流浪乞丐去吧。"

约翰朝他深深地鞠了一躬，吹着口哨下楼了。

当他走到院子里，从他哥哥的窗口经过时，他听见那窗子打开了。他抬起头，看见副主教严厉的脑袋探出窗口，对他说："滚到魔鬼那里去吧！拿着这钱，以后别想我再给你了。"

同时，神父扔给约翰一个钱包，大学生的脑门上被砸出一个大包。他就像被肉骨头砸了一下的狗那样，捡起钱包，又气恼又高兴地走了。

三　快乐万岁！

读者大概还记得，圣迹区有一部分是被新城的旧城墙围住的。从那时候起，城墙上的许多箭楼渐渐开始倒塌。其中一个箭楼已被流浪乞丐们改作寻欢作乐的场所。底层的大厅做了酒馆，楼上几层派作其他用场。这个箭楼是乞丐们最热闹，因而也是最丑恶的活动场所。它就像一个可怕的蜂窝，日夜闹哄哄的。深夜，乞丐王国其他人都已经睡觉，广场周围土灰色房屋的窗口已不再亮出灯光，那数不清的一窝窝、一群群盗贼、娼妓、偷来的孩子或私生的孩子已不再发出一点声音，可是有一个地方却仍然人声鼎沸，吵吵嚷嚷，它的气孔、窗口和墙上的裂缝，可以说，它的每一个毛孔都透出猩红色的灯光。那就是这座箭楼。

因此，地窖就是酒馆。下去的时候，要过一道矮门，爬一道和古典亚历山大诗体[②]一样陡峭的楼梯。门上画着几枚新币和几只宰好的童子鸡，令人赞叹不绝，底下写着谐音双关语："献给为死者敲钟的人"[③]，这就算是

[①] 埃阿斯，希腊神话中特洛伊战争中的英雄。

[②] 亚历山大诗体，在法文格律诗中运用广泛，每一行诗由十二个音节六个韵脚组成。

[③] "献给为死者敲钟的人"，原文为："Aux sonneurs pour les trépassés." 是"Aux sols neufs, poulets trépassés.（新铸的钱币，死了的鸡）"的谐音双关语。

小酒馆的招牌了。

有一天晚上，巴黎的各个钟楼都已敲过宵禁的钟声，这时候，如果夜巡队被准许进入可怕的乞丐王国，就会发现在这个酒店里，乞丐们比平时更喧闹，酒喝得更多，粗话讲得更绝。在外面的广场上，人们三五成群，低声交谈，似乎正在策划什么重要事情，到处有人在石板地上磨生了锈的刀。

但是，在小酒馆里，为了排遣那天晚上的心事，乞丐们拼命喝酒，拼命赌博，因此，从他们言谈中是很难猜到是什么事的。只是他们的神态比平时更兴奋，每个人的两腿之间都夹着一把武器，闪闪发光，有镰刀、斧头、长剑、旧火铳，等等，不一而足。

这个酒馆呈圆形，非常宽敞，可是桌子一张挨一张，喝酒的人又很多，所以里面的一切，男人、女人、板凳、啤酒瓶、喝酒的、睡觉的、赌博的、健康的、身残的，全都堆在一起，杂乱无章，就像一堆乱糟糟的牡蛎壳。桌子上点着蜡烛。但是，真正照亮小酒馆的还是炉火，它在这里起着歌剧院里大吊灯的作用。地窖非常潮湿，常年生着壁炉，连夏天也不熄灭。壁炉很大，炉台雕刻着图案，炉膛竖着笨重的铁柴架和一些炊具。炉火烧得很旺，由木柴和泥炭混合作燃料；在乡村的铁匠铺里就可以看见这样的炉火，夜晚，熊熊的火光把铺子窗户的红色魔影投到街道对面的墙壁上。一只大狗庄严地坐在炉灰里，正在炭火前翻动一把挂满烤肉的铁叉。

尽管屋里乱糟糟的，可是一眼看去，仍能分辨出这里主要有三部分人，各自围在三个人物身旁。这三个人物读者早已认识了。其中一个穿着东方式样的华丽而俗气的旧衣服，他是埃及和吉卜赛公爵马蒂亚·恩加迪·斯皮卡里，这家伙坐在一张桌子上，跷着二郎腿，举着一个手指头，扯着大嗓门，正在宣讲他的黑白魔术[①]。周围的人个个听得目瞪口呆。

另一群人围聚在我们的老朋友、骁勇顽强的五法郎银币王身边。克洛潘·特鲁伊夫全副武装，神态庄严，正在低声指挥人们"抢劫"装满了武器的大桶。桶底已经大面积敲开，从里面倾倒出大量的斧头、刀剑、头盔、锁子甲、砍刀、矛头、箭头、各种各样的弓箭，就像从丰饶角[②]里源源

---

① 黑白魔术，指妖术（黑魔术）和点金术（白魔术）。

② 丰饶角，装满花果、象征丰饶的羊角。

流出苹果和葡萄似的。每个人从中挑选一件武器，有的拿头盔，有的拿长剑，有的拿十字柄短剑。孩子们也武装起来，甚至连没有腿的残疾人也披甲戴盔，看上去就像大金龟子，在酒客们的大腿之间爬行。

第三堆听众最热闹，最欢乐，人数也最多，把桌子板凳挤得满满的。中央有一个尖嗓门在高谈阔论，骂骂咧咧。说话的那个人从头盔到马刺，全身披挂，身子几乎完全消失在战袍下面，只露出一个红兮兮的滑稽可笑的翘鼻子，一撮金色鬈发，一张微微发红的嘴巴和一双天不怕地不怕的眼睛。他腰带上插满了短剑和匕首，腰侧挂着一把长剑，左边放着一张生了锈的大弩，面前摆着一个大酒壶，右边还有一个衣衫不整的胖妞。他周围的人都张大嘴巴在说笑，在喝酒，在咒骂。

除了上述三个主群体外，还有二十个小群体，有头顶酒罐子来回奔跑的男女侍者，有蹲着玩弹子、下三子棋、掷骰子的赌徒，这个角落里有吵架的，那个角落里有亲嘴的。把这些加上，读者对那天晚上小酒馆里的景象就有个大致的印象了。壁炉的熊熊大火一闪一烁，照亮了这幅图景，使小酒馆墙壁上到处舞动着无数巨大的怪影。

至于声音，简直就像一口大钟敲到最响时，你置身于那口大钟里面所产生的感觉。

烤肉的油脂雨点般地落到滴油盘中，不停地发出噼里啪啦的声音，填补着大厅里乱哄哄说话的空隙。

在这片喧闹声中，可以看见一个哲学家坐在小酒馆里首面向壁炉的凳子上沉思，两只脚放在炉灰里，眼睛直愣愣地看着没有烧尽的木柴。他就是皮埃尔·格兰古瓦。

"大家快点！赶快武装好！一个小时之后我们就出发！"克洛潘·特鲁伊夫对他的子民们说。

一个姑娘低声歌唱：

　　晚安，我的父亲和母亲！
　　最后走的人把灯火熄灭。

两个玩牌的在吵架，争得面红耳赤，吵得最凶的一个扬起拳头说："奴才！我要给你打上梅花印记，让你代替梅花J去参加国王陛下的牌局。"

一个鼻音浓重的诺曼底人吼道:"喔唷!这里就像卡伊乌维尔①小教堂的圣像那样拥挤。"

埃及公爵扯着假嗓门,对他的听众说:"孩子们,法国的巫婆去参加群魔会不骑扫帚,也不骑牲口,身上不涂油脂,只念几句咒语。意大利的巫婆家门口总有一只公山羊在等候她们。不管是法国的,还是意大利的,都必须从烟囱里出去。"

一个从头武装到脚的青年大喊大叫,声音盖过了全场的喧嚣:"太妙了!太妙了!今天是我第一次拿到武器!乞丐!我当流浪乞丐了!基督的肚子!给我倒酒!——朋友,我叫磨坊的约翰·弗罗洛,我是贵族。我认为如果上帝是警察,他也会当强盗的。弟兄们,我们就要进行一场漂亮的行动。我们都是勇士。我们去围困圣母院,冲进去,抢走美丽的姑娘,把她从法官和神父的手中解救出来,捣毁修士的住所,把主教烧死在主教府内。做这些事,比一个镇长喝一勺汤的时间还要快。我们的事业是正义的,我们要抢劫圣母院,一切都会顺顺利利的。我们要把卡西莫多绞死。小姐们,你们认识卡西莫多吗?你们在圣灵降临节见过他骑在大钟上喘大气吗?上帝的角!那真是美极了!就像一个魔鬼骑在虎口上。——朋友们,听我说,我从心底里就是流浪汉,我灵魂深处就是讲黑话的。我生来就是诡计多端的乞丐。我过去很有钱,我把财产吃光了。我母亲要我当军官,父亲要我做副助祭,姑妈要我成为法庭推事,奶奶要我做国王的大法官,姑奶奶要我当短袍司库。而我却当了流浪乞丐。我把这件事告诉我父亲,他把我骂得狗血喷头,告诉我母亲,老太太又哭又闹,就像这柴架上的柴火。快乐万岁!我是一个名副其实的比塞特②。老板娘,我的朋友,再来点酒!我还有钱付账呢。不要再给我絮雷斯纳酒,那玩意儿呛喉咙,还不如吞一只篮子舒服呢。"

听众爆发出一阵阵笑声和掌声。大学生看见周围的喧闹声越来越大,惊叫道:

---

① 卡伊乌维尔,诺曼底地名。那里的小教堂内放着四五百个圣像。
② 比塞特,位于巴黎以南的远郊,那里有一座城堡,建于13世纪末。15世纪,城堡倒塌,成为鬼怪和强盗出没之地。

"啊!多美的声音!**疯狂的民众,民众的疯狂!**①"

于是,他就唱了起来,眼睛仿佛沉浸在狂喜中,声调像是教士在做晚祷:

"**多美的圣歌!多妙的乐器!多动听的歌声!这里歌声不绝,旋律荡人心腑!乐器奏出甜美的赞歌,这是最优美的天使旋律,是赞美曲中最值得赞美的!**"②

忽然,他不唱了,大声喊道:"魔鬼的老板娘,给我拿晚饭来。"

接着,吵闹声平息了一些。这时,就听见埃及公爵的尖嗓门在教诲他的臣民:"……黄鼠狼叫阿杜纳,狐狸叫蓝脚,或叫跑树林的,狼叫灰脚或金脚,熊叫老头或大爷。——戴上地精的帽子,别人看不见你,你却能看见别人看不见的东西。——受洗礼的癞蛤蟆应该穿红色或黑色的天鹅绒,脖子上挂一个铃铛,脚上也要挂一个铃铛。教父托着头,教母托着脚。——只有魔鬼西德拉加索姆才有魔力让姑娘们赤身裸体跳舞。"

"以弥撒发誓!"约翰插话说,"我宁愿是魔鬼西德拉加索姆。"

与此同时,流浪乞丐们在酒店的另一头继续选择武器,一面叽里咕噜,窃窃私语。

"可怜的爱斯梅拉达!"一个吉卜赛男人说,"她是我们的姐妹呀。一定得把她救出来。"

"她一直在圣母院吗?"一个长得像犹太人的破产商人说。

"当然啰!"

"那好!伙伴们,"那个破产商人喊道,"我们到圣母院去!那里面的圣费雷奥尔和圣费吕西翁小教堂里有两座神像,一座是圣让-巴蒂斯特的,另一座是圣安托万的,全是金子塑成的,一共重十七金马克③零十五埃斯泰兰,镀金的银座共重十七银马克零五盎司。这我知道。我是金银匠。"

这边,有人给约翰端来了晚饭。他靠在身旁那个姑娘的胸脯上,大叫大嚷:

"我以圣武特-德-吕克(民众叫他圣戈格吕)的名义发誓,我真是高兴极了。我前面有个傻瓜,瞪着眼睛瞧着我,脸蛋像一个大公那样光溜溜。

---

①② 原文为拉丁语。

③ 马克,古代金和银的重量单位,一马克等于八盎司。

左边有个家伙，长长的牙齿盖住了下巴。此外，我就像吉埃的一位元帅[①]围困蓬图瓦兹时那样，右侧靠着一个小山丘[②]。——穆罕默德的肚子！伙计！你看上去像个卖网球的商人，竟然坐到我身边来了！我是贵族，朋友。商人和贵族是水火不相容的。快滚开。——喂！你们这些家伙！别打架了！怎么，嚼小鸟的巴蒂斯特，你有很好看的鼻子，想拿它去碰那个蠢货的拳头呀！你这个傻瓜。**不是人人都有鼻子的**[③]。——你真是绝妙无双，咬耳朵的雅克琳，可惜没有头发。——喂，我叫约翰·弗罗洛，我哥哥是副主教。让魔鬼把他抓走！我给你们讲的全是真话。我做了流浪乞丐，心甘情愿地放弃了我在天堂里的住所，我哥哥答应分给我一半。Dimidiam domum in paradiso[④]。我引述的是原文。我在蒂尔夏普街有一块采邑，所有的女人都迷恋我，这些都是事实，正如圣埃洛瓦是杰出的金银匠一样，鞣革工、轻革矾鞣工、皮带工、皮头饰制作工和油鞣工是巴黎市的五大行业，圣洛朗是用蛋壳烧死的。我向你们发誓，伙伴们：

  我要是撒谎，
  一年内滴酒不沾！

  "迷人的姑娘，今天有月光呢。你从那个窗口往外瞧瞧风把云彩揉成什么样子了，就像我揉你的颈饰一样。——姑娘们！给孩子们擤一擤鼻涕，把烛花剪一剪。基督和穆罕默德！我吃的是什么呀，朱庇特！喂！老淫婆！你那些娼妓头上找不到头发，在你的炒鸡蛋里倒有头发了。老婆子！我要吃不长头发的炒鸡蛋。让魔鬼把你变成塌鼻头！——真像是魔鬼别西卜开的旅店，娼妇们用叉子梳头！"

  说完，他把盘子往地上一摔，声嘶力竭地唱了起来：

  我以上帝的血发誓！

---

  ① 元帅，指吉埃的领主皮埃尔·德·罗安（1451—1513），二十五岁就当了法国元帅，曾率军赶走蓬图瓦兹的英国人。
  ② 小山丘，暗指女人的乳房。
  ③ 原文为拉丁语。
  ④ 拉丁语，意为"天堂一座房子的一半"。

我无法无天，

无家可归，

不信国王，

不信上帝！

　　这时，克洛潘·特鲁伊夫已发完武器了。他走到格兰古瓦身边，可是诗人脚踩在一个柴架上，似乎正在沉思默想。

　　"皮埃尔朋友，"五法郎银币王对他说，"你在想什么鬼心事？"

　　格兰古瓦向他转过脸，忧郁地笑了笑，说："亲爱的老爷，我喜欢火。不是因为火能温暖脚，或是能煮饭，这些都是微不足道的，而是因为它会冒出星光。有时我一连几个小时观看火星，从黑洞洞的炉膛里冒出的火星中，我发现了无穷无尽的东西。那一颗颗火星也是一个个世界。"

　　"我要懂你的话，就遭雷劈！"乞丐王说，"你知道现在几点了？"

　　"不知道。"格兰古瓦回答。

　　于是，克洛潘走到埃及公爵身边。

　　"马蒂阿伙计，时机可不好，听说路易十一正在巴黎。"

　　"那就更有理由把我们的姐妹从他的魔爪中救出来了。"那个老流浪汉说。

　　"你说话像个男子汉，马蒂阿。"五法郎银币王说，"况且，我们会速战速决的。不必担心教堂里会有抵抗。修士们都胆小如兔。而我们却人多势众。明天，高等法院的人来抓她时，肯定扑个空。教皇的肚肠！我可不想让那个漂亮的姑娘被绞死。"

　　克洛潘到酒店外面去了。

　　这时，约翰用嘶哑的嗓子叫道："我喝呀，我吃呀，我醉啦，我是朱庇特呀！——呃！屠夫皮埃尔，你要是还像这样看我，我就用手指头弹你的鼻子了。"

　　至于格兰古瓦，刚才他被克洛潘从沉思中喊醒后，开始观察周围狂热喧嚣的场面，低声嘀咕："**酒是一种淫乐，喝醉酒就会乱吵乱闹。**[①]唉！我不喝酒是明智的，圣伯努瓦说得好：**酒甚至会使哲人背弃学说**[②]。"

[①][②] 原文为拉丁语。

这时克洛潘又回到屋里，声如洪钟地喊道："午夜到了！"

就像正在休息的部队听到"上马"的口令一样，所有的流浪乞丐，男女老少，一窝蜂地冲出酒店，兵器相碰发出巨大的响声。

月亮已钻进云层中。

圣迹区一片漆黑，没有一点灯光，然而并不冷清，一群男女在低声交谈，可以听见他们嗡嗡的说话声，还可以看见各种武器在黑暗中闪闪烁烁。克洛潘爬到一块大石头上，高声说道：

"乞丐王国的人列队！埃及人列队！加利莱王国的人列队！"

黑暗中一片骚动。大队人马好像排成了一路纵队。过了几分钟，五法郎银币王用更大的嗓门喊道："现在，大家安静，准备穿过巴黎！口令是：**短剑在闲逛**！到圣母院后才能点着火把！出发！"

十分钟后，夜巡骑兵看见一长列黑乎乎、静悄悄的队伍，穿过菜市场周围弯弯曲曲的大街小巷，朝换钱桥走去，吓得仓皇逃遁。

四　帮倒忙的朋友

那天夜里，卡西莫多没有睡觉。他又把教堂最后巡视了一遍。他在关那几道大门的时候，没有发现副主教从他身旁经过。副主教看见他小心翼翼地插上铁门闩，一道道大门固若金汤，露出了恼怒的神情。堂·克洛德似乎比往常更加心事重重。自从那天夜里在爱斯梅拉达的小屋里历险以来，他经常折磨卡西莫多，可是，骂也罢，打也罢，丝毫也动摇不了敲钟人对副主教的顺从、忍耐和忠诚。来自副主教的一切咒骂、威胁和拳打脚踢，他都忍气吞声，逆来顺受。最多也只是在看见堂·克洛德上钟楼时，用惴惴不安的目光注视他，可是，副主教却竭力克制自己，再也没有在埃及姑娘面前出现过。

那天夜里，卡西莫多去看了一眼被他遗弃的那几口大钟——雅克琳、玛丽和蒂博，然后他一直爬到北钟楼顶上，把那盏密不透风的隐显灯放在铅皮屋檐上，开始瞭望巴黎。前面已经说过，那天夜色很黑。那时候，巴黎可以说没有路灯，看过去只是一堆杂乱无章的黑团团，被白晃晃的河湾随处切割。卡西莫多只见到远处有一个窗户还亮着灯光。那幢建筑昏暗的轮廓模模糊糊地显现在圣安托万门那边的屋顶之上。那里也有一个人彻夜不眠。

敲钟人用他的独眼扫视夜雾迷漫的天边，心里感到莫名的忧虑。他这样严阵以待已有好几天了。他常看见有人在教堂附近转悠，他们的脸色阴沉沉的，眼睛贼溜溜的，老是盯着埃及姑娘避难的小屋。他寻思，那些人可能正在对避难姑娘策划一场阴谋。他猜想，民众憎恨她，就像憎恨他一样，说不定就要大祸临头了。因此，他在钟楼上站岗，正如拉伯雷所说，"在梦中游荡"，眼睛时而注视小屋，时而窥视巴黎，满腹疑虑，小心警戒，就像一条忠实的看家狗。

卡西莫多用那只独眼密切注视着这座大城市，大自然似乎想补偿他身体的缺陷，赋予了他极其敏锐的目光。突然，他感到老皮货店沿河马路上有些异常，好像有什么东西在移动，白乎乎的水边有一条黑乎乎的护墙，不像其他沿河马路那样笔直而平静，看上去像是河水在波动，又像一列行进中的队伍此起彼伏。

他感到很奇怪，于是就格外警惕了。那东西似乎朝着城岛移动而来。没有一点亮光。在老皮货店街停留了几分钟，然后渐渐消失，似乎正在进入城岛，再后来，就彻底不见了，河岸又变得笔直，没有一丝动静。

卡西莫多正在绞尽脑汁，做着各种推测。这时，他忽然发现那东西似乎已移到了前庭街。前庭街与圣母院垂直，向城岛延伸。尽管夜色深沉，他还是看得出一列队伍正从那条街上出来，不一会儿，广场上就分布了一群人，黑暗中分辨不清，就知道是一群人。

这景象确实恐怖。这支队伍很神秘，好像怕被人发现似的，故意在黑灯瞎火中行进，而且还特别注意不发出声音。然而，再小心总还是有声音，脚步声总有吧。可是卡西莫多耳聋听不见。这黑压压的一大片，他分不清是什么，听不到任何声音，只看见他们在蠕动，在行走，他感到那好像是一群死人，哑然无声，不可触摸，隐藏在一片烟雾中。他仿佛看见一团人影幢幢的浓雾在向他逼近，一个个鬼影在黑暗中蠕动。

于是，种种忧虑又向他袭来了，有人蓄意谋害埃及姑娘的想法再次出现在他的脑海中。他隐约感到，他将面临一种严峻的局面。在这紧急关头，他思考着如何采取行动，其推理之好之快，对于像他那样不健全的头脑，是令人难以想象的。他应该唤醒埃及姑娘吗？要不要让她逃走？从哪里逃呢？街道已被围困，教堂背后是塞纳河。没有船！无路可逃！——只有一个办法，那就是死守住圣母院的大门，坚持抵抗到援兵到来（如果有援兵的话），不必惊扰爱斯梅拉达的睡梦。可怜的姑娘如果是死路一条，什么时候叫醒她都来得及。主意一定，他就开始观察"敌情"，心情比刚才平静多了。

前庭广场上，人群似乎每时每刻都在扩大。只是他猜想他们发出的声音一定很小，因为广场四周和附近街道上的窗户仍然都关闭着。突然，他看到一个亮光，转眼间，七八支火把点燃了，在人头上方游动，一簇簇火光在黑暗中摇曳。这时卡西莫多才看清楚，前庭广场上人群骚动，有男有女，衣衫褴褛，举着镰刀、长矛、砍刀和戟，成千上万的尖头闪闪发光。到处都竖着黑乎乎的叉子，就像是犄角从这些可怕的人头上伸出来。他依稀地想起在哪里见到过这些面孔，就是几个月前尊他为丑八怪王的那群民众。一个男人爬上一个石桩，一只手举着火把，另一只手拿着一根短木棍，好像在发表演说，与此同时，那支奇怪的队伍变换队形，似乎在教堂周围布置了阵势。卡西莫多拿起灯盏下楼，来到两座钟楼之间的平台上，以便更近地观察，思考抵抗的办法。

的确，克洛潘·特鲁伊夫走到圣母院的正门前，就把队伍排成了战斗阵势。尽管他预料不会遇到任何抵抗，但作为谨慎的将领，他还是想让队伍排成战斗队形，万一夜巡队突然袭击，就可以进行抵抗。因此，他部署了部队，从高处或远处看，就像埃克诺姆①战役中罗马军队的三角阵，或像亚历山大大帝的猪头阵，又像赫赫有名的居斯塔夫-阿道夫②的楔形阵。这个三角阵线底边在广场尽头，以便堵住前庭街，一条边对着主宫医院，另一条边对着圣皮埃尔-奥伯教堂。克洛潘·特鲁伊夫站在三角形的顶部，和他在一起的还有埃及公爵、我们的朋友约翰，还有最勇敢的装癫痫病的乞丐。

像流浪乞丐此刻袭击圣母院的这类行动，在中世纪的城市里并不罕见，今天所谓的"治安"在那个时候是没有的。在人口众多的都市里，尤其在首都，没有统一和正规的中央政权。封建制度按照一种奇特的方式建

---

① 埃克诺姆，西西里岛南部的山峰名。公元前256年，罗马军队与迦太基人在此激战，以三角阵战胜迦太基人。

② 居斯塔夫-阿道夫（1594—1632），瑞典国王（1611—1632）。

成这些大市镇。一座城市由成千个领地聚集而成，这些领地把城市分割成一个个形状各异、大小不同的格子。因此，就有成千个各自为政的治安，也就等于没有治安。比如，在巴黎，除了一百四十一个领主自称拥有征收年贡的土地外，还有二十五个领主自称拥有司法权和领地权，上至巴黎主教，拥有一百零五条街，下至德尚圣母院院长，拥有四条街。这些具有司法权的封建领主，只是名义上承认国王的君主权。他们有权在自己掌管的街道上进行治安。人人各自为政。路易十一这个不知疲倦的工匠，广泛开始了拆除封建大厦的工程（黎塞留和路易十四为了巩固君主政体，继承了他的事业，米拉波为了人民的利益，彻底摧毁了这座大厦），他曾试图捣毁这张遍布巴黎的封建领地网，下了两三道谕旨，强行统一巴黎的治安。具体地说，在1465年，他规定黑夜降临后居民要在窗口点上蜡烛，把狗关起来，违者处以绞刑；同年，又规定晚上要用铁索封锁街道，禁止夜间携带匕首或其他进攻性武器上街。但是，没过多久，所有这些关于市镇立法的尝试性规定都不执行了。市民们任风吹灭窗口的蜡烛，任狗在街上乱跑；铁索只在戒严时才拉起来；至于禁止带匕首上街的规定，唯一的变化，就是割嘴街改成了割喉街，这算是一个明显的进步吧。古老的封建司法制度依然屹立，在城市里，领主裁判所和领地层出不穷，相互束缚纠缠，彼此重叠交错，尽管到处都有夜巡队，但丝毫不起作用，持刀抢劫和骚乱行动照样在他们眼皮底下发生。因此，在这样混乱的状态中，在人口最稠密的街区，民众袭击某个宫殿、府邸或民房的事时有发生。一般情况下，只要不抢劫到自己头上，邻居是不会介入的。他们对枪声充耳不闻，紧闭窗板和大门，至于搏斗结局如何，有无夜巡队干预，他们不想过问，第二天，巴黎城内传说纷纷："昨天夜里，艾蒂安·巴贝特家被抢了"，"克莱蒙元帅遭到了袭击"，等等。因此，不仅是卢浮宫、旧王宫、巴士底城堡和图尔内尔宫这样的王室住宅，就是领主的府邸，如小波旁宫、桑斯府、昂古莱姆府等等，院墙上都有雉堞，大门上方都有凸廊。教堂靠自己的神圣捍卫自己，但有些教堂也设有防卫，不过，圣母院不在其列。圣日耳曼-德-普雷修道院就像男爵府似的，院墙上筑有雉堞，用来造炮的铜比铸钟的铜还要多。1610年还能看到炮台，如今，连教堂本身也所剩无几了。

言归正传。

克洛潘的命令默默地不折不扣地在执行，流浪乞丐的这种组织纪律性实在令人钦佩。初步部署完毕，那位令人尊敬的乞丐王爬到前庭广场的栏杆上，脸转向圣母院，挥舞着火把，用嘶哑而粗暴的嗓门大声叫喊，火光被风吹得忽明忽暗，而且随时被自己的烟柱罩得看不见，使得映红的圣母院正面时隐时现。

"路易·德·博蒙，巴黎的主教，高等法院的参事，你给我听着，我，克洛潘·特鲁伊夫，五法郎银币王，乞丐王国的头人，丑八怪们的主教，我要对你说：'我们的姐妹以巫术罪错判绞刑，躲进了你的教堂，你应该给她避难，保护她的生命安全。可是，高等法院想进去抓她，你同意了，如果上帝和流浪乞丐们不救她，明天她就要在河滩广场上被绞死。因此，我们来找你，主教大人。如果你的教堂是神圣的，我们的姐妹也是神圣的；如果我们的姐妹不是神圣的，那么，你的教堂也不是神圣的。所以，我们勒令你把姑娘还给我们，如果你想救你的教堂，你就照办，否则，我们就要把姑娘抢出来，还要把你的教堂洗劫一空。那就太好了。为此，我在这里插上我的战旗。愿上帝保佑你，巴黎主教。'"

可惜，克洛潘这番阴沉而粗野的，但又不失庄严的演说，卡西莫多听不见。一个乞丐把战旗递给克洛潘。克洛潘郑重地把它插在两块石板之间。这是一把铁叉，挂着一大块鲜血淋淋的动物腐肉。

接着，乞丐王转过身，扫视他的部队。这群粗野的人，他们的眼睛和手中的矛头一样闪耀着光芒。克洛潘停顿了一会，喊道："前进，孩子们！干吧，锁匠们！"

三十名腰圆膀粗、模样像锁匠的壮汉应声出列。他们手拿铁锤和铁钳，肩扛铁杆，朝教堂正门走去，上了台阶，不一会儿，就看见他们一个个蹲在尖拱下面，用铁钳和铁杆干了起来。一群乞丐也跟着过来，有的给他们帮忙，有的在一旁看热闹。十一级台阶挤满了人。

可是，大门非常牢固。"见鬼！又硬又顽固。"一个说。"它老了，软骨也变硬了。"另一个说。"加油，伙计们！"克洛潘说，"我敢用脑袋赌一只拖鞋，不等堂守醒来，你们就已经打开大门，抢走姑娘，扒光主坛了。听，锁好像松动了。"

这时，克洛潘听到背后一声巨响，连忙停住话头，转过身去，是一根大梁从天而降，砸死了台阶上的十来个乞丐弟兄，现在大梁还在地上蹦跳，发出大炮般的轰鸣，又砸断了一些乞丐的腿脚，人群惊叫着四下逃散。一眨眼工夫，前庭圈内的人全都跑光了。那些撬锁的人尽管处在门拱下面安全无恙，也都吓得弃门而逃。克洛潘自己也退避到离开教堂相当远的地方。

"总算逃了条命！"约翰嚷道，"我感觉到有东西砸下来了，牛的脑袋！可是屠夫皮埃尔给砸死了！"

这根大梁砸在盗贼们身上，引起的惊恐之状是难以描绘的。他们愣愣地望着天空，半天说不出话来，就是两万名御前弓手降临，也不会引起如此大的恐慌。"撒旦！"埃及公爵咕哝道，"这里面有妖术！""是月亮扔下这根劈柴惩罚我们的吧。"红发安德里说。"这样的话，"弗朗索瓦·尚特-普吕纳说，"月亮是圣母的朋友了！""一千个教皇！"克洛潘喊道，"你们全都愚蠢透顶！"可他自己也不知道如何解释怎么会掉下一根木头来。

然而，教堂正面什么也看不清楚，火把照不到最高处。那根沉甸甸的大木头横在前庭广场的中央，被木头砸伤的人，被石阶的尖角捅破肚子的人，在那里痛苦地呻吟。

乞丐王从惊愕中恢复了平静。他终于找到了一种解释，同伴们听了觉得不无道理：

"上帝的嘴巴！是教士们在自卫吧？那好，我们来个大洗劫！"

"大洗劫！"乞丐们疯狂地呼应。于是，弓弩和火枪向教堂一齐猛射。

大梁砸地的轰隆声惊醒了周围房屋里酣睡的居民。好几个窗户打开了，戴着睡帽、拿着蜡烛的人影出现在窗口。"朝窗口射击！"克洛潘喊道。那些窗子立即又关上了，惊慌的市民还没来得及看一眼这火光朦胧、人声喧嚷的景象，就吓得魂不附体，赶紧回到他们妻子的身边，心想圣母院前庭广场上可能在举行群魔聚会，要不就是勃艮第人又像1464年那样围困巴黎了。于是，丈夫们想到会遭抢劫，妻子们想到会被强奸，大家吓得浑身发抖。

"洗劫！"乞丐们吼道。但是谁也不敢靠近。他们望着教堂，他们望着那根木梁。木梁一动不动。教堂依然安安静静，不见人影。可是总有什么东西使乞丐们心里发毛。

"快动手，锁匠们！"特鲁伊夫喊道，"攻破大门！"

谁也没有挪步。

"胡子和肚子！"克洛潘说，"瞧你们这些人，竟然怕一根木梁！"

一个年迈的敢死队员对他说：

"统帅，让我们恼火的不是那根木梁，而是大门，上了好几道铁闩，钳子根本不顶用。"

"那要用什么才能把门撞开？"克洛潘问。

"嗯，我们需要一个破城墙用的羊头撞锤。"

乞丐王勇敢地跑到那根可怕的木头旁，脚踩在上面。"这不就是现成的一个吗！"他喊道，"是教士们送给你们的。"接着，他揶揄地向教堂行了个礼说："谢谢，教士们！"

这个勇敢的行为产生了良好的效果，木梁的魔力破掉了。流浪乞丐们恢复了勇气，那根沉重的木头很快就像一根羽毛似的被二百只强壮的胳膊抬起来，猛烈地向那道三十名乞丐未能动摇的大门撞去。乞丐们火把极少，照得广场朦朦胧胧。在这半明半暗中，看到一群人抬着一根大木头冲向教堂，会以为是一个千脚怪兽低着头在进攻一个石头巨人哩。

半金属的大门在木头的撞击下，像大鼓那样发出咚咚的响声；门没有被撞开，可是，整个教堂在震动，建筑物的腹腔在轰鸣。与此同时，大石块雨点般地从教堂正面的高处落到进攻者的头上。"见鬼！"约翰叫道，"难道钟楼在卸下栏杆砸我们的脑袋？"可是，乞丐们正在兴头上，乞丐王身先士卒。他们肯定是主教在自卫，于是，尽管石如雨下，砸得左右头颅开花，大家还是更加勇猛地撞击大门。

奇怪的是，这些石头都是一块一块地落下来的，只是一块接一块，没有间隙。乞丐们总是感到两块石头同时落到身上，一块砸了腿，另一块砸了头。没有挨砸的人很少。地上死的伤的已躺了一大片，他们在流血，在抽搐，还要忍受同伴的踩踏。乞丐们怒不可遏，前仆后继，战斗不息。木梁继续撞击着大门，一下又一下，宛若钟锤在摆动。石头继续雨点般落下，大门继续狮子般咆哮。

读者想必已经猜到，把乞丐们惹恼的这个意外的抵抗，来自卡西莫多。

不巧，机缘给勇敢的聋子帮了大忙。

当他下到钟楼之间的平台时，他的脑袋仍是一片混乱。他发疯般地在走廊上来回跑了几分钟，看见底下乞丐密集，正准备冲进教堂，只好求助魔鬼或上帝拯救埃及姑娘。他曾想爬上南钟楼去敲警钟，可又想，恐怕还没来得及摆动玛丽，钟声还没有响起来，教堂的大门就早已被攻破了。这时，正好锁匠们拿着撬锁工具向大门冲过来了。怎么办？

他蓦地想起泥瓦匠白天一整天都在修理南钟楼的墙壁、屋架和屋顶。他心里一亮。墙是石头的，屋顶是铅皮的，屋架是木头的。那屋架很大，柱子林立，称作"森林"。

卡西莫多立即跑到南钟楼。下层那些房间里果然堆满了建筑材料。一堆堆碎石，一卷卷铅皮，一捆捆锯好的板条和椽子，一墩墩瓦砾。真是一个完备的兵器库！

时间紧迫！底下，乞丐们正在用钳子和锤子撬门。他临危不惧，神力陡增，举起一根最重最长的木梁，塞进一个窗洞里，又跑到外面抓住木梁，从平台的栏杆角上把它推下深渊。巨梁从一百六十尺的高处坠下，一路擦坏了墙壁，撞碎了雕刻，就像脱离了风磨的一个翼片，在空中翻了几个筋斗，最后落到地面，引起一片恐怖的喊声。黑乎乎的大梁在地上欢蹦乱跳，宛若一条大蛇。

卡西莫多看见大梁砸下，乞丐们吓得四处逃跑，就像灰烬被孩子们吹得四处飞散。当他看见乞丐们惊慌失措，乱作一团，以迷信的眼光望着从天而降的大木头，并用乱箭和霰弹摧毁大门上那些石头圣像的时候，他就趁机悄悄地把瓦砾、石头、碎石，乃至泥瓦匠的工具袋，搬到了刚才扔木头的那段栏杆边上。

因此，当乞丐们用木梁撞门时，碎石像冰雹似的掉下来，他们还以为教堂自己拆下石块，砸在他们头上哩。

谁要是在这个时候看见卡西莫多，就会惊骇不已。除了栏杆角上堆了许多瓦砾、碎石之类的投掷物外，平台上也堆了一大堆石块，栏杆角上的石块用完了，就用平台上的。他的身子不停地弯下又直起，敏捷得令人难以置信。他那地精般的大脑袋往栏杆外一伸，就有一块巨石落下来，接着又是一块，接着第三块……有时，他看着石头降落，砸中了，他就高兴地哼一声。

可是，乞丐们毫不气馁。百号人拼足全力，用沉重的橡木和羊头撞锤猛力地撞击，那厚实的大门已震动了二十多次。镶板震裂，雕刻撞成碎片，四下飞落，铰链随着撞击在螺钉上跳动，门板已经撞坏，铁肋之间的木头撞成碎屑，纷纷掉落。不过，门上的铁皮比木头多，这是卡西莫多的运气。

可是，他感到大门已摇摇欲坠。尽管他听不见，但每一下撞击，教堂的腹腔和他的肺腑都会同时震动。他站在高处，看见乞丐们因胜利在望而扬扬得意，看见他们向黑沉沉的教堂正面扬起愤怒的拳头，他恨不得自己和埃及姑娘都生出翅膀，也像在头顶上飞旋的猫头鹰那样远走高飞。

雨点般落下的石头，不足以击溃乞丐们的进攻。

正在万分焦虑之际，他发现就在他扔出木梁砸死乞丐的那段栏杆下面，有两个长长的石头滴水槽，槽口正好挨着大门。水槽的内口与平台的石板地面相连。他灵机一动，赶快跑到他的陋室找来一捆柴火，放到两个石槽的入口处，上面又放了许多檩条和铅皮，这些都是直到现在还没有动用的弹药。然后，他用灯点着了柴火。

这期间，不再有石块落下了，乞丐们也就不再望着空中。强盗们就像围攻野猪窠的一群猎犬，气吁吁，乱哄哄，拥挤在大门口。大门已被撞锤撞得变了形，但仍然屹立着。他们浑身战栗，迫不及待地准备再来一次猛烈进攻，把大门撞个大窟窿。大家争着挤到最前面，等大门撞开后，就可以第一个冲进这座堆满财宝的大教堂。在这个大宝库中，聚积着三个世纪的珍贵财富。他们一个个馋涎欲滴，欣喜若狂，大喊大叫，互相提醒说，里面有漂亮的银十字架、精美的锦缎教袍、镀金的银墓碑、豪华的唱诗室，回忆着烛火辉煌的圣诞节，阳光灿烂的复活节，在这些令人眼花缭乱的光辉节日里，神坛上堆满了圣物盒、圣骨盒、圣礼盒、圣柜、烛台，犹如蒙上了厚厚一层的黄金和钻石。当然，在这个美妙的时刻，不管是什么样的乞丐，不管是长假疮的，还是装癫痫的，遭火灾的，还是当帮凶的，心中想得最多的是抢劫圣母院，而不是搭救埃及姑娘。我们甚至可以相信，对于他们中间的大多数来说，爱斯梅拉达不过是一个借口，如果偷盗需要借口的话。

正当他们聚集在撞锤两旁，屏住气息，绷紧肌肉，鼓足全身力气，准备做最后决定性的撞击的时候，忽然听到一声惨叫，比大梁砸下时爆发的喊叫还要恐怖。那些没有喊叫，仍然活着的人直愣愣地看着，原来是两股熔化的铅水从教堂高处倾泻到最密集的人群中了。这两股滚烫的铅水落地之处，犹如开水浇在雪地上，在人群中造成了两个冒烟的黑洞。这人的海洋倒下了一大片。被烧得半焦的人垂死挣扎着，发出痛苦的号叫。这两股铅水还飞溅出无数可怕的雨滴，落在进攻者身上，就像火焰钻孔器，锥入他们的头颅。这是有千钧重量的火，抛出无数的霰粒，把这群可怜人打得七零八落。

惨叫声使人肝胆俱裂。乞丐们把木梁扔在尸体上，不论是胆大的还是胆小的，纷纷仓皇逃跑。前庭广场又一次撤空了。

所有的眼睛都望着教堂高处。人们看到了一幅奇异的景象。在中央圆花窗上方的最高层走廊上，在两座钟楼之间，升起一股熊熊火焰，腾起一片滚滚火星。这狂暴而散乱的火焰，不时被夜风卷起残片，随着浓烟而消失。在烈焰下面，在梅花形空当里闪出火光的黑乎乎的栏杆下面，两个张着血盆大口的石头檐槽，不停地吐出炽热的铅熔液，两股银色的液流，衬托得正面更加黑暗。越接近地面，两股熔液就越变得粗大，像是麦束状的水柱，从喷壶的无数洞眼里喷射出来。火焰上面，是两座巨大的钟楼，每座钟楼都呈现出两个色彩截然分明的侧面，一侧漆黑一片，另一侧火光通明；这两座钟楼把巨大的黑影投向空中，显得更加巍峨壮丽。钟楼上无数鬼怪巨龙的雕刻变得阴森可怖。火光闪烁，那些雕像仿佛也在跳动了。吞婴蛇好像在狂笑，笕嘴兽仿佛在狂吠，蝾螈似乎在火中喘气，巨龙被烟呛得直打喷嚏。可是，在这些被火焰、被嘈杂声惊醒的怪兽中，有一个却在来回走动，不时地看见他在火光里晃来晃去，就像蝙蝠在烛光前飞来飞去。

这奇怪的灯塔，无疑会引起远处比塞特山①上樵夫的注意，当他看到圣母院两座钟楼的巨大黑影在他的灌木丛上面晃动时，一定会感到胆战心惊，惶恐不安。

这时，乞丐们吓得不敢发出一点声音，只听见关在后院的议事司铎在狂呼乱叫，比被大火困在马厩里的马匹还要惊慌不安；还有窗户悄悄打开又悄悄关上的声音，民宅和主宫医院骚动的声音，风儿吹拂火焰的声音，还有垂死者最后的喘息声，铅雨溅在地上不停的噼啪声。

乞丐的头头们已退到贡德洛里埃府的门廊下，正在商议计策。埃及公爵坐在一根石桩上，怀着虔诚的恐惧，注视着在二百尺高处熊熊燃烧的魔幻般的柴堆。克洛潘·特鲁伊夫怒火中烧，七窍生烟，拼命咬自己的大拳头。"很难攻进去啦！"他咕哝道。

"这教堂是个老巫婆！"埃及公爵抱怨道。

---

① 比塞特山，位于巴黎以南塞纳河畔。

"凭教皇的胡子发誓,"一个当过兵的头发斑白的小偷接口说,"教堂的檐槽喷射铅液比莱克图尔①城墙上的突堞还厉害。"

"你们看见在火边走来走去的那个魔鬼了吗?"埃及公爵喊道。

"老天!"克洛潘说,"是该死的敲钟人,是卡西莫多。"

埃及公爵摇摇头:"我告诉你们,那是萨布纳克鬼神,是大侯爵,主管城防的魔鬼。他的身躯像武装的士兵,脑袋像狮子。有时,他骑着一匹非常难看的马。他把人变成石头,用来建造炮楼。他统率五十个军团。没错,就是他。我认得。有时,他穿一件土耳其式样的漂亮金袍。"

"贝勒维尼·德·雷托瓦尔在哪里?"克洛潘问。

"他死了。"一个女乞丐回答。

红发安德里傻笑起来:"圣母院让主宫医院有活干了。"

"难道就没有办法破这个门吗?"五法郎银币王急得直顿足。

那两股滚烫的铅流,犹如两匹闪光的卷纱,不停地从黑乎乎的正面墙上倾泻下来,埃及公爵忧愁地指着这两股铅流,唉声叹气地对他说:

"从前也有些教堂像这样自卫过。四十年前,君士坦丁堡的圣索菲亚教堂就曾连续三次摇动它的圆屋顶,也就是它的圆脑袋,把穆罕默德的新月旗扔到地上。圣母院是纪尧姆·德·帕里建造的,他是巫师。"

"难道我们只能像胆小鬼那样落荒而逃了吗?"克洛潘说,"让我们的姐妹待在里面,明天给那些披着人皮的豺狼绞死!"

"还有圣器室,里面有几车金子哪!"一个乞丐补充说,可惜我们不知道那人的名字。

"穆罕默德的胡子!"特鲁伊夫喊道。

"我们再试一次吧。"那个不知其名的乞丐说。

埃及公爵点点头:"我们不从大门进。应该找到那个老巫婆防御的弱点,比如,一个洞,一条假暗道,一个接缝什么的。"

"谁去呢?"克洛潘说,"我再去看看。——呃,那个全身披铁的小个子大学生约翰在哪里?"

"可能死了,"有人回答,"听不到他的笑声了嘛。"

---

①莱克图尔,法国城镇。14世纪成为阿马尼亚克伯爵领地。1473年,路易十一派阿尔比大主教攻打该城,让·阿马尼亚克伯爵抵抗了很长时间。

五法郎银币王皱了皱眉头。

"太可惜了。他那身铁披下面可是藏着一颗勇敢的心哪。那么皮埃尔·格兰古瓦先生呢?"

"克洛潘统帅,"红发安德里说,"我们刚走到换钱桥他就溜了。"

克洛潘跺跺脚:"上帝的嘴巴!是他鼓动我们到这里来的,可他自己却半道上溜了。——爱吹牛的胆小鬼,用拖鞋当头盔的家伙!"

红发安德里眼睛看着前庭街,突然喊道:"克洛潘统帅,大学生来了。"

"谢天谢地!"克洛潘说,"可是,他身后拖的是什么呀?"

那的确是约翰。他像游侠骑士,全身披挂,身后还拖着一个长梯子,以尽可能快的速度跑来了,跑得气喘吁吁,就像蚂蚁拖着一根比自己身体长二十倍的草叶。

"胜利!**赞美上帝**①!"大学生喊道,"我把圣朗德里港②装卸工的梯子弄来了。"

克洛潘走到他身边。

"真是个孩子!你拿这个梯子想干什么?上帝的角!"

"我弄来了,"约翰气吁吁地说,"我知道它藏在哪儿。——就藏在副长官公署的货场里。我认识那里的一个姑娘,她觉得我很漂亮,像丘比特。——我就利用她去弄这个梯子了。我弄到了,帕斯克-马斯姆!那姑娘穿着衬衣来给我开门的。"

"好的,"克洛潘说,"可是,你要这个梯子干什么?"

约翰摆出一副狡黠而无所不能的神态看着他,手指捏得咯咯响。此时此刻他是那样崇高,头戴一顶15世纪的钢盔,那稀奇古怪、沉重累赘的鸡冠状顶饰,敌人一见就会被吓退。约翰的头盔上矗立着十个铁啄,真像是荷马笔下涅斯托耳③战舰上的**十个冲角**④。"您问我拿它干什么,威严的五法郎银币王?您看见那排傻里傻气的雕像了吗?就在三座大门上方。"

"看见啦。怎么?"

---

① 原文为拉丁语。

② 圣朗德里港,位于城岛北岸上。

③ 涅斯托耳,希腊神话中的皮罗斯王,足智多谋,是特洛伊战争中的名将,建造了九十艘战舰。

④ 原文为拉丁语。"冲角"为古代战舰艏部破浪用的装置。

"那是法兰西列王走廊。"

"这跟我有什么关系？"克洛潘说。

"不要急嘛！那条走廊尽头有一道门，从来只上门闩，用这个梯子，我爬上走廊，就进教堂了。"

"孩子，让我第一个上。"

"不，伙计，梯子是我的。来吧，您第二个。"

"让别西卜掐死你！"性情暴躁的克洛潘说，"我不愿意在别人后头。"

"那好，克洛潘，你去找个梯子。"

约翰拖着梯子在广场上奔跑起来，边跑边喊："孩子们，看我的！"

不一会儿，梯子便架了起来，靠在教堂最下面一层的栏杆上，在一道侧门的上方。乞丐们欢声雷动，拥在梯子周围，争着爬上去。但是，约翰维护自己的权利，捷足先登。要爬到顶上可有段路程呢。今天，法兰西列王走廊距离地面大约六十尺。在当时，大门前有十一级台阶，使走廊的高度增加了。约翰披挂着沉重的甲胄，影响了速度，他一只手抓住梯子，另一只手握着弓弩，慢慢地往上爬。爬到中间时，他忧伤地向布满台阶的乞丐们的尸体看了一眼。"唉！"他说，"尸体都堆成山了，真像是《伊利亚特》第五章中描绘的。"他继续往上爬。乞丐们跟在他后面。每一级都有一个人。看到这一长条披着铁甲的背影在黑暗中一起一伏，向上蠕动，会以为是一条覆盖着铁鳞的长蛇攀附在墙壁上。约翰是蛇头，他打着口哨，人们就更觉得那是一条长蛇了。

大学生终于触到走廊的阳台，他敏捷地跨进去，乞丐们报之以热烈的欢呼。他占领了城堡，高兴得大叫一声，可是，又立即愣住了。他看见卡西莫多躲在一座国王雕像后面，那只独眼在黑暗中闪闪发光。

还没等第二个进攻者踏上走廊，可怕的驼子就已经跳到梯子跟前，一句话也没说，就用两只大手抓住梯子的两边，用力掀开，使劲摇晃了一会儿，然后用超人的力量猛地一推，就在一片恐慌的喊叫声中，把那从上到下爬满了乞丐的折叠长梯推向广场。那真是连最勇敢的人也要心惊胆战的时刻：梯子推出去之后，先是直直地立了一会儿，接着似乎站不住了，就晃动起来，突然画了一个半径为八十尺的可怕圆弧，满载着强盗倏地摔倒在石板地上，速度之快甚至连断了铁链的吊桥倒下来时也望尘莫及。只听见一片咒骂声，接着就沉寂无声了，有几个摔断肢体的人从死人堆里爬了出来。

刚才，围攻者们还在发出胜利的欢呼，现在却在痛苦和愤怒中号叫。卡西莫多双肘撑在栏杆上，不动声色，向下观望，就像一个头发蓬乱的老国王伫立在窗口。

约翰·弗罗洛处境危急。他在走廊上，孤身一人同可怕的敲钟人对峙，一堵高达八十尺的墙壁把他同伙伴们隔开。当卡西莫多耍弄梯子的时候，他就跑去看暗道了。他以为门开着，没想到却关着。那聋子进了走廊后，就把门关上了。于是约翰躲到一座国王石像后面，屏气凝神，惶恐不安地望着可怕的驼子，他犹如一个向动物园看守人妻子求爱的男人，一天夜里去同她幽会，爬错了墙，突然发现面前是一头白熊，吓得魂不附体。

起初，聋子没有注意他，但他终于回过头，霍地直起身子。他刚才看见了约翰。

约翰准备挨一猛击，可那聋子没有动弹，只是眼睛死死地盯着他。

"嘿！嘿！"约翰说，"干吗用那只忧伤的独眼盯着我看？"

这个调皮鬼边说边暗暗准备射箭。

"卡西莫多！"他喊道，"我要给你换一个外号。以后大家要叫你瞎子了。"

箭射出去了。那根装有羽毛的旋转箭呼啸着射中驼子的左臂。卡西莫多无动于衷，仿佛只是被法拉蒙的石像蹭破了一层皮似的。他抓住箭杆，把箭拔了出来，若无其事地在他粗壮的膝盖上折成两段，扔在地上，不，应该说箭自己掉在地上了。但是，约翰根本来不及射第二箭。卡西莫多折断箭后，喘了口粗气，蚂蚱似的一跳，扑到大学生身上，把他一下撞到墙上，连甲胄都撞扁了。

于是，在这飘忽着火炬微光的半明半暗中，人们朦朦胧胧地看到了一场可怕的景象。

卡西莫多用左手抓住约翰的两只胳膊。约翰感到自己完了，就不做任何挣扎。接着，那聋子又用右手默默地、慢慢地把他的剑、匕首、头盔、护胸和护臂一件一件地全都扒下来，就好像猴子在剥核桃。卡西莫多把大学生的铁壳一块一块地扔在脚下。

大学生看到自己被解除了武装，扒掉了甲胄，赤手空拳地落入那双可怕的手中，可他没有向聋子求饶，而是放肆地冲着他的脸大笑，并用十六岁少年的无忧和无畏，唱起了一首流行歌谣：

> 康布雷城呀，
> 花团锦簇，
> 马拉凡把它洗劫一空……

可他来不及唱完了。只见卡西莫多站在走廊的栏杆上，一只手拎住大学生的两只脚，把他当作投石器般在空中旋转。接着，就听见砰的一声，就像骨盒子撞碎在墙壁上似的，一样东西坠落下来，落到三分之一的地方，就停在建筑物的一个凸角处。原来是一具尸体挂在那上面，折成了两段，腰肢撞断了，头颅撞碎了，脑浆流空了。

乞丐们发出可怕的喊声。"报仇！"克洛潘喊道。"洗劫！"乞丐们齐声响应，"冲上去！冲上去！"

那是震耳欲聋的吼叫，混杂着各种语言，各种方言，各种口音。大学生的惨死在这群人中燃起了怒火。这么多人竟被一个驼子阻挡在教堂前面这么长时间，他们又羞又恼。狂怒的人群找来了一些梯子，又增加了一些火把，几分钟后，卡西莫多惊惶地看见这支可怕的队伍像蚂蚁似的从四面八方开始进攻圣母院。没有梯子的，就用打结的绳索；没有绳索的，就攀着浮雕往上爬。后面的人拽着前面人的衣服。一张张可怕的面孔怒潮般地涌上来，简直不可阻挡。狂烈的怒火烧红了他们凶恶的脸膛，他们土灰色的额头上布满汗珠，眼睛闪烁亮光。这些奇形怪状、丑陋不堪的面孔，此刻一齐向卡西莫多围上来，仿佛另一座教堂派它的妖魔鬼怪——最神奇的雕像来攻打圣母院了，仿佛是一层有生命的怪兽压在了正面墙壁的石头怪兽身上。

这时，广场上突然火把星罗棋布，照亮了一直隐蔽在黑暗中的混乱景象。前庭广场炬火炽炽，照得天空一片明亮。平台上那堆柴火仍在燃烧，火光一直照到城市很远的地方。在这片亮光中，两座钟楼的影子远远投射在巴黎的屋顶上，形成了一个硕大的"6"字形黑影。城市似乎惊动了，远处警钟在呻吟。乞丐们不停地往上爬，大吼大叫，骂骂咧咧，气喘吁吁。面对着众多敌人，卡西莫多一筹莫展，无计可施，想到埃及姑娘就要遭难，怕得浑身战栗，看见一张张愤怒的面孔越来越逼近他的走廊，只好祈求苍天赐给他奇迹。他绝望地搓捏着双臂。

五 法兰西路易先生的祈祷室

读者大概还记得，卡西莫多站在钟楼上眺望巴黎的时候，在发现那群夜袭乞丐之前，曾看见一星亮光在黑暗的巴黎闪烁，那是从圣安托万门旁边一幢高大而黑暗的建筑物顶层窗口里射出来的灯光。那建筑就是巴士底城堡，而那灯光，就是路易十一的烛光。

事实上，国王路易十一来巴黎已有两天了，后天就要返回他的蒙蒂兹-雷-图尔城堡①。他很少到他可爱的巴黎城来，即使来了，逗留的时间也很短，因为他总觉得他周围没有足够的监狱、绞刑架和苏格兰弓手。

那天，他来巴士底过夜。在卢浮宫，他的寝室很大，差不多有十米见方，壁炉也很大，雕刻着十二头巨兽和十三位先知，床也很大，十一尺宽，十二尺长，他不太喜欢。在这个什么都挺大的房间里，他往往不知所措。这个市民习气很浓的国王更喜欢巴士底城堡里的小房间和小床。再说，巴士底比卢浮宫更坚固。

国王在这座著名国家监狱里的所谓小房间，其实也不小，它占据了主塔的一个墙角塔的最高层。这是一个圆形的陋室，地上铺着光亮的草席，天花板桁梁上装饰着镀金的锡制百合花，桁梁之间五颜六色，华丽的护墙板上布满了白锡蔷薇花，其余的地方漆成鲜绿色，那绿色是用雌黄和靛青配制而成的。

房间里只有一个窗户，是狭长的尖拱窗，装有铁栅条和铜丝网，此外，窗玻璃也很漂亮，绘制着国王和王后的彩色纹章，但也挡住了光线。每块护窗板价值二十二个索尔。

房间只有一个入口。那是一道当时流行的低矮的拱形门，门里挂着布帘子，门外是爱尔兰式的木结构门廊。这种不结实的门廊上有着稀奇古怪的雕刻花纹，一百五十年前，许多老式房屋还有这样的门廊。索瓦尔遗憾地说："它们既不美观，又妨碍进出，可是，我们的老人们却不愿意拆掉，不顾别人反对，把它们保存下来了。"

在这个房间里，找不到一件通常的家具，没有板凳，没有托架，没有

---

① 蒙蒂兹-雷-图尔城堡，位于图尔市西边。当时，路易十一常住图尔市。

软垫长凳，没有箱子形状的普通矮凳，也没有价值四索尔的漂亮柱脚凳。只有一张非常华丽的折叠安乐椅，红漆木料上绘着许多玫瑰花，朱红色的羊皮椅座上缀着长长的丝绸流苏，还饰有许多金圆头钉。房间里只有这张椅子，这说明只有一个人有权坐着。椅子旁边，紧挨着窗口，有一张桌子，铺着百鸟织锦的台布。桌上有一块墨迹斑斑的吸墨纸、几卷羊皮纸、几支鹅毛笔，还有一个雕花高脚银杯。再过去一点，有一个炭盆和一张饰有金圆头钉的红丝绒祈祷凳。房间的里面放着一张普普通通的床，帐幔是红黄两色的缎子，没有金属饰片和金银线镶边，随随便便地坠了些流苏。这张床记载着路易十一的睡眠情况，目睹过他许多个不眠之夜。二百年前，这张赫赫有名的御床，还在一个行政法院推事的家里放着供人们观赏，那个在《居鲁斯》一书中以阿丽西迪和"道德的化身"这两个名字闻名遐迩的老皮鲁夫人，就曾在那个推事家里见到过。

所谓"法兰西路易先生的祈祷室"，就是这个样子。

我们把读者引进这间小屋的时候，里面一片昏暗。宵禁的钟声敲过一个小时了，夜很黑，只有一支幽幽的蜡烛放在桌子上，照着分散在房间里的五个人。

挨蜡烛最近的，是一个衣着华丽的贵族老爷，他穿一条齐膝短裤，一件紧身的银色条纹红外衣，罩一件黑花金呢外套。这套华丽的服装，在烛光的照耀下，似乎每一个皱褶都上了一层火光。穿这套衣服的人胸襟上饰有艳丽的绣花纹章，那是"人"字形条纹，尖顶上有一只奔鹿。纹章右侧是一个橄榄枝，左侧是一只鹿角。他的腰际佩带一把贵重的匕首，镀金的银刀柄雕刻成盾形，柄端是一顶伯爵冠冕。他一副刁恶傲慢、趾高气扬的神态。第一眼，你在他的脸上会看到傲慢；第二眼，会感到他老奸巨猾。

他光着脑袋，手里拿着一卷文书，站在安乐椅后面。椅子上坐着一个衣着滑稽可笑的人，他很不雅观地弓着腰，跷着二郎腿，胳膊肘撑在桌子上。读者不妨想象一下坐在那张豪华羊皮椅上的人是什么模样：两只膝盖弯曲着，细瘦的大腿寒酸地套着黑羊毛紧身裤，上身裹着一件粗斜纹布大氅，皮里子只见皮子几乎不见毛。这还不够，还来一顶劣质黑呢礼帽，油腻腻的，又脏又旧，帽檐上还有一圈小铅人，再加上脏兮兮的帽衬儿把头发遮得严严实实，几乎没有一根头发露在外面。这就是我们从坐着的那人身上看到的一切。他把头埋在胸前，阴影笼罩的脸上，除了鼻子外，什么也看不见。一道烛光落在他的鼻尖上,他的鼻子大概很长。他的手皱皱巴巴,瘦骨嶙峋,可想而知是个老头。他就是路易十一。

在他们身后不远的地方,有两个人在低声交谈。从装束可以看出是弗兰德尔人。他们没有全被阴影遮住,看过格兰古瓦圣迹剧的人,可能会认出他们是弗兰德尔使臣中的两个主要成员,一个是领取根特市养老金的足智多谋的纪尧姆·里姆,另一个是深得民心的袜店老板雅克·科佩诺尔。大家一定还记得,这两个人常常参与路易十一的秘密政治活动。

最后,在房间的另一头,靠近门的地方,黑暗中泥塑般地站着一个人。此人五短身材,力大无比,他身穿军服,外衣上绣着纹章,四方脸膛,凸眼睛,阔嘴巴,披檐似的头发遮住了耳朵,盖住了额头。那模样既像警犬,又像猛虎。

除了国王,全都光着脑袋。

站在国王身旁的那个贵族正在念一份账目之类的东西,账目冗长,国王陛下似乎听得很专心。那两个弗兰德尔人在交头接耳。

"上帝的十字架!"科佩诺尔嘟哝道,"我都站累了。这里没有椅子吗?"

里姆摇摇头,谨慎地笑了笑。

"上帝的十字架!"科佩诺尔又说,他感到像这样压低嗓门说话实在太难受,"我都想盘腿坐在地上,就像在我的袜店里一样。"

"可别这样,雅克先生!"

"哟!纪尧姆先生!在这里难道只能站着?"

"或者跪着。"里姆说。

这时,国王说话了,他们就不吱声了。

"仆役做衣服五十个索尔,教士们做大衣十二利弗!这么多!成吨的金子往外倒哪!您疯啦,奥利维埃?"

说话时,老人抬起了头。只见他脖子上挂着一条闪闪发光的圣米歇尔修会的贝壳状金项链,烛光充分照亮了他那瘦削而忧愁的面孔,他从那个叫奥利维埃①的人手中一把夺过文书。

"你要我们倾家荡产哪!"他用深陷的眼睛朝那文书扫了一眼,嚷道,"这都是些什么嘛?我们用得着这样庞大的侍从室吗?两名布道神父每人每

---

① 奥利维埃·勒丹,也可译成奥利维埃·公鹿,他的纹章是公鹿。

月十利弗,一名小教堂教士一百索尔!一名随身男仆每年九十利弗!四名主膳官每人每年一百二十利弗!一名烧烤师,一名汤羹师,一名香肠师,一名大厨师,一名膳食总管,两名助手,每人每月十利弗!两名厨房跑腿的,八利弗!一名马夫和他的两名助手每月二十四利弗!一名脚夫,一名糕点师,一名面包师,两名车夫,每人每年六十利弗!还有马蹄铁匠一百二十利弗!总账房先生一千二百利弗,稽核五百利弗!——这么多名目!简直是疯狂!这哪里是在付我们侍从的工资,明明是在掠夺法国嘛!卢浮宫的金银财宝都要被这样庞大的开支吞掉了!我们只好变卖餐具了!明年,如果上帝和圣母(说到这里,他举了举帽子)还允许我活着,我只好用锡罐子喝汤药了!"

说到这里,他朝桌子上那个闪光的银杯看了一眼,咳嗽一声,又继续说:

"奥利维埃老爷,统治广袤领地的领主老爷们,身为国王和皇帝,不应该让他们的仆从室滋生奢侈,因为这股火焰会蔓延开来的。——因此,奥利维埃老爷,这一点你务必记住。我们的开支年年增加。我们不喜欢这样。帕斯克-上帝!这怎么可能!1479年以前没有超过三万六千利弗。1480年达到了四万三千六百十九利弗——我脑袋里记着这些数字呢——1481年是六万六千六百八十利弗;可是今年,我用我的身子担保,肯定会达到八万利弗!四年翻了一番!真可怕!"

他喘不过气来,停了停,接着又气愤地往下说:

"我看见我周围尽是搜刮我的脂膏养肥自己的人!你们在从我每个汗毛孔里榨取金钱哪!"

谁都不吱声,这样的怒气只能由他发泄。他继续说:

"正如法国领主老爷们用拉丁文写的那份奏章里说的那样,是要我们恢复他们所谓巨大的王室负担!的确是负担!压死人的负担!啊!先生们!你们说我不像国王,**没有司肉官,没有司酒官**[①]便统治国家。我要让你们看看,帕斯克-上帝!我到底是不是国王!"

说到这里,他意识到自己的力量,粲然一笑,恶劣的心情也就缓和了。他转过脸对弗兰德尔人说:

[①] 原文为拉丁语。

"您看见了吧,纪尧姆伙计?面包官、侍从长、司酒官、宫廷总管,根本抵不上一个仆人。——请您记住,科佩诺尔伙计;——他们一点用处也没有。他们毫无用处地待在国王周围,使我想起了王宫的大时钟,环绕钟面有四个福音使者。菲利浦·布里伊刚把这四个福音使者整修如新,给他们镀了金,可他们却不能指示时间,没有他们,时针照样运转。"

接着,他思索了一会儿,然后摇着衰老的脑袋,又说:"哼!我以圣母的名义发誓,我不是菲利浦·布里伊,我不会给我的大臣们镀金的。我赞成爱德华国王的意见:拯救平民,杀死贵族。——往下念吧,奥利维埃。"

那个叫奥利维埃的人从他手里接过文件,又高声朗读起来:

"……给御前大法官府的掌印官亚当·特农十二巴黎利弗,支付雕刻上述印章之费用,原印章已破损,不能再使用,故做了新的。"

"付给纪尧姆·弗雷尔四巴黎利弗零四索尔,作为他在今年一月、二月、三月饲养图尔内尔宫两棚鸽子的工资和辛苦费,另外拨给他七塞克斯提①大麦。"

"付给方济各会的一个修士四巴黎索尔,他为一名罪犯做了忏悔。"

国王默默地听着,有时咳嗽一声。这时,他把药杯子拿到嘴边,呷了一口,苦得他直皱眉头。

"今年一年,奉司法宫之命,在巴黎各大街口吹喇叭宣读告示,共五十六次。费用尚待结算。"

"寻找和挖掘埋藏在巴黎和其他几个地方的财宝,尽管一无所获,付四十五巴黎利弗。"

"为了发掘一个苏,却埋葬了一个金币!"国王说。

"……为图尔内尔宫的大铁笼安装六块白玻璃,十三索尔。——奉王上之命,为王上定做四个盾形纹章,周围装饰一圈玫瑰花,于鬼怪节交货,六利弗。——为王上的旧上衣换两只新袖子,二十索尔。——付王上擦皮靴的鞋油一盒,十五德尼埃。——为王上的黑猪建一个新圈,三十巴黎利弗。——为圈养圣保尔教堂的狮子,安装隔板、地板和盖板,二十二利弗。"

"这些动物真昂贵呀。"路易十一说,"没关系!这是国王的派头。有一头红毛大狮子,温文尔雅,我很喜欢。——您见过吧,纪尧姆老爷?——

---

① 塞克斯提,谷物计量单位。

君王应该有一些这样奇妙的动物。我们这些为君者,应以狮为狗,以虎为猫。帝王宜于威严。在信奉朱庇特的异教时代①,老百姓献给教堂一百头牛和一百只羊,帝王们就献给教堂一百头狮子和一百只鹰。那些动物很凶恶,但也很美。法兰西历代君王的宝座左右都有动物的吼叫声。不过,我在这方面花的钱比他们少多了,我用于狮、熊、象和豹的费用是很节省的,这个后人自会做出公正的评价。——继续念吧,奥利维埃老爷。我刚才那些话只是说给我们的弗兰德尔朋友听的。"

纪尧姆·里姆深鞠一躬,科佩诺尔却一副不高兴的样子,看上去就像陛下刚才提到的一只熊。国王没有注意。他用嘴唇在药杯上抿了抿,呷了一口,随即又吐了出来,说:"哇!这药真难喝!"念的人继续往下念。

"付关闭在剥皮牢房听候发落的一名拦路抢劫犯六个月的膳食费,六利弗零四索尔。"

"什么名堂?"国王打断说,"人都要绞死了,还要给他付膳食费!帕斯克-上帝!这样的钱,我以后一概不给。——奥利维埃,您和代斯图特维尔商量一下,今晚就给我做好准备,让那个风流鬼去同一个绞刑架结婚吧。——往下念。"

奥利维埃用大拇指甲在"拦路抢劫犯"这一项下画了个记号,继续往下念了。

"奉御前大法官大人之命,付给巴黎法庭总刽子手昂里埃·库赞六十巴黎索尔,该刽子手奉该总管大人之命,买了一把大刀,供死刑犯斩首之用,备有刀鞘及一切附件;又把处斩路易·德·卢森堡②时损坏的大刀重新修理,以便更充分地……"

国王打断说:"这个别念了,我完全同意。这样的拨款我不计较。这些钱花了我从来不遗憾。——往下吧。"

"新做大木笼……"

"啊!"国王双手抓住椅子的扶手说,"我就知道我到巴士底来是有什么事的。——等一等,奥利维埃老爷,我想亲自去看看那个笼子。我一边看,您一边给我念好了。——弗兰德尔先生们,跟我来看看,挺有意思

---

① 指古罗马时代。

② 路易·德·卢森堡(1418—1475),因勾结勃艮第和英国人谋反,被路易十一斩首。

的。"

说完,他站起来,扶着奥利维埃的胳膊,示意守在门口的那个哑巴似的人给他带路,又叫那两个弗兰德尔人跟在他后面,走出了房间。

在门口,国王一行又增添了一些拿着沉重武器的士兵和举着火把的瘦小侍童。他们在主塔黑暗的楼梯和走廊里缓缓而行,那些楼梯和走廊甚至嵌进了厚厚的墙壁中。巴士底狱看守长走在最前面,给年迈多病、弯腰屈背的国王打开一道道便门。国王边走边咳嗽。

每过一道便门,都得把头低下来,国王上了年岁,腰本来已弯成两截,就用不着再低脑袋了。

"嗯!"他瘪着嘴(因为他没有牙齿了)说,"我们快要进坟墓的门了。弯下腰,过矮门。"

他们终于来到最后一道矮门,锁着好几把锁,用了一刻钟才打开。跨过小门,来到一间高大而宽敞的尖拱顶大厅。借着月光,可以看见大厅中央有一个大而笨重的立方形砌体,铁木结构,里面是空的。这就是用来监禁国家要犯的臭名远扬的笼子中的一个,这些笼子叫"国王的小女孩"。侧壁有两三个小窗洞,装着粗铁条,密密匝匝,连窗子的玻璃都给挡住了。门是一块大石板,就像坟墓的门似的。这样的门从来只进不出,只是这里的死人还活着。

国王慢慢地绕这个小建筑物走一圈,边走边仔细察看,奥利维埃老爷跟在后面,大声朗读那份账单:

"新做一个大木笼,装有结实的搁栅、框架、桁木,木笼长九尺,宽八尺,上下木板相距七尺,纵向安装粗铁条。笼子放在圣安托尼城堡一个塔楼的房间里,奉圣旨,将一名关押在一个破笼子里的犯人转到这个笼子里。——新木笼子一共用了九十六根横梁,五十二根竖梁,十根十八尺长的桁木;雇用十九名木工花了二十天时间在巴士底的院子里砍削、加工上述木料……"

"相当漂亮的桃心木。"国王用拳头敲敲木笼子说。

"……这个笼子,"另一个继续念道,"还用了二百二十根九尺和八尺长的粗铁条,其余的为中等长度,还有用来固定这些铁条的各种铁片、铁板等附件,这些共用去三千七百三十五斤铁;还用八个用来系木笼的大铁环,以及铁钩和铁钉,共用去二百十八斤铁,还不包括木笼所在房间窗户上的铁栅和房门上的铁条，以及其他……"

"这么多铁，"国王说，"足以让聪明人不敢轻举妄动了！"

"……合计三百十七利弗五索尔七德尼埃。"

"帕斯克-上帝！"国王叫了起来。

路易十一刚吐出这个骂人的口头禅，木笼里似乎有人醒了，只听见铁链摩擦地板吭当作响，接着，又听见一个像是从坟墓里传来的微弱的声音："陛下！陛下！开开恩吧！"

"三百十七利弗五索尔七德尼埃！"路易十一继续说。

木笼里传出来的声音悲哀凄切，在场的人，包括奥利维埃老爷都吓得毛骨悚然，唯有国王好像没有听见。他命令奥利维埃老爷继续念下去，他则继续无动于衷地视察木笼子。

"……除此以外，一个泥瓦匠为窗钻洞装铁栅，并为放置囚笼的房间铺设地板，因为囚笼太重，原有的地板承受不住：二十七巴黎利弗十四索尔……"

笼子里的声音又开始呻吟：

"开开恩吧！陛下！我向您发誓，谋反的不是我，是昂热红衣主教。"

"这泥瓦匠要价真高！"国王说，"往下念，奥利维埃。"

奥利维埃接着念道：

"……付给做窗、床、便桶椅的木工二十巴黎利弗两索尔……"

那声音继续呻吟：

"唉！陛下！您不听我说，是吗？我向您保证，给居耶恩大人写那个东西的，不是我，是巴吕红衣主教①！"

"木匠真贵。"国王说，"完了吗？"

"没有，陛下。安装房间玻璃的工钱四十六索尔八德尼埃。"

"开开恩吧，陛下！他们把我的全部财产给了审判我的法官，餐具给了托尔西先生，藏书给了皮埃尔·多里奥尔先生，挂毯给了鲁西荣的总管，这还不够吗？我是冤枉的呀。我在铁笼子里哆嗦了十四年了。开开恩吧，陛下！日后在天堂里您会得到好报应的。"

"奥利维埃，"国王说，"一共多少？"

---

①巴吕红衣主教，即前文提到的昂热红衣主教。

384

"三百六十七巴黎利弗又八索尔三德尼埃。"

"圣母！"国王叫了起来，"这笼子贵得吓人！"

他从奥利维埃老爷手中夺过账本，一会儿看看账本，一会儿看看笼子，扳着手指头自己计算起来。那囚犯仍在呜咽。这声音在黑暗中显得越发凄凉，在场的人吓得脸色苍白，面面相觑。

"十四年了，陛下！十四年了！从1469年4月到现在。看在圣母的分上，陛下，听我陈诉吧。这十四年，您享受着温暖的阳光。可我，体弱多病，我就永无出头之日了吗？开开恩吧，陛下！发发慈悲吧。宽仁是君王的美德；它能平息怒火。陛下难道认为，一个君王临终时会因为没有放过任何冒犯他的人而感到极大的满足吗？再说，陛下，我根本没有背叛您哪，是德·昂热先生干的呀。我脚上锁着一条沉重的大铁链，铁链上还拖着一个大铁球，重得不近情理呀。唉，陛下，可怜可怜我吧！"

"奥利维埃，"国王摇摇头说，"我发现账上石灰二十索尔一桶，实际上是十二索尔。您把这笔账重新算一算。"

他转过身，背朝囚笼，准备往外走。那可怜的囚犯见火光渐渐远去，声音越来越小，知道国王走了，于是绝望地喊道："陛下！陛下！"门又关上了。他什么也看不见，什么也听不见了，除了狱卒沙哑的歌声在他耳边响起：

让·巴吕先生，
再也看不见
他的主教区；
德·凡尔登先生，
不剩一个主教区；
两个人全都一命呜呼。

国王默默地爬着楼梯，向他的祈祷室走去；随行人员跟在后面，耳边回荡着囚犯最后的哀诉，个个胆战心惊。突然，国王陛下转身对巴士底狱的典狱长说："对了，那笼子里没有人吗？"

"当然有啊！陛下！"典狱长听见国王提这个问题，大为愕然。

"是谁呀？"

"德·凡尔登主教先生。"

其实国王比谁都清楚。不过,他有装聋作哑的怪癖。

"啊!"他装出第一次想到这件事的样子说,"是纪尧姆·德·阿朗库尔,巴吕红衣主教先生的朋友。一个挺不错的主教哩。"

过了一会儿,祈祷室的门打开了,等本章开头给读者介绍过的五个人都进去后,门又合上了。五个人回到各自的位置上,恢复了先前的姿态并低声交谈。

刚才国王不在的时候,有人在他桌上放了几份紧急公文。国王亲自拆封,立即一一过目,然后,他朝那个似乎在他身边充当文牍大臣的奥利维埃老爷做了个手势,叫他拿一支笔,也不告诉他公文的内容,就低声向他口授复函。奥利维埃老爷很不舒服地跪在桌前做记录。

纪尧姆·里姆观察着。

国王说话的声音很小,两个弗兰德尔人听不清他口授的内容,只是断断续续地抓到只言片语:"……用商业扶持富饶的地区,用工业扶持贫瘠的地区……叫英国老爷们好好看看我们的四门大炮:伦敦号、布拉邦号、布尔号、圣奥梅尔号……大炮使当今的战争更加合理……致我们的朋友德·布雷絮利先生……不纳贡,就无法维持军队……"

有一次,他提高了嗓门:"帕斯克-上帝!西西里国王竟然和法国国王一样,用黄蜡封信。我们允许他这样做也许是错的。当年,我那个漂亮的勃艮第表兄都不敢用红底的纹章。要维护家族的尊严,就得维护家族特权的完整性。请把这个记下来,奥利维埃伙计。"

还有一次,他说:"呵!呵!这可是一封重要的信!我们的皇兄①向我们要什么?"他把信浏览了一遍,不时地发出感叹:"当然!德国强大得几乎叫人难以置信。——可是,我们不会忘记那句谚语:最美丽的伯爵领地是弗兰德尔,最美丽的公爵领地是米兰,最美丽的王国是法国。——是不是,弗兰德尔先生们?"

这一次,科佩诺尔也和纪尧姆·里姆一起鞠躬了,因为国王的话迎合了袜店老板的爱国心。

最后一件公文使路易十一皱起了眉头。"怎么回事?"他喊道,"控告我

---

① 指神圣罗马帝国皇帝马克西米连大公。

们皮卡迪的驻军！奥利维埃，赶紧给德·鲁奥元帅先生写封信。——就说军纪松弛了。——王室近卫兵、应召的贵族、自由射手、御前卫士对老百姓作恶太多。——当兵的到庄稼人家里抢劫财物还嫌不够，还用棍棒逼他们到城里去讨酒讨鱼讨香料以及其他一些过分的东西。——国王先生全知道了。——我们要保护我们的人民，不让他们遇到麻烦，遭受抢劫和掠夺。——圣母在上，这是我们的愿望！——此外，您还得写上，我们不喜欢乐师、剃须匠或跟随主人打仗的仆人像王公贵族那样穿绸缎，戴金戒指。——上帝厌恶这种虚荣。——连我们这样的贵族，也只用十六索尔一尺①的呢料做上衣。——随军仆役也完全可以降到这个水平。——照这样通告下去——致我们的朋友德·鲁奥先生。行了。"

他口授这封信时声音很大，语气坚决，但是断断续续。信刚口授完毕，房门就打开了，慌里慌张地冲进来一个人，边跑边喊："陛下！陛下！巴黎民众闹事了！"

路易十一严肃的面孔抽搐了，但是，外露的激动一闪而过。他控制住自己，用平静而严肃的口吻说："雅克伙计，您不该这样突然闯进来！"

"陛下！陛下！民众造反了！"雅克伙计上气不接下气地又说。

国王已经站起来，用力抓住他的胳膊，凑到他耳边，眼睛瞟了瞟弗兰德尔人，压制住怒火，用只让雅克一个人听见的声音说："不要讲了，要不，小点声！"

来人恍然大悟，便开始低声叙述发生的事。叙述人惊惶失措，国王却不动声色，纪尧姆·里姆叫科佩诺尔注意来人的脸色和衣着：皮里风帽，短披风，黑天鹅绒袍。这黑袍说明那人是审计院院长。

那人刚讲了几句，路易十一就大笑起来："真的！大点声嘛，库瓦克蒂埃伙计！干吗这么小声？圣母知道，我们对弗兰德尔好朋友是没有什么要隐瞒的。"

"可是，陛下……"

"大声讲吧！"

库瓦克蒂埃伙计惊得说不出话来。

"喂，"国王又说，"讲吧，先生。在我们可爱的巴黎城，平民骚乱了，

---

① 古代法国的一尺合一米二左右。

是吧?"

"是的,陛下。"

"据您说,是针对司法宫大法官的?"

"好像是的。"那个伙计期期艾艾,仍然如坐云雾,弄不清楚为什么国王的想法突然来了个一百八十度大转弯。

路易十一又问:"夜巡队在什么地方遇到那群贱民的?"

"从乞丐大本营到换钱桥的路上。我本人来这里领圣旨的路上也碰到了。我听见他们中间有人喊:打倒司法宫大法官!"

"他们对大法官有什么不满?"

"啊!"雅克伙计说,"因为他是他们的领主老爷呀。"

"是真的吗?"

"是的,陛下。他们是圣迹区的恶棍。他们是司法宫大法官的子民,早就对他不满了,他们既不承认他的审判权,也不承认他的道路管理权。"

"当然啰!"国王满意地微笑着,怎么也掩饰不了脸上的笑容。

"在他们写给高等法院的诉状中,"雅克伙计说,"每次都强调他们只有两个主人,一个是陛下您,另一个是上帝,我想他们的上帝是魔鬼。"

"嘿!嘿!"国王说。

他搓着手,开心地笑着,脸上容光焕发。他多次试图装出镇静,但却无法掩饰心头的高兴。谁都是丈二和尚摸不着头脑,奥利维埃老爷也不例外。国王静默片刻,若有所思,但喜形于色。

"他们人多吗?"他突然问。

"是的,很多。"雅克伙计回答。

"有多少?"

"至少有六千。"

国王禁不住说了声:"好!"接着又问:"有兵器吗?"

"镰刀、长矛、火枪、十字镐。各种可怕的兵器。"

对于这番夸张的叙述,国王似乎一点也不感到忧虑。雅克伙计认为应该做些补充:"如果陛下不立即派兵救援,司法宫大法官就完了。"

"会派的。"国王装出一本正经的样子说,"这很好。我们肯定要派人去的。司法宫大法官先生是我们的朋友。六千人哪!都是亡命之徒哪。真是胆大包天,我很气愤。不过,今天夜里我身边的人不多。——明天早晨派也来得及。"

雅克伙计又叫了起来:"得马上派,陛下!要是等到明天早晨,大法官的府邸早就被洗劫一空,他的领地早就遭到蹂躏,他本人早就给绞死了。看在上帝的分上,陛下!不能等到明天早晨。"

国王直视他的面孔:"我对您说了,明天早晨。"

那是一种不容置辩的目光。

沉默了一会,路易十一又提高嗓门说:

"我的雅克伙计,您想必知道,以往……"他又改口说,"现在司法官大法官管辖着哪些地区?"

"陛下,司法官大法官管辖着从压光机街到菜市场街的地段,圣米歇尔广场和德尚圣母院(说到这里,路易十一抬了抬帽子)附近俗称'铁匠炉风口隔墙'的地方,那里有十三座府邸,加上圣迹区,加上被称为郊区的麻风病院,还有从麻风病院到圣雅克门的整条马路。他是这些地方的路政官、高级、中级和低级审判官,充分享受领主的权力。"

"哇!"国王用右手搔搔左耳朵说,"这占了我城市的好大一部分哩。啊!司法官大法官先生**从前**可是这些地方的皇帝呀。"

这次,他没有再改口。他沉思着,像是自言自语地继续说:"好哇,司法官大法官先生!你从前可是咬着我们巴黎好大一块哪。"

突然,他发作了:"帕斯克-上帝!那些人都是什么东西!他们在我们这里以路政官、司法官、领主和主人自居,动不动就向老百姓收通行税,每一个街口都有他们的绞刑架和刽子手,法国人看见多少绞刑架,就以为有多少国王,正如希腊人看见多少泉水,波斯人看见多少星星,就以为有多少神祇一样!上帝,这样太不好了,我讨厌这种乱七八糟的局面。我很想知道,像巴黎这个样子,除了国王还有另一个路政官,除了高等法院还有另一个司法机关,在这个国家,除了我们,还有另一个国王,这是不是上帝的恩赐!我以我的灵魂担保!有朝一日,法国应该只有一个国王,一个领主,一个法官,一个刽子手,正如天堂只有一个上帝!"

他又一次掀了掀帽子,仍然像说梦话似的,用猎人挑逗猎犬的神情和声调继续说:"好!我的百姓们!干得好!打倒这些假领主!大胆地干吧!加油!加油!把他们抢光夺光!把他们绞死!……啊!你们想当国王,大人们?干吧,我的百姓们!干吧!"

389

说到这里,他突然停住,咬咬嘴唇,仿佛要重新捕捉已经释放了一半的思想,他用锐利的目光把他身边的五个人轮流扫视一遍,突然,他两手抓住帽子,直瞪瞪地看着它,对它说:"啊!要是你知道我现在脑子里在想什么,我就把你烧掉!"

然后,他又扫视周围,那机警和不安的目光使人联想到偷偷溜回巢穴的狐狸:"先不管这些!我们还是要去救援大法官先生的。遗憾的是,现在我这里没多少兵马,却要对付那么多百姓。得等到明天。那时,我们会让城岛恢复秩序,抓到的人一律绞死。"

"对了,陛下!"库瓦克蒂埃伙计说,"我一慌倒忘了一件事:夜巡队抓到了那伙人中的两个掉队的。如果陛下想见见,他们就在这里。"

"还问我想不想见!"国王嚷道。"怎么!帕斯克-上帝!这样的事你都会忘了!——快去,你,奥利维埃!快跑去把他们带来!"

奥利维埃老爷出去了,不一会儿带来了那两个俘虏,簇拥着近卫队弓手。前面那个有一张傻乎乎、醉醺醺、惶惶不安的胖脸蛋,穿着破衣裳,走起路来弯着膝盖,一拖一拐。另一个有一张苍白的脸孔,挂着微笑,读者早已熟悉了。

国王默默地打量他们,然后,突然对第一个说:

"你叫什么名字?"

"杰夫罗瓦·潘斯布德。"

"干什么的?"

"流浪乞丐。"

"你在这该死的暴乱中干什么?"

流浪乞丐看着国王,傻头傻脑地甩动着胳膊。他的大脑发育不健全,智慧在那里就像熄烛罩下的烛光。

"我不知道,"他说,"人家去,我也去。"

"你们不是要去攻打和抢劫你们的领主司法宫大法官吗?"

"我知道他们要去什么人家里拿什么东西,就这些。"

一名士兵把从乞丐身上搜到的一把砍刀呈给国王。

"你认得这把刀吗?"国王问。

"认得,是我的砍刀。我是种葡萄的。"

"你承认这个人是你的同伙吗?"路易十一指着另一个俘虏又问。

"不。我根本不认识他。"

"行了。"国王说。他用手指做了个示意动作,对我们已经给读者介绍过的那个一声不响、一动不动地站在门口的人说:

"特里斯坦伙计,此人交给您处置。"

特里斯坦·莱尔米特鞠了一躬。他低声给两名弓手下了命令,可怜的乞丐就被带走了。

这时,国王走到第二个俘虏身边,那俘虏汗流涔涔。

"你的名字?"

"陛下,皮埃尔·格兰古瓦。"

"职业?"

"哲学家,陛下。"

"混蛋,你狗胆包天,竟敢去围攻我们的朋友司法宫大法官先生!你对这次民众骚乱有什么要说的?"

"陛下,我没去。"

"没去!下流坯!你不是和那一伙坏蛋在一起时被夜巡队逮住的吗?"

"不是的,陛下,误会了。也是我命该如此。我是写悲剧的。陛下,我恳求您听我陈述。我是诗人。干我这行的都有这个毛病,喜欢夜里在街上溜达。今天夜里我正好也在街上。这完全是巧合。抓我抓错了。我没有参加骚乱。陛下也看见了,那乞丐不认识我。我恳求陛下……"

"住口!"国王喝了一口汤药,说,"你把我们的脑袋都吵炸了。"

特里斯坦·莱尔米特上来指着格兰古瓦说:"陛下,这个也可以绞死吗?"

这是他开口说的第一句话。

"嗯!"国王随口回答,"我看不出有什么不好。"

"可我感到很不好!"格兰古瓦说。

我们的哲学家此刻的脸色比橄榄还绿。他从国王冷漠的脸上看出已经没有别的办法,只好用哀婉动人的话语来打动他。于是,他扑到路易十一脚下,绝望地捶胸顿足地喊道:

"陛下,求您容我上禀!陛下,不要天威震怒,雷轰我这个虫蚁草芥!上帝的霹雳不打莴苣。陛下,您是一个无比强大令人敬畏的君主,求您怜悯一个善良的可怜人。我绝对不会煽动造反,就像冰块不会发出火星!仁慈的陛下，仁道是狮子和国王的美德。严厉只会使人如临大敌，北风呼啸不会使行人脱掉大衣，太阳发出光辉，照得行人浑身发热，最后就脱掉了大衣。陛下，您就是太阳。我向您保证，我至高无上的主人和君王，我决不会与乞丐、盗贼和胡作非为的人为伍。叛乱和强盗行径不是阿波罗的随从之所为。明明知道这些乌云会爆发一场叛乱，我怎会陷进去！我是您陛下的忠实臣民。为了维护国王的荣誉，一个优秀的臣民应该具备丈夫对妻子的嫉妒心，儿子对父亲的孝心，应该鞠躬尽瘁效忠国王。假如他热衷于其他任何事情，那就是发疯。陛下，这就是我对于国家的格言。不要因为我的衣袖破了，就断定我是叛乱分子和强盗。如果您宽恕我，陛下，我将每天早晚为您祈祷，把我的双膝跪烂！唉！我不很有钱，这是事实，我甚至可以说是穷光蛋。我人虽穷，但不堕落。穷不是我的过错。谁都知道，写诗的人发不了大财，读书破万卷的人冬天不一定生得起火。巧舌如簧的律师拿走全部的谷物，只把干草留给从事其他科学的人。关于哲学家们的破外套，足有四十条绝妙的谚语形容过。啊！陛下，仁爱是烛照伟大灵魂的唯一光辉。仁爱高举火炬引导一切美德。没有仁爱，我们都成了瞎子，摸着黑寻找上帝。慈悲和仁爱是一回事，它能使君王赢得臣民的爱戴，而这种爱戴是君王最好的护卫。陛下，您的光辉使万民睁不开眼睛，世界上多一个可怜人，多一个像我这样不名一文、饥肠辘辘、在灾难的黑暗中爬行的可怜而无辜的哲学家，对您有什么妨碍？再说，陛下，我还是个文人。那些伟大的君王总是把保护文化作为他们王冠上的一颗珍珠。赫丘利[①]甘愿为文艺女神拉车。马蒂亚·科尔万[②]宠爱伟大的数学家让·德·蒙鲁瓦尔[③]。绞死文人是保护文化不该有的恶劣做法。假如亚历山大绞死亚里士多德，那该是多大的污点！这不可能是一颗提高他声誉的美人痣，而是毁坏他名声的脓疮。陛下，我曾为弗兰德尔公主和威严的太子殿下写过一部非常得体的婚礼赞歌。那并不是煽动民众起来造反。陛下，您看见了吧，我不是一个滥竽充数的作家，我读过很多书，我天生很有口才。饶恕我吧，陛下。这样，您也就为圣母做了一件功德。我向您发誓，我一想到要被绞

---

① 赫丘利，罗马神话中的英雄，即希腊神话中的赫拉克勒斯，完成了十二项英勇业绩。

② 马蒂亚·科尔万（1443—1490），匈牙利国王。

③ 让·德·蒙鲁瓦尔（1436—1476），天文学的创始人。

死,就心惊肉跳。"

愁眉苦脸的格兰古瓦一面说,一面吻国王的鞋子,纪尧姆·里姆悄声对科佩诺尔说:"跪在地上这一招真高明,因为国王和克里特岛的朱庇特一样,耳朵是长在脚上的。"可是,那袜店老板却对克里特岛的朱庇特不感兴趣,他脸上扯起笨拙的微笑,眼睛盯着格兰古瓦,回答说:"哦!这太好了!我似乎听见于戈内大法官在向我求饶呢。"

格兰古瓦说得上气不接下气,终于停了下来,战战兢兢地抬起头看看国王。国王正在用指甲刮短裤膝头上的一个污渍,然后,拿起杯子开始喝药。他默不作声。这沉默使格兰古瓦提心吊胆,忐忑不安。国王终于看他了。"这家伙把人都吵晕了!"他说,随后转过头对特里斯坦·莱尔米特说:"算了!放了他吧!"

格兰古瓦又惊又喜,一屁股坐在了地上。

"放了他?"特里斯坦嘟哝道,"陛下不想让他在囚笼里蹲几天吗?"

"伙计,"路易十一说,"你以为我们花三百六十七利弗八索耳三德尼埃做木笼子是为了关这种家伙的吗?——立刻给我把这个下流坯放了(路易十一特别喜欢用"下流坯"这个词,这和"帕斯克-上帝"一样,是他心情愉快时的口头禅),给我用拳头把他赶出去!"

"嚄!"格兰古瓦叫道,"真是一个英明的国王!"

他担心国王会反悔,赶紧冲向门口,特里斯坦很不情愿地给他开了门。士兵们推推搡搡、拳打脚踢地把他赶出去,格兰古瓦就像一个真正的斯多葛派哲学家那样,毫无抱怨地忍受了这一切。

自从知道民众在造司法宫大法官的反以来,国王的心情一直很好,而且表现在各个方面。刚才那种异乎寻常的宽容就是一个不小的迹象。特里斯坦·莱尔米特站在他那个角落里,绷着脸,蹙着眉,就像一只看见肉骨头却吃不着的看门狗。

然而,国王却喜不自胜,手指在椅子扶手上敲起了奥德迈桥进行曲的节拍。这是一个善于掩饰心境的国王,但他掩饰喜悦远不如掩饰痛苦擅长。每当有好的消息时,他总是喜形于色,有时甚至会做出令人不可思议的事。例如,当他得知莽汉查理死了以后,一时高兴,就许愿给图尔市的圣马丁教堂修建几座银栏杆;他登基的时候,欣喜若狂,竟忘了下旨为他的父亲举行葬礼。

"哎，陛下！"雅克·库瓦克蒂埃忽然叫了起来，"上次陛下召我来看的那个胸口痛病好一些了吗？"

"啊！"国王说，"我难受极了，伙计。耳朵里老是嗡嗡响，胸口火烧火燎，像有耙子在耙似的。"

库瓦克蒂埃抓住国王的一只手，摆出一副内行的样子给他按脉。

"您瞧，科佩诺尔，"里姆低声说，"他一边是库瓦克蒂埃，另一边是特里斯坦。这就是他的整个朝廷。一个医生，这是给他自己的，一个刽子手，这是给别人的。"

库瓦克蒂埃给国王诊脉，装出越来越惊慌的样子。路易十一忧虑地望着他。库瓦克蒂埃的脸色越来越阴沉。此人没有别的生计，全靠国王的病痛赚钱，因此，他就挖空心思地对他敲诈勒索。

"啊！啊！"他终于喃喃道，"情况确实严重哪。"

"是吗？"国王不安地问。

脉搏很快，呼吸短促，声音很响，跳动不规则。[①]"医生继续说。

"帕斯克-上帝！"

"这病三天之内就会要您的命。"

"圣母！"国王惊叫道，"有药治吗，伙计？"

"我考虑一下，陛下。"

他叫路易十一伸出舌头，他看后摇摇头，做了个鬼脸。他装腔作势地这样表演一番，忽然话题一转："陛下，我要向您禀告，有一份主教收益权的空缺[②]，我有一个侄子。"

"我把我这份收益权给你的侄子，雅克伙计，"国王回答，"但你得把我胸口痛的病治好。"

"既然陛下如此宽宏大量，"医生又说，"我正在圣安德烈街建造住宅，陛下不会拒绝给我一点帮助吧。"

国王不知如何回答，嗯了一声。

"我已经山穷水尽了，"医生接着又说，"要是那房子盖不成屋顶，就太可惜了。我倒不是为我的房子惋惜，那不过是蓬门荜户罢了，而是可惜约

[①] 原文为拉丁语。

[②] 在法国旧君主政体下，如果某个主教去世或辞职，国王有权征收空缺主教的收入。

翰·富博的壁画，那些画可使我蓬荜生辉哪。有一幅空中飞翔的狄安娜，画得惟妙惟肖，温情脉脉，栩栩如生，头顶一弯月亮，雪肤花貌，谁过分好奇地观看，都会禁不住受到诱惑。还有一幅画的是刻瑞斯①，也是一位美貌绝伦的女神。她坐在几捆麦子上，头戴一顶优雅的麦穗花环，缠绕着婆罗门参和各式各样的鲜花。从来也没见过像她那样多情的眼睛，丰满的秀腿，高贵的神态，有着优美褶裥的衣裙。这是画笔画出来的一个最纯洁、最完美的美人。"

"刽子手！"路易十一咕哝道，"你到底想要什么？"

"我要给这些画盖个屋顶，陛下，这虽然是件小事，但我没有钱了。"

"要多少钱，你那屋顶？"

"呃……一个镂花镀金的铜屋顶，顶多也就是两千利弗。"

"啊！简直是在杀人！"国王叫了起来，"给我拔一次牙，就要敲走一块钻石。"

"给我盖屋顶的钱吗？"

"给！见你的鬼去吧！可你得治好我的病。"

雅克·库瓦克蒂埃深深鞠了一躬，说："陛下，一副消散剂就可以治好你的病。我在您腰上敷一种用蜡膏、红玄武土、蛋清、油和醋配制的大膏药。您那汤药还得继续服用。我保您病体康复。"

一支燃烧的蜡烛招来的不只是一个小飞虫。奥利维埃老爷看见国王慷慨解囊，以为有机可乘，便也凑上前去："陛下……"

"又是什么事？"路易十一问。

"陛下知道西蒙·拉丹去世了吗？"

"那又怎样？"

"他生前是财务司法的御前顾问。"

"那又怎样？"

"陛下，他的职位现在空着哪。"

这时，奥利维埃老爷平时傲慢的面孔，换上了一副奴颜。这是朝廷弄臣可以用来相互替换的两副面孔。国王瞪眼看他，冷冷地说："我明白了。"

---

① 刻瑞斯，罗马神话中的谷物女神。

接着又说：

"奥利维埃老爷，德·布西科①元帅说得好：'赏赐要找国王，打鱼要到大海。'看来你是赞成德·布西科先生的看法的。现在你听着。我们的记性是很好的。1468年，我们让你当了我们的内侍；1469年，当了圣克鲁桥桥头堡的管理人，年俸一百图尔利弗（你想要巴黎利弗）。1473年11月，我们颁诏热若尔，让你取代吉尔贝·阿克尔骑士，当了樊尚树林的护林官；1475年，取代雅克·勒·梅尔，当了鲁弗雷-圣克鲁树林的护林官；1478年，我们颁发双重绿蜡封口的诏书，恩准你和你的妻子在圣日耳曼学校附近的商人广场每年收取十个巴黎利弗；1479年，我们让你取代可怜的约翰·戴兹，当了塞纳尔树林的护林官，然后又当了洛什城堡的总管，然后是圣康坦的总管，然后是默朗桥总管，你让人称呼你默朗伯爵。剃须匠节日给人剃须，罚款五索尔，你得三索尔，剩下的才归我们。我们真不应该把你的名字改了，其实勒莫韦②与你的尊容更般配。1474年，我们不顾贵族的反感，恩准你使用五彩缤纷的纹章，绣在胸前，就像孔雀一样漂亮。帕斯克-上帝！难道你还不满足？你捕的鱼还嫌不够多，不够好？你就不怕再多捕一条鲑鱼会让你翻船？骄傲会毁了你的，我的伙计。随骄傲而来的，从来是毁灭和羞辱。好好想想这个道理，闭上您的嘴巴。"

国王说这番话时声色俱厉，奥利维埃又气又恼，脸部又恢复了傲慢的表情。"好，"他几乎是大声地埋怨道，"很清楚，国王今天病了，好处赏给了医生。"

对于奥利维埃的傲慢无礼，路易十一非但没有生气，反而温和地说："哎，我还忘了，我曾让你出使过根特，在玛丽皇后身边当过我的特使呢。——是的，先生们，"国王转过身，对那两个弗兰德尔人说，"他曾当过特使。"接着，他又对奥利维埃老爷说："伙计，不要生气啦，我们是老朋友。你瞧，时候不早了，工作也做完了，给我刮胡子吧。"

读者想必早已从奥利维埃老爷身上看到了可怕的费加罗③的影子了吧。

---

① 德·布西科，死于1367年。
② 勒莫韦（Le Mauvais），意为"坏蛋"。
③ 费加罗，18世纪法国剧作家博马舍的两部名剧《塞维勒的理发师》和《费加罗的婚礼》中的主人公。

那位不愧为伟大的剧作家,他非常巧妙地把这个费加罗式的人物放进了路易十一那部冗长而血腥的喜剧中。这里,我们不想对这个奇特的人物做详细的叙述。国王的这个剃须匠有三个名字。宫中大家礼貌地称他为奥利维埃·勒丹,老百姓叫他奥利维埃魔鬼,他的真名是奥利维埃·勒莫韦。

奥利维埃·勒莫韦静立不动,他在和国王赌气,斜眼望着雅克·库瓦克蒂埃,咬牙切齿地说:"是的!是的!医生!"

"嘿!是要给医生,"路易十一心平气和地说,"医生比你更受我的信任。这很简单。他控制着我们的整个身体,而你只能左右我们的下巴。得了,我可怜的剃须匠,机会还会有的。要是我这个国王像希尔佩里克①国王那样,用一只手捋胡须,你会说什么?不就没有你这份差事了吗?——行了,我的伙计,干你的差事吧,给我刮胡子。去拿工具来。"

奥利维埃看见国王已下决心不气不恼,没有办法再惹他生气,只好嘟嘟囔囔地出去执行他的命令了。

国王起身走到窗口,突然,他异常激动地推开窗子,拍手叫道:"啊!真的,老城区上空果然一片通红。是司法宫大法官家着火了。一定是的。啊!我的好百姓!你们终于来帮我推翻领主制度了。"

接着,他转身对弗兰德尔人说:"先生们,过来看看,那红红的一片是不是火光?"

"一场大火。"纪尧姆·里姆说。

科佩诺尔突然两眼炯炯发光,说道:"哈,这使我想起了烧毁安贝库尔领主老爷家的那场大火。那边一定发生了一场大暴动。"

"是这样吗,科佩诺尔老爷?"路易十一双眸流露出的愉快不亚于袜店老板。

"很难抵抗吧,是不是?"

"上帝的十字架!陛下,那您就会损兵折将!"

"嘿!我!那就完全不同了。"国王说,"只要我愿意!……"

袜店老板放肆地回答:

"假如这场暴动像我猜测的那样,您愿意也没有用,陛下!"

"伙计,"路易十一说,"我只要派去两个近卫连,再用大炮轰一阵,对

---

① 希尔佩里克(539—584),法兰克国王。下文的意思是说该国王蓄胡须,就不用剃须匠了。

付那群贱民不费吹灰之力。"

袜店老板不顾纪尧姆·里姆一再暗示，似乎决心要和国王顶撞到底。

"陛下，那些瑞士人也是贱民，而勃艮第公爵先生是一位大老爷，他瞧不起这些下层人。在格朗松战役中，陛下，他高喊：'炮手们！向这些贱民开炮！'他还以圣乔治的名义起誓。可是，瑞士首席法官夏纳赫塔尔举着大棒，率领他的部队，向漂亮的公爵猛扑过去。武装精良的勃艮第军队与皮肤厚得像水牛的农民遭遇，就像玻璃被石头击了一下，炸成了碎片。贱民杀死的骑兵不知其数。勃艮第的最大领主夏多-居荣和他的大灰马一起死在沼泽地里。"

"朋友，"国王说，"您说的是打仗。这里是叛乱。我什么时候愿意，皱皱眉头就可以把他们消灭。"

袜店老板满不在乎地反驳：

"这有可能，陛下。假如是这样，那是因为人民获胜的时候还没有到来。"

纪尧姆·里姆认为应该干预了："科佩诺尔老板，您是在同一位强大的国王说话。"

"我知道。"袜店老板严肃地回答。

"让他讲吧，里姆先生，我的朋友。"国王说，"我喜欢这种直言不讳。我的父亲查理七世说过，真话生病了，而我过去认为真话死了，没有找到听忏悔的神父。科佩诺尔老板让我知道我这个看法是错的。"

于是，他亲热地把手放到科佩诺尔肩上：

"科佩诺尔老板，刚才您说？……"

"陛下，我说您也许是对的，你们这里，人民的时刻还没有到来。"

路易十一鹰隼般的目光凝视他。

"那您说这个时刻什么时候会到来？"

"您会听到钟声敲响的。"

"请问是哪个钟？"

科佩诺尔平静而粗俗地让国王走到窗口："听我说，国王！这里有一座城堡，一座警钟楼，几门大炮，还有市民和士兵。当钟楼敲响警钟时，大炮发出轰鸣，堡垒轰然倒塌，市民和士兵大叫大吼，互相厮杀，那个时刻就敲响了。"

路易十一脸色阴沉下来，露出深思的神色。他半天不言不语，而后，就像抚摸战马似的，用手轻轻推推城堡坚厚的墙壁说："啊！不会的！我的好巴士底，你不会这样轻易倒塌的，是吧？"

然后，他猛然转过身，对那个冒失的弗兰德尔人说：

"您见过叛乱吗，雅克老板？"

"我发动过。"袜店老板说。

"那您是怎么发动的？"国王问。

"嘿！"科佩诺尔回答，"这并不很难，有各种各样的方式。首先，城里的居民得不满意。这是常有的事。再就是要看居民们的性格。根特市的居民就适合造反。他们总是喜欢君王的儿子，而不喜欢君王本人。嗯，这样说吧，假如一天早晨，有人到我的店里来，对我说：科佩诺尔老爹，这样，那样……比方说，弗兰特尔公主想救她的宠医，大法官要加倍增加盐税，或者诸如此类的事情，随便什么都可以。我就丢下手中的活，走出店，跑到大街上喊道："造反哪！"街上总能找到一个破酒桶。我爬到酒桶上，把我心里的话大声说出来，想到什么就说什么。当老百姓的，陛下，心里总是有话要说的。于是，平民们聚集起来，高呼口号，敲响警钟，用从士兵那里缴获来的武器武装起来，商人们也加入行列，就这样干起来了。只要领地上有领主，市镇上有市民，乡村里有农民，总有这样的事发生。"

"那你们是造谁的反？"国王问，"造大法官的？造领主的？"

"有时候是的。要看情况。有时也造奥地利大公的反。"

路易十一回到座位上坐下，笑吟吟地说道："啊！我们这里，他们刚开始造大法官们的反！"

正在这个时候，奥利维埃·勒丹回来了，后面跟来两名侍童，手里拿着国王的梳洗用具。可是，路易十一感到吃惊的是，同奥利维埃一起来的还有御前大法官和夜巡队的骑士。那两人神色慌张。怨气未消的剃须匠看样子也很慌张，其实在暗暗高兴。他禀报国王："陛下，我请求您宽恕我给您带来了灾难性的消息。"

国王猛地转身，椅子脚擦坏了铺在地板上的草席子："你要说什么？"

"陛下，"奥利维埃·勒丹幸灾乐祸地继续说，"这次民众暴动并不是针对司法官大法官的。"

"那是针对谁?"

"对您,陛下。"

老国王蓦地站起来,身子直得像个年轻人:"你给我说清楚,奥利维埃,给我说清楚!小心你的脑袋,伙计,我以圣洛的十字架的名义向你发誓①,如果在这样的时刻你对我撒谎,砍掉卢森堡先生脑袋的那把刀,还没损坏到砍不动你的脑袋!"

这个誓言非同小可。路易十一一生中用圣洛的十字架只发过两次誓。

奥利维埃张嘴想回答:"陛下……"

"跪下!"国王粗暴地打断他,"特里斯坦,给我照看这个人!"

奥利维埃跪下,冷静地说:"陛下,一个巫婆被您的高等法院判了死刑。她逃到圣母院避难,老百姓想强行把她夺走。御前大法官和夜巡队骑士是从出事地点来的,他们可以证明我说的是事实。民众是在围攻圣母院。"

国王气得脸色苍白,浑身颤抖,低声说:"是呀!圣母院!他们到圣母的教堂围攻圣母,我仁慈的女主人。——起来吧,奥利维埃。你没说错。我把西蒙·拉丹的职位赏给你。你说的是对的。他们确实是在造我的反。那个巫婆在教堂的保护下,而教堂又在我的保护下,可我刚才还以为他们在造大法官的反!他们是在造我的反!"

愤怒使他恢复了活力,他开始大步地来回走动。他不再笑了,脸色非常可怕,不停地踱来踱去。狐狸变成了豺狼。他似乎气得说不出话,嘴唇哆嗦着,瘦骨嶙峋的拳头抽搐着。突然,他抬起头,深陷的眼睛目光如炬,喇叭似的声音震耳欲聋:"把那些无赖抓起来,特里斯坦!统统抓起来!你快去,特里斯坦,我的老朋友!杀吧!杀吧!"

发泄完后,他又回到椅子上坐下,憋着怒火说:

"特里斯坦!在这里,在这座巴士底城堡里,有吉夫子爵的五十名枪骑兵,一共有三百匹马,您把他们带上。此外,还有德·夏多佩的近卫兵弓手队,您也带上。您是王宫骑警司令,您手下有人马,您把他们带上。在圣波尔宫,还有太子殿下的新卫队,共有四十名弓手,您把他们也带上。您率领这些人马,火速赶往圣母院。——啊!巴黎的平民先生们,你们居

---

① 以圣洛十字架的名义发誓,如果是发伪誓,就要被处死。

然与法国王位为敌，与神圣的圣母院为敌，扰乱国家的安宁！——把他们斩尽杀绝，特里斯坦！斩尽杀绝！剩下一个也要送到隼山去绞死。"

特里斯坦鞠了一躬："遵命，陛下！"

他沉默了一会，又问："那个巫婆我该如何处置？"

对这个问题，国王沉吟片刻后说：

"嗯！那巫婆！——代斯图特维尔先生，民众想把她怎样？"

"陛下，"御前大法官说，"我想，既然他们要把她从圣母院劫走，肯定是对她免受惩罚不满，想要绞死她。"

国王似乎在认真思考，然后，对特里斯坦·莱尔米特说："那好，伙计，把民众斩尽杀绝，把巫婆绞死。"

"应该这样，"里姆低声对科佩诺尔说，"民众无法无天要受到惩罚，但君王也要顺应民情。"

"明白了，陛下，"特里斯坦回答，"如果那巫婆还在圣母院，要冒犯避难权去把她抓出来吗？"

"帕斯克-上帝，避难权！"国王搔搔耳朵说，"可是，总得绞死她呀。"

说到这里，他仿佛突然有了主意，双膝跪倒在椅子前，脱下帽子，放在椅子上，虔诚地看着帽上的一个小铅人护身符，双手合十说："啊！巴黎的圣母，我仁慈的保护神，求求您原谅我。就这一次。我必须惩罚这个女罪犯。我向您保证，圣母娘娘，我仁慈的女主人，她是巫婆，不值得您保护。您知道，有许多虔诚的君王为了上帝的光荣和国家的需要，曾侵犯过教堂的这一特权。英国主教圣于格曾允许爱德华国王到他的教堂去逮捕一个魔法师。法国的圣路易，我的尊长，为了同一个目的，侵犯过巴黎圣保尔教堂；阿尔方斯先生，耶路撒冷王的儿子，甚至侵犯过圣墓教堂。所以，原谅我这一次吧，巴黎的圣母娘娘。以后我再也不敢了，我要给您塑一尊漂亮的银像，跟我去年给艾库伊圣母院塑的那尊一模一样。阿门。"

他画了个十字，站起来，重新戴上帽子，对特里斯坦说："快去吧，我的伙计。带上德·夏多佩先生。你去把警钟敲响，把贱民消灭，把女巫绞死。就这么办。我要你亲自挂帅，回头向我汇报。——喂，奥利维埃，今天夜里我不睡觉了。给我刮胡子吧。"

特里斯坦·莱尔米特鞠了一躬就走了。国王挥挥手叫里姆和科佩诺尔退下："上帝保佑你们，我的好朋友弗兰德尔先生们，去休息一会儿吧。已经很晚了，天都快亮了。"

两人退了下去。巴士底狱的看守长把他们带到各自的卧室。在房门口，科佩诺尔对纪尧姆·里姆说："哼！我对这个咳嗽国王都腻烦了！我见过喝醉酒的查理·德·勃艮第，他发酒疯时也没有这个生病的国王可恶。"

"雅克老板，"里姆回答，"那是因为国王们的酒不像药水那样难喝。"

六　短剑在闲逛

出了巴士底，格兰古瓦就像脱缰的马，沿圣安托尼街飞快而下。到了博杜耶门，他径直向耸立在广场中央的石头十字架走去，仿佛在黑暗中看见有一个穿黑衣戴黑帽的人坐在十字架的台阶上似的。"是您吗，老师？"格兰古瓦说。

那黑衣人站了起来："真该死！我都等得不耐烦了，格兰古瓦。圣热尔韦钟楼上的人已呼报过早晨一点半了。"

"哦！"格兰古瓦说，"不能怪我，要怪夜巡队和国王。我好不容易死里逃生，我每次都差点儿被绞死。这是我命中注定的。"

"你什么都是差点儿。"那人说，"得了，我们快去吧。你弄到口令了吗？"

"你想想，老师，我见到国王了。我是从他那里来的。他穿着粗斜纹布短裤。真是一场奇遇。"

"怎么那么多废话！你的奇遇跟我有什么关系？你弄到乞丐们的口令了吗？"

"弄到了。放心吧。**短剑在闲逛**。"

"好。否则，我们就到不了教堂。乞丐们把街道全封锁了。幸亏他们好像遇到了抵抗。也许我们还来得及。"

"是的，老师。可是怎样进教堂呢？"

"我有钟楼的钥匙。"

"又怎样出来呢？"

"后院有一道小门，出去就是滩地，从那里可以到塞纳河。我已拿了小门的钥匙，今天早晨，我还在河边拴了一条小船。"

"真是差一点被绞死！"格兰古瓦说。

"快走吧！快点！"另一个说。

两人大步流星地朝老城走去。

七　夏多佩来救援了

读者想必还记得，我们离开卡西莫多时，他的处境十分危急。那聋子四面受敌，虽然还没有完全丧失勇气，但至少对救出埃及姑娘（不是救出自己，他压根儿没有想到自己）已不抱任何希望了。他发疯似的在廊台上来回奔跑。圣母院眼看就要被流浪乞丐攻陷，突然，邻近的街道响起了马蹄声，接着，一长串火炬和一队密集的骑兵横戈伏鞍飞快地冲进广场，响起了暴风雨般的怒吼："法兰西！法兰西！杀死平民！夏多佩来救援了！特里斯坦！特里斯坦！"

流浪乞丐们惊慌失措，转身就跑。

卡西莫多虽然听不见，却看见了那些刀剑、火把、长矛和一队骑兵，他认出带队的是弗比斯队长，他看见乞丐们乱作一团，有的吓得魂飞魄散，就是最勇敢的也都慌了手脚。看到这支意外的援兵，卡西莫多陡然恢复了力量，他把正欲跨上廊台的几个进攻者扔了下去。

这支突然出现的队伍，正是国王的军队。

乞丐们英勇顽强，奋力自卫。他们的侧部（圣皮埃尔-奥伯街）和尾部（前庭街）都已被敌人切断了退路，后背是圣母院。他们依然在进攻，卡西莫多依然在抵抗，因此，他们既是围攻者，又是被围者。这种奇特的处境使人想起了1640年都灵①被围时，亨利·德·阿库尔伯爵的处境，在这场著名的战役中，亨利·德·阿库尔伯爵围攻托马斯·德·萨瓦亲王，却又被勒加内侯爵切断了退路，正如在他的墓志铭上写着的，**既是围攻者，又是被围者**②。

这是一场可怕的混战。正如皮埃尔·马蒂厄所说，是狗牙在撕咬狼肉。国王的骑兵队大砍大杀，毫不手软，乞丐们躲过了枪尖，躲不过剑刃。弗比斯·德·夏多佩在骑兵中间，表现得非常英勇。乞丐们没有好武

---

① 都灵，意大利城市。
② 原文为拉丁语。

器，气得怒发冲冠，张嘴咬人。男女老少，扑到马背和马脖子上，像猫一样，用牙齿和指甲紧紧揪住不放。还有的用火把猛击弓手的脸孔。还有人用铁钩子钩住骑兵的脖子，拉向自己身边。他们把落马的人砍成碎片。

有一个乞丐举着一把亮锃锃的大镰刀，不停地砍战马的腿，样子非常吓人。他瓮声瓮气地唱着一首歌，镰刀砍出去又收回来。每挥舞一下，他的周围就有一圈被砍下的马腿。他就这样朝骑兵最密集的地方砍杀，不慌不忙，摆动着脑袋，均匀地呼吸，就像农民在麦地里割麦子。这人是克洛潘·特鲁伊夫。一阵火枪射击把他打倒在地。

这时候，广场周围的窗子又都打开了。附近的居民听见近卫军的喊杀声，纷纷投入战斗，子弹从房子各层楼的窗口雨点般地射向流浪乞丐。前庭广场上浓烟弥漫，火枪射击划出一道道火光。依稀可见圣母院的正面和破破烂烂的主宫医院，有几个苍白羸弱的病人，从主宫医院屋顶上星罗棋布的窗洞里向外张望。

乞丐们终于屈服了。精疲力竭、缺少精良武器、突遭袭击所引起的恐惧、从窗口射来的子弹、近卫军的英勇冲击，这一切把他们摧垮了。他们突破重围，四处逃遁，前庭广场上留下了一大片尸体。

卡西莫多一刻也没有停止战斗。他看见乞丐们落荒而逃，便双膝跪下，朝天空举起双手，然后，他兴奋地奔跑起来，以飞鸟般的速度，跑向那间他拼死战斗不让任何人逼近的小屋。他现在只有一个念头，那就是去跪在他刚才再次搭救了的姑娘面前。

当他冲进小屋时，却发现里面空无一人。

第十一卷

一 小红鞋

流浪乞丐们围攻教堂时,爱斯梅拉达睡得正香。

但是,不久,她就被教堂周围越来越大的喧闹声和先于她醒来的山羊不安的叫声吵醒了。她坐起来,仔细听了听,朝窗口看了看,她被亮光和喊声吓坏了,连忙奔出小屋去看个究竟。广场上的可怕景象,那骚动着的幻影,那夜袭的混乱,那在黑暗中依稀可见的像一群青蛙跳来跳去的狰狞可怖的人群,那哇里哇啦的叫声,那犹如鬼火划破沼泽地的茫茫雾霭,那在这群黑影头上跑来跑去的几个红红的火把,这一切使她仿佛看到了群魔会的幽灵在同教堂的石头妖魔进行着一场神秘的战斗。她从小就浸透了吉卜赛部落的迷信思想,因此,她的第一个念头,就是以为无意中看到了那些专在夜间出没兴妖作怪的异类。于是,她吓得赶紧回到屋里,蜷缩在床上,请求她的陋床让她做一个不像这样可怕的噩梦。

然而,鬼怪引起的恐惧渐渐烟消云散。她发现喧闹声越来越大,还有其他一些现实的迹象,她意识到包围她的不是幽灵,而是人。于是,她的恐惧虽然没有增加,却改变了性质。她想,也许是一场民众暴动,要把她从避难所里抢出去。她想到又要失去生命,失去希望,失去她憧憬着将来能相见的弗比斯,想到自己那样柔弱无力,无路可逃,无依无靠,孤立无援,被人遗弃……所有这些想法使她垂头丧气,意气消沉。她跪下来,头伏在床上,双手合抱在头顶上,惶惶不安,浑身哆嗦。她虽然是埃及人,是崇拜偶像的异教徒,但她却哭泣着祈求基督教仁慈的上帝饶恕她,祈求她的女主人圣母娘娘庇护她。一个什么也不信的人,一生中有些时候也会相信附近寺庙所信奉的宗教。

她像这样匍匐了很久,其实,发抖的时间比祈祷的时间更长。她感到愤怒群众的气息越来越逼近,吓得浑身冰凉。她不明白他们为什么这样狂怒,不知道他们在策划什么,在干什么,在想什么,但是,她预感到结局一定很悲惨。

她正在焦虑不安,忽听得有人朝她走来。她回过头,看见两个男人走进屋子,其中一个提着一盏灯,她轻轻叫了一声。

"别害怕,"一个熟悉的声音说,"是我。"

"谁?您?"她问。

"皮埃尔·格兰古瓦。"

听到这个名字,她放心了。她抬起眼睛,果然是诗人。但是,他身边还有一个从头到脚都蒙住的黑衣人,她吓得不敢说话了。

"呀!"格兰古瓦用责备的口吻说,"加利都比您早认出我来。"

的确,那小山羊没等格兰古瓦自报姓名就认出他了。格兰古瓦刚进屋,小山羊就靠到他的膝盖上,亲热地蹭来蹭去,蹭得他一身白毛,因为它正在换毛。格兰古瓦也报之以亲热的爱抚。

"和您一起的是谁?"埃及姑娘低声问。

"放心吧,"格兰古瓦说,"是我的一个朋友。"

说完,哲学家把提灯放到地上,蹲下来,搂住加利,兴奋地大声说道:"啊!这是一个温存可爱的动物。当然,引人注目的是它的清洁,而不是它的个头,它机敏,灵巧,还像语法家那样有学问。哦,我的加利,你那些漂亮的戏法没有忘掉吧?能不能学一学雅克·夏莫吕的样子?……"

黑衣人没让他说完。他走到格兰古瓦身边,粗暴地推推他的肩膀。格兰古瓦站起身,说:"真的,我忘了,我们得赶快离开这里。——不过,老师,您也不该这样粗暴呀。——我亲爱的孩子,美丽的姑娘,您和加利都有生命危险。他们要来抓您。我们是您的朋友,是来救您的。跟我们走吧。"

"真的吗?"姑娘惊慌地大声说。

"是真的。快走吧。"

"我很愿意,"姑娘结结巴巴地说,"可是,您的朋友为什么不说话?"

"这!"格兰古瓦说,"因为他的父母亲性格孤僻,养成了他沉默寡言的习性。"

她只好相信这个解释。格兰古瓦拉起她的手,他的同伴从地上捡起灯,在前面带路。由于恐惧,姑娘已经麻木不仁,晕头转向,所以身不由己地让他们带走了。小山羊一蹦一跳,跟在后头。它因为又见到了格兰古瓦,欣喜若狂,不时地把犄角伸到他的腿中间,弄得他磕磕绊绊,常常差点摔倒。"这就是生活,"每次差点摔倒时,哲学家就说,"让我们摔倒的常常是我们最好的朋友!"

他们很快下了钟楼,穿过教堂。教堂里黑咕隆咚,渺无人影,却回荡着喧闹声,形成了可怕的对照。出了红门,他们来到后院。那里也不见人影,议事司铎们早已逃到主教府去做集体祷告了。院子里空空荡荡,有几个仆人惶恐不安地躲在黑暗的角落里。格兰古瓦一行向通往滩地的小门走去。黑衣人掏出钥匙,打开小门。读者知道,滩地是老城区这边的一块狭长的河滩。四周有围墙,在小岛的东端,圣母院教堂的后面,属圣母院教务会管辖。他们发现,那里非常荒凉,喧闹声小多了,流浪乞丐的喊声传到那里已变得模糊不清,不那么刺耳了。滩地岸头只种着一棵树,顺流刮来的寒风吹得树叶沙沙响。但是,他们还没有完全脱离险境。离他们最近的建筑是主教府和教堂。主教府内显然乱作一团。灯光在一个个窗口跳跃奔跑,划破了黑沉沉的主教府,就像刚刚烧完了纸,留下一座由灰烬搭成的建筑物,无数跳跃的火星在上面奔跑嬉戏。一旁是圣母院的两座大钟楼,矗立在长条形中殿上面,从背后看,它们的剪影清晰地显露在前庭广场那一大片红光之中,犹如独眼巨人大火炉里的两个大柴架。

夜色深沉的巴黎,闪动着一小片火光,把巴黎的一部分呈现在人们眼前。这样的背景,在伦勃朗的画中可以看到。

提灯的人径直向滩地的尖角走去。那里,在水边,有一排钉了板条的篱笆,被虫蛀得腐烂不堪,几枝枯瘦的葡萄藤垂挂在篱笆上,犹如张开的手指头。在篱笆的阴影里,藏着一条小船。那人示意格兰古瓦和他的女伴上船。山羊跟在他们后面。那人最后一个上来。他砍断缆绳,用一根长篙把船撑离岸边,然后,拿起两只桨,坐在船头,用力向河中间摇去。塞纳河的这一段水流湍急,他费了很大劲才划离岛尖。

格兰古瓦上船后做的第一件事,就是把山羊放到他的膝盖上。他坐在船尾。埃及姑娘对陌生人感到惶惑不安,就坐到诗人身边,紧靠着他。

哲学家感到船开动了，就拍起手来，并在加利的两只犄角之间吻了吻。"呵！"他说，"我们四个终于得救了！"接着，他又摆出一副思想家深沉的神态："要使伟大的行动获得成功，有时候得靠运气，有时候得要计谋。"

小船慢慢划向右岸。姑娘心中暗暗害怕，偷偷观察陌生人。那人小心翼翼地遮住灯光。他坐在船头，黑暗中露出朦胧的身影，宛若一个幽灵。他把风帽压得低低的，就像戴了假面具，每次划桨时，胳膊微微张开，宽大的黑袖子从胳膊上垂下来，好似蝙蝠的两只大翅膀。而且，到目前为止，他一直不言不语，无声无息。船上，除了木桨来回摇动的咿呀声和无数水波冲击船身的唰唰声外，再也听不到其他任何声音。

"我以灵魂发誓！"格兰古瓦突然喊道，"我们像猫头鹰那样轻松愉快，可是，却像毕达哥拉斯派的哲学家或像鱼儿那样沉默不语。帕斯克-上帝！朋友们，我真想有人跟我说说话。——人的声音在人的耳朵里就是音乐。这话不是我说的，是亚历山大城的迪迪姆①说的，真是至理名言！——当然，亚历山大城的迪迪姆不是平庸的哲学家。——同我说句话吧，美丽的姑娘！我求求您，同我说句话。——对了，您从前特别喜欢噘嘴，那动作很滑稽；您现在还常做吗？朋友，您知道吗？高等法院对避难所有司法权，您在圣母院那间小屋里多么危险。唉！那真是小蜂鸟在鳄鱼嘴里筑巢呀！——老师，月亮又出来了。——但愿我们不被发现！——我们救小姐，这是做了件好事，可是，被他们抓到，他们会以国王的名义把我们全绞死的。唉！人做的事都可以从两个方面来解释。同样一件事，发生在我身上会受到谴责，可发生在您身上就会受到赞扬。赞美恺撒的人却指责卡蒂利纳②。老师，您说对不对？您说这个哲理怎么样？我天生就具备哲学的才能，**正如蜜蜂天生懂几何学一样**③。——嘿！谁都不理我。你们两人的脾气真叫人受不了！我只好自言自语了。这就是我们悲剧中所说的独白。——帕斯克-上帝！——我告诉你们，我刚才见到了路易十一，这句粗

---

① 迪迪姆（311—389），古希腊盲人哲学家。

② 卡蒂利纳（前109—前62），古罗马贵族，多次策划推翻西塞罗。恺撒知道后，参与了阴谋，但较早脱身，并利用了这几次叛乱。

③ 原文为拉丁语。

话是从他那里学来的。——真是帕斯克-上帝！他们怎么还在老城大吼大叫。——路易十一是一个既难看又可恶的老国王。他全身裹在皮衣服里。他还欠着我婚礼赞歌的赏钱呢，就算今天夜里没有绞死我，也不能完全抵销呀。不过，我要是被绞死了，也就不能讨债了。——他对有能力的人是很吝啬的。他应该好好读一读萨尔维安·德·科隆①的《驳吝啬》，一共有四卷。一点不假！国王对待文人极其狭隘，甚至非常残酷，非常野蛮。他是一块海绵，专从人民身上吸取血汗钱。他敛起财来就像生了病的脾脏，肿了自己，却瘦了身体其他部位。因此，人民对时世艰难的抱怨，转成了对国王的不满。在这个温良而虔诚的国王统治下，绞刑架因为绞的人太多快要折断了，断头台由于沾满了鲜血正在腐烂，监狱就像塞得太满的肚子就要撑破。国王一只手搜刮，另一只手绞死人。他是盐税夫人和刑台先生的代理人。王公贵人被剥夺爵位，平民百姓备受压榨。这个国王实在太过分了。我可不喜欢他。老师，您呢？"

黑衣人任诗人唠唠叨叨，喋喋不休，他自己继续同激流搏斗。激流使小船转了方向，船头朝向老城，船尾朝向圣母岛②，也就是我们现在所说的圣路易岛。

"对了，老师，"格兰古瓦突然又问，"我们穿过狂怒的乞丐队伍，到达前庭广场的时候，您注意到那个可怜的小鬼了吗？就是被您的聋子扔到列王长廊的栏杆上砸破脑袋的那个。我的视力不好，没认出是谁。您知道那可能是谁吗？"

陌生人不作回答。但他突然停止划桨，两只胳膊像断了似的耷拉下来，脑袋垂到胸前。爱斯梅拉达听见他抽搐地叹了口气，她打了个寒噤。她听到过这样的叹息。

小船因无人划桨，顺水漂了一会。但是，黑衣人终于振作起来，拿起桨，又开始逆流而上。他绕过圣母岛，朝干草港码头划去。

"啊！"格兰古瓦说，"前面就是巴博府了。——老师，您看那一片黑压压的屋顶，尖脊妙不可言。就在那边，在一堆又低又沉又乱又脏的乌云下，挤在云堆里的月亮就像破了壳的蛋黄流散开来。——那是一座漂亮的

---

① 萨尔维安·德·科隆，5世纪的基督教历史学家。
② 他们应该向圣母岛的方向驶去，按理说，船头应朝向圣母岛。

公馆。里面有一座小教堂，顶上有一个小穹隆，雕刻精美华丽。在穹隆上面，您可以看见精刻细镂的钟楼。还有一座可爱的花园，里面有一个池塘，一座鸟棚，一个回声廊，一个槌球场，一片曲径纵横的树林，一座饲养野兽的房舍，还有几条绿荫掩映、深受维纳斯喜爱的幽径。还有一棵外号叫'好色之徒'的大树，因为它曾是某个臭名远扬的公主和一个风流倜傥、才气横溢的元帅幽会的地方。——唉！我们这些可怜的哲学家，与一个元帅相比，简直就像卢浮宫花园里的一畦白菜或萝卜。不过，这有什么关系？不管对于大人物还是对于我们，生活总是有好有坏，痛苦总是伴随着欢乐，正如古诗中扬抑抑格旁边总有扬扬格一样①。——老师，我应该给您讲一讲巴博府的故事。结局很惨。那是1319年的事，菲利浦五世统治时期，他是法国在位时间最长的国王。这个故事的教训是，肉欲的诱惑是有害的，危险的。我们尽量不要把眼睛盯着邻居的妻子，不管我们的官能对她的姿色多么敏感。奸淫是一种极其淫荡的思想。通奸是对别人肉欲的好奇……咦！那边的喧闹声怎么更大了！"

圣母院周围的喧闹声的确越来越大了。他们侧耳细听，清楚地听到了欢呼胜利的喊声。突然，在圣母院的各个楼层，在钟楼上，在廊台上，在扶壁拱架下，亮起了无数火把，火光下，士兵们头盔闪闪发亮。人们举着火把似乎在寻找什么。不久，这三个逃跑者清楚地听见远处在喊："埃及女人！女巫婆！绞死埃及女人！"

可怜的埃及姑娘低下头，用手捂住脸，陌生人拼命向河岸划去。然而，我们的哲学家却在思考着什么。他紧紧地搂住山羊，把身子轻轻地从埃及姑娘身边挪开，可是，埃及姑娘却越来越紧地靠在他身上，仿佛这是她唯一剩下的避难所。

格兰古瓦的确左右为难。他想，按照现行的法律，小山羊被抓住后也要绞死，那样就太可惜了，可怜的加利！他又想，身后像这样拖着两个囚犯，似乎太累赘。不过，好在他的同伴巴不得能够照顾埃及姑娘。他就像《伊利亚特》中的朱庇特，思想斗争十分激烈，在埃及姑娘和小山羊之间来回掂量，含着眼泪一会儿看看这个，一会儿看看那个，嘴里喃喃自语："我

---

① 欧洲古代的一种诗歌格律，扬抑抑格是一长音节和两短音节（— · ·）为一韵步的诗行，扬扬格是两长音节（— —）为一韵步的诗行。

可没有办法同时救你们两个呀。"

小船剧烈摇晃了一下,他们知道靠岸了。老城仍然充满着不祥的喊声。陌生人站起来,走到埃及姑娘身边,想扶她上岸。她把他推开,去拽住格兰古瓦的衣袖。可是,格兰古瓦忙着照顾山羊,有意无意地把姑娘推开了。于是,她只好自己跳上岸。她心中惶恐不安,不知道该做什么,往哪里去。她呆呆地望着河水。过了一会儿,等她回过神来,就只剩下她自己和陌生人待在岸边了。看样子,格兰古瓦利用上岸的机会,带着山羊悄悄溜进水上谷仓街那堆房屋中了。

可怜的姑娘发现就她自己同那个人在一起,不由得浑身颤抖。她想说话,想喊叫,想呼唤格兰古瓦,可她的舌头动弹不了,一个音也发不出来。忽然,她感到陌生人的手抓住了她的手。那只手冰凉冰凉的,却非常有劲。姑娘牙齿直打战,脸色变得比照着她的月光还要惨白。那人默不作声,拉着她的手,大步地向河滩广场走去。在这瞬间,她朦朦胧胧地意识到,命运是一股不可抗拒的力量。她无可奈何,只得听凭他拖着拉着。他是在走,而她却在跑。这一段河堤是上坡,可她却觉得在走下坡。

她环顾四周,不见一个行人。沿河马路极其荒凉。她听不到声音,感觉不到人在活动,只有老城仍然火光冲天,人声嘈杂,与她仅隔一条河汊,但从那传来的声音中,混杂着她的名字和要求处死她的呼声。巴黎的其余部分以一团团黑影铺展在她的周围。

然而,陌生人依然一声不吭,拉着她大步往前走。她怎么也想不起来从前是不是走过这些地方。经过一个有灯光的窗口时,她拼力挣扎,突然站住,高喊"救命"。

那屋子里的市民打开窗户,穿着衬衣拿着灯出现在窗口,睡眼惺忪地望了望沿河街,嘀咕了几句,但她听不见说的是什么。接着,百叶窗又关上了。最后的一线希望熄灭了。

黑衣人仍然一言不发,紧紧抓着她的手,继续赶路,并且走得更快。她不再反抗,心如死灰地跟在他后头。

有几次,她强打精神问他是谁,由于一路奔跑,加之路面不平,说话上气不接下气。他始终不回答。

他们像这样沿着河岸来到了一个相当大的广场。那是河滩广场。月光朦胧,依稀可见广场中央矗立着一个黑十字架似的东西,那是绞刑架。她认出是绞刑架,知道自己在河滩广场上了。

那人停下来,转过身,掀开风帽。

"啊!"姑娘一下惊呆了,结结巴巴地说,"我早就猜到是他。"

正是神父。他看上去就像是自己的鬼魂,那是月光的作用。在这样朦胧的月光下,看什么都像是幽灵。

"听着……"他对她说,声音阴郁。她打了个寒噤,她已很久没有听到这个声音了。他接着往下说,断断续续,气喘吁吁,说明他内心极度不安:"听着。我们在这里。我有话要对你说。这里是河滩广场。这里是终点。命运把你给了我,把我给了你。我将决定你的生命,你将决定我的灵魂。我们面前是广场和黑夜,在广场和黑夜的那边,什么也看不见。所以,你得听我说。我要告诉你……先得说清楚,不要给我提起你的弗比斯。(他在说这话的时候,就像一个站不住的人,来回走动,走到哪,就把她拉到哪。)不要跟我提起他。明白吗?假如你提起他的名字,我不知道我会干什么,但一定很可怕。"

说完,他好像恢复了重心,静止不动了,可是,他的话语却显示出他的内心仍然非常激动。他的声音越来越低。

"别这样背过脸去。听我说。这是一件严肃的事。首先,我要告诉你发生的事。——这绝不是开玩笑,我向你发誓。——我刚才说什么来着?提醒我一下!哦,想起来了。高等法院下了道命令,要把你再次送上绞刑架。刚才,我把你从他们手中救了出来。可是,他们还在追捕你。瞧那边。"

他伸出胳膊,指指老城。那边的确还在继续搜寻。喧哗声越来越近。河滩广场对面刑事长官府的塔楼上人声嘈杂,灯火通明,还可以看见士兵们在对面的河岸上跑来跑去,他们擎着火把,大叫大嚷:"埃及女人!埃及女人在哪里?绞死她!绞死她!"

"看见了吧,他们在追捕你,我没有撒谎吧。我,我爱你。——别开口,如果你是想对我说你恨我,就不必了。我已下决心不再听这个。——刚才我救了你。——让我先说完。——我可以救你救到底。我什么都准备好了。就看你愿不愿意。只要你愿意,我就能做到。"

他戛然停下:"不,这不是我要说的。"

他跑向绞刑架,仍然不松手,拉着她一起跑。他用手指着绞刑架,冷酷地对她说："你在我和它之间选择吧！"

她从他手中挣脱出来，跪倒在绞刑架下，拥抱阴冷的柱脚。然后，她把美丽的脑袋转过一半，越过肩头，望着神父。她就像一个圣女跪在十字架下。神父站着没有动弹，手指头依然指着绞刑架，那姿态就像一尊塑像。

最后，埃及姑娘对他说："您比它更使我感到恐怖。"

听到这句话，他慢慢地放下胳膊，垂头丧气地望着铺石路面。"如果这些石头会说话，"他喃喃自语，"是的，它们会说我是一个非常不幸的人。"

他继续往下讲。姑娘让他讲，不打断他。她仍然跪在绞刑架前，整个人隐没在她的长发中。现在，神父的声调悲哀而温柔，这与他高傲而粗暴的面孔形成痛苦的对照。

"可我爱你。呵！这完全是真的。我内心燃烧着爱情的火焰，却什么也没有表露出来！唉！姑娘呀，那火日日夜夜，是的，日日夜夜在我胸中燃烧，难道这不值得怜悯吗？这是一种日夜煎熬的爱情，我告诉您，这是一种酷刑呀。——呵！我痛苦极了，我的孩子！——这是值得同情的呀，我向您保证。你看，我同您说话那样温和。我真希望消除您对我的恐惧。——再说，一个男人爱上一个女人，这不是他的错呀！——呵！我的上帝！——怎么！您永远也不原谅我？您肯定会永远恨我的！毫无希望了！这会使我变得很坏，您看吧，变得连我自己都厌恶！——您看都不看我一眼！我站着同您说话，面对着我们两人的永恒深渊瑟瑟发抖，可您也许在想别的事！——千万别给我提那个军官！——我真想扑倒在您的脚下！我真想吻……不是吻您的脚，您不会愿意的，而是吻您脚下的泥土！我真想像孩子似的哭一场，从我的胸中掏出……不是掏出话语，而是掏出我的心，我的五脏六腑，为了对您说我爱您。可是，一切都没有用了，一切！——然而，我知道，您的内心只有温柔和宽容，您浑身都散发着温柔的光辉，您是那样甜美、善良、仁慈、可爱。唉！您只对我一个人怀有恶意。呵！这是什么命运呀！"

他用手捂住脸。姑娘听见他哭了。这是第一次。他这样站着，哭得身子一抽一搐，比跪着乞求更可怜，更有说服力。他哭了好一会儿。

等眼泪过去后，他又说："唉！我找不出话来了。可我要说的话我早就想好了的。现在，我在发抖，我在打战，在关键的时刻，我没有勇气了，我觉得有一种至高无上的东西笼罩着我们，使我说话结结巴巴。呵！您如果不可怜我，也不可怜你自己，我就要倒下了。不要让我们两人都受到惩罚。您要知道，我多么爱您呀！我这颗心是怎样的心呵！我背叛了一切道德！我不顾一切地抛弃了我自己！我是博士，却嘲弄科学；我是贵族，却辱没我的姓氏；我是神父，却头枕弥撒书而心思淫乐，向上帝脸上吐唾沫！这一切都是为了你呀，你这个迷人的妖精！为了更有资格走进你的地狱！可你却不要我这个罪人！呵！让我把一切都告诉你吧！还有呢，比这更可怕，呵！更可怕！……"

说到最后几句，他一副精神错乱的样子。他沉默了一会，接着又说，像是自言自语，但声音却很大："该隐①啊，你对你弟弟做了什么呀！"

接着又是一阵沉默，然后他又说："上帝啊！我对我弟弟做了什么呀？我收养他，抚育他，栽培他，我喜欢他，宠爱他，可我把他杀了！是的，上帝，刚才我看见他的脑袋在您教堂的石头上砸烂了，这都是因为我，因为这个女人，因为她……"

他目光惊恐不安。他又机械地重复了好几遍："因为她……因为她……"声音越来越小，间隔的时间越来越长，就像一口钟在发出最后的颤音。终于，他的舌头不再发出任何可以听见的声音了，但他的嘴唇却仍在翕动。突然，他瘫倒在地上，就像什么东西塌下来一样；他坐在地上，头埋在两腿中间，一动也不动。

姑娘把压在他身下的脚轻轻抽出来，这微微的动作使他恢复了意识。他用手抚摸深陷的脸颊，对着被泪水沾湿了的指头发了一会儿愣。"怎么！"他喃喃地说，"我哭了！"

接着，他蓦地转身面对埃及姑娘，极度不安地说：

"唉！您看着我哭居然无动于衷！孩子，你知道，这眼泪是火山的熔浆呀！难道你憎恨的人真的不能打动你的心吗？你看见我死去，一定会笑的。可我，呵！我不愿意看见你死去！说句话吧！说一句宽恕我的话！不必说你爱我，只要说你愿意，这就够了，我就可以救你。否则……呵！时间过得快哪，我以一切圣物的名义哀求你，说句话吧，否则，我又会变得冷酷无情，就像这个绞刑架，它也在要你呢。想一想我手中攥着我们两人的命运，而我已丧失理智，这是非常可怕的，我会抛弃一切，我们脚下是

---

① 该隐，亚当与夏娃的长子，因嫉妒弟弟深得上帝宠爱而将弟弟杀死。

无底深渊，不幸的姑娘，即使坠入这深渊，我也会永远追逐你！行行好，说句话吧！说一句吧！只要一句！"

她张开嘴，想要回答。他赶紧跪在她面前，打算崇敬地聆听她嘴里吐出的话语，他想很可能是一句同情话。可是她却说："您是杀人凶手！"

神父疯狂地搂住她，发出可怕的狂笑。"是的！是杀人凶手！"他说，"可那样我会得到你。你不要我做奴隶，那你就等着我做你的主人吧。我会得到你的。我有一个窝，我要把你拖进去。你得跟我走，你必须跟我走，否则，我就把你交出去！要么死，美人，要么属于我！属于一个神父！属于一个叛教的人！属于一个杀人凶手！从今天夜里起，听见了吗？来吧！让我们快乐吧！来吧！吻我吧，疯子！要么是坟墓，要么是我的床！"

他的眼睛冒着淫秽而狂烈的欲火，灼热的嘴唇烫红了姑娘的脖子。姑娘在他怀里挣扎。他用湿漉漉的嘴唇吻遍她全身。

"不要咬我，恶魔！"姑娘喊道，"啊！臭气熏天的修士！放开我！我要扯下你可恶的白头发，一把一把地扔到你脸上！"

他的脸红一阵，白一阵，然后，他松开她，阴沉地看着她。姑娘以为取得了胜利，接着又说："我告诉你，我属于我的弗比斯，我爱的是弗比斯。弗比斯多么漂亮！你呢，神父，又老又丑！你滚吧！"

他像被烧红的铁烙了一下，狂叫一声。"那你就死吧！"他咬牙切齿地说。她看见他的目光极其可怕，她想逃走。他又抓住她，摇晃她，把她扔到地上。然后，拽住她两只漂亮的手，拖着她朝罗朗塔楼的拐角处大步走去。

到了那里，他转身对她说："再问一次，你愿意跟我吗？"

她用力回答："不！"

于是，他大声喊道："居迪尔！居迪尔！这是那个埃及女人！你报仇吧！"

姑娘觉得有人猛地抓住了她的胳膊。她看了看。那是一只骨瘦如柴的胳膊，是从墙上的窗洞里伸出来的，像铁钳那样紧紧把她夹住了。

"抓牢！"神父说，"她就是在逃的埃及女人。不要松手。我去找警官来。你就要看到她被绞死了。"

"哈！哈！哈！"从墙里面传出一阵发自喉部的笑声，那是对神父血腥言辞的回答。姑娘看见神父朝圣母桥那边跑去，很快就消失了。可以听到那边有马蹄声。

姑娘认出是那个凶恶的隐居婆。她吓得气也喘不过来了。她试图挣脱出来。她扭动着身体,像垂死的人那样绝望地跳了几次,但是,对方以异乎寻常的力气抓住她不放。那瘦骨嶙峋、肮脏不堪的手指头在她的肉上挤捏着,收缩着,把她紧紧箍住,仿佛铆在她的胳膊上了。这不只是铁链,不只是手铐,不只是铁圈,这是从墙里面冒出来的有思想有生命的铁钳子。

姑娘精疲力竭,靠在墙上,这时,内心升起了对死亡的恐惧。她想到生活多么美好,青春、天空、大自然多么美丽,想到了爱情和弗比斯,想到了正在消失的一切和即将来临的一切,刽子手就要来到,绞刑架就在眼前。于是,她觉得恐惧一直渗入她的头发根上。她听见隐居婆狰狞的笑声,听见她低声对她说:"哈!哈!哈!你要被绞死了。"

她有气无力地把脸转向窗口,从铁栅里看见了赎罪婆像野兽般凶恶的面孔。"我什么地方对不住您?"她就像快断气似的问道。

隐居婆不做回答,却用愤怒而讥讽的念经般的声调喃喃自语:"埃及女孩!埃及女孩!埃及女孩!"

不幸的爱斯梅拉达明白自己不是在和人打交道,于是又垂下脑袋,头发披散下来。

忽然,隐居婆叫了起来,仿佛埃及姑娘提的问题刚刚进入她的大脑:"你什么地方对不住我?你问这个?——呵!你什么地方对不住我,埃及女人!好吧!你听着。——我有过一个孩子,我!听明白了吗?我有过一个孩子!一个孩子,我告诉你!——一个漂亮的小女孩!——我的阿涅斯,"她茫然若失地喊着女儿的名字,在黑暗中吻着什么东西,"怎么样!明白了吗,埃及女孩!有人偷走了我的孩子。这就是你对不住我的地方。"

姑娘就像一只可怜的羔羊,回答道:"那时候我也许还没出生呢!"

"不!出生了!"隐居婆说,"肯定出生了。你也有份。她要是活着,也是你这个年纪!就这样!——我待在这里十五年了,我痛苦了十五年,祈祷了十五年,把我的头在墙上撞了十五年。——告诉你,是那些埃及女人把我的孩子偷走的,听见了吗?她们把她吃了。——你有没有心肝?你想象一下孩子玩耍、吃奶和睡觉的样子!可爱极了!——呵!她们夺走的,她们杀死的就是这个!就是这个!仁慈的上帝知道得清清楚楚!——今天轮到我了,我要吃埃及女孩子的肉。——呵!要是没有这些铁条拦着,我就可以咬你了。我的头太大过不去！——我可怜的孩子！她还睡着哪！她们去偷她的时候，她被惊醒了，叫也是白叫呀，我那天不在家呀！——啊！埃及的母亲们，你们吃掉了我的孩子！来看看你们的吧！"

说完，她大笑起来，或者说是咬牙切齿，因为在这愤怒的脸上，很难分清是笑还是咬牙。天快亮了。鱼白色的曙光朦朦胧胧地照着这一场景，广场上的绞刑架越来越清晰。可怜的女犯似乎听见圣母桥那边的马蹄声越来越近了。

"太太！"她双手合十，双膝跪地，披头散发，惶恐不安地喊道，"太太！可怜可怜吧！他们来了。我没做过对不起您的事。您难道愿意看见我这样可怕地死在您眼前吗？您会有怜悯心的，我肯定。这太可怕了。让我逃走吧！放开我！开开恩吧！我不愿意这样死去呀！"

"还给我孩子！"隐居婆说。

"开开恩吧！开开恩吧！"

"还给我孩子！"

"放开我，看在上天的分上！"

"还给我孩子！"

姑娘又一次倒下了。她精疲力竭，眼神已像坟墓里的死人一般呆滞。"咳！"她断断续续地说，"您在找您的孩子，可我却在找我的父母。"

"还我的小阿涅斯！"居迪尔说，"你不知道她在哪里？那你就等着死吧！——我要告诉你，我从前是妓女，我有一个孩子，有人把我的孩子偷走了。——是那些埃及女人偷走的。你明白你得死了吧。要是你的母亲埃及女人来要回你，我会对她说：'当母亲的，看看那绞刑架吧！'——要不你就还给我孩子。——你知道我可爱的女儿在哪里吗？喏，我给你瞧瞧。这是她的鞋子，是她留给我的全部东西。你知道另一只在哪里吗？你知道的话就告诉我，哪怕是在天涯海角，我也会跪着跑去寻找。"

说着，她从窗洞里伸出另一只手臂，把那只绣花小红鞋拿给埃及姑娘看。这时天色已相当亮了，可以看清楚鞋的形状和颜色。

"给我看看。"埃及姑娘颤抖着说，"上帝！上帝！"一面说，一面用闲着的手急忙打开挂在脖子上的饰有绿玻璃的小荷包。

居迪尔咕哝道："哼！哼！你就摆弄魔鬼给你的护身符吧！"她蓦然住口了，浑身哆嗦，用发自肺腑的声音喊道："我的女儿！"

埃及姑娘从荷包里拿出了一只小鞋，跟那只一模一样。小鞋上别着一张羊皮纸，上面写着两行诗：

> 小鞋成双之时，
> 母女相逢之日。

转眼工夫，隐居婆已把两只鞋做了比较，读了羊皮纸上的文字，她笑逐颜开，脸贴到窗栅上，喊道："女儿！我的女儿！"

"我的母亲！"埃及姑娘应道。

激动的情景是难以描绘的。

她们中间隔着墙壁和窗栅。"呵！该死的墙！"隐居婆喊道，"呵！看见她，却不能拥抱她！把你的手给我！你的手！"

姑娘把胳膊伸进窗洞，隐居婆扑到那只手上，嘴唇贴上去，久久地亲吻着，要不是她的身体因哭泣而不时地抽搐，真会以为她已经断了气。她在黑暗中无声地哭泣，眼泪哗哗往下流，就像黑夜下起了倾盆大雨。可怜的母亲要把十五年来在她的心里一滴一滴积聚起来的泪水，从那又深又黑的泪井里全部倾注到她所崇拜的那只小手上。

突然，她抬起头，把披在额头上的灰白长发掠开，一句话也不说，开始用两只手凶猛地摇晃窗上的铁条，就像一头狂怒的母狮。铁条岿然不动。于是，她到墙角里拿来一块做枕头的石板，使劲向铁条砸去，一根铁条冒着火花断裂了。她又砸了一下，那拦住窗洞的老朽的十字形铁栅就彻底摧毁了。她用力把生锈的铁条折断，然后拔掉。有时候，女人的手有超人的力量。

不到一分钟，通道就打开了。她拦腰抱住女儿，把她拖进小屋，嘴里喃喃地说："过来！让我把你从深渊中救出来。"

她把女儿拉进小屋后，轻轻放在地上，然后，又把她搂在怀里，就像在搂着她的小阿涅斯。她在狭窄的小屋里走来走去，边走边吻女儿，边走边同她说话，欣喜若狂，如醉如痴，又哭又笑，又喊又唱，这一切都是同时的，而且情绪激烈。

"我的女儿！我的女儿！"她说道，"我找到我女儿了！她就在这里。仁慈的上帝把她还给我了。喂！你们！你们都来呀！那边有人吗？快来看呀，我找到女儿啦。我主耶稣，她多美啊！您让我等了十五年，仁慈的上帝，您是想让她长成漂亮的姑娘后才还给我。——那些埃及女人没有把她吃掉嘛！这是谁造的谣？我的小女儿！我的小女儿！亲亲我呀。那些善良的埃及女人！我喜欢埃及女人。——真的是你，怪不得你每次从这里经过，我的心都怦怦地跳呢。我一直以为那是仇恨。原谅我，我的阿涅斯，原谅我。你一直认为我很凶恶，是吧？我爱你。——你脖子上的那颗痣还在吗？让我看看。还在哪。呵！你长得多美！是我给了你这么大的眼睛，小姐。亲亲我。我爱你。现在，别的母亲有自己的孩子，我不在乎了，我也可以嘲笑她们了。让她们来吧。我也有孩子。瞧她的脖子，她的眼睛，她的头发，她的手。你们能找到这样漂亮的吗？呵！我敢保证会有好多男人爱她的！我哭了十五年。我的美貌全都跑到她身上了。亲亲我呀！"

她还说了许多荒唐话，声调极其动听。她弄乱了可怜姑娘的衣服，姑娘羞得面红耳赤。她用手梳理姑娘丝一般的头发，她亲吻她的脚，她的膝盖，她的额头和眼睛，对一切都赞叹不已。姑娘任她爱抚，不时地用柔情似水的声音轻轻呼唤："我的母亲！"

"你看，我亲爱的女儿，"隐居婆又说，边说边亲，声音断断续续，"你看，我会爱你的。我们离开这里。我们会很幸福。我在兰斯，在我的家乡，继承了一点遗产。你知道兰斯吗？啊！不，你不会知道，那时候你太小。你知道你四个月的时候多么漂亮呵！你的脚丫子一点点大，都有人好奇地从七里外的埃佩内赶来看你的脚哩。我们会有一块地，一座房子。我要让你睡在我的床上。我的上帝！我的上帝！谁会相信？我找到女儿了！"

"啊！我的母亲！"姑娘终于克制住激动，能够说话了，"那个埃及女人早就对我说过。我们中间有一个善良的女人，去年死了，她一直像奶妈一样照顾我，就是她把这个荷包挂在我脖子上的。她常对我说：'孩子，好好保存这东西。这可是宝贝。它会保佑你找到你的母亲。你是把你的母亲挂在你脖子上哪。'她说中了，那个埃及女人！"

赎罪婆又一次紧紧搂住女儿："来，让我亲亲你！你说得多好。等我们回到老家，就把这双鞋拿去给教堂的圣婴穿上。多亏慈悲的圣母，我们才能够重逢。我的上帝！你的声音多好听！刚才你同我说话时，就好像在唱歌似的！可是，这样的事真不敢相信是真的！人不会轻易死的，因为我这样高兴，也没有死嘛。"

接着,她拍起手来,又笑又喊:"我们就要过幸福的日子啦!"

这时候,一阵清脆的兵器声和嘚嘚的马蹄声传进了小屋,听上去马队好像已经走出了圣母桥,沿着河堤朝这边开来。埃及姑娘忧虑不安,扑到隐居婆的怀里。

"救救我!救救我!母亲!他们来了!"

隐居婆骤然脸色发白。

"啊!天哪!你说什么?我怎么忘了!有人在追捕你!你干了什么了?"

"我不知道,"苦命的孩子回答,"我被判处死刑了。"

"死刑!"居迪尔像是挨了雷击,踉跄了一下。"死刑!"她呆呆地又重复了一遍,眼睛愣愣地看着女儿。

"是的,母亲,"姑娘惊慌失措地回答,"他们要杀我。他们来抓我了。那绞刑架是用来绞死我的。救救我!救救我!他们快到了!救救我!"

隐居婆就像变成了石头似的半天没有动弹,然后疑惑地摇摇头,接着,突然发出狂笑,那笑声又像从前那样令人毛骨悚然:"嘿!嘿!不!你说的是一场梦。啊!是呀!我把她丢了,丢了十五年,现在她回到了我的身边,可是才一分钟呀!他们又要把她抢走!现在她长大了,非常漂亮,她同我说话,她爱我,可现在他们要来吃她,当着我这个做母亲的面!不!绝不会有这样的事!仁慈的上帝不会允许的。"

这时,马队似乎停了下来,远处有人在说:"从这里走,特里斯坦老爷!神父说我们在老鼠洞那儿可以找到她。"马蹄声又响了。

隐居婆直起身子,绝望地叫道:"快逃吧!快逃!我的孩子!我全想起来了,你说得对,是要绞死你。太可怕了!我诅咒他们!你快逃命吧!"

她把头放到窗口,又赶紧缩回来。

"来不及了。"她低声说,声音短促而凄然。她紧紧握住姑娘的手,那姑娘已经吓得像死了一般:"待着别动!不要出声!到处都是兵。你不能出去,外面已经很亮了。"

她的眼睛发干,像有火在燃烧。她好一会儿没有说话,在小屋里大步走动,有时停下来扯下一把白头发,用牙齿把头发咬断。

忽然,她说:"他们过来了。我来和他们说话。你躲在这个角落里。他们看不见的。我对他们说你逃跑了,我放你走了。就这样说。"

她把女儿放下(因为一直是抱着的),藏到从外面看不见的一个角落里。她让她蹲下去，仔细摆弄了一番，不让她的手和脚露在光亮中，把她的黑发散开，盖住她的白裙子，把仅有的家具——水罐和石板枕头搬到她前面，以为这两样东西可以把她遮住。安顿好后，心里平静些了，她就跪下来祈祷。天刚亮不久，老鼠洞里仍然很黑。

这时候，神父的声音，那个阴森可怕的声音，在小屋附近喊了一声："从这儿走，弗比斯·德·夏多佩队长！"

听到这个名字，听见这个声音，蹲在角落里的爱斯梅拉达动了一下。
"别动！"居迪尔说。

话音刚落，就听见嘈杂的人声、马蹄声和兵器声在小屋前面停了下来。母亲赶紧站起来，堵在窗口不让人看见屋里。她看见一大队武装的士兵，有步兵，也有骑兵，在河滩广场上摆开了阵势。带队的跳下马，向她走来。"老家伙！"那人说，面目异常残忍，"我们在找一个女巫婆，要把她绞死。有人对我们说在你这里。"

可怜的母亲尽量装出漠不关心的样子，回答说：
"您说什么？我听不大明白。"

那人又说："上帝的脑袋！副主教掉了灵魂了，怎么胡说八道！他人呢？"

"大人，"一个士兵说，"他不见了。"

"喂，老疯婆子，"带队的又说，"不要撒谎。有人把一个女巫婆交给你看管了。你把她怎样了？"

隐居婆怕引起怀疑，不想全部否定，以诚恳而气愤的语气回答："如果你指的是刚才有人交给我的高个子姑娘，我可以告诉你，她咬了我一口，我一松手，她就跑了。就这些。让我安静些吧！"

带队的那个人失望地做了个鬼脸。

"不要对我撒谎，老鬼婆。"他说，"我叫特里斯坦·莱尔米特，我是国王的伙计。特里斯坦·莱尔米特，听见了吗？"他看了看附近的广场，又说："这个名字在这里可响亮呢。"

"哪怕您是撒旦·莱尔米特，"居迪尔又看到了希望，回答道，"我也没有别的话对您说，我也不会怕您。"

"上帝的脑袋！"特里斯坦说，"真是个饶舌婆！呃！你说女巫逃跑了，往哪边跑的？"

居迪尔满不在乎地回答：

"我想是从绵羊街吧。"

特里斯坦回过头去，做了个手势，让他的部队准备开路。隐居婆松了口气。

"大人，"不料，一个弓手说，"您问问老巫婆，为什么窗上的铁栅拆成这个样子。"

听到这个问题，可怜的母亲又惶恐不安起来，但她还没有完全丧失冷静。"一直就这样。"她期期艾艾地说。

"呵！"那弓手又说，"这十字铁栅昨天还好好的，令人肃然起敬呢。"

特里斯坦向隐居婆瞟了一眼。

"我想这个饶舌婆发慌了。"

不幸的女人意识到一切将取决于她的神态，尽管她内心十分痛苦，仍然冷嘲热讽。做母亲的就有这个本领。"呵！"她说，"这个人喝醉了。一年前，一辆装满石头的马车经过这里，车后身撞到我的窗户上，铁栅栏给撞下来了。我还把车夫臭骂了一顿呢。"

"这倒是真的，"另一个弓手说，"我正好在场。"

像这种事事都亲眼见过的人哪里都能碰到。这个意想不到的见证使隐居婆恢复了勇气，她感到刚才那场盘问就像是踩着刀刃跨过了一道深渊。

可是，她注定要经受希望和惊吓的轮番折磨。

"如果是马车撞的，"第一个弓手又说，"那铁条也应该向里弯呀，怎么是往外弯的呢？"

"嘿！嘿！"特里斯坦对那个士兵说，"你的鼻子和大堡的预审法官一样灵敏。老家伙，快回答他的问题。"

"上帝！"她绝望地喊道，声音不由自主地带着呜咽，"我向您发誓，大人，是马车撞坏这窗栅的。您也听见那人说亲眼看见的。再说，这跟您那个埃及姑娘有什么关系！"

"嗯！"特里斯坦咕哝了一声。

"见鬼！"士兵受到上司的夸奖，非常得意，又说，"铁条的断痕明明是新的！"

特里斯坦点点头。隐居婆脸色顿然煞白。

"一个月，可能半个月，大人，我记不清了。"

"她起先说的是一年多。"士兵指出。

"这很可疑。"特里斯坦说。

"大人,"她喊道,依然紧贴着窗口,心里惶遽不安,怕他们一起疑心,把脑袋伸进小屋探望,"大人,我向您发誓,是一辆马车撞坏这铁栅的。我以天堂里天使的名义向您发誓。如果不是马车,我情愿永世罚入地狱,我就背弃上帝!"

"你发这个誓很狠嘛!"特里斯坦用审讯的目光看了她一眼。

可怜的女人感到越来越没有自信了。她发现自己正在干蠢事,说了不该说的话,心里非常恐惧。

这时,另一个士兵喊叫着跑过来:"大人,老妖婆撒谎。那女巫没有从绵羊街逃跑。街上的铁链一整夜都是张着的,看守没看见有人经过。"

特里斯坦脸色越来越阴沉。他质问隐居婆:"你还有什么可说的?"

面对这新的意外,她仍然想应付过去:"我不知道,大人,我可能搞错了。我想她是过河了吧。"

"那样的话,方向就反了。"特里斯坦说。"她怎么可能再回老城去呢?那里正在追捕她。你撒谎,老家伙。"

"再说,"发现窗栅损坏的那个士兵帮腔说,"河的这边和对岸都没有船嘛。"

"也可能是游过去的呢。"隐居婆寸步不让,反驳道。

"女人会游泳吗?"那士兵问。

"上帝的脑袋!老家伙,你撒谎!你撒谎!"特里斯坦气愤地说。"我真想撇下那女巫婆不管,把你绞死。拷问你一刻钟,你大概就会供出实情。来!跟我们走。"

她急不可待地抓住这个问题。"随您的便,大人。来吧,来吧。拷问我吧,我很愿意。把我带走吧。快!快!立刻就走。"她心里却在想:"把我带走后,我女儿就可以逃跑了。"

"天杀的!"特里斯坦说,"她对拷问架这么感兴趣!我真不明白这老东西葫芦里装的什么药。"

一个头发斑白的夜巡警从队伍里走出来,对特里斯坦说:"她确实疯了,大人!如果她放走了埃及姑娘,那就不是她的错,因为她不喜欢埃及女人。我在这一带巡夜十五年了,每天夜里都听见她没完没了地咒骂吉卜赛女人。如果我们追捕的，正像我认为的那样，是那个牵着山羊的跳舞姑娘，她更是对她恨之入骨。"

居迪尔竭力控制自己，说道："更是恨之入骨。"

夜巡队的人都证明老巡警说的是事实。特里斯坦·莱尔米特看到从隐居婆口中掏不出什么东西，便死了心，转身走了，隐居婆忧心忡忡地看见他慢慢地朝他的马走去。"算了！"他咬牙切齿地说，"上路！继续搜寻。不把埃及姑娘绞死，我绝不睡觉。"

可是，他在上马之前又踌躇起来。居迪尔看见他像猎狗嗅出附近有兽窝似的扫视广场，舍不得离开，她吓得心突突直跳，就像处在生死关头那样。最后，特里斯坦摇摇头，跨上了马。居迪尔那颗提着的心终于放下了。自从那些人来到后，她一直没敢看她的女儿，这时，她看了一眼，低声对她说："得救了！"

可怜的孩子一直待在角落里，不敢呼吸，不敢动弹，感到死亡就在眼前。居迪尔和特里斯坦之间的对话，她句句听得真切。她母亲的忧虑在她心中回响。她听见把她吊在深渊上的那根绳子不停发出咔嚓的断裂声，多少次她仿佛看见那根绳已经断了，现在，她终于敢喘口气，感到脚踏实地了。就在这时，她听见有人对特里斯坦说：

"牛的角！司令官先生，我是当兵的，绞死巫婆不是我的事。暴民既已被镇压，绞死巫婆的事就留给你了。您不会反对我回部队吧，不能群龙无首嘛。"说话的正是弗比斯·德·夏多佩。她心里真有说不出的高兴。他就在这里，她的朋友，她的保护人，她的依靠，她的避难所，她的弗比斯！她站起来，母亲还来不及阻拦，她就已经冲到窗口，喊道："弗比斯！快来救我，我的弗比斯！"

弗比斯已经不在了，他策马飞奔刚拐进了刀剪街。可是，特里斯坦还没有离开。

隐居婆吼叫着扑向女儿。她抱住女儿的脖子拼命往后拉，指甲都掐进了她的肉里。她就像母虎护仔，不顾一切。但是为时晚矣，特里斯坦已经看见爱斯梅拉达了。

"嘿！嘿！"他纵声大笑，露出了全部牙齿，他的面孔活像恶狼的嘴脸，"老鼠洞里藏着两只老鼠哩！"

"我早猜到了。"那士兵说。

特里斯坦拍拍他的肩膀:"你是一只好猫!"接着,他喊道:"喂,昂里埃·库赞!"

一个长得不像兵也没穿军装的人应声出列。他的头发直直的,穿着一件半灰半褐色的衣服,袖子是皮的,一只大手拿着一捆绳子。此人从来都伴随着特里斯坦,正如特里斯坦从来都伴随着路易十一一样。

"朋友,"特里斯坦·莱尔米特说,"我猜想这就是我们要找的女巫婆。你去给我把她绞死。有梯子吗?"

"柱子房的库房里有一个,"那人回答,又指着石头绞刑架说,"是在那上面干吗?"

"是的。"

"嘿!"那人大笑一声,笑得比特里斯坦还要狰狞,"那就没多少路要走了。"

"快去吧!"特里斯坦说,"干完了再笑。"

自从特里斯坦看见埃及姑娘以后,隐居婆就知道一切都完了,一直没有说话。她把半死不活的埃及姑娘扔到那个角落里,又回到窗口站着,两只手犹如两只爪子,紧紧抓住窗台,毫不畏惧地来回扫视全体士兵,目光又变得野兽般凶狠和疯狂。当昂里埃·库赞走到小屋跟前时,她的面孔那样狰狞可怕,吓得昂里埃·库赞直往后退。

"大人,"他回到特里斯坦身边问道,"抓哪一个?"

"年轻的。"

"太好了。那老的似乎不好对付。"

"带着小羊跳舞的可怜小姑娘!"那个老巡警说。

昂里埃·库赞又来到窗口。母亲的目光吓得他不敢抬眼看她。他怯生生地说:

"太太……"

她用低弱但又愤怒的声音打断他说:"你要什么?"

"不是您,"他说,"是另一个。"

"哪个另一个?"

"那个年轻的。"

她摇摇脑袋喊道:"没有人!没有人!没有人!"

"有人!"刽子手说,"您很清楚。让我把年轻的带走。我不想伤害您。"

她古怪地冷笑道:"啊!你不想伤害我!"

"让我把那个年轻的带走吧,太太,是司令官吩咐的。"

她疯了似的又重复了一遍:"没有人!"

"我跟您说有人!"刽子手说,"我们都看见你们是两个人。"

"那你来看吧!"隐居婆冷笑着说,"把你的脑袋伸进来。"

刽子手看看那母亲的手指甲,不敢伸头。

"快点!"特里斯坦喊道,他刚把队伍调整成半圆形,围住了老鼠洞,自己骑着马待在绞刑架旁。

昂里埃束手无策,只好又去找特里斯坦。他把绳子放在地上,很不自然地用手转动着帽子。"大人,"他问,"从哪里进去?"

"从门呗!"

"没有门。"

"那就从窗子进。"

"窗太小。"

"把窗打大嘛,"特里斯坦生气地说,"你没有镐头吗?"

隐居婆依然伫立在窗口,从她的洞穴望着外面,她已不抱任何希望了,也不知道自己要干什么,但她决不让他们抢走她的女儿。

昂里埃·库赞到柱子房的库房里找来了干脏活的人的工具箱,还拿来了一架人字梯,立刻把梯子靠在绞刑架上。五六名士兵拿着镐头和撬棒,和特里斯坦一起向窗洞走去。

"老家伙,"特里斯坦声色俱厉地说,"乖乖地把姑娘交出来。"

隐居婆瞪着眼看他,就像没有听懂他的话似的。

"上帝的脑袋!"特里斯坦又说,"你干吗要妨碍我们执行圣旨绞死女巫?"

不幸的女人又爆发出粗野的狂笑。

"干吗?她是我的女儿。"

她说话的声调连昂里埃·库赞听了也打了个寒战。

"我很抱歉,"特里斯坦说,"可这是国王的旨意。"

她又笑了起来,笑得更加可怕:"你的国王跟我有什么关系?我告诉你,她是我的女儿。"

"挖墙!"特里斯坦说。

要在墙上打开一个相当大的入口,只需把窗洞下面的一块石头挖掉就行了。那母亲听见镐头和撬棒挖墙脚的声音,发出一声恐怖的喊叫,接着,在屋子里急速地转来转去,就像一头久久关在笼子里的野兽。她不再言语,但她的眼睛冒着怒火。士兵们吓得心惊胆战。

忽然,她捡起那块作枕头的石板,狂笑一声,举起石板就向挖墙的士兵扔去。但她双手发抖,扔得不准,石块没有砸到任何人,滚到了特里斯坦的马蹄旁。她牙齿咬得咯咯响。

这时候,尽管太阳还没有出来,可是天色已经大亮,美丽的朝霞使柱子房那几根破旧的烟囱变得赏心悦目。这座大城市里起得最早的居民正在愉快地朝屋顶打开他们的窗户。有几个市民,几个骑着毛驴到菜市场卖水果的人,正要穿过河滩广场,看见老鼠洞前面围着一群士兵,就停下来,惊讶地看了他们一会,然后又继续赶路。

隐居婆已去坐到女儿前面,用自己的身体作掩护,目光呆滞,听着那一动不动的可怜孩子不停地低声呼唤:"弗比斯!弗比斯!"随着挖墙工作的进展,隐居婆下意识地越来越往后退,把姑娘一直挤到了墙根上。突然,她看见那块石头松动了(因为她一直注视着那块石头,眼睛一刻也没离开过),接着,又听见特里斯坦为挖墙的人鼓劲的声音,于是,她从久不言语的消沉中清醒过来,大声吼叫,她喊叫的声音有时像锯子般刺耳,有时断断续续,含混不清,仿佛所有的诅咒都挤到唇边一齐爆发出来:

"噢!噢!噢!太可怕了!你们是强盗!你们真的要把我的女儿抢走?我跟你们说,这是我的女儿!呵!卑鄙的家伙!呵!刽子手!可耻的杀人凶手!救命哪!救命哪!快来救火哪!他们就这样把我的女儿抢走吗?仁慈的上帝在哪里呀?"

接着,她像一头豹子,匍匐在地,毛发竖立,目光慌乱,唾沫四溅地对特里斯坦说:

"你过来把我女儿抢走呀!你没听懂这个女人的话吗?这是她的女儿!你知道孩子对于母亲意味着什么吗?嘿!你这个猞猁!你就从来没有和你的母猞猁一起住过吗?你就从来没有过崽子?如果你有崽子,当他们号叫时,你心里就不难过吗?"

"把石头撬下来,"特里斯坦说,"已经松动了。"

撬棒把那块沉甸甸的基石掀了起来。我们前面讲过,这是那母亲的最后一个堡垒。她扑到石头上，想用身子顶住，并用手指头去抓，可是，巨石被六个人推着，她哪里抓得住，只见巨石顺着那些铁杠慢慢地滑到了地上。

母亲看见通道已打开，就横躺在洞口，用身体挡住，不让人进来。她挥舞双臂，脑袋在地上乱撞，用疲倦而嘶哑得几乎听不见的声音喊道："救命！快来救火！快来救火！"

特里斯坦依然无动于衷，说："把姑娘抓走。"

母亲看着士兵，目光异常可怕，吓得他们望而却步。

"快上呀！"特里斯坦说，"昂里埃·库赞，你上！"

谁也没有挪步。

特里斯坦骂了起来："基督的脑袋！算什么当兵的！竟然怕一个女人！"

"大人，"昂里埃说，"您说这叫女人？"

"她的头发像狮子的鬃毛！"一个士兵说。

"快上！"特里斯坦说，"洞口很大，三个人一起进，就像突破蓬图瓦兹的时候那样。快点干吧，穆罕默德！谁往后退，我就把谁劈成两半儿！"

两边都在威胁，士兵们夹在中间进退两难，犹豫了一会，终于下定决心，向老鼠洞挺进。

隐居婆看见他们上来，倏地爬起来，跪在地上，掠开遮在脸上的头发，然后，让擦破了皮的瘦骨嶙峋的两只手垂到大腿上，眼泪夺眶而出，泪珠一滴一滴地顺着脸颊上的皱纹往下淌，犹如溪水沿着河床往下流。她边哭边诉，声音那样恳切，那样温和，那样低三下四，那样感人肺腑，特里斯坦周围那些连人肉也敢吃的老巡警，不止一个掉下了眼泪。

"大人们！巡警先生们，听我说句话！这件事我必须对你们说。这是我的女儿，你们看见了吗？是我失散多年的亲爱的女儿，你们听着。我要告诉你们一段往事。你们想想，我跟巡警先生们很熟。当男孩子们因为我是妓女，向我扔石子的时候，巡警先生们对我很照顾。你们看见了吗？等你们知道以后，会把孩子给我留下的。我是一个可怜的烟花女子。是吉卜赛人把她偷走的。我甚至把她的小鞋子保存了十五年。你们看，就是这只鞋。她那时的脚一点点大。在兰斯！尚特弗勒里！苦刑街！这些你们也许都听说过。那就是我。那时我还年轻，正是好时光，有过一些美好的时刻。你们会可怜我的，是不是，大人？埃及女人把她偷走了，藏了十五年。我以为她死了。你们想想,善良的朋友们,我以为她死了。我在这里,在这个地窖里苦熬了十五个年头,冬天没有火。苦不堪言哪!可怜的亲爱的小鞋!我天天哭喊,仁慈的上帝听见我的声音了,今天,他把我的女儿还给了我。这是仁慈上帝的一个奇迹。她没有死。你们肯定不会把她从我身边夺走的。要是抓我,我就不说了,可你们抓的是她,一个十六岁的孩子!给她时间享受阳光吧!——她什么地方对不住你们了?什么也没有!我也没有。要知道,除了她,我一无所有,我老了,这是圣母给我的恩惠。再说,你们都是好人。原先你们不知道她是我的女儿,现在你们知道了。啊!我爱她!司令官先生,我宁愿肚子上挨一刀,也不愿看见她手指头擦破皮!您看上去是一个好心的老爷!我已把事情给您讲清楚了,难道不是吗?呵!您也有过母亲吧,大人?您是司令,把我的孩子留给我吧!您看,我跪着求您,就像在求耶稣基督!我不求谁赐给我什么。我是兰斯人,先生们,我有一小块地,是我舅父马蒂厄·普拉东留给我的。我不是乞丐。我什么也不要,我只要我的孩子!呵!我要留下我的孩子!仁慈的上帝,他是万物之主!他不会把孩子还给我后又让我失去的!国王!您说国王!他对杀死我女儿已经不大感兴趣了。再说,国王很仁慈!这是我的女儿!是我的!不是国王的!不是您的!我想离开这里!我们想离开这里!两个女人——一个是母亲,一个是女儿——经过这里,人们会让她们通行的!让我们通行吧!我们是兰斯人。呵!你们是好人,巡警先生们,我爱你们大家。你们不会把我心爱的女儿带走的,这是不可能的!这是不可能的,是不是?我的孩子!我的孩子!"

她的手势,她的声调,她怎样边哭边诉,饮了多少泪水,怎样合掌祈求,怎样无可奈何地搓手,还有她那凄惨的微笑,泪汪汪的眼睛,痛苦的呻吟和叹息,语无伦次的疯话,感人肺腑的惨叫,这一切是很难描绘出来的。她说完以后,特里斯坦·莱尔米特皱了皱眉头,那是为了掩饰在他凶残的眼睛里滚动着的一颗泪珠。但他战胜了一时的软弱,用生硬的口气说:"这是国王的旨意。"

然后,他凑到昂里埃·库赞的耳边,小声吩咐:"快把这事了结吧!"可怕的司令官大概也觉得心里不是滋味了。

刽子手和巡警们进了小屋。母亲没有反抗,只是爬到女儿身边,奋不顾身地挡在女儿身上。埃及姑娘看见士兵们向她走来,死亡的恐惧使她骤然清醒了。"母亲！"她喊道，声音悲哀凄凉，"母亲！他们来了！保护我呀！""我的宝贝！我保护你！"母亲回答，声音微弱无力。她把女儿紧紧搂在怀里，不停地亲吻。母女俩就这样坐在地上，母亲护着女儿，此情此景，催人泪下，谁见了都会心软。

昂里埃·库赞把手伸到姑娘美丽的肩膀下，拦腰抱住。姑娘感觉到那只手时，"啊"了一声，便晕过去了。刽子手流下了眼泪，泪珠滴在姑娘身上。他想抱走姑娘，试图掰开母亲的手，可母亲的两只手像是绑在了女儿的腰上，抱得那样紧，根本无法把她们分开。于是，昂里埃·库赞只好把姑娘拖出屋子，母亲也跟着被拖了出去。母亲的眼睛也是闭着的。

这时，太阳正在冉冉升起，广场上站着许多百姓，远远地观看人们把什么东西拖向绞刑架。这是特里斯坦司令官行刑时的怪癖。他向来不许看热闹的人走近绞刑架。

周围房屋的窗口没有一个人。唯有远处圣母院那座俯视河滩广场的钟楼顶上似乎有两个人在观望，他们的黑影清晰可见，呈现在明亮的晨空。

昂里埃·库赞把猎物拖到刑台的梯子脚下，停了下来，他把绳索套在姑娘美丽的脖子上，难过得透不过气来。可怜的孩子感觉到麻绳的接触，睁开眼睛，看见石头绞刑架在她头顶上张开了瘦骨嶙峋的胳膊。于是，她摇晃身子，用断肠的声音高喊："不！不！我不要！"那母亲脑袋埋在女儿的衣服里，一句话也不说，但是，可以看到她全身在发抖，看到她更加狂热地吻她的孩子。刽子手趁机用力把她抱女囚的胳膊掰开。也许是精疲力竭，也许是心如死灰，她丝毫没有反抗。于是，刽子手把姑娘扛上肩头，可爱的姑娘被折成两截，优美地搭在他宽大的肩膀上。然后，他踏着梯子，准备爬上去。

这时，蹲在地上的母亲忽然睁开了眼睛。她没有喊叫，倏地站起来，神情极其可怕，然后，就像猛兽扑向猎物似的扑向刽子手，在他的手上狠狠地咬了一口。真是迅雷不及掩耳。刽子手痛得嗷嗷直叫。人们都跑过来，费了很大的劲，才把他鲜血淋漓的手从母亲的牙齿里弄出来。她始终不说一句话。她被猛地一推，脑袋沉沉地落在石板地上。她被扶起来，但又倒了下去。原来她已经死了。

刽子手始终没有松开姑娘，现在，他扛着她继续往上爬。

二 "白衣美人"①

(但丁)

卡西莫多发现小屋空无一人，埃及姑娘不在里面，在他拼死抵抗的时候，有人把她抢走了，于是，他用手揪自己的头发，惊讶和痛苦得直跺脚。接着，他跑遍整个教堂，寻找吉卜赛姑娘，他那古怪的喊声响遍角角落落，他那红棕色的头发撒得满地都是。这时，国王的弓手队开进圣母院，也在寻找埃及姑娘。卡西莫多就帮他们一起寻找。可怜的聋子哪会知道他们险恶的用意，以为埃及姑娘的敌人是那些流浪乞丐。他亲自带着特里斯坦·莱尔米特搜遍了所有可以藏人的地方，给他打开所有的暗门，连圣坛的夹层和圣器室的内壁也不放过。如果埃及姑娘此刻还在教堂，就被他"出卖"了。他们左寻右找，一无所获，连轻易不会气馁的特里斯坦也厌倦了，卡西莫多只好独自继续搜寻。他在教堂里上上下下前前后后来回找了几十遍，上百遍，奔跑着，呼唤着，叫喊着，嗅闻着，搜索着，脑袋伸进每一个暗洞里，火炬举到每一个拱顶下，不顾一切，就像发了疯似的。失去了配偶的雄兽也不会像他那样吼叫，那样惊慌。最后，他确信她已不在教堂，被人抢走，不再有希望找到她了，便从楼梯慢慢地爬上钟楼。在救她进教堂的那一天，他爬这道楼梯时何等激动，何等得意，现在，重新走过这些地方，却耷拉着脑袋，没有声音，没有眼泪，甚至没有气息。教堂杳无人影，寂寂无声。弓手们早已撤离，去老城的其他地方搜捕女巫了。圣母院刚才还被重重包围，充满喧闹，现在就剩下卡西莫多一个人了。他朝那间小屋走去。在他的守护下，埃及姑娘在那里度过了多少个星期啊！他边走边幻想着也许能在里面找到她。当他走到俯临教堂两侧过道屋顶的走廊拐角处时，就看见了那间狭窄的小屋和它的小门和小窗，就像鸟窝挂在树枝下，蜷缩在一道巨大的扶壁拱架下，可怜的卡西莫多都要晕了，赶紧靠在一根柱子上，才没有倒下去。他想象她也许已经回来了，可能是一位好心的天使把她送回来的。那间小屋多么恬静，多么安全，多么可爱，她不可能不在里面。他不敢迈步，唯恐梦幻破灭。"是

---

① 原文为意大利语，引自但丁的诗句。

的，"他对自己说，"她可能在睡觉，也可能在祷告。不要打搅她。"

他终于鼓足勇气，蹑手蹑脚地走到小屋跟前，四下张望，走进了屋里。没有人！那小屋依然空着。可怜的聋子在屋里慢慢地转了一圈，把床掀开看看，好像她会躲在床垫和地板之间似的，然后，他摇摇头，傻愣在那里。突然，他发疯似的用脚踩碎火把，没有说一句话，也没有叹一口气，冲向墙壁，一头撞在墙上，随即晕倒在地。

苏醒以后，他扑到床上，打着滚，疯狂地吻那姑娘睡过的还留着她体温的地方。他静静地躺了好几分钟，就像断了气似的。而后，他又起来，大汗淋漓，气喘咻咻，完全丧失了理智。他用头去撞墙壁，一下又一下，就像敲钟那样很有规律，似乎决心要把头颅撞碎。他撞得精疲力竭，又一次倒在地上；他用膝盖爬出小屋，面对房门蹲在那里，一副傻呆呆的样子。

他像这样待了一个多钟头，一动不动，眼睛呆望着那间空屋子，悲痛着，沉思着，即使一个母亲面对空空的摇篮和装着孩子尸体的棺木，也不会像他这个样子。他不言不语，只是间隔很长时间哭泣一次，哭得全身抽搐，但那是无泪的哭泣，就像夏日无声的闪电。

他在悲痛的沉思中，问自己是谁偷偷抢走了埃及姑娘。也许就是在这个时候，他想起了副主教。他想，只有堂·克洛德有通往小室楼梯的钥匙，克洛德曾经两次夜里欲对姑娘行非礼，第一次他卡西莫多是帮凶，第二次他阻止了克洛德。他回想起许多细节，很快断定是副主教抢走了埃及姑娘。但他非常尊敬神父，对他的感激、忠诚和敬爱已经刻骨铭心，即使在这样的时刻，他还挣扎着不让嫉妒和绝望占上风。

他想这肯定是副主教干的。本来他会愤怒得要杀人，可是一旦涉及克洛德·弗罗洛，他的满腔怒火就渐渐化成越来越深的痛苦。

当他的思绪集中到神父身上时，鱼白色的曙光已照到了扶壁拱架上，他看见在圣母院的最高层，在环绕半圆形后殿的外栏杆的拐角处，有一个人影在移动。这个人影朝他这边走来。他认出是副主教。克洛德步伐缓慢而沉重。他朝北钟楼走去，眼睛不望着前方，却转向塞纳河右岸，昂着头，仿佛要越过那些屋顶，寻找什么东西。猫头鹰常常像这样斜着眼睛看东西，飞向一个地方，目光却盯着另一个地方。——神父就这样斜着眼睛从圣母院最高层经过，却没有看见卡西莫多。

神父的突然出现，使聋子一下愣住了。他看见神父钻进了北钟楼楼梯的门道里。读者知道，从这个钟楼可以看得见市政大厦。卡西莫多从地上爬起来，跟踪神父而去。

卡西莫多上钟楼，是为了弄清楚神父为什么要去那里。可怜的敲钟人根本不知道自己将会干出什么事，说出什么话，也不知道自己想要什么。他心里充满了愤怒和恐惧。副主教和埃及姑娘在他内心发生了冲突。

他来到钟楼顶上，在从黑暗的楼梯走上平台之前，先小心翼翼地看了看神父在哪里。神父背朝着他。钟楼平台的四周有一道镂空栏杆。神父胸脯靠在朝圣母桥的那面栏杆上，眼睛俯视新城。

卡西莫多轻手轻脚地走到他身后，想知道他在看什么。神父正看得出神，没有听见聋子已经走到他的身边。

在夏天的一个黎明，借着清新的曙光，从圣母院的钟楼上俯瞰巴黎，尤其是那时候的巴黎，你会领略到壮丽迷人、秀色可餐的景色。可能是七月的一天。碧空如洗。寥落晨星正在慢慢隐没，东边有一颗星特别灿烂，挂在天空最明亮的地方。朝阳冉冉升起。巴黎开始醒来。纯净而洁白的曙光把东方千百座房屋的万千景象凸现在你的眼前。钟楼的巨大阴影，从一个屋顶移到另一个屋顶，从城市的一头转到另一头。有些街区已有人在说话，发出声响。一会儿这里一声钟响，一会儿那里一声锤击，要不就是一辆大车在街上辘辘而过。在这屋顶密集的表面，已有几处冒出炊烟，犹如大火山的喷气孔在冲出硫气。塞纳河流经一座座桥拱和一个个小岛，在桥拱和岛尖激起无数涟漪，波光粼粼。向城外眺望，只见城市周围笼罩着一团团絮状薄雾，通过这些薄雾，依稀可见一马平川，无尽伸延，其间山丘起伏，展现出优美的轮廓。半睡半醒的城市上空，游荡着各种各样的声音。晨风从笼罩着山丘的羊毛般的雾霭中撕下几团白絮，驱赶着它们向东方飘移。

前庭广场上有几个拿着牛奶罐的妇女，看见圣母院大门破损不堪，墙上凝固着两股铅流，惊讶地指指点点，议论纷纷。这是夜间骚乱留下的全部痕迹。卡西莫多在两座钟楼之间点燃的柴堆已经熄灭。特里斯坦已把广场清扫干净，尸体全都扔进了塞纳河。像路易十一这样的国王，每次屠杀之后，总要把路面立即清洗干净。

在钟楼栏杆外面，神父所在位置的底下，有一个在哥特式建筑上常见的、造型极其怪诞的石头水槽。在水槽的一条裂缝中，有两株盛开的紫罗兰,美丽妖娆,在晨风中摇曳,仿佛是两个人,淘气地互相点头致意。从钟楼上空的远方,传来嘤嘤的鸟鸣声。

可是,神父对这一切充耳不闻,视而不见。他这样的人是没有早晨、鸟雀和花朵的。尽管他周围广阔无垠,气象万千,但他的目光只盯着一个地方。

卡西莫多很想问他把埃及姑娘怎么处置了,可是副主教此刻像是丢了魂似的。显然,他正经历着人生最激烈的时刻,即使天崩地裂,他也丝毫不会察觉。他目不转睛地盯着一个地方,纹丝不动,不声不响;在这沉默和静止中,有一种令人恐惧的东西,粗野的卡西莫多见了也噤若寒蝉,不敢冲撞。他只好(这本身也是一种询问的方式)顺着副主教的视线看去,于是,可怜的聋子目光落到了河滩广场上。

他看见了神父注视的东西。在常备的绞刑架旁,已竖起了一架梯子。广场上有几个老百姓和一群当兵的。一个男人拖着一件白色的物体,那物体后面还拖着一个黑色的东西。这个人在绞刑架前停了下来。

这期间,那里发生了一件什么事情,卡西莫多没有看清楚。不是因为他只有一只眼睛看不到,而是一大堆士兵挡住了他的视线。再说,这时太阳已经升起,万道霞光从天边涌来,巴黎的尖塔、烟囱、山墙,总之所有的尖顶仿佛同时着了火似的。

那个人开始爬上梯子。于是,卡西莫多看清楚了。他肩上扛着一个女人,一个穿着白衣服的姑娘,这姑娘脖子上套着绳索。卡西莫多认出来了。那是她。

那人爬到了梯子顶上。他把活结调整了一下。这时,神父为了看得更清楚,双膝跪在了栏杆上。

突然,那人用脚后跟猛地踢开梯子。卡西莫多好一会儿屏住呼吸,他看见不幸的姑娘在绳子末端晃动,离地四米,那人脚踩着她的肩膀,使劲往下压。绞索转了几转,卡西莫多看见姑娘的身体可怕地抽搐了几下。至于神父,他伸长脖子,瞪大眼睛,眼珠简直要跳出眼眶似的,全神贯注地观看蜘蛛吞吃苍蝇的可怕场面:蜘蛛是那男人,苍蝇是那姑娘。

到了最可怕的一刻,神父面如土色,发出了魔鬼般的狞笑,一种只有不再是人的时候才会发出的笑声。卡西莫多听不见笑声,却看见了神父可怕的笑容。敲钟人在副主教身后退了几步,突然猛扑上去,两只巨手从背后一推，把俯下身子的堂·克洛德推下了深渊。

神父大叫一声"该死"，掉了下去。

下面正好是那个石头水槽，把他托住了。他绝望地抓住水槽，当他张嘴想喊第二声时，看见头顶上方的栏杆上探出了卡西莫多那张复仇者的可怕面孔。于是他不作声了。

底下是深渊。离地二百多尺，又是铺石路面。副主教身处绝境，却不说话，也不呻吟。他吊在水槽上，挣扎着想爬上去。可他的手在花岗石上抓不牢，他的脚在黑乎乎的墙壁上画出一道道印子，却无法生根。上过圣母院钟楼的人都知道，紧挨栏杆的地方，墙凸出来一块。副主教挣扎着踩脚的地方正好凹进去。他面临的不是一堵陡直的墙，而是在他脚下遁去的墙。

卡西莫多只要一伸手，就可以把他拉出深渊，可是，他连看也不看他一眼。他盯着河滩广场。他盯着绞刑架。他盯着埃及姑娘。那聋子就站在副主教刚才站着的地方，手撑栏杆，目不转睛地看着一个目标。此刻，在这个世界上，这是唯一能吸引他注意力的目标。他就像遭了雷击似的，一动不动，一声不响，一串串泪珠默默地从他那只眼睛里流出来，而那只眼睛迄今为止只掉过一滴眼泪。

这时，副主教已累得气喘吁吁，秃脑门上汗流涔涔，手指甲在石头上磨出了血，膝盖在墙壁上蹭破了皮。他每一次挣扎，都听见挂在水槽上的教袍发出撕裂的声音。更糟的是，这水槽的末端是一根铅管，被他身体的重量压弯了。副主教感到那铅管在慢慢向下弯。可怜的家伙心里思忖，当他的手累得抓不住水槽，他的教袍撕成两半，铅管完全弯下来时，他就会跌下去。想到这些，他吓得心胆俱裂。在他下面十来尺远的地方，有一个像是平台的凸出物，那是凹凸不平的雕刻形成的。他好几次心神错乱地看看身下的这个平台，他在绝望的灵魂深处祈求上苍，让他在这二尺见方的狭窄平台上了却余生，哪怕要在那上面待一百年。有一次，他朝身下的广场，朝那深渊看了一眼，赶紧闭上眼睛，抬起头来，头发都竖立起来了。

两个人都沉默不语，这是很可怕的。副主教在下面几尺远的地方垂死挣扎，卡西莫多流着眼泪遥望河滩广场。

副主教看到自己的挣扎完全是徒劳的，他攀附的支点很不牢固，他越挣扎，那支点就越摇摇欲坠，于是，他就干脆不动了。他抱住水槽，几乎不呼吸，不动弹，只有肚子在机械地抽搐，就像梦中感到往下坠落的时候一样。他瞪着眼睛，目光呆滞，就像吃惊时目瞪口呆的样子。渐渐地，他支持不住了，手在石槽上滑下去，他感到手臂越来越软，身体越来越沉，支持他的铅管越来越向深渊弯下去。他看见下面圣约翰圆形教堂的屋顶小得像一张折成两半的纸牌，感到心惊肉跳，毛骨悚然。他把钟楼上那些毫无表情的雕像扫视了一遍，它们也和他一样悬在峭壁上，却毫无恐惧之色，也不对他表示同情。他周围的一切都是石头：眼前是张着血盆大嘴的石头怪物；下面，在渊底，在广场上，是石头路面；头顶上，是正在哭泣的卡西莫多。

　　在前庭广场上，有几群好奇的行人，看见有人竟以如此奇特的方式消遣娱乐，在那里不慌不忙地猜测那疯子是谁。他们尖细的声音清楚地传到他的耳朵里。他听到他们说："他这样会摔断脖子的。"

　　卡西莫多在哭泣。

　　最后，副主教明白一切努力都无济于事了，他气愤，他恐惧。不过，他还是竭尽余力，做最后一次挣扎。他吊在石槽上，绷紧身子，双膝抵住墙壁，双手抓住一条石缝，终于向上爬了大约有一尺。可是，他这样用力挣扎，使得支撑他的铅管弯了下去，他的教袍也同时撕成了两半。那不幸的人感到身子下面失去了一切依靠，只有僵硬无力的手还在抓着什么东西，于是就闭上眼睛，松开石槽，跌了下去。

　　卡西莫多看着他落下去。

　　从这样高的地方落下去，一般是不会垂直的。副主教落到空中后，先是头向下，两臂张开，然后翻了几个筋斗。风把他刮到一个屋脊上，撞断了骨头。但他没有死。敲钟人看见他试图用指甲抓住山墙，但屋顶过于倾斜，再说，他已精疲力竭，于是就像一片脱落的瓦片，快速地从屋顶上滑下去，摔到铺石路上。他不再动弹了。

　　卡西莫多抬头朝埃及姑娘的方向望去，远远看见她吊在绞刑架上，白裙下面的身子最后颤动了几下；他又低头看看躺在钟楼下面、摔得不成样子的副主教，他从心底里发出一声悲鸣："呵！都是我爱过的呀！"

三　弗比斯成婚

那天傍晚，当巴黎主教的司法人员到前庭广场收拾副主教四分五裂的尸体时，卡西莫多已从圣母院消失了。

关于这件奇事，有很多传闻。人们毫不怀疑，按照事先的约定，魔鬼卡西莫多带走巫师克洛德·弗罗洛的日子已经到了。他们猜测，卡西莫多砸碎了他的身体，取走了他的灵魂，正如猴子砸碎核桃壳吃里面的仁儿一样。

因此，副主教没有葬在圣地。

第二年，路易十一去世，那是1483年8月。

至于皮埃尔·格兰古瓦，他终于救出了小山羊，在悲剧创作上成绩斐然。他尝试了星象学、哲学、建筑学、炼金术这些疯狂的行当后，似乎最后又回到了最疯狂的行当——悲剧创作上。这就是他所说的"有一个悲剧的结局"。

关于格兰古瓦的戏剧业绩，从1483年起的王室账目上都有记载："付约翰·马尚和皮埃尔·格兰古瓦，木匠和剧作者：一百利弗；二人制作和编写了为欢迎教皇特使先生莅临巴黎在大堡演出的圣迹剧，置办剧中人物所需的服装，建造所需的舞台。"

弗比斯·德·夏多佩也有了一个悲剧性的结局：他结婚了。

四　卡西莫多成婚

刚才我们提到，在埃及姑娘和副主教死的那一天，卡西莫多从圣母院销声匿迹了。确实没有人再见过他，谁也不知道他的下落。

爱斯梅拉达被处死的那一天，清洁工把她的尸体从绞刑架上解下来，按照惯例，送到了隼山的墓窖里。

正如索瓦尔所说的，隼山是"王国最古老最漂亮的绞刑架"。在寺院镇和圣马丁镇中间，离巴黎城墙一百六十米，离库尔蒂数箭之遥，有一个坡度平缓的山丘，有相当的高度，方圆几里都看得见。山顶上有一个奇形怪状的建筑，很像是凯尔特人的环形大石垣。那里也是杀人祭献的地方。

大家想象一下，一个石灰石小山丘，顶上有一个平行六面体建筑，高十五尺，宽三十尺，长四十尺，有一个门，一道台阶和一个平台，平台上竖着十六根未经雕琢的大石柱，高三十尺，排成柱廊，从三面环绕着支撑它们的平台，柱顶之间用粗大的横梁连接，横梁上隔一段距离就垂下一条铁链，每条铁链上吊着一具死人的骸骨；在周围的平原上，有一个石头十字架和两个二流绞刑架，好像是中央叉子上长出来的根蘖；在它们的上空，永远盘旋着乌鸦。这就是隼山。

那座可怕的绞刑架是1328年建造的，到了15世纪末，已老朽不堪了。横梁蛀洞累累，铁链锈迹斑斑，柱子上长满青苔。方石基础的接合处已经裂开，由于久已无人问津，平台上杂草丛生。这些建筑物矗立在空中，那形象委实可怕，尤其在黑夜，当朦胧的月光照着白色的头颅，或者晚风吹得铁链和骷髅在黑暗中摇晃、叮当作响的时候。这座绞刑架只要矗立在那里，周围一带也就变得阴森了。

这个丑恶的建筑是石头台基，里面是空的。底下挖了一个很大的地窖，洞口有一道破旧的铁栅栏门。不仅是从隼山铁链上解下来的残骸扔进这个墓窖，而且在巴黎其他绞刑架上处死的尸体也都埋葬在这里。多少人类的尘埃和罪恶在这座陈尸的深穴里一起腐烂，世上多少伟人和屈死者先后送来了他们的尸骨。第一个在隼山绞死的是昂格朗·德·马里尼①，他是一个正人君子。最后一个是德·科利尼②海军司令，也是一个正人君子。

关于卡西莫多的神秘失踪，下面是我们所能发现的全部情况。

大约在这个故事结束后的两年或一年半，人们到隼山墓穴寻找奥利维埃·勒丹的尸体。他是两天前被绞死的，查理八世恩准他葬在圣洛朗教堂的墓地里，让他与好人为伍。在可怕的骸骨中，发现了两具尸骨，其中一具紧紧地搂抱着另一具。有一具是女的，上面还有白布裙的残片，颈骨上挂着一串念珠树种子的项链，上面系着一个嵌有绿玻璃片的丝绸小荷包。那荷包开着，里面空无一物。这些东西分文不值，所以刽子手没有拿走。

---

① 昂格朗·德·马里尼（约1260—1315），法国国王菲利浦四世的宠臣，后以渎职和行巫罪被非法处死在隼山。

② 德·科利尼（1519—1572），1552年为海军司令，在查理九世对新教徒的一次大屠杀中被暗杀，尸体被搬至隼山，再处绞刑。

紧抱着这一具尸骨的另一具是男性。人们注意到他的脊梁骨是歪的,脑袋缩在肩胛骨里,一条腿比另一条腿短。他的颈椎骨上没有一点伤痕,显然不是绞死的。因此,那男子是自己跑来,死在这里面的。人们想把他同他抱着的那具尸骨分开,他顿时化作了尘埃。

附录：雨果和他的奇书《巴黎圣母院》

1885年5月22日，法国伟大的浪漫主义作家维克多·雨果去世了。他去世后，法国为他举行了国葬，送殡的群众多达一百万人；这规模空前盛大的葬礼，说明了法国人民对这位作家的热爱。直到今天，在法国举行的民意测验表明，维克多·雨果仍然是读者最热爱的作家之一。

维克多·雨果在青少年时代就崭露才华。早在1816年，他十四岁时，就在日记里写道："我只有一个志愿：做一个夏多布里昂。"夏多布里昂是当时法国文坛上享有盛誉的大作家。1817年，法兰西学院举行诗歌大赛，雨果那时才十五岁，还在学校读书，就写了一首长诗去参加竞赛，结果虽然没得到大奖，但法兰西学院却给予他表扬，这份表扬足够使这个青年一举成名的了。连浪漫主义大作家夏多布里昂也称赞他是个"了不起的神童"，并且邀请他来面谈。那时，在欧洲文坛上，浪漫主义风起云涌，以排山倒海之势，向古典主义的堡垒发起进攻。在英国，诗歌有反映叛逆精神的拜伦，宣扬理想主义的雪莱；小说有结合历史主义和浪漫主义的司各特等。受了拜伦的影响，雨果的诗《东方集》歌颂了希腊人民的独立战争，诗剧《艾那尼》歌颂了叛逆精神。雨果受司各特的影响也很深，早在他二十一岁时，就写了一篇评论司各特的名著《昆廷·杜沃德》的文章，他在论文中说："在华特·司各特的形象生动而又是散文体裁的小说之后，仍然可以创造出另一类型的小说。在我们看来，这一类型的小说更加完美无缺，更加令人赞叹。这种小说既是戏剧，又是史诗；既形象生动，又诗意盎然；既是现实主义的，又是理想主义的；既逼真，又壮丽。它把华特·司各特和荷马融为一体。"（转引自勃兰兑斯《十九世纪文学主流》第五分册中译本第60页，略有修改。）这部"既是戏剧，又是史诗"，"把华特·司各特和荷马融为一体"的小说，就是雨果在1831年创作的奇书《巴黎圣母院》。

首先，雨果在《巴黎圣母院》中继承和发展了司各特在《昆廷·杜沃德》中的现实主义。司各特在他的历史小说中，常把真正的历史人物放在次要地位，而把虚构的人物写成主角；如《昆廷·杜沃德》的主角昆廷是虚构的，次要人物如法兰西国王路易十一，警察总监特里斯坦·莱尔米特，理发师魔鬼奥利维埃等，却实有其人。雨果也是一样，《巴黎圣母院》中的吉卜赛女郎和钟楼怪人都是想象的产儿，而第十卷第五章中，也出现了国王路易十一和他的宠臣警察总监、他的亲信理发师等真实人物。

司各特在《昆廷·杜沃德》第一章描写路易十一时说："仿佛是为了拯救法兰西的大好河山，使它不受内忧外患的煎迫似的，路易十一登上了摇摇欲坠的王位；他的性格狠毒，正好能够应付、对抗，并且在很大的程度上抵消这个时代的危害，就像古代医书上说的毒能攻毒一样。"而雨果却在《巴黎圣母院》第十卷第五章中借路易十一的口说："那些人都是什么东西！他们在我们这里以路政官、司法官、领主和主人自居，动不动就向老百姓收通行税，每一个街口都有他们的绞刑架和刽子手，法国人看见多少绞刑架，就以为有多少国王，正如希腊人看见多少泉水，波斯人看见多少星星，就以为有多少神祇一样！……我很想知道，像巴黎这个样子，除了国王还有另一个路政官，除了高等法院还有另一个司法机关，在这个国家，除了我们，还有另一个国王，这是不是上帝的恩赐！我以我的灵魂担保！有朝一日，法国应该只有一个国王，一个领主，一个法官，一个刽子手，正如天堂只有一个上帝！"比较一下两段文字，就可以看出雨果是如何继承和发展了司各特的。利用人民群众去打击领主、法官，在路易十一看来，不也是以毒攻毒吗？

雨果不仅在描写真实人物，而且在描写真实景物时，都用的是现实主义手法。例如他在本书第三卷第一章中描写巴黎圣母院的建筑："首先是圣母院的正面，建筑史上很少看到比这更辉煌的篇章。三座尖拱大门，一排雕花刻镂、边缘呈锯齿状的二十八位君王的神龛，位于中央的硕大无比的圆花窗，两侧各有一个窗子，犹如执事和副执事守立在神父两旁，又高大又单薄的三叶饰的拱廊，瘦骨嶙峋的小圆柱支撑着沉重的阳台，还有两座黑色的钟楼，五层雄伟的石板房檐重重叠叠，在雄伟的整体中显得非常和谐——所有这一切依次而同时地、成群而有序地展现在你眼前，连同它们不可胜数的雕像、雕花、浮雕，这些细部也同样具有整体的宁静和壮丽。可以说，这是一部宏伟的石头交响乐……"这段描写开始是写实的，结论却是浪漫主义的，这就可以看出雨果是如何把司各特和荷马"融为一体"的。到了第五卷第二章，浪漫主义更为突出："从原始社会到15世纪，包括15世纪，建筑艺术向来是人类伟大的书卷"，"人类思想在改变形式的同时，也将要改变表达方式……石头书再结实，再持久，也将要被更结实、更持久的纸书取而代之……"这就是说，"印刷品将要摧毁教堂"，"任何文明都始于神权而终于民主"，这就是这部"石头交响乐"奏出的理想主义的最强音。

如果说雨果在描写真人实物时，主要用的是现实主义手法，那么，他在描绘虚构的人物时，却主要用的是浪漫主义手法。他在《〈克伦威尔〉序言》中提出过一条原则："真实来自两种典型——庄严崇高和荒诞滑稽——完全自然的结合，这两种典型在戏剧中交叉会合，正如在生活中和创作中。"这条浪漫主义的原则，也就是"对照原则"：庄与谐，美与丑，善与恶，强与弱，高贵与低贱，神权与民主，等等。在《巴黎圣母院》中，爱斯梅拉达是美的典型，卡西莫多是丑的典型，弗比斯队长是强的典型，弗罗洛副主教却是神权的代表。在这几个典型人物身上，都贯穿着"灵与肉"的对照原则。爱斯梅拉达的肉体很美，灵魂却很脆弱，她是美与弱的矛盾统一体。卡西莫多的肉体很丑，灵魂却很善良，他是善与丑的矛盾统一体。弗比斯队长的身体强壮，灵魂却很肮脏，他是强与丑的矛盾统一体。弗罗洛副主教的肉体是神权的代表，灵魂却是魔鬼的化身，他是神与鬼、善与恶的矛盾统一体。路易十一身为国王，肉体是高贵的典型，他的所作所为暴露了他灵魂的卑贱，所以他是贵与贱的矛盾统一体。从全书的观点看来，国王和副主教等代表神权，卡西莫多和爱斯梅拉达等代表民权，全书的第一主题是神权和民主的矛盾斗争。

《巴黎圣母院》出版的时候，正是群众捣毁巴黎大主教府邸的日子，雨果亲眼看见愤怒的人群把大主教的图书扔进塞纳河去，所以这本小说也遭到了厄运，受到了报界的批评。但英国作家欧仁·苏却写信给雨果说：

> 我手头已经有了《巴黎圣母院》；我是最早买到这本书的一个……批评你的人很像五层楼上的穷人，他们看见楼下的大阔佬任意挥霍，十分恼怒，说："他一天花的钱，够我用一辈子的了！"

的确，大家谴责你的只有一点，你的书内容太丰富了。今天世上的批评就是这样令人发笑。

但是，卓越的天才从来就会引起卑鄙的妒忌和荒谬的批评。没有办法，先生，光荣是要付出代价的。

我还要指出一点，先生，除了你书中丰富的诗意，丰富的思想和戏剧性之外，还有一点十分令人注意，那就是：可以说概括了一切灵魂和忠诚之美的卡西莫多——概括了博学、知识、智慧之美的弗罗洛——概括了形体之美的弗比斯·夏多佩——你把人性的三个典型摆在了一个天真的少女、几乎可以说是文明世界的蛮女面前，要她选择，你这样的思想令人十分钦佩。

报纸的批评并不能改变读者的热烈欢迎，小说一版又一版地重印，说明欧仁·苏的意见基本上是正确的。

欧仁·苏说《巴黎圣母院》中有丰富的思想，在我们看来，主要应该是指神权统治必然为民主所取代。他说书中有丰富的戏剧性，在我们看来，主要应该是指几个典型人物之间的矛盾斗争。前面说到，每个典型人物都是灵与肉的矛盾统一体；而他们之间的关系，也是既有矛盾，又有统一性的。概括了博学、知识、智慧之美的弗罗洛神父在二十岁的时候，收养了一个四岁的孤儿，独眼、驼背、罗圈腿的卡西莫多，在孤儿长大到二十岁之前，神父又让他成为巴黎圣母院的敲钟人，于是他们之间除了义父义子的关系之外，还有主仆的关系，这是他们的同一性。作者在第四卷第六章中说："瞧这两个人，一个灵魂丑，一个相貌丑！"神父总是在胡思乱想，仆人却是眼瞎耳聋；神父本来害怕吉卜赛女郎，甚至禁止她来圣母院前的广场上跳舞，后来却爱上了爱斯梅拉达，这说明在灵与肉的矛盾斗争中，还是肉欲占了上风；他甚至在夜里同卡西莫多穿上黑衣，要把爱斯梅拉达抢走，可见主仆之间的同一性又进了一步。正在巡夜的弗比斯·夏多佩队长捉住了卡西莫多，救出了爱斯梅拉达，这就开始了队长和少女之间的爱情，也开始了他和神父之间的矛盾。爱斯梅拉达就是一个人道主义的典型，为了救可怜的诗人一命，她可以答应做他名义上的妻子；在卡西莫多受笞刑的时候，她不记他的旧恨，反而以德报怨，给他水喝，一滴水换来了卡西莫多一滴眼泪；而神父却看着卡西莫多代他受过，既不给他水喝，也不给他同情，这就开始了主仆之间的矛盾；和爱斯梅拉达对比之下，美丑善恶更加分明。更有甚者，在吉卜赛女郎和队长幽会的时候，当她的真情和军官的假意正要由矛盾转化为统一的时候，神父却在暗中刺了队长一刀，这就激化了他和这对情人之间的矛盾。尤其是神父居然嫁祸于人，诬赖刺杀队长的是爱斯梅拉达，这又使弗比斯和爱斯梅拉达情人之间的关系化为矛盾了。吉卜赛女郎被判处死刑，卡西莫多为了报答一滴水的恩情，把她从绞刑台上救了出来，逃进了圣母院，他们之间的矛盾转化成了同情。群众来圣母院保护爱斯梅拉达，伤势痊愈了的弗比斯队长却来镇压群众，捉走了吉卜赛女郎，他们之间的关系又转化为你死我活的矛盾。卡西莫多知道了是神父害死爱斯梅拉达的，就把神父从圣母院的钟楼上推了下去，义父养育义子的恩情，转化成了生死对头的仇恨。总之，爱情使怪人上升为人，使神父堕落为兽，这是本书另一主题。

这些错综复杂的矛盾使《巴黎圣母院》成了一本充满奇人、奇事、奇景、奇情的奇书，而这本奇书却是用充满诗意的语言来描写的。例如第七卷第三章描写圣母院的钟声："早祷和晚祷时，钟声经久不息。做大弥撒时，排钟齐鸣不绝；举行婚礼和洗礼时，小钟奏出丰富的音阶，各种各样的钟声交织在空中，组成一幅光彩夺目的织锦。古老的教堂颤动着，轰鸣着，仿佛笼罩在永恒的欢乐里面。人们感到有一个任性而喧闹的精灵在那些铜嘴里不停歌唱。"这种欢乐的钟声使奇丑无比的敲钟人也变得讨人喜欢了。这就是艺术美化生活的力量。

总而言之，《巴黎圣母院》体现了现实主义的真，人道主义的善，浪漫主义的美。这种真、善、美在雨果后来的小说中还得到了发展，如《笑面人》的男主角在议会中演讲说："我出身贵族，但属于平民。我身在享乐的人中间，心和受苦的人在一起。……贫穷，我在其中长大；冬天，我在那里哆嗦；饥饿，我尝过；轻视，我受过；可怕的瘟病，我得过；羞辱的苦水，我喝过。"这可以说是熔现实主义、人道主义和浪漫主义于一炉了。《巴黎圣母院》的影响很大，确实是一部复杂矛盾的奇书。在国际风云错综复杂的今天，重译这本奇书出版，对我国文化走向世界，自然具有重要的意义。

许渊冲

1993年8月于北大畅春园舞山楼

检测与评估

1. 阅读小说中关于"圣母院"的叙述，解释《巴黎圣母院》题目的含义。

2. 《巴黎圣母院》第五卷第二章标题为"这一个将会杀死那一个！"，小说中"这一个"指的是什么？下面正确的一项是（　　）

   A. 王权　　　B. 神权　　　C. 民众　　　D. 印刷媒介

3. 阅读下面的小说片段，然后回答问题。

   一个极其丑陋的人保护了一个极其不幸的姑娘，卡西莫多搭救了一个判处死刑的女犯，这确实动人心弦，可歌可泣。<u>自然界和人类社会的两个极端不幸的人在相互接触，相互帮助。</u>

   然而，等群众欢呼了几分钟后，卡西莫多就带着姑娘突然消失在教堂里了。民众向来钟爱英勇行为，他们的眼睛还在昏暗的中殿来回搜索卡西莫多，抱怨他不该这么快就从他们的欢呼声中溜走。蓦然，他又出现在法兰西国王长廊的一端，举着他的战利品，高喊着"避难"，像疯子似的狂跑着穿过走廊。群众再一次报以热烈的掌声。到了走廊的另一头，卡西莫多又钻进教堂里去了。过了一会儿，他出现在钟楼的平台上，仍然举着埃及姑娘，仍然狂奔着，仍然高喊着"避难"。群众又一次欢呼。最后，他第三次出现，是在钟楼顶上，仿佛在那里骄傲地向全城炫耀被他搭救的姑娘。他用别人很少听到而他自己从没有听到过的洪钟般的声音狂呼三遍："避难！避难！避难！"声音响彻云霄。

"好！好！"民众也呼喊起来。这巨大的欢呼声一直传到河对岸，聚集在河滩广场的群众大吃一惊，那个虎视眈眈盯着绞刑架、等候处死埃及姑娘的隐修婆也吃了一惊。

（节选自雨果《巴黎圣母院》）

(1) 分析画线句的叙述特点，结合选文概括作者所表达的情感态度。

(2) 指出文中围观人群的行为，分析"群众"的心理。

《检测与评估》参考答案

1. 建议参考小说有关章节和作者序言中的论述，从"巴黎圣母院"教堂的历史价值和小说文学审美性两个角度分析。

2. D

3. (1) ①第三人称无限视角，叙述者讲述，直接表达对小说中的人与事的看法。②卡西莫多因丑陋而被社会排斥，爱斯梅拉达被陷害而被判了死刑，作者对这两个互相帮助的弱者表达了同情和赞赏。

(2) ①行为：用眼睛追寻卡西莫多的行踪，不断为他的勇敢行为呐喊和欢呼。②心理：看热闹的围观从众心理，对卡西莫多营救姑娘（爱斯梅拉达）的行为惊讶、激动与赞赏，不满王权、宗教社会的黑暗。

资源与拓展

III 让我们大胆地讲出来。是时候了，当此时代，自由如同阳光，处处涌现，但却在世界上最理所当然是自由的地方，却在思想的领域里除外，是件古怪的事情。举起榔头，砸烂理论、诗学和体系。把这古老的挡住自由大门的石灰墙推倒！没有规则，也没有典范；或者说，别无规则，只有自然的一般法则，翱翔在各门艺术之上，只有专门的法则，对每一部作品而言，取决于每个主题特有的存在条件。这些法则是永恒的，内在的，长盛不衰；也有的法则是可变的，外在的，只有一次有用。这一类的法则是支撑房屋的栋梁；第二类的法则是脚手架，用来建造房屋，每次盖房屋会重新搭起来。最后，前面的法则是骨架，后面的法则是正剧的服装。再说，后面这些法则也没有写在诗学作品里。里什莱[①]没有想到这一点。天才重揣测，不重学习，对每一部作品，从事物的一般道理中推出第一类法则，仅仅从他处理主题的全部剧情里推出第二类法则；这和化学家不同：为锅炉点火，烧热坩埚，分析后予以毁掉；而是和蜜蜂相同：靠金色翅膀飞舞，在每一朵花上停留，提取蜜汁，而花萼仍不失其光彩，花冠仍不失其芳香。

——雨果著，程曾厚译：《〈克伦威尔〉序》

[①] 里什莱（1631—1698），法国古典派辞书编纂家，著有《法语作诗法》等。

> 取一个在形体上丑怪得最可厌、最可怕、最彻底的人物，把他安置在最突出的地位上，在社会组织的最低下最底层最被人轻蔑的一级上；用阴森的对照的光线从各个方面照射这个可怜的东西；然后，给他一颗灵魂，并且在这灵魂中赋予男人所具有的最纯净的一种感情，即父性的感情。结果怎样？这种高尚的感情根据不同的条件而炽热化，使这卑下的造物在你眼前变换了形状，渺小变成了伟大，畸形变成了美好。
>
> ——雨果著，柳鸣九译：《〈留克莱斯·波日雅〉序》

> 而且，几乎他所有的作品都具有一种为自己某一社会现实情结、某一立场观点进行争论、辩说的姿态与一定程度宣教的性质。作者面对社会现实、主持社会正义、宣传自认为的社会福音的那种入世的热情是如此的强烈，甚至往往在小说的描述里直接出面，发表大段的议论，慷慨陈言，义正词严，为现实生活充当政治、社会、道德、精神的评判者，充当宣扬理想福音的使徒。因此，在这个意义上，雨果不仅是一个现实的小说家，而且是一个社会的小说家、政治的小说家。
>
> 执着于自己的某一种思想观点，力求在自己的创作中以这种思想观点作为介入现实的手段，这种作家往往容易流于说教。然而，雨果却是一个幸运的例外，这种例外在文学史上是不多见的。雨果之所以获得了这种优越性，首先还在于他思想的力量。
>
> 雨果在自己的作品里宣扬过的思想观点可谓多不胜数，人们很难把所有这些思想都一一归于一个特定的完整的思想体系，很难说雨果是一个具有严格体系的思想家。他只是一个思想极其丰富的思想者。但是，有一点是可以肯定的，那就是在思想上雨果是一个人道主义者，他具有丰富深厚的人道主义思想。
>
> ——柳鸣九：《长存不朽的奇迹——〈雨果文集〉小说作品序》

我的兴趣与收获

1. 在这本书的阅读与探究过程中,我的兴趣是什么?
2. 在这本书的阅读与探究过程中,我的收获是什么?
3. 在阅读与探究过程中,还发现了什么新问题?
4. 在阅读与探究过程中,有些什么经验?哪些方法还需要改进?